LA PSYCHOPHYSIQUE

THÈSE
POUR LE DOCTORAT ÈS LETTRES

PRÉSENTÉE DEVANT LA FACULTÉ DES LETTRES DE L'UNIVERSITÉ DE PARIS

PAR

Marcel FOUCAULT

Agrégé de philosophie, professeur au Lycée de Mâcon

PARIS

FÉLIX ALCAN, ÉDITEUR

ANCIENNE LIBRAIRIE GERMER BAILLIÈRE ET Cie

108, BOULEVARD SAINT-GERMAIN, 108

1901

LA PSYCHOPHYSIQUE

LA PSYCHOPHYSIQUE

INTRODUCTION

Le mot de psychophysique a été pris dans plusieurs sens.
Dans son sens étroit et primitif, il désigne la science nouvelle
que Fechner a cru fonder. Ce serait dans son esprit, et conformément à l'étymologie, « une science exacte des rapports
de l'âme et du corps » (1), ces rapports étant envisagés au
point de vue phénoméniste (2). Divisant le monde corporel,
envisagé dans ses rapports avec l'âme, en deux parties, le
monde corporel interne ou physiologique, et le monde corporel externe ou physique, Fechner distingue en conséquence
deux parties dans la psychophysique : l'une ayant pour objet
les rapports de l'âme avec le corps auquel elle est directement
attachée, c'est-à-dire les rapports des phénomènes psychologiques avec les phénomènes physiologiques, l'autre ayant
pour objet les rapports de l'âme avec le monde physique,
c'est-à-dire les rapports des phénomènes psychologiques avec
les phénomènes physiques ; il appelle la première psychophysique interne, la seconde psychophysique externe (3).

Tel était le programme de la psychophysique. Mais, pour
que la psychophysique puisse être une science exacte, c'est-
à-dire puisse établir des relations mathématiques entre les
phénomènes spirituels et les phénomènes corporels, il faut

(1) *Elemente der Psychophysik*, 2ᵉ éd. t. I, p. 7.
(2) *Ibid*. t. I, p. 8.
(3) *Ibid*. t. I, p. 10.

M. Foucault.   1

d'abord mesurer les phénomènes spirituels. En effet, tandis que la physique dispose de procédés pour mesurer les phénomènes qu'elle étudie, il n'en est pas de même pour la psychologie. Dès lors, la psychophysique doit s'attacher au problème préliminaire de la mesure des phénomènes psychologiques (1), et en fait c'est ce problème qui s'est trouvé placé au premier plan et qui a fait l'objet des principales recherches de Fechner. Même Fechner s'est attaché à mesurer uniquement les phénomènes psychologiques qui résultent des impressions exercées par le monde physique sur les organes sensoriels et qu'il appelle les sensations. Ainsi, chez Fechner lui-même, la psychophysique s'est trouvée devenir principalement la science de la mesure des sensations, et c'est aussi la mesure des sensations qui a été envisagée le plus souvent par les adversaires et par les partisans plus ou moins décidés de Fechner.

Dans la suite, la conception de la psychophysique s'est élargie ; et l'on s'est moins occupé de la mesure des sensations ou même on y a renoncé. Les uns se sont occupés principalement de mesurer la sensibilité. La mesure de la sensibilité avait déjà fait l'objet des travaux de Fechner, et, avant lui, de Weber : mais Fechner considérait la mesure de la sensibilité comme un problème préalable dont la solution devait conduire à la mesure des sensations. De nombreux psychologues après lui ont repris l'œuvre de Weber et se sont proposé simplement la mesure de la sensibilité sous ses diverses formes. Tel a été le cas pour Vierordt et ses élèves en Allemagne, pour Galton en Angleterre et pour tous les psychologues américains qui ont institué des *tests* de sensibilité. Bien que ces psychologues ne négligent pas les tra. vaux de Fechner, ils sont plutôt des disciples de Weber, et même Vierordt est un véritable précurseur de Fechner comme inventeur de la méthode des cas vrais et faux.

(1) *Elemente der Psychophysik*, t. I, p. 7.

Enfin, pendant que ces mesures de sensibilité se poursuivaient en Europe et en Amérique, un autre mouvement de recherche se produisait en Allemagne, et c'est ainsi que se formait la conception la plus large de la psychophysique. Cette troisième conception me semble avoir son origine dans les travaux déjà anciens (les premiers remontent à 1861 environ) sur la mesure de la durée des actes psychiques. Pendant que divers savants continuaient ces recherches, Helmholtz, puis Wundt et ses élèves, puis un grand nombre d'autres savants, se proposaient directement l'analyse des perceptions, soit en employant des procédés originaux, soit en employant les procédés de Fechner, en les complétant à l'occasion, et en s'appuyant sur ses expériences. Or, les recherches sur la durée des actes psychiques sont étroitement liées à l'analyse des perceptions, car les associations et les discernements dont on a essayé de mesurer la durée sont toujours des opérations qui figurent dans la perception, de sorte que la durée, bien qu'étant un caractère commun à tous les phénomènes psychologiques, n'a été mesurée que dans la perception ou les opérations qui la composent, et que par suite la mesure de la durée fait partie de l'analyse mathématique des perceptions. D'autre part, l'analyse des perceptions que s'est proposée Wundt n'est pas une analyse purement qualitative et descriptive, mais c'est autant que possible une analyse quantitative. Bref, la psychophysique a maintenant pour objet l'analyse quantitative des perceptions.

Entre ces diverses conceptions de la psychophysique, il y a cependant des points communs nombreux et importants : 1° il s'agit toujours d'étudier les opérations inférieures de la connaissance, qui contribuent toutes à la formation de la perception, et dont la perception nous présente une sorte de résumé ; 2° il s'agit toujours de mesurer tout ce qui, dans les faits de ce genre, apparaît comme mesurable ; 3° la méthode générale consiste à étudier les phénomènes psychologiques à travers les phénomènes physiques, et en particulier

à atteindre et à exprimer les quantités psychologiques par le
moyen des quantités physiques ; 4° les principaux procédés
d'observation ou d'expérimentation sont les procédés mêmes
de Fechner ou bien en dérivent.

Malgré cette parenté qui existe entre les diverses formes
sous lesquelles s'est présentée la psychophysique, je prendrai
ici le mot de psychophysique dans son sens primitif, c'est-à-
dire que je me bornerai à exposer la psychophysique telle
que l'a conçue Fechner, à faire connaître les nombreuses
discussions dont elle a été l'objet, et enfin à l'apprécier à mon
point de vue. Traiter de la psychophysique au sens large,
faire l'histoire des travaux entrepris depuis près de quarante
ans relativement à la mesure de la sensibilité et à l'analyse
des perceptions, serait une œuvre trop considérable. Il serait
utile, sans doute, de dresser le tableau des résultats acquis
dans ce genre de recherches, mais, outre qu'il existe des
controverses sur une multitude de points, ce travail serait
forcément incomplet avant d'être achevé, tellement la produc-
tion scientifique est active. Au contraire, l'œuvre de Fechner
appartient à l'histoire : il est donc possible de l'exposer, et
de porter sur la valeur de cette œuvre un jugement qui ait
des chances d'être définitif.

Voici les principaux écrits où Fechner a exposé ses
recherches psychophysiques :

1858. *Das psychische Mass*, Fichte's Zeitschr. f. Philos.
N. F. XXXII, p. 1–24. (Je n'ai pu me procurer cet article,
mais je crois que les idées qu'il contient sont résumées dans
les *Elemente der Psychophysik*).

1859. *Uber ein psychophysisches Grundgesetz und dessen
Beziehung zur Schätzung der Sterngrössen*. Abhandl. d.
Kgl. sächs. Ges. d. Wiss. 1859, Bd IV, p. 457–532.

Nachtrag zu dieser Abhandlung. Ber. d. Kgl. sächs. Ges.
d. Wiss. 1859, Bd XI, p. 58–86.

(Ces deux mémoires sont résumés dans les *Elemente der
Psychophysik*).

1860. *Elemente der Psychophysik*, 2 vol.

Uber die Contrastempfindung, Ber. d. Kgl. sächs. Ges. d. Wiss. Math. Phys. Cl. 1860, p. 71-145.

1864. *Ueber die Frage des psychophysischen Grundgesetzes mit Rücksicht auf Aubert's Versuche*, Ber. d. Kgl. sächs. Ges. d. Wiss. Math. Phys. Cl. XVI, p. 1-20.

1874. *Kritische Besprechung von J. Delbœuf's Etude Psychophysique*, Ienaer Literaturzeitung, I, 28, p. 421-423. (Réimprimé par Preyer dans *Wissenschaftliche Briefe* von Fechner und Preyer, 1890).

1877. *In Sachen der Psychophysik*, VIII-220 p.

1882. *Revision der Hauptpunkte der Psychophysik*, XII-426 p.

Ueber die Aufgaben der Psychophysik, Allgemeine Zeitung (München). (Réimprimé en appendice dans *Wissenschaftliche Briefe*.

1884. *Ueber die Frage des Weber'schen Gesetzes und des Periodicitätsgesetzes im Gebiete des Zeitsinns*, Abhandl. d. Kgl. sächs. Ges. d. Wiss. Math. Phys. Cl. Bd XII, p. 1-108.

Ueber die Methode der richtigen und falschen Fälle in Anwendung auf die Massbestimmungen der Feinheit oder extensiven Empfindlichkeit des Raumsinns, Ibid. p. 109-312.

Analyse du travail précédent avec le même titre, dans Zeitschrift f. Biologie, XXI, p. 527-569.

1885. *In Sachen des Zeitsinns und der Methode der richtigen und falschen Fälle, gegen Estel und Lorenz*, Philosophische Studien, III, p. 1-37.

1887. *Ueber die psychischen Massprincipien und das Weber'sche Gesetz*, Phil. Stud. IV, p. 161-230.

Le plus important de ces ouvrages, *Elemente der Psychophysik*, a été réédité par Wundt en 1889. Wundt a ajouté en appendice au premier volume la liste complète des publications de Fechner (1821-1887).

PREMIÈRE PARTIE

FECHNER ET SES PRÉDÉCESSEURS

Les théories psychophysiques de Fechner ont déjà été exposées en français, en particulier par Delbœuf (1) et par M. Ribot (2). Le livre de M. Ribot est dans toutes les mains : je ne chercherai donc pas à refaire son travail ; j'exposerai les théories psychophysiques de Fechner et les travaux de ses prédécesseurs en faisant connaître d'une manière plus détaillée les points sur lesquels portera ensuite la critique.

(1) *Étude psychophysique*, Bruxelles, 1873 ; réimprimée dans les *Éléments de psychophysique générale et spéciale*, Paris, 1883.

(2) *La Psychologie allemande contemporaine*, p. 155-214, (1879).

CHAPITRE PREMIER

Pour établir une relation mathématique entre la sensation et l'excitation qui la produit (problème de la psychophysique externe) puis entre la sensation et les phénomènes physiologiques dont elle dérive (problème de la psychophysique interne), il faut avoir une mesure de la sensation. C'est pourquoi la plus grande partie du principal ouvrage psychophysique de Fechner (*Elemente der Psychophysik*) est consacrée à la mesure des sensations. Il se trouve d'ailleurs que, selon Fechner, on ne peut mesurer les sensations qu'en s'appuyant sur la relation générale qui existe entre la sensation et l'excitation correspondante, de sorte que la loi qui donne le moyen de mesurer les sensations est en même temps la loi fondamentale de la psychophysique externe. C'est la loi logarithmique, ou, comme on l'appelle encore, la loi de Fechner, ou la loi psychophysique fondamentale. D'après cette loi, l'intensité de la sensation est égale au logarithme de l'excitation correspondante. Fechner arrive à la formule en s'appuyant sur une série de principes, et sur deux lois préalables, qu'il appelle, l'une loi de Weber, l'autre loi du seuil.

Ce que Fechner prétend mesurer dans les sensations, c'est l'intensité. Il divise les sensations en intensives et extensives, selon le caractère intensif ou extensif de l'objet perçu ; ainsi la sensation de lumière est intensive, la perception d'une étendue par la vue ou le toucher est extensive. Fechner s'attache à mesurer, « de préférence, sinon exclusivement, les sensations intensives » (1). D'autre part, il distingue dans toutes les sensations, intensives et extensives, la grandeur *(Grösse)* et la forme *(Form)*, et dans les sensations intensives il donne encore à la grandeur le nom de force *(Stärke)* et à la forme le nom de qualité *(Qualität)*. Donc ce qu'il veut mesurer, c'est la force en intensité des sensations intensives. Sur ce point, Fechner ne donne pas d'autres explications : il a regardé sans doute cette notion de l'intensité ou de la force des sensations comme parfaitement claire par elle-même. Je crois cependant qu'elle contient une confusion fondamentale, qui a été très nuisible au développement de la psychophysique. J'y reviendrai en étudiant la valeur des théories psychophysiques.

Sur un autre point encore, Fechner se montre très sobre d'explications : « Nous nous occuperons, dit-il, des sensations des sens *(sinnliche Empfindungen)* en prenant ce mot de sensation dans son acception ordinaire » (2). Mais quelle est donc l'acception ordinaire du mot sensation ? Il suffit de prendre à peu près au hasard quelques ouvrages de psychologie pour voir que les psychologues ne donnent pas le même sens à ce mot. Pour Taine (3), par exemple, la sensation est la représentation qui correspond à un mouvement vibratoire unique formant un des éléments du phénomène physique qui sert d'excitation ; pour M. Richet (4), la sensation ne commence qu'avec le premier phénomène, soit de conscience claire, soit de conscience vague et indécise, qui

---

(1) *Elemente der Psychophysik*, t. I, p. 16.
(2) *Ibid.*, p. 15.
(3) *De l'Intelligence*, 1re partie, livre III, ch. II, p. 230 sqq. 4e édition.
(4) *Psychologie générale*, p. 122 et 127.

résulte d'une excitation mécanique,ou chimique,ou électrique, ou thermique, c'est-à-dire qui résulte d'un phénomène pouvant comprendre une multitude de mouvements vibratoires. D'ailleurs, ce n'est ni dans l'un ni dans l'autre de ces deux sens nettement définis que Fechner prend le mot de sensation, puisqu'il range parmi les sensations auxquelles il applique sa loi la connaissance que l'on prend d'un poids en le soulevant avec la main, connaissance dans la formation de laquelle intervient, en même temps que des sensations de la peau, des muscles et sans doute aussi des jointures, une comparaison avec le souvenir de sensations analogues obtenues dans d'autres cas. Donc, ce que Fechner appelle sensation, c'est plutôt ce que l'on appelle perception, et même en donnant à ce mot un sens très large. Cependant la sensation proprement dite, quelle que soit la manière dont on la conçoive en la distinguant de la perception, doit être comprise aussi parmi les phénomènes auxquels Fechner applique sa loi, et par suite on ne sait pas au juste quel est, dans la série des phénomènes de connaissance qui résultent d'une excitation sensorielle, celui qui est égal au logarithme de cette excitation. Il y a donc là, au début de la psychophysique, une deuxième obscurité. J'y reviendrai plus tard, dans l'examen critique.

L'intensité des sensations étant ainsi définie d'une manière un peu confuse, Fechner, pour arriver à la mesurer, établit d'abord une méthode de mesure de la sensibilité. La sensibilité varie chez les différents hommes, et, chez le même homme, elle varie suivant le moment et les circonstances : la preuve en est qu'une même excitation peut être sentie de façons différentes et que des excitations différentes peuvent être senties comme égales. Comment donc peut-on mesurer les degrés de la sensibilité ? — Comme la mesure d'une grandeur consiste à déterminer combien de fois elle contient une grandeur de même espèce prise pour unité, la sensibilité ne peut pas être mesurée directement. Mais on peut mesurer quelque chose qui est lié à la sensibilité d'une façon régulière, qui grandit et diminue avec elle, et avec quoi elle aussi grandit et diminue : on obtiendra de cette façon une mesure indirecte. Par exemple, on peut chercher à mesurer, soit la grandeur de deux sensations produites par des excitations égales, soit la grandeur de deux excitations qui produisent des sensations égales. La première méthode supposerait la mesure de la sensation déjà obtenue : il est par suite impossible de l'employer, car la mesure de la sensation doit s'appuyer sur la mesure de la sensibilité. En revanche, on peut employer la deuxième méthode, qui suppose seulement la constatation de l'égalité de deux sensations. La mesure de la sensibilité se trouve ainsi ramenée à constater l'égalité de deux sensations. On dira par conséquent que la sensibilité est double si une excitation deux fois moins forte produit une sensation égale.

En outre de la sensibilité aux excitations, on peut mesurer de la même façon la sensibilité aux différences d'excitation, ou la sensibilité différentielle (*Empfindlichkeit für Reizunterschiede, Unterschiedsempfindlichkeit*). Il suffit de remplacer dans la mesure précédente l'excitation par la différence d'excitation. Pour mesurer comparativement la sensibilité différentielle dans deux cas, il faut donc mesurer les différences d'excitation qui produisent dans ces deux cas des différences égales de sensation. Si donc une différence double ou triple entre les excitations est requise pour produire une différence égale de sensation, on peut dire que la sensibilité est deux ou trois fois plus faible. — Il faut remarquer d'ailleurs que, tandis que la sensibilité aux excitations varie avec les personnes, les circonstances et les sens, la sensibilité aux différences varie aussi avec la grandeur absolue des excitations entre lesquelles existent les différences : d'une manière générale, et c'est là un fait capital pour toute la psychophysique, plus les excitations sont fortes, plus la différence absolue doit être grande pour produire une différence égale de sensation. Il faut distinguer par suite la sensibilité aux différences absolues et la sensibilité aux différences relatives.

Ainsi le principe de mesure de la sensibilité selon Fechner peut se formuler de la manière suivante : la mesure de la sensibilité aux excitations est donnée par la valeur inverse des excitations qui produisent des sensations égales, et la mesure de la sensibilité aux différences est donnée par la valeur inverse des différences (absolues ou relatives) d'excitation qui produisent des différences égales de sensation. Cette mesure est donc seulement ce qu'on appelle une mesure comparative. Elle ne consiste pas à trouver combien de fois la sensibilité que l'on mesure contient une autre sensibilité qui serait prise pour unité, elle ne suppose pas que l'on emploie une unité de mesure que l'on pourra retrouver à volonté, un étalon ; mais elle consiste seulement à établir le rapport qui existe entre deux sensibilités en déterminant le rapport qui existe entre deux excitations qui produisent deux sensations égales.

Aux yeux de Fechner, ces mesures doivent servir de base à la mesure des sensations, et c'est là ce qui en fait pour lui le principal intérêt : car la sensibilité varie tellement par suite d'innombrables circonstances internes et externes que ce serait peine perdue de chercher à la mesurer d'une façon usuelle. Il reste intéressant, cependant, de déterminer : 1° ses valeurs limites ; 2° ses valeurs moyennes ; 3° la dépendance de ses variations par rapport aux circonstances ; 4° les lois que président à ces variations (1).

Passons maintenant au principe de la mesure des sensations. Qu'il y ait de la quantité dans les sensations, et dans les phénomènes spirituels d'une manière générale, c'est ce que Fechner regarde comme incontestable. « Non seulement, dit-il, on peut parler de la force plus ou moins

(1) *Elemente der Psychophysik*, t. I, p. 45-53.

grande des sensations, mais il existe aussi une force variable des tendances, il y a des degrés plus ou moins élevés dans l'attention, dans la vivacité des images de la mémoire et de l'imagination, dans la clarté de la conscience prise dans son ensemble, aussi bien que dans l'intensité des pensées prises isolément. Chez l'homme endormi, la conscience est entièrement éteinte, chez celui qui réfléchit profondément, elle est élevée au plus haut degré d'intensité ; et dans la clarté de l'ensemble les représentations et les pensées prises une à une montent et baissent tour à tour. Ainsi, dans la partie supérieure de l'esprit non moins que dans la partie sensitive, dans l'activité de l'esprit prise dans son ensemble non moins que dans les faits psychologiques individuels, on trouve la détermination quantitative (1). »

Comment donc cette quantité peut-elle être atteinte par la mesure, au moins en ce qui concerne les sensations, c'est-à-dire « les faits psychologiques les plus simples et les plus accessibles à l'observation directe ? » — Il s'agit de savoir comment on pourra arriver à établir qu'une sensation est deux fois, trois fois, etc., aussi forte qu'une autre sensation dont la force sera prise comme unité. Or, pas plus que la sensibilité, la sensation ne peut se mesurer directement ; « il ne sera jamais possible de placer une sensation directement sur une autre, de façon à effectuer une mesure de l'une par l'autre (2) ». Mais on peut mesurer la sensation par l'intermédiaire de l'excitation. Il suffit pour cela qu'il existe une relation fonctionnelle entre l'excitation et la sensation, c'est-à-dire qu'à des quantités déterminées de l'excitation correspondent des quantités déterminées de la sensation. Si donc il existe une relation de ce genre et qu'on puisse la découvrir, il ne restera qu'à choisir les unités les plus commodes, et le principe de la mesure des sensations sera le suivant : la

(1) *Elemente der Psychophysik*, t. I, p. 55.
(2) *Elemente der Psychophysik*, t. I, p. 57.

mesure de la sensation est donnée par la mesure de l'excitation, cette dernière mesure étant modifiée conformément à la relation fonctionnelle générale de la sensation avec l'excitation.

Quelle relation fonctionnelle peut-il donc exister entre l'excitation et la sensation ? C'est le grand problème qui se pose ici et à la solution duquel Fechner a consacré une bonne partie de ses travaux.

Il est facile de voir que la sensation n'est pas proportionnelle à l'excitation. Delbœuf et M. Ribot ont cité des faits d'expérience courante pour le montrer (1). D'ailleurs, comme le remarque Fechner, nous n'avons pas le droit d'affirmer une proportionnalité de l'excitation et de la sensation aussi longtemps que nous n'avons pas une mesure de la sensation qui nous garantisse cette proportionnalité (2), et même, quelle que soit la nature de la relation qu'il s'agit de découvrir, il semble impossible de l'établir sans s'appuyer d'abord sur une mesure de la sensation. Là réside, selon Fechner, la difficulté fondamentale.

Il prétend la lever en réunissant deux conditions : « 1° Nous déduisons la fonction entre l'excitation et la sensation d'une fonction entre les éléments dont on peut regarder l'excitation et la sensation comme les sommes ; 2° nous faisons reposer cette fonction sur l'appréciation de l'égalité dans le domaine de la sensation, appréciation qui peut se faire dans l'expérience, et que l'on rend plus sûre par des méthodes rigoureuses (3) ». En effet, une excitation totale considérée mathématiquement peut être conçue comme formée par l'addition d'accroissements positifs à partir de zéro. Fechner pense qu'il en est de même pour une sensation. « Si

(1) Ribot, *Psychologie allemande*, p. 166 ; Delbœuf, *Étude psychophysique*, p. 5 et 6, et passim.

(2) *Elemente der Psychophysik*, t. I, p. 57.

(3) *Ibid.*, I, 58.

maintenant l'on connaît la relation fondamentale entre la somme des accroissements d'excitation à partir de zéro et la somme des accroissements de sensation qui y correspondent, on a par là même la relation fonctionnelle entre l'excitation totale et la sensation totale qu'elle produit (1) ». Ce principe implique d'ailleurs la continuité des sensations, mais Fechner affirme sans hésiter que les sensations sont continues : « Si, dit-il, nous faisons croître en force un son ou une lumière au-dessus du seuil, nous sentons l'accroissement continu à travers toutes les valeurs intermédiaires, depuis les plus basses jusqu'aux plus hautes, et tout accroissement minimum de l'excitation produit nécessairement un accroissement de la sensation, car c'est seulement de cette façon que la sensation peut s'élever des plus basses aux plus hautes valeurs (2). »

Voilà le principe général de la mesure tel qu'il est exposé dans les *Elemente der Psychophysik*. Mais il est indispensable de l'éclaircir par quelques explications, et Fechner a fourni lui-même ces explications dans d'autres passages des *Elemente der Psychophysik* et dans son dernier écrit de Psychophysique : *Ueber die Psychischen Massprincipien und das Weber'sche Gesetz* (3).

D'abord une sensation totale peut être conçue comme formée par l'addition d'accroissements successifs égaux à partir de zéro et par suite comme mesurée par le nombre de ces accroissements. Soit une série de sensations croissantes :

$$a, b, c, d, e\ldots$$

Supposons que $b - a = c - b = d - c = e - d$, c'est-à-dire que les différences entre deux sensations consécutives

(1) *Elemente der Psychophysik*, I, 59.

(2) *Ibid.*, II, p. 84.

(3) Dans Phil. Studien, IV, 161-230, principalement dans la deuxième partie de cet article.

soient égales. On pourra dire que la différence de sensation $e - a$ est égale à quatre fois la différence qui existe
entre deux sensations consécutives, que la différence $e - b$ est
égale à trois fois cette différence élémentaire, etc. On obtient
donc ici une mesure des différences de sensation, puisqu'une
différence de sensation apparaît comme un multiple d'une
autre différence de sensation, qui est constante et que l'on
prend comme unité. On peut donc poser : $e - b = 3 (c - b)$.
— Supposons maintenant que, dans la série des sensations
ci-dessus, l'intensité d'une sensation soit nulle, et soit $b = o$.
En portant cette valeur dans l'équation principale, on
obtient : $e = 3 c$, ce qui est la mesure de la sensation (1). —
Voilà donc un point capital établi. Quant à la question de
savoir si une excitation peut être conçue comme composée
d'une manière analogue, elle ne soulève aucune difficulté.

Maintenant, pour que l'opération précédente puisse être
effectuée, deux conditions sont requises : 1° il faut que l'on
puisse poser une sensation égale à zéro; 2° il faut que l'on
puisse établir une série de sensations telles que les différences
de deux sensations consécutives soient égales. — La première
condition est réalisée par l'existence du seuil d'excitation
(voir plus loin ch. V). La seconde condition est réalisée par
l'existence de la loi de Weber.

Fechner a donné plusieurs formules de la loi de Weber.
Voici la plus explicite : « Une différence entre deux excitations, différence que l'on peut considérer comme une addition
positive ou négative à l'une ou à l'autre des excitations, est
toujours sentie comme également grande, ou bien donne la
même différence de sensation, le même accroissement de
sensation, si son rapport aux excitations entre lesquelles elle
existe reste constant, de quelque façon que sa grandeur
absolue se modifie. Par exemple, un accroissement de 1 à
une excitation dont la force est exprimée par 100 est senti

(1) *Ueb. d. ps. Masspr.*, p. 197.

aussi fortement qu'un accroissement de 2 à une excitation de la force de 200, de 3 à une excitation de la force de 300, etc., etc. » (1).

Je dois faire remarquer ici que cette loi peut être entendue en deux sens : elle peut signifier que nous percevons toujours deux quantités physiques comme différentes l'une de l'autre quand ces deux quantités diffèrent l'une de l'autre selon un certain rapport constant; et elle peut signifier aussi que la différence d'intensité de deux sensations reste constante quand le rapport des deux excitations reste constant. Dans le premier cas, le phénomène psychologique qui dépend du rapport des deux excitations est le jugement que nous portons sur ce rapport; dans le second cas, c'est la différence d'intensité des deux sensations, et par suite c'est l'intensité des sensations qui est en jeu. La loi entendue dans le premier sens ne peut pas conduire à la mesure de l'intensité des sensations; elle peut y conduire si on l'entend dans le deuxième sens. Fechner l'entend dans le deuxième sens, et, parmi les formules qu'il en donne, figure la suivante : « La différence de sensation reste égale quand le rapport des excitations reste égal (2) ». Donc la loi de Weber ainsi entendue exprime qu'il existe une relation fonctionnelle entre une différence de sensation et le rapport des excitations correspondantes. De l'équation qui exprime cette relation, Fechner tirera plus tard l'équation qui exprime la relation de la sensation totale à l'excitation totale correspondante.

Mais pour que la loi de Weber puisse être établie il faut que l'on puisse apprécier des égalités de sensations. En effet la loi de Weber peut encore s'exprimer ainsi : « La sensibilité aux différences relatives d'excitation reste constante, quelle que soit la grandeur absolue des excitations » (3). La

(1) *El. d. Ps.*, t. I, p. 134, Cf. *In Sachen*, p. 42.
(2) *El. d. Ps.*, I, 134.
(3) *El. d. Ps.*, I, 135.

M. FOUCAULT.   3

vérification de la loi de Weber suppose donc la mesure de la sensibilité. Or la mesure de la sensibilité implique que l'on peut apprécier l'égalité des sensations, et les méthodes qui servent à mesurer la sensibilité ont uniquement pour but de donner plus d'exactitude à cette appréciation.

Ainsi la loi de Weber est la base expérimentale de la mesure des sensations, et, par suite, de toute la psychophysique. Si cette loi n'était pas exacte, la psychophysique n'existerait pas (1), du moins telle que l'a conçue Fechner.

(1) *In Sachen der Psychophysik*, p. 42.

CHAPITRE II

Fechner a divisé lui-même ses prédécesseurs en deux classes : ceux qui ont fait des expériences dont la signification peut être invoquée en faveur de la loi de Weber, ceux qui se sont contentés de faire des raisonnements mathématiques aboutissant à la même conclusion et conduisant même implicitement à la mesure des sensations (1).

Parmi ces derniers, un premier groupe est formé par Daniel Bernouilli, Laplace et Poisson. La richesse mesurée par son prix a été appelée par Laplace *fortune physique*, il a donné le nom de *fortune morale* à la conscience des avantages qu'elle procure. Or un accroissement de fortune physique produit pour celui qui le reçoit un accroissement de fortune morale. Mais, toutes choses égales d'ailleurs, l'accroissement de fortune morale est d'autant plus grand que la fortune physique antérieure était moindre. — Bernouilli, qui a fait la même distinction que Laplace sans employer les mêmes expressions, a pensé que l'avantage moral produit par un gain doit être inversement proportionnel à la somme des biens possédés, et il exprime ce rapport en formules mathématiques. — Laplace accepte l'opinion de Bernouilli : « Il est clair, dit-il, qu'un franc a très peu de prix pour celui qui en possède un grand nombre,

(1) *El. d. Ps.* II, p. 548-549.

et que la manière la plus naturelle d'estimer sa valeur relative
est de la supposer en raison inverse de ce nombre. » Laplace
exprime alors dans une formule mathématique cette relation
de la fortune physique avec la fortune morale. « D'après ce
principe, dit-il, x étant la fortune physique d'un individu,
l'accroissement dx qu'elle reçoit produit à l'individu un bien
moral réciproque à cette fortune; l'accroissement de sa fortune morale peut donc être exprimée par $\dfrac{K dx}{x}$, K étant
une constante. Ainsi, en désignant par y la fortune morale
correspondante à la fortune physique x, on aura :

$$y = K \log. x + \log. h,$$

« h étant une constante arbitraire, que l'on déterminera au
moyen d'une valeur de y correspondant à une valeur donnée
de x. » — Enfin les mêmes idées sont acceptées par Poisson,
qui d'ailleurs n'y ajoute rien (1). — Comme on peut, dans
une certaine mesure, assimiler la fortune physique à l'excitation sensorielle et la fortune morale à la sensation, on voit
que Bernouilli, Laplace et Poisson ont donné pour un cas
particulier une expression de la loi de Weber et une formule
générale de la relation fonctionnelle que Fechner lui-même
établira entre l'excitation et la sensation.

Euler, et ultérieurement, Herbart, puis Drobisch, ont établi
une relation du même genre entre la sensation des intervalles
musicaux et les nombres des vibrations correspondantes (2).

(1) Daniel Bernouilli, Comment. Acad. Scient. imp. Petropolit. t. V,
1738, *Specimen theoriæ novæ de mensura sortis*, p. 177 sqq. Laplace,
Théorie analytique des probabilités, p. 187 et 432. Poisson, *Recherches
sur la probabilité*, p. 72. (D'après Fechner, *El. d. Ps.*, t. I, p. 236-238 ;
Cf t. II, p. 549-551).

(2) Euler, *Tentamen novæ theoriæ musices*, 1739, p. 73. Herbart,
Hauptpunkte der Metaphysik, 1807, § 14. Drobisch, différents mémoires,
dont le dernier et le plus important résume les autres, Annalen der
Physik und Chemie, de Poggendorf, t. 90. (D'après Fechner, *El. d. Ps.*
II, p. 550.)

Soient, dit Drobisch, deux sons A et B, dont les nombres de
vibrations sont a et b ; supposons que b est plus grand que a.
La différence entre les nombres de vibrations est $b-a$. Si
l'on passe à l'octave supérieure, elle devient $2b - 2a$,
c'est-à-dire qu'elle devient deux fois plus grande. Si l'on
passe à l'octave inférieure, elle est deux fois moindre,
C'est cependant une chose reconnue que toutes ces paires
de sons ont des intervalles égaux. De l'égalité de l'intervalle
entre les sons A et B avec l'intervalle qui existe entre les
sons placés à l'octave supérieure et à l'octave inférieure, il
résulte que l'intervalle est une fonction du rapport des
vibrations de A et de B, c'est-à-dire de $\dfrac{b}{a}$, rapport qui
ne se modifie pas si l'on divise a et b par les mêmes
nombres. Le calcul montre que, d'une façon générale,
« tous les intervalles sont directement proportionnels aux
logarithmes des rapports qui existent entre les nombres
de vibrations de leurs sons aigus et ceux de leurs sons
graves » (1).

Steinheil en 1837, et d'autres astronomes, ultérieurement,
ont trouvé chacun de leur côté que, la série des grandeurs
d'étoiles appréciées par l'œil formant une progression
arithmétique, les intensités photométriques correspondantes
forment une progression géométrique, et que par suite la
sensation visuelle des étoiles est liée à l'intensité de la
lumière correspondante par une fonction logarithmique.
C'est ainsi que Steinheil a trouvé que, si l'on prend pour
unité de lumière la clarté d'une étoile de sixième grandeur.
la clarté d'une étoile de cinquième grandeur est exprimée
par le nombre 2,831, celle d'une étoile de quatrième
grandeur par le nombre $2,831 \times 2,831 = 8,015$, et que
d'une façon générale la série des intensités lumineuses
forme une progression géométrique dont la raison est

(1) Drobisch, Annalen, etc. p. 375-378.

2,831 (1). C'est là un fait que Fechner reprendra et auquel il attribuera une grande importance.

Passons maintenant aux expériences faites par des prédécesseurs de Fechner.

L'expérience la plus ancienne en date qui soit citée par Fechner a été faite par Bouguer : elle est rapportée par Masson dans les *Annales de Physique et de Chimie* (1845, t. XIV, p. 148-150). Masson donne un extrait d'un ouvrage de Bouguer intitulé : *Traité d'optique sur la gradation de la lumière*, publié par Lacaille en 1760. Bouguer se propose de déterminer « quelle force il faut qu'ait une lumière pour qu'elle en fasse disparaître une plus faible ». Une bougie étant placée à un pied de distance d'une surface très blanche, et une règle étant placée verticalement à côté de la bougie, une deuxième bougie donnant la même lumière que la première est éloignée progressivement jusqu'à ce que l'ombre de la règle projetée par la deuxième bougie vienne à disparaître : l'ombre s'évanouit, et la surface paraît entièrement blanche, c'est-à-dire que la différence entre l'éclairement du fond blanc et l'éclairement de la partie ombrée devient imperceptible, lorsque la deuxième bougie est à huit pieds de distance de la surface éclairée. « Ainsi, conclut Bouguer, la distinction entre les deux lumières n'a cessé d'être visible que lorsque la petite partie ajoutée a été environ soixante-quatre fois plus faible que la première. » L'expérience a été répétée, les bougies ont été changées, de sorte que, pour en exprimer le résultat dans la langue de Fechner, la plus petite différence perceptible entre les deux lumières était environ de 1/64. Bouguer ajoute que la sensibilité doit varier avec l'œil de l'observateur, mais, et c'est là le fait

---

(1) Steinheil, *Elemente der Helligkeitsmessungen am Sternenhimmel*, Abhandl. d. math. phys. Cl. d. Kgl. Bayer. Akad. d. Wiss., II, p. 27, Cf. Fechner, *El. d. Ps.*, I, p. 158 sqq. et G.-E. Müller, *Zur Grundlegung der Psychophysik*, p. 139, sqq.

intéressant au point de vue de la loi de Weber, il a cru reconnaître que pour son œil la sensibilité était indépendante de la force de la lumière (1).

François Arago a répété et varié les expériences de Bouguer, « et, rapporte Masson (2), il a eu l'obligeance de nous apprendre qu'il avait expérimenté avec des lumières colorées ». Arago dit que la disparition de l'ombre a lieu pour le commun des hommes quand la différence entre l'éclairement de l'ombre et l'éclairement du papier blanc est de 1/64. Il ajoute, mais sans donner de détails, cette remarque importante, que l'expérience donne toujours le même résultat, quelle que soit l'intensité *absolue* des deux lumières, de sorte que « un soixante-quatrième d'augmentation ne produit pas d'effet perceptible, sur notre organe ». C'est précisément ce qu'exprime la loi de Weber. — Arago remarque enfin que, si le corps qui porte l'ombre est mis en mouvement avec une certaine vitesse, des différences d'intensité lumineuse inférieures à 1/64 deviennent perceptibles (3).

Masson a repris la même expérience en suivant une méthode différente. Il traçait un secteur sur un disque de papier blanc et noircissait une partie du secteur de façon à laisser en blanc la partie voisine du bord et la partie voisine du centre. Puis le disque était fixé à un appareil capable de lui imprimer une vitesse de rotation de deux à trois cents tours par seconde : la partie noircie du secteur donne alors naissance à une couronne grise. Si le secteur représente 1/60 du cercle, l'éclairement de la couronne est de 1/60 plus faible que celui du fond, « puisque la partie noire enlève à la couronne 1/60 de la lumière qu'elle recevrait sans sa présence. » L'œil qui distingue la couronne sur le fond est

(1) BOUGUER, Ouvrage indiqué, cité textuellement par MASSON, *Annales de Chimie et de Physique*, 1845, 3ᵉ série, t. XIV, p. 148-150.

(2) *Ibid*, p. 150.

(3) ARAGO, *Astronomie populaire*, t. I, p. 192-194.

sensible au soixantième. Masson a trouvé que la plus petite différence perceptible varie selon les personnes, de 1/50 à 1/120. Pour la vérification anticipée de la loi de Weber, voici les faits intéressants qu'il rapporte. « En faisant varier l'intensité de l'éclairement, j'ai trouvé que, quand il était suffisant pour qu'on pût facilement lire dans un in-octavo, la sensibilité ne variait pas pour un même individu. Ainsi, comme Bouguer l'avait reconnu, la sensibilité de l'œil est indépendante de l'intensité de la lumière. J'ai fait varier de plusieurs manières la puissance du rayon lumineux réfléchi par le disque. J'ai pris la lumière d'une carcel placée à diverses distances du disque, l'éclairement par un temps sombre et couvert ; j'ai opéré à la lumière diffuse après le coucher du soleil ; j'ai employé la lumière solaire réfléchie par un héliostat, et quelquefois j'ai rendu le faisceau divergent au moyen d'une lentille. La distance de l'œil au disque est sans influence sur la sensibilité, pourvu qu'on n'atteigne pas une certaine limite déterminée par l'angle soutendu par la couronne. Les résultats n'ont pas été modifiés quand j'ai changé le rapport entre le diamètre du disque et la largeur de la couronne, etc.... En éclairant le disque mobile par des lumières colorées, j'ai pu déterminer si la sensibilité de l'œil variait avec la nature des rayons lumineux. Sauf quelques restrictions....., j'ai trouvé que la limite de sensibilité est indépendante de la couleur. Ainsi, je vois aussi distinctement la couronne au 1/100, soit que j'éclaire le disque par la lumière naturelle, soit que j'emploie des rayons colorés (1). » Les expériences de Masson prouvent donc que la plus petite différence perceptible entre deux éclairements est indépendante de l'intensité absolue des éclairements, au moins dans des limites très larges : elle reste toujours, dans ces limites, une fraction constante de ces éclairements, comme l'exige la loi de Weber. — La même vérification se retrouve, si, au

(1) *Annales de Chimie et de Physique*, mémoire cité, p. 150-152.

lieu d'employer deux lumières continues, on emploie une lumière continue et la lumière instantanée de l'étincelle électrique. Si un disque sur lequel sont tracés des secteurs alternativement blancs et noirs est soumis à une rotation rapide, le disque présente une teinte grise uniforme quand il est éclairé par une lumière continue, tandis que les secteurs sont vus distinctement quand l'éclairement est fourni par l'étincelle électrique. Mais, si l'on emploie simultanément une lumière fixe et une lumière instantanée, l'influence de l'une annule l'influence de l'autre : Masson, qui se proposait principalement de mesurer l'intensité lumineuse des étincelles électriques, et qui voulait mesurer d'abord la sensibilité de l'œil à la lumière, a déterminé la valeur relative que doivent prendre la lumière instantanée et la lumière fixe pour que l'on obtienne la limite de visibilité des secteurs. « J'ai opéré, dit-il, pour diverses intensités d'éclairement. En comparant ainsi la variation de distance nécessaire pour produire l'apparence des secteurs à la distance absolue des lumières, j'ai trouvé, et cela résulte aussi des expériences que je citerai plus loin, qu'on pouvait prendre pour limite de sensibilité dans mes expériences photométriques les nombres obtenus pour les lumières fixes (1). » Ainsi, quand la distance du disque aux lumières est modifiée, c'est-à-dire quand les intensités d'éclairement varient d'une manière assez considérable, la différence relative qui cesse d'être perçue reste constante, et reste la même que pour les lumières continues. C'est une nouvelle vérification anticipée de la loi de Weber, ou plutôt c'est une extension de la vérification précédente.

Un peu avant l'époque où Masson étendait ainsi les expériences de Bouguer et d'Arago sur la mesure de la sensibilité, Steinheil avait observé un fait qui confirme aussi la loi de Weber. A l'occasion d'une méthode pour mesurer la clarté des étoiles, Steinheil constate que l'erreur que l'on commet

---

(1) *Annales de Ch. et de Phys.*, volume cité, p. 153, cf p. 158-159.

en appréciant l'égalité des intensités lumineuses varie proportionnellement à ces intensités. « Le manque de sûreté de
chaque évaluation particulière, dit-il, ne monte pas à plus
de 1/38 de la clarté totale, que celle-ci soit grande ou
petite (1). Puisque l'erreur est proportionnellement la même
et demeure indépendante de la valeur absolue de la clarté, c'est
que la loi de Weber s'y applique. Mais Steinheil n'a considéré
que trois intensités différentes. Il faut remarquer d'autre part
que l'erreur d'appréciation indiquée par Steinheil est beaucoup plus forte que celle qu'avaient trouvée les physiciens
français. Mais Steinheil la donne comme un maximum, et
d'ailleurs, comme Fechner et bien d'autres l'ont trouvé dans
la suite, la loi de Weber subit une déviation quand il s'agit
des excitations faibles, la sensibilité aux différences relatives
diminuant alors d'une façon notable (2). — Steinheil a
employé la méthode des erreurs moyennes, et il l'a employée
en décomposant l'erreur brute en une erreur constante et une
erreur variable, comme Fechner le fera plus tard. Des différences subsistent cependant entre la méthode de Steinheil et la
méthode des erreurs moyennes telle que l'a employée Fechner.
Il est inutile de les exposer ici (Cf. dans le chapitre suivant la
théorie de la méthode des erreurs moyennes selon Fechner).

Relativement aux perceptions auditives, Fechner a trouvé
devant lui deux groupes d'expériences : les unes, du physicien
Delezenne, concernent la hauteur des sons, et ont été publiées
en 1827 (3); les autres, faites par Renz et Wolf sous la

(1) *Elemente der Helligkeitsmessungen am Sternenhimmel*, Abhandl. d.
math. phys. Cl. d. Kgl. Bayer. Akad. d. Wiss., Bd II, p. 14 et 75.
Résumé brièvement par Fechner dans *El. d. Ps.*, I, 156-158, et avec
plus de détails dans Abhandl. d. sächs. Ges. d. Wiss., math. phys.
Cl., IV, p. 477-480.

(2) Voir à la suite (ch. IV) les expériences de Fechner. Cf. plus loin
2e partie, ch. IX, § 1.

(3) *Mémoire sur les valeurs numériques des notes de la gamme*, Recueil
des travaux de la Société des sciences de Lille, 1827.

direction de Vierordt, concernent la force des sons; elles ont
été publiées en 1856 (1), et sont par conséquent postérieures
aux expériences de Weber sur la sensibilité tactile et à l'exposition des idées générales de Weber sur la mesure de la
sensibilité.

Delezenne se proposait de déterminer quelle est la différence la plus faible qui puisse être perçue dans la hauteur de
deux sons. Ayant fixé une corde métallique à ses extrémités
par deux chevalets, de façon que l'intervalle entre les deux
chevalets fût de 1147 millimètres, il plaçait exactement sous
le milieu de la corde un chevalet mobile, qui, la touchant à
peine, n'en augmentait pas la tension; la corde était pressée
sur l'arête aiguë par une autre arête aiguë. « Tout étant
parfaitement égal de chaque côté, dit-il, je fais résonner, soit
alternativement, soit simultanément, les deux moitiés.....
C'est à des distances égales du milieu que l'on opère... On
obtient des sons dont l'identité, évidente pour l'esprit, l'est
aussi pour l'oreille. Mais, si l'on déplace le chevalet mobile de
deux millimètres à droite ou à gauche, la différence devient
sensible aux oreilles les moins exercées, ainsi que je m'en suis
assuré sur plusieurs personnes. Si le déplacement du chevalet
n'est que d'un millimètre, il faut avoir l'oreille assez délicate
pour s'en apercevoir immédiatement... Admettons que ce
soit la limite extrême de sensibilité de l'oreille humaine. »
Le calcul montre que les deux sons sont formés, l'un par
1149 vibrations, l'autre par 1145. « L'oreille la mieux
organisée, dit Delezenne, est donc sensible à une différence
de 4 vibrations sur 1149!!! (2). » Cette différence représente à peine un quart de comma; pour les personnes qui

_____

(1) *Versuche über die Unterscheidung differenter Schallstärke*, dans
Archiv für Physiologische Heilkunde de Vierordt, 1856, p. 185 et dans
Annalen der Physik und der Chemie von Poggendorf, t. XCVIII, p. 595.

(2) Delezenne aurait fait ici une erreur de calcul sur le nombre des
vibrations; cette erreur a été relevée et corrigée par Preyer. Voir plus
loin, 2e partie, ch. IX, § 12.

n'ont jamais essayé de comparer des sons, la différence sentie
est un peu supérieure au demi-comma. « On peut donc
affirmer, conclut l'auteur, que toutes les oreilles sont sensibles
à un intervalle d'un comma entier, quand elles comparent
deux sons voisins de l'unisson, et qu'elles les entendent *alternativement*. Je dis alternativement, parce que, dans la comparaison des sons simultanés, l'oreille tolère de plus grandes
différences » (1). Delezenne a cherché aussi quelle est
l'erreur de perception la plus faible que l'ouïe puisse commettre pour l'intervalle d'octave, pour la quinte, pour la
tierce majeure et la sixte majeure. Le comma étant pris pour
unité, il a trouvé les valeurs suivantes : octave, 0,31 ;
quinte, 0,1461; tierce majeure, 0,284 ; sixte majeure, 0,299
ou 0,441, suivant les cas (2). — Ces expériences sont citées
par Weber et par Fechner. Mais Fechner remarque justement
que le problème que s'est posé Delezenne est celui de savoir
quelles déviations de la pureté peuvent être perçues relativement aux diverses espèces d'intervalles et non pas de savoir
si ces déviations restent constantes pour des sons de hauteurs
différentes (3). Les expériences de Delezenne ne prouvent
donc rien pour ou contre la loi de Weber : cependant, outre
l'intérêt qu'elles présentent en ce qui concerne la mesure de
la sensibilité de l'ouïe à la hauteur des sons, elles fournissent
un procédé expérimental qui peut être employé pour vérifier
la loi de Weber.

Renz et Wolf se proposaient de mesurer la finesse avec
laquelle on distingue la force des sons non musicaux. La
grande difficulté dans cet ordre de recherches est de produire
des sons dont l'intensité puisse être déterminée à volonté et
d'une manière rigoureuse. Renz et Wolf tournèrent la difficulté en faisant varier la distance à laquelle était entendu un

(1) Mémoire cité, p. 4 et 5.
(2) *Ibid.* p. 7 à 15.
(3) FECHNER, *El. d. Ps.*, I, p. 181-182.

son d'intensité constante. Comme la force des sons, à une certaine distance du point d'où ils sont émis, est en raison inverse de la distance on peut comparer les intensités des sons en tenant compte de la distance, et par suite mesurer ces intensités les unes par les autres. Renz et Wolf employaient le tictac d'une montre. Les éxpériences furent organisées avec beaucoup de soin sur les indications de Vierordt. La méthode suivie était celle des cas vrais et faux. Le résultat fut pour les deux observateurs que toutes les réponses étaient vraies quand les intensités des sons étaient l'une par rapport à l'autre comme 1000 et 716, et que, pour des sons dans le rapport de 1000 a 919, le nombre des cas vrais était un peu supérieur au total des cas faux et des cas douteux. Mais le mémoire ne donne pas d'autres chiffres qui puissent être invoqués pour ou contre la loi de Weber. D'ailleurs les expériences étaient trop peu nombreuses pour être probantes à ce point de vue. Les auteurs ont pourtant songé aux variations possibles de la sensibilité différentielle par rapport aux intensités absolues des sons. « Il est à prévoir, disent-ils, que la faculté de distinguer les différences dans les intensités de sons grandit en même temps que grandissent les intensités des sons à comparer, de telle façon cependant que (vraisemblablement de bonne heure) un maximum doit être atteint, à partir duquel la finesse de distinction diminue de nouveau. » (1). La loi de Weber ne s'appliquerait donc à la perception des intensités sonores que d'une manière approximative : la sensibilité aux différences relatives suivrait une courbe non encore déterminée.

Le plus important des précurseurs de Fechner est Weber. Ernst-Heinrich Weber est avant tout un physiologiste. Mais l'une de ses recherches les plus importantes concerne la mesure de la sensibilité tactile, ou de la finesse du toucher dans l'application des distances et des poids. Ses travaux

(1) Archiv für Physiol. Heilkunde, 1856, p. 193.

s'étendent aussi aux sensations de température et à ce qu'il
appelle la cénesthésie des muscles, c'est-à-dire aux sensations
que l'on obtient en soulevant un poids avec la main. La
méthode qu'il a découverte dès 1829 pour la mesure de la
faculté d'apprécier les distances par le toucher est classique
dans tous les pays : elle consiste à déterminer pour la région
de la peau dont on veut mesurer la sensibilité la distance la
plus faible qui doive exister entre deux pointes mousses
simultanément appliquées sur la peau pour que l'on puisse
distinguer deux contacts ; si la distance est moindre, on ne
sent plus qu'un contact. On trouve là le principe d'une
méthode générale pour mesurer la sensibilité, et Weber en a
fait usage pour mesurer plusieurs autres formes de la sensibilité : ainsi il mesure la sensibilité aux pressions en déterminant la plus petite différence qui puisse exister entre deux
poids posés sur la peau immobile pour que l'on perçoive ces
deux poids comme différents l'un de l'autre, — la sensibilité
musculaire de la main et du bras aux pressions en déterminant la plus petite différence qui puisse être perçue entre deux
poids soulevés avec la main, — la sensibilité à la température en déterminant la plus petite différence de température
qui puisse être perçue entre deux liquides par une même
étendue de surface cutanée, — la faculté d'apprécier les lignes
par la vue, etc.

Pour ses expériences sur les poids, il a employé d'abord
des poids de 32 onces (1). Après avoir trouvé que, si les poids
sont d'abord posés sur la main immobile et appuyée, puis
soulevés avec la main, l'appréciation de la différence est plus
de deux fois plus fine dans le deuxième cas que dans le
premier, il déclare que le fait n'aurait pas grande importance
s'il se produisait seulement pour des poids de 32 onces, et s'il
n'en était pas de même pour des poids plus forts ou plus
faibles. C'est de là qu'est sortie la découverte de la loi de

(1) L'once de Saxe valait 29 gr. 232.

Weber, et Weber lui-même en a été un peu surpris. « J'avais supposé, dit-il, que la différence de poids de deux corps huit fois plus légers (que les poids d'environ 32 onces) ne serait pas sentie aussi clairement; pourtant les expériences ont prouvé que la différence entre les petits poids n'est pas perçue avec moins de finesse que la même différence entre les grands poids » (1). Mais les expériences sont bien peu nombreuses. Weber s'est contenté de prendre des poids voisins de 32 drachmes, c'est-à-dire huit fois plus faibles que les poids de 32 onces, et il a trouvé que les différences de poids qui cessent d'être perçues sont exprimées à peu près par les mêmes nombres, qu'il s'agisse d'onces ou de drachmes, et que cela est vrai pour l'appréciation des poids par le toucher seul ou par le toucher combiné avec les sensations musculaires. Voici le résultat de ses expériences (2).

DIFFÉRENCE LA PLUS FAIBLE QUI AIT ÉTÉ PERÇUE

Premier sujet :

		Différence
Toucher	32 onces et 17 onces	15 onces.
Toucher et cénesthésie.	32 onces et 30 1/2 onces . .	1 1/2 onc.
Toucher	32 drachmes et 24 drachmes .	8 drachmes
Toucher et cénesthésie.	32 drachmes et 30 drachmes .	2 drachmes

Deuxième sujet :

Toucher	32 onces et 22 onces	10 onces.
Toucher et cénesthésie.	32 onces et 30 1/2 onces . .	1 1/2 onc.
Toucher	32 drachmes et 22 drachmes .	10 drachmes
Toucher et cénesthésie.	32 drachmes et 30 drachmes .	2 drachmes

Troisième sujet :

Toucher	32 onces et 20 onces	12 onces.
Toucher et cénesthésie.	.32 onces et 26 onces	6 onces.
Toucher et cénesthésie.	32 drachmes et 26 drachmes .	6 drachmes

Quatrième sujet :

Toucher	32 onces et 26 onces	6 onces.
Toucher et cénesthésie.	32 onces et 30 onces	2 onces.
Toucher et cénesthésie.	32 drachmes et 29 drachmes .	3 drachmes

(1) *Annotationes Anatomicæ et Physiologicæ, De pulsu, resorptione, auditu et tactu, Programmata collecta,* fascicule I, p. 91.

(2) *Ibid.,* p. 91-92; cf p. 163.

On voit que les nombres qui expriment les différences sont à peu près les mêmes pour un même sujet, qu'il s'agisse d'onces ou de drachmes.

Dans la conclusion du premier fascicule des *Annotationes*, Weber s'exprime d'une façon plus catégorique : « Si, dit-il, on compare au moyen du toucher deux poids de 30 et 29 demi-onces » (c'est-à-dire deux poids dont la différence est la plus faible qui, selon Weber, puisse être perçue par le toucher et la cénesthésie), « la différence n'est pas perçue plus facilement que si l'on compare deux poids de 30 et 29 drachmes. La différence des poids est égale dans le premier cas à une demi-once, dans le second à une drachme. Comme une demi-once contient quatre drachmes, la différence est dans le premier cas quatre fois plus grande que dans le deuxième. Mais, comme la différence n'est pas perçue dans le premier cas plus facilement que dans le deuxième, il est évident que nous sentons, non pas le poids, mais le rapport des différences. Cela est visible aussi si nous comparons des poids assez voisins pour que leur différence ne soit plus sentie du tout. En comparant par le toucher deux poids de 33 et 34 demi-onces, nous ne sentons pas la différence, et la raison n'en est pas que la demi-once qui fait la différence de ces deux poids n'est pas quelque chose de perceptible par le toucher (car nous percevons clairement des poids cent fois plus petits), c'est que la différence relative des poids à comparer est seulement la trente-quatrième partie du poids le plus lourd. Or, l'expérience m'a appris que des hommes habiles et exercés sentent la différence des poids quand elle n'est pas inférieure à la trentième partie du poids le plus lourd, et qu'ils n'ont pas moins de facilité à sentir cette différence si on emploie des drachmes au lieu de demi-onces (1). »

Weber déclare en outre que la même loi s'applique à la

(1) *Annotationes*, p. 172-173.

perception visuelle des lignes et à la perception de la hauteur des sons. — Au sujet des lignes, il ne donne pas de détails sur les expériences qu'il a faites : il se borne à affirmer que les hommes qui distinguent deux lignes de 100 et 101 millimètres distinguent aussi facilement deux lignes de 50 et 50 1/2 millimètres. — Enfin, pour la hauteur des sons, il rapporte les expériences de Delezenne (citées plus haut), d'après lesquelles des musiciens à l'oreille exercée perçoivent entre deux sons un intervalle de 1/4 de comma, tandis que les autres hommes ne perçoivent une différence de hauteur que si l'intervalle est plus considérable. Il ajoute : « Comme cet auteur ne dit pas que cette différence est perçue plus difficilement dans les sons graves, plus facilement dans les sons aigus, et comme je n'ai jamais entendu dire que la différence fût perçue plus facilement dans les sons aigus que dans les sons graves, je suppose (*suspicor*) que, par l'ouïe aussi, ce n'est pas la différence absolue, mais la différence relative, que nous distinguons (1). »

Ainsi la loi d'après laquelle, en observant les différences des choses, nous percevrions les différences relatives, et non pas les différences absolues, n'est pas posée par Weber comme s'appliquant à tous les sens ; elle n'est présentée que comme une hypothèse vraisemblable en ce qui concerne la hauteur des sons, et même sans doute en ce qui concerne les autres sensations, car Weber termine son étude sur le toucher en exprimant le vœu que ses mesures soient complétées et corrigées (*supplenda et emendanda*) (2).

Dans un travail ultérieur, Weber rappelle les expériences publiées dans les *Annotationes* et formule la loi dans les mêmes termes, mais sans restriction (3). Il ajoute un

(1) *Annotationes*, p. 174.

(2) *Annotationes*, p. 175.

(3) *Tast und Gemeingefühl*, dans Wagner's Handwörterbuch der Physiologie, t. III, partie II, 1846, p. 559, sqq.

seul fait important : c'est que deux observateurs, à qui il présentait des lignes dont la longueur était de 1 ligne et 1,05 ligne (c'est-à-dire environ 2 millimètres et 2,1 millimètres) distinguaient la plus longue de la plus courte, et que leur vue allait même encore plus loin. Lui-même distinguait deux traits dont la différence de longueur était de 1/20 de ligne, et dont la plus longue surpassait la plus courte de 1/17 ou 1/18 de ligne (1). Mais il ne donne pas d'explications sur la façon dont cette expérience a été faite. Il faut noter seulement que la différence relative est ici de beaucoup supérieure à celle que les hommes doués d'une bonne vue peuvent percevoir quand les lignes ont environ 100 millimètres, c'est-à-dire que la loi de Weber subirait une déviation dans la perception des petites lignes.

Ainsi la loi de Weber a été formulée explicitement et comme loi générale par Weber, implicitement et pour des cas particuliers par d'autres ; la formule même de la mesure des sensations a été posée à peu de chose près pour des phénomènes particuliers par Laplace et par Drobisch, — de sorte que, comme le remarque Fechner, le problème de la mesure des sensations a été, dans une certaine mesure, résolu avant d'être posé (2). Mais ce n'est qu'incidemment et à l'occasion de recherches différentes que les prédécesseurs de Fechner lui ont fourni des faits et des formules pour la mesure des sensations. Aucun ne s'était proposé ce but, et Weber lui-même n'avait en vue que la mesure de la sensibilité. Il restait à réunir ces faits épars, à en dégager des hypothèses générales et des formules générales ; en ce qui concerne spécialement la loi de Weber, il restait à en chercher la vérification expérimentale dans des expériences plus étendues, et aussi à en constater et à en étudier les déviations.

(1) *Tast und Gemeingefühl*, p. 561.
(2) *El. d. Ps.* II, p. 552.

CHAPITRE III

Avant d'exposer les expériences de Fechner, il faut donner quelques explications sur les méthodes qu'il a employées. Au fond, toutes ces méthodes avaient déjà servi à ses prédécesseurs, mais il s'est attaché à les perfectionner et à résoudre les problèmes souvent embarrassants qu'elles soulèvent.

La méthode des différences juste perceptibles *(der eben merklichen Unterschiede)*, ou, comme on l'appelle plus souvent, des plus petites différences perceptibles, consiste, étant donnée une certaine excitation qui produit une certaine sensation, à chercher de quelle quantité il faut modifier cette excitation pour produire une sensation qui paraisse juste différente de la première ; la différence juste perceptible est donc une différence perceptible, mais telle que, si peu qu'on la diminue, elle cesse d'être perçue. Si, par exemple, on soulève un poids, on cherche de combien il faut l'augmenter ou le diminuer pour produire une sensation différente. C'est la méthode qu'avait employée Weber, mais Weber se bornait à chercher de quelle quantité il faut augmenter le poids pour produire une différence sensible. — En fait l'emploi de cette méthode exige des tâtonnements, l'expérience n'a de valeur qu'à la condition d'être répétée, les résultats varient selon que l'on commence par une différence trop forte que l'on diminue ou par une différence trop faible que l'on augmente, et il faut établir des compensations d'influences. « D'une manière générale il est convenable, dit Fechner, d'abaisser la différence à partir du sur-perceptible jusqu'au juste perceptible un certain nombre de fois, de l'élever un nombre égal de fois à partir du sous-perceptible jusqu'au juste perceptible, et de prendre le résultat moyen (1). » — Il est facile de comprendre que la grandeur de la sensibilité aux différences est inversement proportionnelle à la grandeur de la différence juste perceptible. — L'inconvénient de cette méthode, signalé par Fechner lui-même (p. 75), est que le degré de la perceptibilité n'est pas facile à saisir : on traverse un intervalle dans lequel on ne sait pas si la différence est perceptible ou non (2).

La méthode des cas vrais et faux est loin d'être aussi simple. Si l'on compare deux excitations qui diffèrent peu l'une de l'autre, c'est-à-dire dont la différence est inférieure à la différence juste perceptible, si l'on répète l'expérience un assez grand nombre de fois, en cherchant à déterminer d'après les sensations éprouvées laquelle des deux excitations est la plus forte, on commet un certain nombre d'erreurs sur le sens de la différence, c'est-à-dire que l'on prend l'excitation la plus forte pour la plus faible, et réciproquement, et dans d'autres cas on hésite à se prononcer : on obtient donc des réponses vraies, des réponses fausses, et des réponses douteuses. Mais comment faut-il interpréter les résultats pour en tirer une mesure de la sensibilité ?

Les élèves de Vierordt, qui ont les premiers employé cette méthode, guidés par Vierordt lui-même, se bornaient à comparer les nombres de cas vrais obtenus dans des conditions variables. Mais ils avaient de cette façon des indications sur le plus ou moins de sensibilité, ils n'avaient pas une mesure de la sensibilité. Fechner s'est attaché pendant plusieurs années à faire des expériences et des calculs en vue

(1) *El. d. Ps.*, I, 72.

(2) Voir plus loin, 2ᵉ partie, ch. VIII, § 2.

de perfectionner la méthode et d'en tirer une mesure de la sensibilité.

D'abord, il élimine les réponses douteuses. Soient, en remplaçant les initiales allemandes employées par Fechner par les initiales françaises, *v* le nombre des cas vrais, *f* le nombre des cas faux, *n* le nombre total, Fechner ajoute les cas douteux par moitié au nombre des cas vrais et au nombre des cas faux, et, pour éviter des fractions embarrassantes dans les calculs, il compte chaque réponse vraie pour deux cas vrais, chaque réponse fausse pour deux cas faux, et chaque réponse douteuse pour un cas vrai et un cas faux. Une première difficulté est résolue par là.

Au point de vue expérimental, la méthode peut être employée de deux façons. Par exemple, quand il s'agit des poids, on peut procéder de deux façons principales : on peut soupeser les deux poids à plusieurs reprises jusqu'à ce que l'on croie pouvoir décider lequel est le plus lourd ; mais on peut aussi soulever chaque poids une fois seulement, et formuler son jugement aussitôt après. Weber avait employé le premier procédé pour chercher la différence juste perceptible. Fechner l'a employé aussi dans ses premières expériences, mais il y a renoncé dans la suite et a rejeté toutes ses expériences faites selon ce procédé. La seconde manière d'opérer permet de donner plus d'uniformité aux expériences et elle se prête mieux à la détermination et à l'élimination des influences perturbatrices, dont Weber n'avait pour ainsi dire pas tenu compte. — On peut aussi faire agir les deux excitations simultanément ou successivement ; mais il est en général préférable d'employer les excitations successives, car on évite de cette façon la dispersion irrégulière de l'attention. — Dans ses expériences sur les poids, Fechner employait une seconde pour soulever le premier poids, une seconde pour le remettre en place, une seconde pour se reposer, une seconde pour soulever le deuxième poids, une seconde pour le remettre en place, en tout cinq secondes par expérience ; il laissait s'écouler cinq secondes, pendant lesquelles il notait le résultat, et recommençait. — Il a pris des précautions minutieuses pour assurer l'uniformité des expériences. Après avoir cherché longtemps avant de trouver un dispositif satisfaisant, il s'est arrêté à celui-ci : une espèce de pied fait de quatre tiges de laiton verticales, reliées à la partie inférieure par une croix horizontale, recevait entre ses tiges des poids à base rectangulaire égale, d'épaisseurs différentes suivant les cas ; un couvercle d'épaisseur variable était posé à la partie supérieure, et au milieu du couvercle était soudée une petite boîte ouverte ; l'appareil avait une poignée mobile qui permettait de le soulever. L'appareil ainsi constitué formait le *poids initial* P, et dans la petite boîte on plaçait le *poids additionnel* D. L'expérience consistait donc à soulever successivement P et P + D, et à discerner lequel était le plus lourd. — La hauteur de soulèvement des poids était toujours la même, 2 pouces 9 lignes. Le poids additionnel était ajouté un même nombre de fois à chacun des deux poids principaux, afin de compenser les influences qu'auraient pu exercer des différences inaperçues dans la construction des appareils. De plus, comme chaque série durait plusieurs jours, Fechner faisait les expériences toujours au même moment de la journée. — Enfin, il s'est attaché à déterminer l'erreur constante et à en annuler l'influence. En effet, le jugement varie selon que l'on soulève d'abord le poids le plus lourd ou le poids le plus léger, et il varie aussi selon que le poids additionnel est ajouté au poids placé à droite ou au poids placé à gauche. De là résultent quatre cas différents que Fechner appelle les quatre cas principaux : dans le premier cas, le poids P + D est placé à gauche et soulevé le premier; dans le deuxième cas, il est placé à gauche et soulevé le deuxième ; dans le troisième cas, il est placé à droite et soulevé le premier ; dans le quatrième cas, il est placé à droite et soulevé le deuxième. Les influences exercées par ces différences produisent ce que Fechner appelle les erreurs de position et d'ordre (*Raum-*

und Zeitfehler). Pour que ces influences pussent s'exercer d'une manière uniforme, et pour que, s'exerçant en sens inverse, elles pussent se compenser, Fechner faisait un nombre égal d'expériences correspondant à chacun des quatre cas principaux, par exemple 16 soulèvements simples pour chaque cas principal dans une série de 64 soulèvements simples, et il les faisait alterner d'une façon régulière. — Il faut dire encore que Fechner, faisant sans collaborateur ses expériences sur les poids, devait placer lui-même le poids additionnel, de sorte qu'il savait lequel des deux poids était réellement le plus lourd : on pourrait croire que cette connaissance exerçait une influence sur le jugement; mais Fechner affirme qu'il n'en était rien. « On s'en tient, déclare-t-il, à ce que disent les sensations comme à quelque chose d'objectif. » (P. 119.)

La difficulté d'interprétation des résultats provient de ce que le rapport du nombre des cas vrais au nombre total des cas dépend de deux causes : la finesse de la sensibilité, et la différence réelle qui existe entre les excitations, ou la valeur de D. Le principe qui a été posé précédemment comme devant servir de base à la mesure de la sensibilité différentielle est que la sensibilité est inversement proportionnelle aux différences qui sont senties de la même façon, c'est-à-dire senties comme égales. Or les différences qui sont senties de la même façon sont ici celles qui donnent des valeurs égales de $\frac{v}{n}$. Si donc une sensibilité, par exemple la sensibilité de la main droite aux différences de poids, s'est manifestée par une certaine valeur de $\frac{v}{n}$ pour une certaine valeur de D, et si l'on veut mesurer la sensibilité de la main gauche par rapport à celle de la main droite, il faudra chercher pour quelle valeur de D la main gauche donnera le même rapport $\frac{v}{n}$, et le rapport des deux sensibilités sera égal au rapport inverse des deux valeurs de D. Les éléments du

problème sont donc les suivants : on sait que, pour une
certaine valeur de D, on a obtenu avec la main droite une
certaine valeur de $\frac{v}{n}$; on obtient avec la main gauche, pour
la même valeur de D, une autre valeur de $\frac{v}{n}$: il s'agit de
trouver quelle valeur devrait avoir D pour que l'on obtînt
avec la main gauche une valeur de $\frac{v}{n}$ égale à celle qu'a
donnée la main droite. On pourrait déterminer par le tâtonnement deux valeurs voisines de D entre lesquelles doit se
trouver la valeur cherchée, mais ce procédé serait extrêmement long, et Fechner le juge même peu rigoureux. Il préfère
employer un procédé mathématique fondé sur une formule
connue sous le nom de formule de Gauss ou de formule de la
précision (1). C'est d'une façon générale la formule qui
donne la mesure de la précision d'un grand nombre d'observations. « 1° La mesure de la sensibilité aux différences
pourrait, dit Fechner, être représentée par la valeur ordinairement désignée par h, qui donne d'après Gauss la mesure
de la précision des observations, attendu que, si l'on conserve
une manière constante de procéder, la précision dépend
seulement de la sensibilité avec laquelle la différence est
saisie. 2° Entre la valeur $\frac{v}{n}$ fournie par l'expérience et le
produit de h par le poids additionnel D qui a fourni la
valeur $\frac{v}{n}$, c'est-à-dire entre $\frac{v}{n}$ et hD, il doit exister une
relation mathématique qui permettrait de déduire hD de $\frac{v}{n}$
et, en divisant hD par D, d'obtenir la valeur h de la sensibilité aux différences. » (P. 102-103). — Fechner ne se
contente pas de faire la déduction mathématique (2) de cette

(1) Voir plus loin, 2ᵉ partie, ch. VIII, § 1.
(2) *El. d. Ps.* I, p. 104-107.

formule qui relie $\dfrac{v}{n}$ à hD, il la vérifie par l'expérience : après avoir dressé des tables qui donnent la valeur de hD pour les valeurs de $\dfrac{v}{n}$ allant de 0,5 à 1, il a cherché dans les résultats de ses nombreuses expériences si les prévisions du calcul étaient vérifiées par ces résultats, et il déclare qu'elles l'étaient, sous la réserve naturellement de petits écarts (1). Les tables permettent donc de trouver les valeurs de h qui mesurent la sensibilité, et, dans le cas où l'on emploie une valeur constante de D, on peut employer immédiatement comme mesures de la sensibilité les valeurs de hD fournies par les tables.

Voir ci-contre la plus importante des tables qui donnent les valeurs de $t = hD$ correspondant aux valeurs de $\dfrac{v}{n}$ de 0,5 à 1.

Enfin, pour éliminer les influences spéciales dues aux positions différentes dans le temps et dans l'espace, on peut choisir entre deux procédés : celui de la compensation incomplète et celui de la compensation complète. Le premier consiste à additionner les valeurs de v obtenues pour les quatre cas principaux, à calculer le rapport $\dfrac{v}{n}$ qui en dépend et à chercher dans la table la valeur correspondante de t. Le deuxième procédé est plus long, mais plus rigoureux : il consiste à déterminer les valeurs de t pour les quatre cas séparément et à prendre la moyenne. C'est ce procédé qu'a suivi Fechner dans ses expériences sur les poids. Même, comme les expériences ont été divisées en fractions selon les dates auxquelles elles ont été faites, il a calculé les valeurs de t pour chaque fraction et en a pris les moyennes. Pour employer commodément la table fondamentale ci-contre, il

(1) Voir plus loin, 2ᵉ partie, ch. VIII, § 1 et 9.

TABLE FONDAMENTALE DE LA MÉTHODE DES CAS VRAIS ET FAUX (1)

$\frac{v}{n}$	$t = hD$	DIFFÉR.
0.50	0.0000	177
0.51	0.0177	178
0.52	0.0355	177
0.53	0.0532	178
0.54	0.0710	180
0.55	0.0890	178
0.56	0.1068	179
0.57	0.1247	181
0.58	0.1428	181
0.59	0.1609	182
0.60	0.1791	183
0.61	0.1974	186
0.62	0.2160	187

$\frac{v}{n}$	$t = hD$	DIFFÉR.
0.63	0.2347	188
0.64	0.2535	190
0.65	0.2725	192
0.66	0.2917	194
0.67	0.3111	196
0.68	0.3307	199
0.69	0.3506	202
0.70	0.3708	205
0.71	0.3913	208
0.72	0.4121	212
0.73	0.4333	216
0.74	0.4549	220
0.75	0.4769	225

$\frac{v}{n}$	$t = hD$	DIFFÉR.
0.76	0.4994	230
0.77	0.5224	236
0.78	0.5460	242
0.79	0.5702	249
0.80	0.5951	257
0.81	0.6208	265
0.82	0.6473	274
0.83	0.6747	285
0.84	0.7032	297
0.85	0.7329	310
0.86	0.7639	326
0.87	0.7965	343
0.88	0.8308	365

$\frac{v}{n}$	$t = hD$	DIFFÉR.
0.89	0.8673	389
0.90	0.9062	419
0.91	0.9481	455
0.92	0.9936	500
0.93	1.0436	558
0.94	1.0994	637
0.95	1.1631	748
0.96	1.2379	918
0.97	1.3297	1234
0.98	1.4531	1907
0.99	1.6438	
1.00	∞	∞

(1) *El. d. Ps.*, I, p. 108.

faudrait diviser les expériences en fractions de 100 (ou de 50 si l'on compte chaque expérience pour deux cas) : le rapport $\dfrac{v}{n}$ n'aurait alors que deux décimales, et la table fournirait directement la valeur correspondante de t.

En résumé, la sensibilité n'est pas proportionnelle au rapport $\dfrac{v}{n}$, mais à une valeur h que les tables dressées par Fechner permettent de calculer à partir de $\dfrac{v}{n}$, — ou bien si l'on emploie une valeur constante de D, la sensibilité est proportionnelle à la valeur de hD, que les tables de Fechner donnent directement en correspondance avec les valeurs de $\dfrac{v}{n}$. Les résultats des expériences de Fechner sur les poids soulevés, donnés dans le chapitre suivant, fourniront des exemples de cette manière de mesurer la sensibilité (1).

La méthode des erreurs moyennes présente des difficultés d'interprétation analogues à celles de la méthode des cas vrais et faux. Cette méthode consiste, une certaine excitation fournissant une certaine sensation, à trouver une excitation qui fournisse une sensation paraissant égale à la première. Si, par exemple, il s'agit de la perception des distances par la vue, on présente une certaine distance au sujet, et il s'applique à trouver par ailleurs une distance égale. On peut procéder de façons différentes : par exemple, on peut donner aux branches d'un compas un certain écartement et chercher à écarter les branches d'un autre compas de façon à ce que la distance des pointes paraisse égale à celle des pointes du premier compas, et c'est ainsi que Fechner a procédé dans ses premières expériences ; on peut fixer deux fils tendus

---

(1) Tout ce qui concerne la méthode des cas vrais et faux est exposé dans *El. d. Ps.* I, 72, 74, 76, 120. Voir en outre la deuxième partie de ce travail, ch. VIII, § 1 et 4.

verticalement de façon à constituer une certaine distance, et faire glisser un troisième fil sur une tige horizontale en cherchant à ce que sa distance par rapport à l'un des premiers fils soit égale à la précédente distance, et c'est ainsi que Fechner et Volkmann ont procédé dans la plus grande partie de leurs expériences; on peut appliquer la méthode de plusieurs autres manières encore.

Cette méthode a été employée surtout dans les expériences sur la perception des distances par la vue et le toucher.. Fechner donne le nom de distance normale *(Normaldistanz)* à la distance qui est prise comme constante, et il appelle distance erronée *(Fehldistanz)* celle qui est appréciée comme lui étant égale et qui comporte généralement une erreur. La différence entre la distance normale et la distance erronée est ce qu'il appelle l'erreur brute, il la désigne par δ. Elle peut être positive ou négative.

Mais, de même que dans la méthode des cas vrais et faux, il existe ici une erreur constante. Dans les expériences sur les longueurs perçues par la vue, on obtient des résultats différents selon que la distance normale est placée à droite ou à gauche, au-dessus ou au-dessous de la distance erronée. « La distance erronée moyenne donnée par une pluralité d'observations, dit Fechner, diffère en général de la distance normale d'une quantité souvent considérable, et les sommes positives et les sommes négatives des erreurs brutes ne sont pas égales en valeur absolue, mais ordinairement l'une dépasse l'autre d'une quantité considérable. Pour étudier cette circonstance comme il convient, j'appelle *erreur constante* la différence entre la distance erronée moyenne et la distance normale, et *erreur pure variable* la différence entre la distance erronée moyenne et une distance erronée particulière, et je substitue la considération de ces deux erreurs à la considération de l'erreur brute (1). »

(1) *El. d. Ps. I*, 121.

L'erreur brute est donc la somme algébrique de l'erreur constante et de l'erreur pure variable. Fechner désigne l'erreur constante par c, l'erreur pure variable par Δ, et la somme des erreurs pures variables obtenues dans une série d'expériences, par $\Sigma \Delta$. Mais comment faut-il interpréter ces deux erreurs ? L'erreur constante dépend visiblement des influences constantes exercées par l'ordre et la position spatiale des grandeurs comparées, et aussi de ce que Fechner appelle les « rapports subjectifs », c'est-à-dire sans doute la constitution mentale et peut-être les dispositions mentales passagères du sujet. L'erreur constante provient donc d'influences qui troublent les rapports naturels de l'esprit et de l'objet, et par suite elle doit être mise de côté dans la mesure de la sensibilité (p. 88). « Les erreurs pures seules doivent être employées dans la mesure de la sensibilité différentielle, et c'est seulement des erreurs pures, et non des erreurs brutes que doit être tirée l'erreur moyenne qui sert à donner cette mesure » (p. 122). De plus, comme les erreurs positives et négatives dépendent au même titre d'un défaut de perception correcte, elles doivent être ajoutées les unes aux autres d'après leur valeur absolue, sans égard à leur signe algébrique ; la sensibilité est donc mesurée par la valeur inverse de l'erreur variable moyenne (p. 72).

L'erreur pure est d'ailleurs indépendante de l'erreur constante : en faisant varier les positions spatiales et l'ordre de succession des distances comparées, on fait varier l'erreur brute et l'erreur constante, mais l'erreur pure variable reste en moyenne sensiblement la même (p. 122).

Dans la mise en œuvre de la méthode, il est indispensable d'employer un nombre assez considérable d'expériences. Par suite, ces expériences se divisent en groupes. On peut admettre que l'erreur constante reste invariable dans un groupe d'expériences consécutives faites dans des conditions rigoureusement identiques ; mais l'erreur constante peut varier d'un groupe à l'autre. Par suite il faut calculer l'errreur constante et les erreurs pures pour chaque groupe d'expériences séparément (p. 125-127).

Fechner ajoute encore d'autres considérations, d'ordre mathématique, sur la possibilité de choisir entre deux façons de calculer l'erreur moyenne (l'une donnant l'erreur moyenne simple, l'autre l'erreur moyenne au carré, ou plus exactement la racine carrée de la somme des carrés des erreurs pures, cette somme étant divisée par le nombre d'observations), — sur la correction des résultats par rapport au nombre fini des expériences, c'est-à-dire sur un moyen de calculer l'erreur moyenne que l'on obtiendrait si le nombre des expériences était infini, — et même sur d'autres corrections encore moins importantes. Je crois inutile d'entrer ici dans le détail, car les deux erreurs moyennes entre lesquelles on peut choisir sont l'une avec l'autre dans un rapport constant, et il est indifférent que l'on prenne l'une ou l'autre, et d'autre part les différentes corrections dont s'est occupé Fechner n'entraînent que des modifications très légères, en réalité négligeables (1).

En résumé, la théorie de Fechner sur la méthode des erreurs moyennes a surtout pour but de décomposer l'erreur brute en une erreur constante et une erreur variable ou erreur pure, et, étant posé que l'erreur constante tient à des conditions particulières indépendantes de la sensibilité, d'établir que la sensibilité est mesurée par la valeur inverse de l'erreur variable moyenne.

(1) Sur la détermination des erreurs élémentaires dont se compose l'erreur constante, voir *El. d. Ps.* II, p. 148-154.

CHAPITRE IV

La loi de Weber selon Fechner.
Les expériences de Fechner

Les expériences que Fechner a faites lui-même ou qu'il a fait faire par son beau-frère Volkmann en vue de vérifier la loi de Weber portent sur la lumière, le son, les poids, la température et les grandeurs extensives perçues par l'œil et par la peau.

§ 1. — *Sensations de lumière.*

Il s'agit de savoir si, la différence relative de deux intensités lumineuses restant constante, cette différence est perçue de la même façon alors que les intensités lumineuses varient en grandeur absolue, et que par conséquent la grandeur absolue de la différence varie aussi. Les expériences ont été faites par la méthode des différences juste perceptibles : Fechner y joint l'interprétation d'un fait capital à ses yeux, à savoir du classement des étoiles par ordre de grandeur. Le tout a été exposé d'abord dans une publication de la *Société des sciences de Leipzig* (*Ueber ein psychophysisches Grundgesetz und dessen Beziehung zur Schätzung der Sterngrössen*, Abhandl. d. kgl. Sächs. Ges. d. Wiss., math.-phys. Cl. 1859, t. IV, p. 457-532), travail qui est en partie résumé, en partie complété dans les *Elemente der Psychophysik* (t. I, p. 139-174).

1° Fechner cherche dans le ciel deux nuages dont les éclairements sont différents, mais juste assez pour qu'il puisse percevoir cette différence, ou bien un nuage qu'il distingue à peine sur le fond du ciel. Il place ensuite devant ses yeux des verres sombres qui ne laissent passer que le tiers de la lumière. La différence absolue devient donc trois fois plus petite, tandis que la différence relative reste la même ; la différence continue à être perçue, elle est même pour le moins aussi nette. — Il place ensuite devant ses yeux des verres qui ne laissent passer que la septième partie de la lumière ; la diffé- rence continue à être perçue. — Il a fait répéter ces expé- riences par d'autres personnes (Hankel, Rüte, Volkmann) et le résultat a été le même. — Il a fait la contre-épreuve : les verres sombres étant placés devant les yeux, il cherche la plus petite différence de lumière qu'il puisse percevoir dans le ciel ; les verres étant enlevés, après une première impression d'aveugle- ment momentané, la différence est encore perçue. — L'obser- vation quotidienne fournit une vérification indirecte de la loi à l'occasion de faits analogues. Si la différence absolue de deux éclairements reste égale, mais si l'on diminue la diffé- rence relative en ajoutant aux deux éclairements des quantités égales, la différence absolue doit, si la loi de Weber est exacte, devenir imperceptible. C'est ce qui arrive en effet : on ne voit plus pendant le jour les étoiles les plus brillantes, parce que l'éclairement du fond du ciel et celui des étoiles sont accrus par l'addition de la lumière du jour ; la différence relative entre l'éclairement des étoiles et celui du fond du ciel est par là diminuée et cesse d'être perceptible (1).

2° On trace sur du papier, avec de l'encre de Chine, des ombres très faibles, les plus faibles que l'on puisse distinguer avec l'œil seul ; puis on les regarde avec des verres qui ne laissent passer qu'une partie de la lumière. Le résultat est le même que dans l'expérience précédente. Il en est de même

(1) *El. d. Ps.*, I, 140-144. *Abhandl.* etc., IV, p. 457-463.

pour la contre-épreuve. « Même avec des combinaisons de
verres obscurcissants, qui, d'après une mesure photométrique
rigoureuse, ne laissent passer que un centième de la lumière,
je reconnais encore, après avoir regardé pendant un moment,
les ombres les plus faibles que je puisse reconnaître avec
l'œil seul. Seulement il faut que l'expérience soit faite avec
une bonne lumière du jour ; car si je la fais avec la lumière
de la lampe de travail avec laquelle j'ai coutume d'écrire, il
devient impossible de reconnaître l'ombre avec le précédent
obscurcissement, tandis qu'avec des verres qui laissent passer
un douzième ou plus de la lumière l'ombre apparaît aussi
nettement que sans obscurcissement (1). »

3° Fechner n'a pas fait lui-même la troisième expérience,
à cause de la faiblesse de sa vue ; il l'a fait faire par son beau-
frère Volkmann, aidé de plusieurs collaborateurs, parmi
lesquels Heidenhain. Une règle placée verticalement devant
un tableau blanc vertical projetait deux ombres sur le tableau
sous l'influence de deux lumières égales L et L'. Puis,
comme dans l'expérience de Bouguer, la lumière L' était
éloignée jusqu'à ce que l'ombre qu'elle donnait cessât d'être
perceptible ; on la rapprochait alors un peu pour obtenir
l'ombre juste perceptible. A ce moment, pour les yeux de
Volkmann, la lumière L' se trouvait dix fois plus éloignée
du tableau que la lumière L, c'est-à-dire que la différence
juste perceptible de lumière s'élevait à un centième, puisque
la partie blanche du tableau recevait la lumière de L et de L',
tandis que l'ombre correspondant à L' ne recevait que la
lumière de L. Si la distance de L par rapport au tableau était
modifiée, la distance de L' devait l'être dans le même rapport
pour que l'on arrivât au point où l'ombre disparaissait.
« L'expérience a été variée en donnant à l'éclairement projeté par L successivement les valeurs 0.36, 1, 2.25, 7.71 et
38.79, l'unité d'éclairement étant fournie par une bougie de

(1) El. d. Ps., I, p. 147.

M. FOUCAULT.

4

stéarine placée à trois décimètres de distance du tableau
blanc, sans que le rapport de la distance de l'autre lumière
au tableau fût modifiée sensiblement ou notablement. Seulement, pour l'intensité la plus faible de L (o.36), il s'est produit
une modification qui vaut la peine d'être mentionnée : la
distance de la lumière L' devait alors être un peu moindre
que dix fois la distance de la lumière L (d'après la table des
résultats, 9.6 fois) pour faire disparaître l'ombre (1). »
Pour trois observateurs autres que Volkmann, la différence
juste perceptible s'est trouvée osciller faiblement autour de
un centième. En outre, pour avoir des résultats plus sûrs et
en raison de ce que l'on est toujours un peu embarrassé pour
fixer le point où l'ombre est juste perceptible, on prenait
pour chaque observateur la moyenne de plusieurs expériences
mais les résultats particuliers oscillaient ordinairement très
peu autour de la moyenne.

4° Enfin, Fechner prétend trouver une vérification indubitable de la loi de Weber dans le classement des étoiles de
1re grandeur, 2e grandeur, etc. Ce classement a été fait dans
l'antiquité d'après les différences de clarté des étoiles, non
pas d'après les différences de clarté mesurées par la photométrie, mais d'après les différences qui apparaissent à la
sensation. Si donc la loi de Weber est valable, la série des
grandeurs des étoiles, constituant une progression arithmétique d'intensités lumineuses senties, doit correspondre à
une progression géométrique d'intensités lumineuses mesurées par la photométrie. Or, d'après les mesures photométriques faites par différents astronomes, la série formée par
les intensités moyennes des étoiles des différentes grandeurs
est une progression géométrique, puisque chaque intensité
est égale à la précédente multipliée par une quantité voisine
de 2.5 si l'on considère l'ordre des intensités croissantes, c'est-
à-dire si l'on se rapproche de la première grandeur. Steinheil

(1) *El. d. Ps.*, I, p. 149-15o. *Abhandl.*, etc., IV, p. 467.

(déjà cité), Stampfer, Johnson et Pogson sont arrivés, indépendamment les uns des autres, à un résultat en somme identique, puisqu'ils regardent tous la série des intensités lumineuses des grandeurs d'étoiles comme une progression géométrique, et qu'ils diffèrent très peu sur la valeur qu'ils donnent à la raison de cette progression : la valeur la plus faible, donnée par Johnson, est de 2.358; la valeur la plus forte, donnée par Steinheil, est de 2.831. Ces différences s'expliquent d'ailleurs par ce fait que les différents astronomes n'ont pas mesuré l'intensité lumineuse des mêmes étoiles. Mais il y a une difficulté grave, résultant de ce que les astronomes ne sont pas tous d'accord : J. Herschel rejette expressément la série géométrique pour y substituer une série de carrés. La série géométrique proposée par Herschel serait : 1, 1/4, 1/9, 1/16, tandis que la série géométrique la plus semblable serait : 1/2, 1/4, 1/8, 1/16... Mais Fechner discute la série de Herschel et trouve que Herschel a choisi, comme représentant la première grandeur, une des étoiles les plus brillantes de cette classe, tandis que, si l'on y substitue une étoile moyenne de première grandeur, qualifiée telle par Herschel lui-même, on retrouve à très peu de chose près la progression géométrique (1).

Voilà les faits sur lesquels Fechner s'est appuyé pour déclarer que la loi de Weber est pleinement vérifiée en ce qui concerne les sensations lumineuses. Cependant la loi a des limites, et Fechner lui-même s'est appliqué à les déterminer.

D'abord, il y a une limite supérieure, c'est-à-dire que la loi ne s'applique pas aux intensités lumineuses très fortes. Ainsi personne ne pourrait, même si l'expérience pouvait se faire sans danger, distinguer les taches du soleil avec l'œil

---

(1) *Abhandl.*, etc., IV, 492-529. Résumé dans *El. d. Ps.* I, 158-163. Voir aussi la dernière exposition faite par Fechner des principes de mesure psychique : *Ueber die Psychischen Massprincipien*, etc., Phil. Studien, IV, 181, 182.

simplement, au moins quand le soleil est au plus haut point,
de sa course, tandis qu'on les perçoit avec des verres sombres.
D'une manière générale il en doit être de même toutes les
fois que la lumière trop forte produit sur l'œil une impression
d'éblouissement (1). La raison en est à coup sûr que l'excitation trop forte menace de détruire l'organe et supprime
par là la sensation (2). Aristote l'avait déjà remarqué.

Il y a aussi une limite inférieure, c'est-à-dire que la loi ne
s'applique pas aux intensités lumineuses très faibles. Si, par
exemple, dans les expériences sur la perception des nuages,
on emploie des verres extrêmement sombres, on ne perçoit
plus aucune différence, parce qu'on ne perçoit plus rien. Les
taches du soleil, qui sont perceptibles avec des verres moyen-
nement sombres, redeviennent très indistinctes si l'on
emploie des verres très obscurs, et finalement ne peuvent être
perçues (3). — D'ailleurs, quand les excitations lumineuses
deviennent très faibles, tout en restant encore perceptibles, il
intervient une cause de perturbation, ou plutôt de complication : c'est la lumière propre de l'œil, qui s'ajoute à la
lumière réfléchie sur l'œil par les objets extérieurs. « On
découvre dans le noir de l'œil fermé, dit Fechner, une sorte
de fine poussière lumineuse qui se présente avec une richesse
différente selon les personnes et selon l'état de l'œil. » Cette
lumière propre de l'œil peut devenir très vive dans les cas
morbides, mais elle est ordinairement faible : dans des expériences faites sous la direction de Fechner, Volkmann a
trouvé que, pour ses yeux, et en admettant que la loi de
Weber s'applique à ces faibles lumières, la lumière propre
était égale à la lumière réfléchie par un velours noir éclairé
par une bougie ordinaire placée à environ 9 pieds (4). —

(1) *El. d. Ps.*, I, 145, 146. — *Abhandl.*, etc., IV, p. 464, sqq.
(2) *El. d. Ps.*, I, p. 163.
(3) *Ibid.*, p. 145, 146, 164.
(4) *El. d. P.*, p. 167, 168.

Quelle que soit la valeur exacte de cette lumière, on comprend qu'elle modifie les conditions de l'expérience quand on cherche à vérifier la loi de Weber pour de faibles intensités lumineuses : la lumière propre de l'œil ajoute alors une quantité égale de lumière aux deux éclairements comparés et en diminue par suite la différence relative. Si les lumières comparées sont assez fortes, cette addition est négligeable ; mais elle doit produire un effet sensible quand elle s'ajoute à de faibles intensités lumineuses. L'expérience montre, en effet, que l'addition d'une quantité même faible de lumière à deux lumières que l'on distingue à peine, fait évanouir la distinction, qu'il s'agisse de la lumière propre de l'œil ou d'une lumière artificielle. « Quand le soir, dit Fechner, on regarde une étoile que l'on a peine à distinguer sur le fond sombre du ciel, on peut la faire disparaître en plaçant devant l'œil un verre sombre, aussi bien qu'en approchant une lampe à côté de l'œil. Une expérience tout à fait analogue pouvait être faite sur la brillante comète du commencement d'octobre 1858. Aussi bien en employant des verres sombres que des verres colorés, ou qu'en approchant une lampe de l'œil, la queue se raccourcissait, et un verre rouge sombre, avec lequel pendant le jour je reconnaissais les plus faibles nuances des nuages, faisait disparaître la comète tout entière (1). » Ainsi l'addition de la lumière propre de l'œil, insensible dans le jour parce qu'elle ne modifie les différences relatives des lumières que d'une façon insignifiante, devient sensible pendant la nuit parce que, renforçant des intensités lumineuses très faibles, elle en diminue la différence relative d'une manière assez considérable : l'étoile cesse d'être visible sur le fond du ciel quand on place un verre sombre devant l'œil parce que, l'étoile et le fond du ciel n'envoyant plus à l'œil qu'une moindre quantité de lumière,

(1) *El. d. Ps.*, I, 169, 170. Cf. sur la lumière propre de l'œil et la limite inférieure de la loi de Weber, *Abhandl.*, etc., IV, p. 481, sqq.

la différence relative de leurs éclaircissements se trouve sensiblement diminuée par l'addition de la lumière propre de l'œil, tandis que dans le jour cette addition est insignifiante; la lampe approchée de l'œil produit le même résultat, parce que la lumière qu'elle projette sur l'œil, ajoutée à la lumière propre de l'œil, modifie de la même façon la différence relative entre l'éclairement de l'étoile et l'éclairement du fond du ciel. La lumière propre de l'œil agit donc de la même manière que la lumière de cette lampe, qui, dans la nuit, empêche de voir une étoile peu lumineuse, et de la même manière que la lumière du jour, qui empêche de voir toutes les étoiles.

En résumé, la loi de Weber s'applique aux intensités lumineuses dans les limites dans lesquelles se meut la vision ordinaire, et l'on peut expliquer les déviations qui paraissent se produire quand il s'agit d'intensités faibles. Il est clair d'ailleurs qu'elle ne trouve son application que si les conditions de l'expérience sont conservées égales, car il est des causes multiples qui influent sur la perceptibilité de la lumière et par suite des différences lumineuses : par exemple, un objet en mouvement est perçu avec plus de facilité qu'au repos, une surface avec plus de facilité qu'un point, une différence dont les composantes sont sombres sur fond clair avec plus de. facilité qu'une différence dont les composantes sont claires sur fond sombre (1).

§ 2. — Sensations de son (2).

On trouve dans les sons deux caractères quantitatifs : la force, qui dépend de l'amplitude des vibrations, et qui est proportionnelle au carré de cette amplitude, et la hauteur qui

(1) *El. d. Ps.* I, 171-175.
(2) *Ibid*, 175-182.

dépend du nombre des vibrations et est mesurée par ce nombre. Ces deux caractères existent dans les sons musicaux *(Töne)*, la force seule existe dans les sons non musicaux ou les bruits *(Geraüsche)*.

Fechner a cherché à vérifier la loi de Weber en ce qui concerne la perception de la force des sons : mais il s'est heurté à la difficulté qui avait déjà embarrassé Renz et Wolf. Il a tourné cette difficulté de la même façon qu'eux. Au cours d'un entretien avec Fechner sur l'utilité qu'il y aurait à étendre la vérification de la loi de Weber à d'autres sensations que les sensations de lumière, Volkmann improvisa un appareil un peu rudimentaire, mais que Fechner jugea cependant pouvoir être employé. Le son était produit par un pendule composé d'une forte aiguille à tricoter oscillant entre deux montants fixés à la partie inférieure à une traverse de bois et reliés à la partie supérieure par une tige de laiton à laquelle était suspendue l'aiguille ; l'aiguille portait à l'extrémité libre un marteau de bois qui frappait une plaque de verre. Pour faire l'expérience, on cherchait deux positions du pendule telles que les sons produits par la chute du marteau fussent assez différents pour qu'un observateur placé auprès de l'appareil et ne connaissant pas les positions du pendule pût discerner sans erreur le son le plus fort, mais que pourtant, si la différence entre les deux positions était diminuée de moitié, le jugement fût tantôt vrai, tantôt faux. Puis l'observateur s'éloignait successivement à 6, 12, 18 pas. Comme les sons vont en s'affaiblissant proportionnellement aux carrés des distances, on conservait ainsi entre les deux sons une différence relative constante, mais on diminuait la différence absolue, ainsi que les sons eux-mêmes, en proportion du carré de la distance. Pour les trois distances, le jugement restait aussi sûr et aussi juste que dans le voisinage de l'appareil (1).

(1) *El. d. Ps.* I, 176, 177.

Dans une deuxième série d'expériences, auxquelles Fechner a pris part, Volkmann a cherché à apporter plus de rigueur. Les sons étaient produits par des billes d'acier tombant sur une plaque d'acier : en faisant varier la hauteur de chute, le poids des billes et la distance à laquelle le son était perçu, on obtenait des intensités sonores qui variaient de une unité à plusieurs centaines d'unités. Les résultats concordèrent avec ceux des précédentes expériences : d'une manière générale, et quelle que fût la force des sons, Volkmann et Heidenhain distinguaient sans erreur des sons dans le rapport de 3 à 4, ce qui est à peu près le résultat obtenu par Renz et Wolf. — Mais Fechner ne donne pas le détail des résultats, et Volkmann ne l'a publié nulle part à ma connaissance. D'autre part, le calcul rigoureux des intensités sonores n'était guère plus facile dans cette deuxième série d'expériences que dans la première : en particulier, la question reste indécise de savoir s'il faut considérer la force des sons comme proportionnelle à la hauteur de chute ou à la racine carrée de la hauteur de chute, et Fechner est en désaccord sur ce point avec Schafhäutl. Fechner avait d'ailleurs projeté de faire des expériences avec un double pendule sonore dont le marteau frappait une épaisse plaque d'ardoise : mais il n'eut pas le temps d'exécuter ce projet.

En outre du manque d'exactitude dans la détermination des intensités sonores, les deux séries d'expériences ont été faites avec la méthode de la plus petite différence perceptible, qui ne peut guère donner que des résultats approximatifs. La conclusion de Fechner est que la loi de Weber est vérifiée en gros par ces expériences, c'est-à-dire que, quand nous cherchons à distinguer la force des sons, nous réglons notre appréciation d'après les différences relatives et non d'après les différences absolues et que la plus petite différence relative que nous puissions distinguer est sensiblement constante. Il reste donc place, même dans les limites d'intensités sonores où ont été faites les expériences, pour de faibles déviations,

sans que les expériences fournissent la moindre indication
relativement à l'existence réelle de pareilles déviations (1).

En revanche, en ce qui concerne la hauteur des sons,
Fechner regarde la loi comme pleinement vérifiée, sans qu'on
ait besoin d'expériences. En effet, les intervalles musicaux
sont sentis comme égaux quand ils correspondent, à des
hauteurs différentes, à des rapports égaux des nombres de
vibrations. C'est d'ailleurs sur ce fait que Euler, Herbart et
Drobisch se sont appuyés dans leurs études mathématiques
sur les rapports des sons.

§ 3. — *Sensations de poids* (2).

Les expériences de Fechner sur les poids ont porté sur les
poids soulevés avec la main, et par suite il s'agit de sensations
musculaires unies à des sensations tactiles. La méthode a
été uniquement celle des cas vrais et faux, telle qu'elle est
décrite dans le chapitre précédent. Il suffit donc d'indiquer
ici les résultats.

Fechner a d'abord fait deux séries d'expériences, avec des
poids normaux allant de 300 à 3000 grammes, et des poids
additionnels représentant 4 centièmes et 8 centièmes du
poids principal. Dans l'une des séries, les deux mains étaient
employées, c'est-à-dire que l'un des poids était soulevé avec
la main droite, l'autre avec la main gauche, successivement ;
dans l'autre série, les deux poids étaient soulevés successivement avec la même main, et les deux mains ont été employées
l'une après l'autre. L'ordre des poids principaux, l'ordre de
soulèvement des deux poids, la position spatiale ont été soumis avec soin aux alternances qui sont indispensables pour
compenser les influences particulières.

(1) *El. d. Ps.* I, 177-179.
(2) *Ibid;* I, 183-201.

TABLEAU I. — Série a deux mains

Valeurs de v pour les 4 cas principaux, et sommes de ces valeurs (1).

P	$n = 512$										Sommes des 8 valeurs de v pour $n = 4\,096$
	D = 0.04 P				Sommes des 4 v. $n = 2\,048$	D = 0.08 P				Sommes des 4 v. $n = 2\,048$	
	v_1	v_2	v_3	v_4		v_1	v_2	v_3	v_4		
gram.											
300	328	304	328	266	1 226	404	358	372	300	1 434	2 660
500	352	274	321	288	1 235	399	339	364	306	1 408	2 643
1 000	334	318	335	309	1 296	377	365	410	338	1 490	2 786 (2)
1 500	346	323	308	344	1 321	408	402	399	383	1 592	2 913
2 000	296	365	309	373	1 343	404	385	439	398	1 626	2 969
3 000	244	393	265	433	1 335	392	447	390	428	1 657	2 992

Je reproduis ci-contre une partie des tableaux dans lesquels Fechner donne ses résultats. Pour la série à deux mains, je donne d'abord (tableau I) les nombres de cas vrais (v_1, v_2, v_3, v_4) obtenus pour chacun des quatre cas principaux relatifs à l'ordre de soulèvement et à la position spatiale ; puis, pour la même série (tableau II) les valeurs de $h\,D$, que Fechner désigne ordinairement par t (t_1, t_2, t_3, t_4), déduites des nombres précédents au moyen des tables qui permettent de calculer la mesure de la précision. A ces deux tableaux j'ajoute les sommes des valeurs de v pour chacun des poids principaux (tableau I, dernière colonne à droite et les deux

(1) *El. d. Ps.*, I, p. 190.
(2) Le tableau de Fechner porte ici 2796, mais visiblement par erreur.

TABLEAU II. — Série a deux mains

Valeurs de $t = hD$, tirées des valeurs de $\dfrac{v}{n}$ fournies par le tableau I (1)

P	D = 0.04 P					D = 0.08 P					
	t_1	t_2	t_3	t_4	SOMMES des 4 val. de t	t_1	t_2	t_3	t_4	SOMMES des 4 val. de t	SOMMES des 8 val. de t
gr.											
300	2 547	1 677	2 547	346	7 117	5 679	3 692	4 260	1 535	15 166	22 383
500	3 456	614	2 290	1 112	7 482	5 444	2 958	3 932	1 749	14 083	21 565
1 000	2 769	2 181	2 807	1 856	9 613	4 469	3 973	5 971	2 920	17 333	26 946
1 500	3 224	2 363	1 820	3 147	10 554	5 873	5 584	5 444	4 726	21 627	32 181
2 000	1 394	3 973	1 856	4 301	11 524	5 679	4 813	7 558	5 397	23 447	34 971
3 000	—416	5 168	312	7 200	12 264	5 123	8 067	5 034	6 915	25 139	37 403

(1) *El. d. Ps.*, I, p. 190. — Tous ces nombres, pour éviter les décimales, sont multipliés par 10.000, ce qui est légitime, puisqu'ils n'ont de valeur que comparativement.

colonnes à droite des valeurs de v pour les deux poids additionnels), et les sommes correspondantes des valeurs de t (tableau II, dernière colonne de droite, et les deux colonnes à la droite des valeurs de t pour les deux poids additionnels). Les résultats de la série à deux mains sont ainsi détaillés afin de montrer l'application de la méthode décrite dans le chapitre précédent ; ce sont les sommes ins- crites dans les colonnes de droite qu'il faut considérer seules pour voir si la loi de Weber est vérifiée. — Pour la série à une seule main, je ne donne que les sommes des valeurs de v (tableau III) et les moyennes des valeurs de t (tableau IV), pour chacun des poids principaux.

TABLEAU III. — Série a une seule main

Valeurs de v (1)

P	$n = 1.024$				SOMMES
	D = 0.04 P		D = 0.08 P		($n = 4.096$
	main gauche	main droite	main gauche	main droite	
gr.					
300	689	662	759	728	2 833
500	671	683	785	779	2 918
1 000	668	770	795	811	3 044
1 500	711	754	822	865	3 152
2 000	731	751	831	835	3 148
3 000	710	750	859	867	3 186

(1) *El. d. Ps.*, I, p. 186.

TABLEAU IV. — Série a une seule main.

Valeurs moyennes de $t = hD$, tirées des valeurs $\dfrac{v}{n}$ du tableau III, et calculées pour $n = 64$ (1).

P	MAIN GAUCHE			MAIN DROITE			Moyennes générales pour les deux mains tirées de 64 fractions de 64 soulèvements
	$D = 0.04\,P$ Moyennes tirées de 16 fractions de 64 soulèvements	$D = 0.08\,P$ Moyennes tirées de 16 fractions de 64 soulèvements	Moyennes tirées de 32 fractions de 64 soulèvements	$D = 0.04\,P$ Moyennes tirées de 16 fractions de 64 soulèvements	$D = 0.08\,P$ Moyennes tirées de 16 fractions de 64 soulèvements	Moyennes tirées de 32 fractions de 64 soulèvements	
300	3 916	4 845	4 381	3 658	5 360	4 509	4 445
500	2 876	5 246	4 061	3 349	5 584	4 467	4 264
1 000	2 906	5 649	4 278	5 103	6 230	5 667	4 973
1 500	4 016	6 426	5 221	4 638	7 647	6 143	5.682
2 000	4 700	6 515	5 608	4 517	6.821	5 669	5.639
3 000	4 455	8 084	6 220	4 551	7 616	6 084	6 152

Les résultats contenus dans ces quatre tableaux fournissent des indications au sujet de la méthode des cas vrais et faux et au sujet de la loi de Weber.

Relativement à la méthode, les tableaux I et II montrent comment Fechner déduit t ou hD de $\dfrac{v}{n}$, et comment il distingue les valeurs de v et de t selon les quatre positions principales des poids dans le temps et dans l'espace. Si l'on considère dans le tableau I les valeurs variables que prend v selon les positions dans le temps et dans l'espace, on se rend compte des influences considérables exercées par ces différentes positions et de la nécessité de les compenser. Cette

(1) *El. d. Ps.*, I, p. 193.

nécessité apparaît même d'une façon plutôt frappante si l'on considère, dans le tableau II, les valeurs que prend t selon ces mêmes positions : les valeurs de t, proportionnelles à la sensibilité, paraissent alors tout à fait capricieuses, et cependant, quand la compensation est faite, les sommes des 4 valeurs de t, ou celles des 8 valeurs, représentent des nombres qui témoignent d'un ordre visible. Le tableau II permet de contrôler la légitimité de la déduction mathématique de t à partir de $\dfrac{v}{n}$: si cette déduction est légitime, le principe de mesure de la sensibilité exige que, quand le poids additionnel est doublé, c'est-à-dire que quand D passe de 0.04 P à 0.08 P, les valeurs de t soient doublées ; or, en comparant les nombres qui donnent les sommes des quatre valeurs de t pour D $= 0.04$ P avec ceux qui donnent les sommes correspondantes pour D $= 0.08$, on voit que ces dernières sont à peu près exactement doubles des premières. — Le tableau IV donne un exemple de la façon dont Fechner fractionne les expériences pour calculer t. On y voit aussi que les nombres qui donnent la mesure de la précision pour les deux poids additionnels sont assez loin d'être respectivement dans le rapport de 1 à 2, comme l'exigerait la méthode. Le résultat n'est pas ici aussi satisfaisant qu'en ce qui concerne la série à deux mains (1).

Étudions maintenant les résultats au point de vue de la loi de Weber. Pour que les expériences de Fechner pussent vérifier directement la loi de Weber, il faudrait que, pour les six poids normaux qui ont été employés, la sensibilité différentielle fût constante quand la différence relative, c'est-à-dire la valeur de D, est constante. Par conséquent, dans le tableau II, les nombres qui donnent la somme des valeurs de t pour D $= 0,04$ P devraient être à peu près égaux ; de même les nombres qui donnent les sommes des valeurs de t

(1) Voir sur ce point 2ᵉ partie, ch. VIII, § 1.

pour $D = 0,08\ P$; de même aussi les nombres de la dernière colonne à droite ; dans le tableau IV, les nombres de chaque colonne verticale devraient être à peu près égaux ; et même, dans les tableaux I et III qui donnent les nombres de cas vrais, ces nombres devraient être à peu près les mêmes pour les différents poids principaux quand la différence relative est la même. Or la simple inspection des nombres de cas vrais montre que cette exigence n'est pas satisfaite, et l'examen des valeurs de t fait apparaître le même résultat : à part quelques rares exceptions, qui tiennent sans doute à des influences particulières ou accidentelles non compensées ou inaperçues, les valeurs totales de v et de t vont visiblement en grandissant à mesure que les poids principaux sont plus élevés ; une exception nette et importante existe cependant pour le plus faible des poids principaux (3oo grammes), les nombres qui correspondent à ce poids sont presque partout plus élevés que ceux qui correspondent au poids de 5oo grammes. Donc, au moins à première vue, la loi de Weber n'est pas vérifiée en ce qui concerne la sensation fournie par les poids soulevés.

Mais Fechner remarque qu'il y a ici un élément dont il faut tenir compte, analogue à ce qu'était la lumière propre de l'œil dans les expériences sur les sensations de lumière : c'est le poids du bras, qui est soulevé en même temps que les poids P et P + D. Soit A ce poids du bras *(Armgewicht)*. La différence relative réelle entre les poids sentis n'est plus $\frac{D}{P}$, mais $\frac{D}{P+A}$. Cette addition de A doit être d'autant plus sensible que le poids principal est moindre : par suite, le poids additionnel D restant une fraction constante de P, la différence relative réelle, lorsque P représente 3oo ou 5oo grammes, est plus faible que lorsque P représente 2.000 ou 3.000 grammes, et par suite aussi le nombre des cas vrais doit être moindre pour de faibles valeurs que pour de fortes valeurs du poids principal, c'est-à-dire que le nombre

des cas vrais doit grandir un peu en même temps que grandit
le poids principal ; or c'est ce que montrent les expériences.

D'ailleurs, quand les poids employés atteignent leurs
valeurs les plus élevées, c'est-à-dire 1500, 2000, et 3000
grammes, l'influence du poids du bras doit devenir très
faible : aussi les nombres de cas vrais sont presque les mêmes
pour ces trois poids, et cela est visible dans les deux séries ;
semblablement les valeurs correspondantes de la sensibilité
sont alors beaucoup plus rapprochées les unes des autres. Ce
fait étant particulièrement important pour la vérification de
la loi de Weber, Fechner a recommencé une série considérable d'expériences dans laquelle les poids étaient soulevés,
tantôt avec les deux mains, tantôt avec une seule main
alternativement : c'est ce qu'il appelle la série à une et à deux
mains. Le tableau V donne les nombres des cas obtenus dans
les différentes parties de cette série, et le tableau VI donne
les valeurs correspondantes de hD obtenues par un fraction-
nement dans lequel la valeur de n était de 64. Les poids
principaux étaient 2000 et 3000 grammes.

TABLEAU V. — Série a une et a deux mains (1)

Valeurs de v.

P	A DEUX MAINS $n = 2.048$		A UNE SEULE MAIN Main gauche $n = 1 024$	Main droite $n = 1 024$		Sommes totales de v $n=8 192$
	$D = 0.04 P$	$D = 0.08 P$	$D = 0.04 P$	$D = 0 08 P$	$D = 0.04 P$	$D = 0.08 P$	
gr. 2 000	1 280	1 503	708	840	681	863	5 875
3 000	1 297	1 536	737	882	703	847	6 002

(1) *El. d. Ps.*, I, p. 195.

TABLEAU VI. — Série a une et a deux mains (1).

Valeurs de hD.

P	A DEUX MAINS		A UNE SEULE MAIN				Sommes de hD
			Main gauche		Main droite		
	$D = $ 0.04 P	$D = $ 0.08 P	$D = $ 0.04 P	$D = $ 0.08 P	$D = $ 0.04 P	$D = $ 0.08 P	
gr. 2 600	2 461	5 018	3 456	7 078	3 709	9 464	31 186
3 000	2 702	5 326	4 270	8 310	4 212	8 028	32 938

Le résultat de cette série confirme les expériences précédentes : les nombres de cas vrais sont peu différents pour les deux poids principaux, et les valeurs de hD sont naturellement aussi très rapprochées. Cela est visible surtout si l'on considère les sommes des cas vrais et les sommes des valeurs de hD ; mais, même dans le détail, les deux nombres d'une même colonne verticale sont toujours assez voisins. D'ailleurs, comme dans les deux premières séries, le nombre des cas vrais est un peu plus élevé (sauf dans une colonne) pour le poids principal le plus fort, c'est-à-dire que l'influence du poids du bras n'est pas encore devenue négligeable.

Ainsi, les expériences de Fechner sur les poids soulevés ne contredisent pas la loi de Weber. Fechner admet qu'elles la vérifient autant qu'elles peuvent le faire, puisqu'on ne peut pas éliminer l'influence perturbatrice du poids du bras. Il est vrai qu'il subsiste une difficulté ; c'est que les nombres des cas vrais, pour le poids de 300 grammes, sont plus élevés qu'ils ne devraient être, puisque c'est pour ce poids que le poids du bras doit abaisser le plus fortement la diffé-

(1) *El. d. Ps.*, I, p. 196.

rence relative réelle. Le fait est trop régulier pour paraître accidentel ; il l'est du moins d'une façon presque parfaite dans la série à deux mains (tableau I). C'est là une anomalie, dit Fechner (p. 188), qui fait à ce sujet des réflexions judicieuses, mais finit par déclarer que la raison de cette marche exceptionnelle de la sensibilité est inconnue (p. 200).

§ 4. — *Sensations de température* (1).

« La question de savoir dans quelle mesure notre loi s'applique à la sensation de température. dit Fechner, renferme encore des obscurités. » Ainsi débute le passage dans lequel Fechner expose ses expériences sur la façon dont on apprécie les différences de température. Les expériences sont, en effet, très difficiles à conduire, et Fechner n'en a pas fait un grand nombre. De plus, il existe une difficulté spéciale relative au calcul des résultats en vue de vérifier la loi de Weber : quelle est ici l'excitation, comment la mesurer et où placer le zéro d'excitation ? Fechner résout cette question en disant que le zéro d'excitation est indiqué par la température à laquelle nous ne sentons ni chaud ni froid : il fixe, d'une manière tout empirique, dit-il (p. 203), cette température à distance égale de la température de congélation de l'eau et de la température du sang, c'est-à-dire à 14° 77 Réaumur (soit à 18° 46 centigrades). Dès lors les excitations de température sont représentées par la différence entre cette température moyenne et les températures considérées.

La méthode d'expérimentation employée est la méthode des différences juste perceptibles. L'index et le majeur de la main droite sont plongés à une profondeur constante dans un

(1) *El. d. Ps.*, I, 201-211.

large vase de terre contenant de l'eau, puis dans un autre
vase contenant aussi de l'eau, dont on fait monter (en y jetant
des morceaux de métal) ou descendre (en y mettant de la
glace) la température, jusqu'à ce que l'on obtienne une
différence juste perceptible de température. Les deux températures sont alors notées sur des thermomètres qui plongent
dans l'eau. Les thermomètres étaient gradués de façon à
permettre de lire le vingtième de degré.

Pour les températures entre 10° et 20° R. (c'est-à-dire
entre 12°5 et 25° centigrades), Fechner a trouvé la sensibilité
si grande que les différences perçues ne pouvaient être
évaluées avec exactitude : les différences observées sont en
général de un ou deux dixièmes de degré, et les nombres
donnés par Fechner manquent de sûreté.

Au-dessus de 20°, plus exactement à partir de 19°13 R.,
la loi de Weber paraît s'appliquer d'une façon assez régulière.
Le tableau suivant reproduit les résultats des expériences de
Fechner sur des températures allant de 19°13 R. à 31°35. Je
calcule les différences relatives par un procédé plus simple que
celui de Fechner et qui me paraît plus propre à faire voir rapidement quelles indications fournissent les expériences au sujet
de la loi de Weber. J'emprunte au tableau de Fechner (p. 203)
les différences juste perceptibles qu'il a observées et les températures $t°$ pour lesquelles il les a observées ; les valeurs de
$t°$ représentent les moyennes des deux températures entre
lesquelles existaient les différences. Soient e l'excitation, D la
valeur absolue de la différence observée, et $\dfrac{D}{e}$ la différence
relative. Le tableau VII donne les résultats.

Comme on voit, le rapport des différences juste perceptibles
aux excitations correspondantes est sensiblement constant.
Dans deux cas seulement, l'écart de la moyenne est assez
considérable, puisqu'il s'élève une fois à environ 1/4 et une
autre fois à environ 1/5. D'ailleurs, il faut remarquer que,
comme on ne peut lire que le 20° de degré, les valeurs de D

sont simplement approximatives, et par exemple le nombre
0,15 représente une quantité dont la valeur exacte est comprise
entre 0,125 et 0,175. Enfin, il faut tenir compte des erreurs
possibles de lecture, des oscillations probables de la sensibilité, etc.

TABLEAU VII. — Sensations de chaud

t° R.	$e = t° -14°77$	D	$\dfrac{D}{e}$	ÉCART DE LA MOYENNE 0.0351
19.13	4.36	0.15	0.0344	— 0.0007
20.45	5.68	0.20	0.0352	+ 0.0001
20.63	5.86	0.15	0.0256	— 0.0095
21.20	6.43	0.20	0.0311	— 0.0040
21.73	6.96	0.25	0.0359	+ 0.0008
23.30	8.53	0.30	0.0351	0
25.35	10.58	0.40	0.0378	+ 0.0017
26.30	11.53	0.40	0.0346	— 0.0005
26.80	14.03	0 60	0 0427	+ 0.0076
30.50	15.73	0.60	0.0381	+ 0.0030
31.35	16.58	0.60	0.0361	+ 0.0010

Au-dessous de la température moyenne (14°77 R), les
différences juste perceptibles sont trop petites pour pouvoir
être notées exactement tant que l'on reste au-dessus de 10° R.
Au-dessous de cette température, les différences juste perceptibles peuvent être notées. Le tableau suivant donne les
résultats : la différence relative juste perceptible a été calculée
d'après les nombres fournis par Fechner (p. 206) pour la
valeur de l'excitation et la valeur absolue de la différence juste
perceptible.

TABLEAU VIII. — Sensations de froid

t° R.	$e = 14°77 - t°R$	D	$\dfrac{D}{e}$
4.60	10.17	2.80	0.275
5.32	9.45	2.54	0.269
5.43	9.34	2.40	0 257
5.65	9.12	2.00	0.219
5.69	9.08	2.54	0.280
5.73	9.04	2.22	0.246
5.81	8.96	1.62	0.181
5.85	8.92	1.80	0 202
5.88	8.89	1 75	0.197
6.11	8.66	1.55	0.179
6.98	7.79	1.06	0.136
7.15	7.62	1.40	0.184
7.18	7.59	1.49	0.196
7.20	7.57	1.30	0.172
7.21	7.56	0.91	0.120
7.64	7.13	0.93	0.130
8.18	6.59	0.75	0.114
8.20	6.57	0.80	0.122
8.43	6.34	0.65	0.103
8.56	6.21	0.61	0.098
8.71	6.06	0.53	0.087
8.73	6.04	0.45	0.075
9.15	5.62	0.48	0.085
9.77	5.00	0.40	0.080
10.50	4.27	0.40	0.094

En considérant les nombres contenus dans la colonne des différences relatives, on voit que, en passant des températures les plus basses aux plus élevées, la différence diminue, c'est-à-dire que la sensibilité augmente, la loi de Weber exigerait que la différence relative fût à peu près constante : elle ne l'est pas, elle varie au moins du simple au triple. La décroissance de la sensibilité à mesure que l'on va vers des températures plus basses suit pourtant une marche assez régulière : elle est à peu près constamment proportionnelle au cube des excitations, comme le remarque Fechner. « Le froid produit donc, dit Fechner (p. 205), une forte diminution de la sensibilité. Vraisemblablement on trouverait une déviation semblable (de la loi de Weber), si, au-dessus de la température du sang, on s'approchait de la température où apparaît la sensation de brûlure ; il reste étrange cependant que la déviation au-dessus de la température moyenne ne commence qu'à une température élevée, tandis que, au-dessous de la température moyenne, elle commence tout de suite. »

En résumé, Fechner ne considère le résultat de ces expériences que comme un résultat provisoire, susceptible encore d'être modifié. « Je tiens, dit-il, la loi de Weber pour assez vraisemblable dans les limites qui ont été indiquées, mais en aucune façon pour prouvée » (p. 207, 208). En effet, les expériences sur les sensations de chaud (tableau VII), qui paraissent vérifier la loi, sont trop peu nombreuses. J'ajoute que le résultat le plus sûr des expériences de Fechner sur ce point est que la faculté d'apprécier les différences de température est faible pour les basses températures, grandit ensuite de façon à passer par un maximum, pour diminuer de nouveau dans les températures élevées. Mais le point où se rencontre le maximum de sensibilité est loin d'être fixé avec sûreté. Il se trouverait selon Fechner aux environs de la température moyenne où Fechner fixe le zéro d'excitation. Mais des expériences faites, sur l'invitation de Volkmann, par Lindemann (*De sensu caloris*, Halis, 1857, dissertation de doctorat en médecine) tendent à montrer que le maximum serait aux environs de la température du sang ; seulement ces expériences sont peu nombreuses et manquent peut-être de rigueur (1). Quant à Weber, qui a étudié aussi le sens de la température, il se borne à dire que, la main entière étant plongée dans l'eau, on découvre avec beaucoup d'attention une différence de 1/5 ou 1/6 de degré Réaumur, que la plupart des hommes peuvent découvrir une différence de 2/5 de degré, et que ces différences sont les mêmes aux environs de la température du sang et à $+ 14°$ R (2). On ne peut tirer de là aucune indication relative à la loi de Weber.

§ 5. — *Grandeurs extensives* (3).

La loi de Weber, qui semble s'appliquer, au moins dans certaines limites, à une partie importante des sensations intensives, s'applique-t-elle aussi aux sensations extensives ? Oui, selon Weber, qui d'ailleurs, comme on l'a vu plus haut (ch. II), s'est contenté d'un très petit nombre d'expériences. Fechner, avec l'aide de Volkmann, a fait des expériences nombreuses pour résoudre cette question en ce qui concerne l'appréciation des longueurs par la vue et par le toucher.

Les expériences sur les perceptions visuelles ont été faites par la méthode des erreurs moyennes. Cette méthode a été exposée dans le chapitre précédent en ce qui concerne la manière générale d'instituer les expériences et d'en interpréter les résultats.

Dans une première série d'expériences, sur la vue, Fechner employait pour déterminer les distances les pointes d'un compas ouvert placé sur la table ; les branches du compas étaient cachées pour que l'appréciation de l'angle ne

(1) Fechner, *El. d. Ps.*, I. 209, 210. Cf G.-E. Müller, *Zur Grundlegung der Psychophysik*, p. 222, 223.

(2) *Tast und Gemeingefühl*, p. 554.

(3) *El. d. Ps.*, I, 211-236.

pût entrer en compte. L'expérience consistait, un autre compas étant placé sur la table à côté du premier, à en écarter les pointes de façon à former une distance qui parût égale à la première. La distance visuelle était la distance la plus favorable, environ 1 pied parisien. — Cinq distances normales ont été employées, allant de dix à cinquante unités : l'unité était la moitié de la ligne décimale parisienne (c'est-à-dire 1 mill. 624). — La série se compose de deux sections de soixante expériences pour chaque distance normale. Le tableau IX donne les sommes d'erreurs pures pour chaque distance normale. Les erreurs constantes provenant des différences de position, c'est-à-dire de ce que la distance normale était placée à gauche ou à droite, ont été éliminées. Pour obtenir l'erreur pure moyenne d'une observation individuelle, il suffirait de diviser chaque somme d'erreurs par 120 : mais il est inutile de faire cette opération, puisque chaque somme d'erreurs pures provient d'un même nombre d'erreurs. Il suffit d'établir les rapports des sommes d'erreurs aux distances normales correspondantes, ainsi que l'a fait Fechner dans *Revision* (p. 336). La loi de Weber exige que ces rapports soient constants.

La deuxième et la troisième série des expériences sur lesquelles s'appuie Fechner ont été faites par Volkmann. Les distances étaient déterminées par trois fils blancs tendus verticalement par des poids. La distance de perception était de 800 millimètres. Chacun des nombres donnés dans les tableaux X et XI représente en millimètres les sommes des erreurs pures pour trois sections de 16 expériences, soit pour 48 expériences. Les nombres donnés d'abord par Fechner dans *Elemente* diffèrent légèrement de ceux que Volkmann a publiés plus tard (1) et que Fechner a reproduits dans *Revision* (2). Les deux tableaux X et XI reproduisent les nombres de Volkmann et de *Revision*.

(1) *Physiologische Untersuchungen im Gebiete der Optik*, Heft I, p. 122.
(2) *Revision der Hauptpunkte der Psychophysik*, p. 338.

TABLEAU IX. — EXPÉRIENCES DE FECHNER SUR LA PERCEPTION VISUELLE DES DISTANCES

Unité de longueur = $\frac{1}{2}$ ligne décimale parisienne = $1^{mm}624$ (1).

DISTANCES NORMALES	10	20	30	40	50	SOMMES
Sommes des erreurs pures pour 120 expériences { Normale à gauche .	20.27	35.98	60.42	85.29	85.85	287.81
Normale à droite. .	18.37	40.87	60.49	69.19	99.55	288.47
Sommes pour les 2 positions.	38.64	76.85	120.91	154.48	185.40	576.28
Rapports de ces sommes aux distances normales.	3.864	3.843	4.030	3.862	3.708	

(1) *El. d. Ps.*, 1, 215.

TABLEAU X. — Expériences de Volkmann (1re série)

Unité = 1 millimètre (1).

DISTANCES NORMALES		10	20	40	80	120	160	200	240	SOMMES
Sommes d'erreurs pures pour 3 groupes de 16 expériences c'est-à-dire 48 expériences	Normale à gauche .	6.9	7.2	20.7	39.5	76.7	104.3	86.0	108.9	450.2
	Normale à droite. .	4.6	10.9	23.5	42.0	57.6	77.5	97.4	140.5	454.2
Sommes pour les 2 positions.		11.5	18.1	44.2	81.5	134.3	181.8	183.4	249.4	904.2
Rapports de ces sommes aux distances normales.		1.150	0.905	1.105	1.019	1.119	1.136	0.917	1.039	

(1) Volkmann, *Physiol. Unters.*, p. 122; Fechner, *Revision*, p. 338.

TABLEAU XI. — EXPÉRIENCES DE VOLKMANN (2ᵉ série).

Unité = 1 millimètre (1).

DISTANCES NORMALES		10	20	40	80	120	160	200	240	SOMMES
Sommes d'erreurs pures pour 3 groupes de 16 expériences c'est-à-dire 48 expériences	Normale à gauche	7.7	10.9	20.9	43.5	57.1	90.5	82.2	98.2	411.0
	Normale à droite.	3.9	9.2	8.3	30.4	64.1	63.4	106.7	117.9	403.9
Sommes pour les 2 positions.		11.6	20.1	29.2	73.9	121.2	153.9	188.9	216.1	814.9
Rapports de ces sommes aux distances normales.		1.160	1.005	0.730	0.924	1.010	0.962	0.945	0.900	

(1) VOLKMANN, *Physiol. Unters.*, p. 123.

TABLEAU XII. — EXPÉRIENCES MICROMÉTRIQUES DE VOLKMANN

Unité = 1 millimètre. D = distances normales. S = sommes d'erreurs pures, $R = \dfrac{S}{D}$.

Les numéros entre parenthèses indiquent les numéros des expériences dans l'ouvrage de Volkmann (1).

1 Distances horizontales
Sujet : VOLKMANN, 200 exp. par distance normale (n° 71). Distance de vision : 333mm

D	S	R
1	2.338	2.34
2	4.603	2.30
3	6.139	2.05
4	7.934	1.98
5	9.345	1.87

2 Distances horizontales
Sujet : VOLKMANN, 120 exp. par distance normale (n° 75). Distance de vision : 333mm

D	S	R
0.2	1.325	6.63
0.4	1.145	2.86
0.6	1.303	2.17
0.8	1.541	1.93
1.0	1.777	1.78
1.2	2.121	1.77
1.4	2.276	1.63

3 Distances horizontales
Sujet : APPELL, 132 exp. par distance normale (n° 72). Distance de vision : 300mm

D	S	R
0.2	0.878	4.39
0.4	1.267	3.17
0.6	1.351	2.25
0.8	1.540	1.93
1.0	1.713	1.71
1.2	2.025	1.69

4 Distances horizontales
Sujet : APPELL, 192 exp. par distance normale (n° 73). Distance de vision : 370mm

D	S	R
0.2	1.187	5.94
0.3	1.187	3.96
0.4	1.334	3.34
0.5	1.219	2.44
0.6	1.446	2.41
0.7	1.388	1.98
0.8	1.495	1.87

TABLEAU XII (Suite)

5 Distances horizontales Sujet : JAHN, 192 exp. par distance normale (n° 76) Distance de vision : 250ᵐᵐ			6 Distances horizontales Sujet : GEISS, 224 exp. par distance normale (n° 77) Distance de vision : 250ᵐᵐ			7 Distances horizontales Sujet : KRAUSE, 192 exp. par distance normale (n° 78) Distance de vision : 200ᵐᵐ			8 Distances verticales Sujet : VOLKMANN, 192 exp. par distance normale (n° 74) Distance de vision : 333ᵐᵐ		
D	S	R	D	S	R	D	S	R	D	S	R
0.3	1.321	4.40	0.3	0.555	1.85	0.3	1.254	4.18	0.4	2.908	7.27
0.5	1.514	3.03	0.5	0.591	1.18	0.5	1.296	2.59	0.6	2.980	4.97
0.7	1.942	2.77	0.7	0.606	0.87	0.7	1.340	1.91	0.8	3.618	4.52
0.9	2.331	2.59	0.9	0.613	0.68	0.9	1.380	1.53	1.0	4.487	4.49
1.1	2.558	2.33	1.1	0.721	0.66	1.1	1.367	1.24	1.2	5.198	4.33
1.3	2.944	2.26	1.3	0.845	0.65	1.3	1.265	0.97	1.4	6.144	4.39

(1) VOLKMANN. — *Physiologische Untersuchungen im Gebiete der Optik*, p. 124-128.

Les sommes contenues dans les colonnes de droite des tableaux IX, X et XI ne présentent d'intérêt qu'au point de vue de la méthode des erreurs moyennes. Fechner affirme dans sa théorie de la méthode que l'erreur pure est indépendante de l'erreur constante. Il ne donne pas ici les valeurs de l'erreur constante, mais il est certain que ces valeurs devaient être sensiblement différentes pour la position à droite et la position à gauche. Au contraire, on voit que pour ces deux positions les sommes totales des erreurs pures sont presque exactement les mêmes.

Au point de vue de la loi de Weber, la loi exige, pour être vérifiée, que les sommes des erreurs pures soient proportionnelles aux distances normales pour lesquelles elles ont été obtenues : or, elles le sont à peu près dans les trois séries. On voit, en effet, que, dans les tableaux IX, X et XI, les rapports des sommes d'erreurs pures aux distances normales sont sensiblement constants.

Volkmann a cherché en outre à vérifier la loi de Weber pour des distances très faibles, et Fechner s'appuie sur ces expériences, dont il cite une partie dans *Elemente* (p. 221, 222). Les expériences ont été faites au moyen d'un appareil micrométrique à vis (1) qui permettait de mesurer le millième de millimètre. Les distances étaient déterminées par trois fils d'argent parallèles d'épaisseur uniforme. Le tableau XII donne les sommes d'erreurs pures obtenues par Volkmann. J'y ajoute les rapports des sommes d'erreurs pures aux distances normales, rapports qui devraient être constants d'après la loi de Weber.

Un simple coup d'œil jeté sur ce tableau montre que les rapports des sommes d'erreurs aux distances normales ne sont pas constants. Volkmann conclut que, la loi de Weber ayant des limites sur lesquelles Fechner a lui-même attiré l'attention, les distances micrométriques qui ont fait l'objet

(1) L'appareil est décrit en détail dans les Berichte der sächs. Gesell. 1858, p. 140.

de ses expériences sont en dehors des limites de la loi (1). Il tire d'ailleurs la même conclusion d'expériences faites ultérieurement dans le même but, par la méthode des différences juste perceptibles et qui l'ont conduit au même résultat. Une distance normale D étant conservée constante, on détermine des distances qui paraissent juste plus grandes et d'autres qui paraissent juste plus petites. En combinant les positions respectives et en additionnant les sommes des différences en plus et en moins que l'on obtient de cette façon, on élimine l'erreur constante. Le tableau XIII donne le résultat de deux séries d'expériences faites par Volkmann dans ces conditions.

TABLEAU XIII

EXPÉRIENCES MICROMÉTRIQUES DE VOLKMANN PAR LA MÉTHODE DES DIFFÉRENCES JUSTE PERCEPTIBLES (2).

D = distance normale. S = somme des différences en plus et en moins pour 80 expériences. $R = \dfrac{S}{D}$ = différence relative juste perceptible. Unité = 1 millimètre.

Sujet : KRAUSE (Exp. n° 79 de Volkmann)			Sujet : VOLKMANN (Exp. n° 80 de Volkmann)		
D	S	R	D	S	R
0.5	1.143	2.29	0.3	2.117	7.06
0.9	1.105	1.23	0.6	3.249	5 42
1.3	1.154	0.89	1.2	6.100	5.08
			2.4	8.865	3.69
			4.8	.13.341	2.78

(1) VOLKMANN. — *Physiologische Untersuchungen im Gebiete der Optik*, p. 125.

(2) VOLKMANN. — *Physiologische Untersuchungen im Gebiete der Optik*, p. 129-131.

Le résultat de ces expériences est le même que celui qui a été obtenu par la méthode des erreurs moyennes.

Mais Fechner n'accepte pas cette interprétation des expériences de Volkmann. Il distingue dans l'erreur pure deux composantes : l'une, qu'il appelle *constante de Volkmann* (parce que ce sont les expériences de Volkmann qui la lui ont révélée), et qu'il désigne par V, l'autre, qu'il appelle *variable de Weber* et qu'il désigne par W. La constante de Volkmann serait une faible quantité, et pour cette raison, bien qu'existant aussi dans la perception des grandes distances, elle y resterait négligeable à cause de sa petitesse.

S'appuyant sur les principes mathématiques de la théorie des erreurs, Fechner établit des équations d'où il tire la valeur de V et de W. Soient $\Sigma \Delta$ la somme des erreurs pures obtenues dans une série d'expériences et D la distance normale correspondante, la théorie des erreurs permet de poser l'équation suivante :

$$(\Sigma\Delta)^2 = V^2 + (WD)^2$$

Comme les expériences ont fourni de 6 à 8 valeurs de $\Sigma \Delta$ et de D, et qu'il suffit de deux équations pour trouver la valeur de V et de W, on n'a que l'embarras du choix entre les systèmes d'équations. La possibilité d'établir plusieurs systèmes d'équations et par suite de calculer de plusieurs façons les valeurs de V et de W fournit même un moyen de contrôler la légitimité de cette distinction entre les deux composantes de l'erreur pure : les divers systèmes possibles d'équations conduisent, en effet, à des valeurs sensiblement égales de V et de W (1).

Sans chercher la signification de la valeur V, qui n'intéresse pas la loi de Weber, Fechner, s'appuyant sur les résultats de quatre séries d'expériences que Volkmann lui avait communiqués (résultats qui sont reproduits dans le

(1) *El. d. Ps.* I, p. 222 sqq.

tableau XII ci-dessus sous les numéros 1, 3, 4 et 8) établit que dans son hypothèse la loi de Weber se vérifie (1). — Mais Volkmann n'accepte pas cette interprétation de ses expériences. « Quand, dit-il, les distances avec lesquelles on fait les expériences deviennent très petites, l'influence de leur dimension finit par s'évanouir complètement, de sorte que les sommes d'erreurs obtenues pour des distances différentes ont des valeurs égales. — Fechner n'a pas connu ce fait, et c'est pourquoi, dans la discussion des plus petites différences visibles de grandeurs, il a établi une hypothèse qui, en considération de mes nouvelles expériences, n'est pas admissible (2). » Et Volkmann expose et rejette la théorie de Fechner sur les deux composantes de l'erreur pure.

En réalité, les nouvelles expériences de Volkmann (2, 5, 6 et 7 du tableau XII ci-dessus) confirment purement et simplement les précédentes : on y constate d'une manière uniforme que les erreurs relatives augmentent à mesure que les distances normales diminuent. Mais le débat entre Fechner et Volkmann n'intéresse en somme que médiocrement la loi de Weber. Fechner ayant admis en principe que la loi de Weber ne s'applique que dans certaines limites, il importe peu que cette loi cesse de s'appliquer aux lignes de 4 à 5 millimètres vues à 333 millimètres, comme le croit Volkmann, ou qu'elle continue à s'appliquer à des lignes encore plus petites. Il faut toujours arriver à une limite, et Fechner admet que la loi cesse de s'appliquer aux plus petites des lignes sur lesquelles Volkmann a expérimenté (ligne horizontale de 0,2 dans le groupe 2 ; ligne verticale de 0,4 dans le groupe 8). Il attribue le fait à l'irradiation, qui, d'après une déclaration de Volkmann, se faisait sentir plus fortement pour ses yeux que pour ceux d'Appell. L'erreur constante que Fechner croit avoir découverte dans

(1) *El. d. Ps.*, I, p. 226.
(2) *Physiol. Unters.*, p. 125.

la perception des petites lignes demeurerait cependant intéressante, et il resterait à en chercher la signification : mais
cette question intéresse l'analyse de la perception, et non la loi
de Weber (1).

Les expériences de Volkmann par la méthode des différences juste perceptibles (tableau XIII ci-dessus) sont
soumises par Fechner à un calcul analogue au précédent : les
différences trouvées par Volkmann seraient composées de
différences juste perceptibles proportionnelles aux distances
normales et d'une quantité constante correspondant à la
constante de Volkmann (2).

Je passe sous silence des expériences préalables faites sur
la perception visuelle des distances par Fechner au moyen de
la méthode des différences juste perceptibles. Il déclare lui-
même qu'il les a mises au rebut en présence des expériences
plus exactes et plus sûres qu'il a faites au moyen de la
méthode des erreurs moyennes. Elles sont d'ailleurs peu
nombreuses (3).

Enfin Fechner a cherché la vérification de la loi de Weber
en ce qui concerne la perception des grandeurs extensives par
la peau. « J'ai, dit-il, fait des expériences par la méthode des
erreurs moyennes sur le front.., et Volkmann en a fait sur la
partie antérieure du doigt majeur gauche et sur le dos de la
main. Mais le résultat concordant de ces expériences a été
qu'il n'existe pas une proportionnalité même approximative
des erreurs pures avec les distances (4). » Cela ne prouve
pourtant pas, aux yeux de Fechner, que la loi de Weber ne
s'applique pas à la perception des distances par la peau, mais
seulement qu'il est impossible d'en obtenir la vérification par
la méthode qu'il a suivie.

(1) FECHNER, *Revision*, p. 342, 350.
(2) *Ibid.*, p. 350, 351.
(3) *El. d. Ps.*, I, p. 233, 234.
(4) *Ibid.*, p. 235, 236.

Mais je trouve ces expériences intéressantes, et j'en donne
ci-dessous les principaux résultats d'après la publication que
Fechner en a faite dans le 2⁰ volume des *Elemente* (p. 353
sqq). Sans doute ces expériences ne concordent pas avec la loi
de Weber, mais, si l'on calcule le rapport des sommes
d'erreurs aux distances normales, on obtient des nombres
qui doivent être dans chaque tableau inversement proportionnels à la sensibilité correspondante et qui donnent par suite
une mesure comparative de la sensibilité ; et l'on voit que la
sensibilité grandit d'une façon régulière à mesure que grandissent les distances normales. Dans un cas cependant, pour
la plus grande distance qui ait été employée (tableau XIV
ci-dessous), la sensibilité diminue après avoir atteint son
maximum : il y aurait donc là quelque chose d'analogue à la
limite supérieure de la loi de Weber qui existe dans d'autres
genres de sensations ; mais ce fait unique n'est pas probant,
et peut-être l'est-il d'autant moins que Fechner ne considère
pas les expériences faites pour cette distance comme rigoureusement comparables avec les autres ; il les met hors de la
série et donne les résultats entre parenthèses.

Pour compenser l'erreur de temps, Fechner distingue
l'ordre I et l'ordre II dans lequel se succèdent les excitations,
Dans l'ordre I, on applique d'abord le compas qui donne la
distance normale, puis le compas qui donne la distance
erronée, et l'on modifie l'écartement des branches de ce dernier
compas jusqu'à ce que les deux distances soient jugées égales.
Dans l'ordre II, on applique les deux compas dans l'ordre
inverse, et l'on modifie l'écartement des branches du premier
jusqu'à ce que les deux distances soient jugées égales. Il
distingue et compense de même une erreur de position
provenant de ce que le compas normal est tenu par la main
droite, et l'autre compas par la main gauche, ou inversement,
ou bien de ce que le compas normal est tenu par la partie
supérieure de la main (entre le pouce et l'index) et l'autre
compas par la partie inférieure de la main (entre les trois

autres doigts et la paume de la main), ou inversement. On est obligé de prendre les deux compas dans la même main quand on fait les expériences sur l'autre main (1). Les expériences se divisent donc en quatre groupes. Chaque groupe comprenait dix expériences. La base des calculs pour la séparation de l'erreur constante et de l'erreur pure est ce nombre 10 (2).

Expériences sur la perception des distances par la peau.

TABLEAU XIV. — Fechner

Neuf distances transversales sur le front.
Unité = 1/2 ligne parisienne décimale, = 1^{mm}624 (3).

Distances normales	15	20	25	30	35	40	45	50	(60)
Sommes des erreurs pures pour 100 expériences	64.2	83.6	97.5	102.8	87.3	88.6	97.5	98.4	(150.8)
Rapports de ces sommes aux distances normales	4.28	4.18	3.90	3.43	2.49	2.21	2.17	1.97	(2.51)

(1) *El. d. Ps.*, II., p. 149, 150.

(2) *Ibid.*, p. 344 sqq.

(3) Ce tableau contenait des erreurs dans la première édition des *Elemente*. Fechner les a rectifiées dans *In Sachen*, p. 217, et Wundt a reproduit la rectification dans la deuxième édition des *Elemente*, dont je me suis servi.

TABLEAU XV. — Fechner

Index de la main gauche, phalange antérieure, face interne.
Deux distances longitudinales. Unité = $1^{mm}624$.

Distances normales	5	10
Sommes d'erreurs pour 200 expériences	31.16	31.96
Rapports des sommes d'erreurs aux distances normales	6 232	3.196

TABLEAU XVI. — Volkmann

Doigt majeur, phalange antérieure, face interne.
Quatre distances longitudinales. Unité = 1 millimètre.

Distances normales	2	4	6	8
Sommes d'erreurs pour 66 expériences	6.68	9.13	12.70	12.03
Rapports des sommes d'erreurs aux distances normales	3.34	2.28	2.12	1.51

TABLEAU XVII. — Volkmann

Dos de la main gauche. Quatre distances transversales.
Unité = 1 ligne parisienne.

Distances normales	6	12	18	24
Sommes d'erreurs pour 120 expériences	67.2	60.8	86.8	83.1
Rapports des sommes d'erreurs aux distances normales	11.2	5.07	4.82	3.46

Pour que la loi de Weber fût vérifiée par ces expériences, il faudrait que les sommes d'erreurs fussent proportionnelles aux distances normales correspondantes. On voit qu'il n'en est pas ainsi, et Fechner déclare que les sommes d'erreurs varient d'une façon irrégulière. J'y remarque pourtant une certaine régularité, qui consiste en ce que le rapport des sommes d'erreurs aux distances normales va en diminuant à mesure que les distances normales grandissent ; la sensibilité devient donc plus fine à mesure que l'on s'éloigne du seuil. On a déjà vu qu'il en est de même dans d'autres genres de sensations, que la sensibilité se trouve en général plus faible pour les excitations faibles, et qu'elle grandit ensuite, pour diminuer de nouveau quand les excitations sont fortes.

Je dois faire maintenant une remarque générale, sur toutes les expériences exposées dans ce chapitre et sur l'esprit qu'apporte Fechner dans l'interprétation des résultats. Si l'on considère les résultats bruts des expériences, on trouve la plupart du temps que la loi de Weber ne se vérifie pas, ou ne se vérifie que dans des limites étroites : on s'étonne alors de l'obstination qu'apporte Fechner à travailler les résultats et à introduire corrections sur corrections pour trouver quand même une vérification de la loi, et l'on est tenté de croire que dans ces conditions la vérification devient précaire. Mais il faut remarquer que Fechner se propose de mesurer la faculté de percevoir en éliminant toutes les influences qui peuvent en modifier l'usage : c'est la pure faculté de sentir qu'il cherche à atteindre, débarrassée et comme délivrée des entraves et des auxiliaires que lui imposent les conditions concrètes dans lesquelles elle s'exerce. C'est à cette sensibilité abstraite que s'appliquerait la loi de Weber. La loi de Weber telle que la conçoit Fechner serait donc une loi profonde réglant les rapports de l'esprit avec les choses dans le cas simple, idéal, où l'esprit se trouverait face à face avec les choses, sans intermédiaire autre que l'organe sensoriel et l'appareil nerveux qui s'y rattache fonctionnant d'une manière uniforme. Quant aux limites de la loi et aux complications qui interviennent de toutes parts et dans tous les genres de sensations, Fechner les regarde comme d'importance secondaire par rapport au but qu'il se propose : il les considère comme intéressant l'analyse des conditions concrètes de la perception, mais non la psychophysique telle qu'il l'entend, c'est-à-dire « la science exacte des rapports de l'âme et du corps ».

CHAPITRE V

LA LOI DU SEUIL

La loi de Weber est la base et la condition nécessaire de la loi logarithmique, mais elle n'en peut pas être la condition suffisante. Aussi Fechner s'attache à établir une autre condition préalable de la loi logarithmique, le fait du seuil, ou, suivant une autre expression qu'il a employée plus tard et qu'il déclare préférable (1), la loi du seuil.

Il appelle seuil le point où une excitation, ou une différence d'excitation, commence à être perceptible, si l'on considère les grandeurs croissantes, et où elle cesse d'être perceptible, si l'on considère les grandeurs décroissantes. La loi du seuil peut donc se formuler ainsi : « Toute excitation ou différence d'excitation doit avoir atteint déjà une certaine grandeur finie avant de commencer à être perceptible, c'est-à-dire avant de produire une sensation qui affecte notre conscience d'une manière perceptible, ou bien une différence perceptible de sensation. Inversement l'excitation ou la différence d'excitation cesse d'être perceptible avant d'arriver à la valeur nulle. » Fechner donne de la même loi une autre formule qui fait intervenir la notion d'intensité et qu'il regarde comme équivalente à la précédente : « Le point nul de la sensation ou de la différence de sensation est situé au-dessus du point nul de l'excitation ou de la différence

(1) *In Sachen der Psychophysik*, p. 7.

d'excitation correspondantes. » Le seuil est donc « le point
où commence et s'évanouit la perceptibilité d'une excitation
ou d'une différence d'excitation (1) ».

Comme conséquence de sa distinction entre la sensibilité
absolue et la sensibilité différentielle, Fechner distingue le
seuil d'excitation (*Reizschwelle*) et le seuil différentiel (*Unterschiedsschwelle*) et il étudie chacun des deux dans les sensations intensives (seuil intensif) et dans les sensations extensives (seuil extensif).

Des faits nombreux établissent l'universalité de la loi du
seuil. Quant à la détermination exacte de la valeur du seuil
d'excitation et du seuil différentiel, elle est pleine de difficultés, parce que ces valeurs sont très variables, non seulement d'un homme à l'autre, mais pour le même homme
selon la fatigue, l'habitude, l'exercice, diverses causes physiologiques qui excitent ou dépriment la sensibilité ; elles
varient en outre sous l'influence des médicaments et aux
différentes périodes de la vie, ou bien de la journée. Mais il
est cependant d'un grand intérêt de déterminer les valeurs
moyennes, en quelque sorte normales, et les valeurs extrêmes
des deux seuils et de relier ces variations à leurs causes. Ce
sont là, dit Fechner (2), des problèmes de grande importance pour la psychophysique, et, peut-on ajouter, pour
toute la psychologie expérimentale.

Pour les sensations lumineuses, il est impossible de déterminer le seuil d'excitation, en raison de la lumière propre de
l'œil. Bouguer, Arago, Masson, Volkmann et Fechner ont
mesuré le seuil différentiel dans diverses conditions, et trouvé
des valeurs sensiblement variables (V. plus haut ch. II et IV).

En ce qui concerne la force des sons, Schafhaütl a cherché
à déterminer le seuil d'excitation. « J'ai trouvé, dit-il, que
le son produit par une boule de liège du poids de 1 milli-

(1) *El. d. Ps.*, I, 238.
(2) *Ibid.*, p. 248.

gramme, tombant de 1 millimètre de haut (l'oreille étant à
91 millimètres), était encore en moyenne perceptible pour
mon oreille dans un complet silence, la nuit. Sur trente expériences de ce genre, faites à minuit, le vent étant absolument
calme, j'ai entendu vingt-cinq fois d'une façon très nette le
son produit dans ces conditions ; le même rapport s'est
trouvé aussi pour quelques jeunes gens dont les oreilles
étaient exercées par la musique. Parmi les individus plus
âgés, il ne s'en trouva qu'un petit nombre qui pussent
entendre ce son avant d'y être exercés ; quelques-uns, après
s'être exercés plusieurs fois, réussirent cependant à le percevoir
avec netteté (1). » — J'ajoute que, malgré les précautions
prises par Schafhaütl, il est probable qu'il n'avait pu éliminer
tout bruit étranger. « Il est difficile, disent Renz et Wolf,
que des expériences sur la faculté de percevoir des sons très
faibles puissent être faites dans des villes. Nous n'observons
que peu ou pas du tout le bruit lointain du jour, et il ne
pourrait guère être amené à la pleine conscience que par son
opposé ; en fait, le calme muet que l'on trouve à une grande
hauteur dans les ascensions en ballon est un des phénomènes
les plus surprenants et il a été souvent décrit comme vraiment lugubre. On a récemment fait l'expérience à plusieurs
reprises que (contrairement aux anciennes assertions) sur les
hautes montagnes le son n'est pas perçu comme plus faible
qu'en bas. Ce fait serait, physiquement, un paradoxe, si le
calme de l'environnement ne fournissait pas la clef physiologique pour l'expliquer (2). » La détermination exacte du
seuil d'excitation pour la force des sons, même en supposant
à ce seuil une fixité suffisante, se heurte donc à une difficulté

(1) Abhandl. d. Bayer. Akad., VII, p. 501 (D'après FECHNER, El. d. Ps.,
I, p. 257, 258).

(2) RENZ et WOLF, Versuche über die Unterscheidung differenter Schallstärken, Archiv für Physiologische Heilkunde, de Vierordt, 1856,
p. 189, note.

analogue à celle qui est créée pour le sens de la vue par la
lumière propre de l'œil : on ne peut jamais affirmer que
l'excitation déterminée que l'on produit artificiellement n'agit
pas comme simple addition à une excitation antérieure ayant
aussi une origine externe.

Quant au seuil différentiel pour la force des sons, les
expériences de Renz et Wolf, et celles de Volkmann et Fechner
(citées plus haut, ch. II et IV) montrent que l'on peut distinguer deux sons dont la force est dans le rapport de 3 à 4.

Pour la hauteur des sons, on sait qu'il existe une limite
inférieure et une limite supérieure de perceptibilité. Mais les
physiciens donnent pour ces limites des nombres de vibrations sensiblement différents. La limite inférieure serait de
30 vibrations par seconde selon Chladni, de 32 pour Biot ;
Savart (1) place la limite plus bas, mais Despretz (2) rejette
les expériences de Savart et maintient la limite de 32 vibrations. La limite supérieure serait, d'après Sauveur, à
12 400 vibrations par seconde, Biot la place à 8 192 vibrations,
Chladni à 12 000, Olivier à 16 000, Young de 18 000
à 20 000, Savart à 48 000, Despretz à 73 000.

En ce qui concerne le seuil différentiel, Seebeck (3) a pu
distinguer deux sons fournis par deux diapasons donnant,
l'un 1 209, l'autre 1 210 vibrations par seconde. Les expériences de Delezenne ont été citées plus haut (ch. II).

Kammler (4) a cherché le seuil absolu des pressions pour différentes régions de la peau. Il posait sur la peau, très lentement
et au moyen d'une pince ingénieusement fabriquée, des poids
légers de moelle de sureau, de liège et de carton, ayant 9 millimètres carrés de base. Voici quelques-uns des résultats. Le

(1) Annales de Chimie et de Physique, XLVII, p. 69.

(2) Comptes rendus de l'Académie des sciences, XX, p. 1214.

(3) Annalen, etc., de Poggendorf, LXVIII, p. 463.

(4) *Experimenta de variarum cutis regionum minima pondera sentiendi
virtute*, Vratislaviae, 1858 (D'après FECHNER, *El. d. Ps.*, I, p. 263-4).

poids de ogr.002 est le plus faible qui ait été senti par Kammler
sur le front, les tempes, la face dorsale de l'avant-bras droit,
le dos des deux mains ; il fallait un poids de ogr.003 pour
produire une sensation sur la face palmaire des deux avant-
bras, la face dorsale de l'avant-bras gauche et la face externe
du métacarpe du pouce gauche; ogr.04 pour la face externe
du métacarpe du pouce droit; ogr.05 pour le nez, les lèvres,
le menton, les paupières, le milieu du ventre, etc. Les collaborateurs de Kammler ont donné des résultats un peu différents.

E.-H. Weber, à l'occasion de la loi de Weber, a étudié le
seuil différentiel des pressions appréciées par la peau de la
main, et des pressions appréciées par la peau et les muscles
à la fois (1). Il est inutile de reproduire ici les résultats : il
suffit de dire que le seuil différentiel s'est montré très variable
d'une personne à l'autre et très variable aussi selon les
différentes régions de la peau ; mais les résultats sont approximatifs, parce que la méthode des différences perceptibles telle
que l'a employée Weber est loin d'être très rigoureuse ; et
d'autre part ils sont provisoires, parce que Weber employait
toujours le même poids normal, comme si la loi de Weber
s'appliquait d'une manière exacte.

E.-H. Weber a trouvé aussi que, en plongeant la main
entière successivement dans deux vases pleins d'eau, on peut
distinguer deux températures qui diffèrent seulement de 1/5 à
1/6 de degré R. (2). Fechner a trouvé que, dans la zone de
température la plus favorable, la finesse de distinction peut
aller encore plus loin (V. plus haut, ch. IV, § 4).

La détermination des plus petites grandeurs ou distances
qui puissent être perçues est rendue très difficile par le fait de
l'irradiation, et, dit Fechner (3), on ne peut rien conclure des

---

(1) E.-H. Weber, *Annotationes*, p. 81 et 96 : *Tast und Gemeingefühl*,
p. 546.

(2) *Tast und Gemeingefühl*, p. 534.

(3) *El. d. Ps.*, I. p. 274.

expériences faites antérieurement pour mesurer la sensibilité extensive, tant que l'on n'aura pas déterminé l'influence de l'irradiation et le moyen de l'éliminer. Les minutieuses expériences de Volkmann sur l'irradiation ne fournissent pas ce moyen (1). Il est donc impossible de regarder comme rigoureuses les mesures établies par différents savants : Tobias Mayer avait trouvé qu'un cercle noir sur fond blanc cesse d'être perçu quand l'angle visuel s'abaisse à 3o ou 35 secondes (2) ; Plateau avait trouvé que les cercles colorés disparaissent quand l'angle visuel varie de 12 à 42 secondes, selon la couleur et selon l'éclairement. D'autres ont obtenu des résultats sensiblement différents (3), ce qui n'a rien d'étonnant, car on a expérimenté dans des conditions variables, et d'autre part Volkmann a établi que l'irradiation est soumise à des oscillations individuelles considérables (4).

D'après les expériences déjà citées de E.–H. Weber (voir plus haut, ch. II), le seuil différentiel, pour les lignes perçues par la vue, varierait de 1/100 à 1/20.

La finesse du toucher dans l'appréciation des distances a été l'objet, depuis les travaux de Weber, de recherches très nombreuses. La plus petite distance perceptible par la peau varie de 1/2 ligne parisienne à 3o lignes, c'est-à-dire en nombres ronds de 1 à 68 millimètres. Voici le tableau des résultats obtenus par Weber sur lui-même (5).

Pointe de la langue. 1
Face palmaire de la dernière phalange des doigts 2
Parties rouges des lèvres, face interne de la 2e phalange des doigts. 4

(1) Berichte d. Sächs. Ges. 1858 et (2e mémoire) *Physiol. Unters. im Gebiete d. Optik.*

(2) Comment. soc. sc. Gotting., t. IV, 1754 (D'après Fechner, *El. d. Ps.*, I, 281).

(3) Voir Fechner, *El. d. Ps.* I, 280 sqq.

(4) *Physiol. Unters.*, p. 31.

(5) *Tast und Gemeingefühl*, p. 539, 540. Le détail des expériences a été publié dans *Annotationes*, p. 50-57.

Enfin la loi du seuil s'applique aussi à l'appréciation de la durée et à la perception du mouvement. Si deux impressions se succèdent sans être séparées par un intervalle de temps suffisant, elles donnent naissance à une seule sensation : on peut chercher par suite quelle durée doit séparer deux impressions pour qu'on puisse les distinguer. Cette durée serait le seuil du temps. De même, si un mouvement est trop lent, on ne le perçoit pas. Ainsi Valentin rapporte qu'il ne percevait pas le mouvement de l'aiguille des minutes sur le cadran d'une montre, l'aiguille ayant 14,5 millimètres, mais qu'il le percevait au moyen d'une loupe dont le grossissement était de 1 1/2.

En somme, il n'est pas douteux que la loi du seuil s'applique à toutes les perceptions, mais il est très difficile, et
souvent impossible, de mesurer la valeur du seuil d'excitation,
et même la mesure du seuil différentiel, quoique incomparablement plus facile, est loin d'être simple. De plus ces deux
valeurs sont très instables, et cette instabilité contribue à en
rendre la mesure difficile. Pourtant il n'est pas impossible
d'apprécier avec quelque exactitude les variations de la
sensibilité, soit absolue, soit différentielle, et l'étude des causes
de ces variations offre un vaste champ à la recherche.

CHAPITRE VI

DÉDUCTION DE LA LOI LOGARITHMIQUE ET DES LOIS QUI S'Y RATTACHENT

La loi du seuil exprime que la sensation est nulle alors que l'excitation correspondante possède une valeur finie; la loi de Weber exprime que des différences égales de sensation correspondent à des rapports égaux des excitations correspondantes. Voilà les bases expérimentales de la mesure des sensations et de toute la psychophysique.

A ce point du développement de la psychophysique, on ne sait pas encore quelle relation mathématique existe entre la sensation et l'excitation : mais on sait qu'il doit exister une telle relation. On ne sait même pas encore quelle relation mathématique existe entre les éléments de l'excitation : la loi de Weber exprime bien qu'il existe une liaison entre les différences absolues de sensation et les différences relatives d'excitation, mais cette liaison ne se présente pas encore sous forme mathématique. — Pour donner à la loi de Weber sa forme mathématique, Fechner recourt à un principe auxiliaire qui se formule ainsi : les modifications corrélatives de deux grandeurs continues qui dépendent l'une de l'autre sont sensiblement proportionnelles l'une à l'autre tant qu'elles restent très petites, quelle que soit la nature du rapport de dépendance qui existe entre les deux grandeurs et de quelque façon que la variation corrélative des deux grandeurs, envisagées dans leur totalité ou dans des parties étendues, s'écarte de la proportionnalité. Ce principe a été exposé et expliqué en particulier par Cournot (*Traité des fonctions*, I, p. 19). Quelques exemples suffisent pour le faire comprendre. Les logarithmes et les nombres correspondants ne progressent pas d'une manière proportionnelle; mais si l'on prend la différence entre deux nombres voisins l'un de l'autre et la différence entre les logarithmes correspondants, il y a une proportionnalité sensible entre ces deux différences; c'est sur cette proportionnalité que s'appuie le procédé des interpolations. La longueur d'une courbe n'est pas proportionnelle à celle de l'abscisse correspondante ; mais, si l'on prend une partie de la courbe assez petite pour qu'elle coïncide sensiblement avec une droite, il existe pour cette petite partie une proportionnalité sensible entre les accroissements de l'abscisse et les accroissements correspondants de la courbe (1).

Fechner applique ce principe aux rapports de la sensation et de l'excitation. « Il est vrai, dit-il, que nous ne pouvons pas indiquer un rapport défini selon lequel la sensation varie par rapport à l'excitation, tant que nous n'avons pas une mesure de la sensation; mais nous savons que les variations de la sensation sont liées d'une façon continue aux variations de l'excitation... Cela suffit pour que nous puissions y appliquer notre principe. Nous pouvons donc sans hésiter énoncer cette proposition : les modifications de la sensation sont sensiblement proportionnelles aux modifications de l'excitation, aussi longtemps que ces modifications restent très petites des deux côtés (2). »

On peut maintenant relier la loi de Weber à la proposition précédente et exprimer cette liaison d'une manière mathématique. Supposons que la différence de deux excitations, ou, ce qui revient au même, que l'accroissement d'une excitation soit une quantité très petite. Soient β l'excitation

(1) *El. d. Ps.*, II, p. 6, 7.
(2) *El. d. Ps.*, II, p. 8.

M. FOUCAULT.

à laquelle s'ajoute l'accroissement, et $d\beta$ le petit accroissement, d signifiant seulement que cet accroissement est très
petit. L'accroissement relatif d'excitation est $\dfrac{d\beta}{\beta}$. Appelons
γ la sensation qui dépend de l'excitation β, et $d\gamma$ l'accroissement de sensation qui dépend de l'accroissement $d\beta$ d'excitation. D'après les expériences qui fondent la loi de Weber,
$d\gamma$ reste constant quand $\dfrac{d\beta}{\beta}$ reste constant, quelles que
soient les valeurs absolues de $d\beta$ et de β; et, d'après le principe auxiliaire, les accroissements $d\beta$ et $d\gamma$ sont proportionnels l'un à l'autre tant qu'ils restent très petits. Ces deux
rapports peuvent être exprimés simultanément dans l'équation
suivante :

$$d\gamma = \frac{K.d\beta}{\beta} \quad (1)$$

où K est une constante. — En fait, si l'on multiplie $d\beta$ et β
par un même nombre, le rapport reste le même, et par
conséquent $d\gamma$ reste constant : c'est la loi de Weber. Si l'on
double ou si l'on triple la valeur de $d\beta$ sans modifier la valeur
de β, la modification de sensation $d\gamma$ prend une valeur double
ou triple : c'est le principe auxiliaire. — L'équation ci-dessus
exprime donc à la fois la loi de Weber et le principe.
Fechner lui donne le nom de formule fondamentale (*Fundamentalformel*), pour la raison que les formules suivantes
s'appuieront sur elle (1).

Maintenant, dit Fechner, si l'on traite la formule fondamentale comme une formule différentielle, et si l'on fait l'intégration, on obtient la formule suivante, que Fechner appelle
la *formule de mesure* :

$$\gamma = k \,(\log. \,\beta - \log. \,b) \quad (2)$$

(1) *El. d. Ps.*, II, p. 9, 10.

Dans cette formule, k est une constante qui dépend des unités et du système logarithmique que l'on choisit, et b est une autre constante, qui représente la valeur du seuil de l'excitation β.

La déduction de la formule (2) à partir de la formule (1) peut se faire d'une manière directe et rigoureuse par le calcul mathématique si l'on considère $d\beta$ et $d\gamma$ comme des différentielles, ce qui est légitime aux yeux de Fechner puisque ces deux quantités sont à la limite de la perceptibilité (*an der Gränze der Merklichen*). Fechner donne les calculs qui conduisent à la formule de mesure (1). — Mais il s'attache aussi, pour ceux de ses lecteurs qui ne sont pas capables de suivre une déduction infinitésimale, à justifier la formule de mesure d'une manière indirecte. Posons d'abord la formule de mesure (2). Comme la différence des logarithmes de deux nombres est égale au logarithme du quotient de ces nombres, l'équation (2) est équivalente à la suivante :

$$\gamma = k \, \log. \, \frac{\beta}{b} \quad (3)$$

« Hâtons-nous, dit-il ensuite, avant d'aller plus loin, de montrer que la formule de mesure redonne comme des conséquences les relations entre l'excitation et la sensation d'où elle a été déduite, et par conséquent trouve à son tour en elles sa vérification, puisqu'elles sont confirmées par l'expérience... La formule de mesure est fondée sur la loi de Weber et l'existence du seuil d'excitation : la loi de Weber et le seuil doivent donc en découler à leur tour. » C'est ce qui arrive en effet. Pour la loi de Weber, soient deux sensations γ et γ' correspondant aux excitations β et β'. On a d'après la formule de mesure :

$$\gamma = k \, (\log. \, \beta - \log. \, b) \quad .$$
$$\gamma' = k \, (\log. \, \beta' - \log. \, b).$$

(1) *El. d. Ps.*, II, p. 33-39.

La différence des sensations est donc :

$$\gamma - \gamma' = k \ (\log. \ \beta - \log. \ \beta') = k \ \log. \ \frac{\beta}{\beta'} \ .$$

« De cette formule il suit que la différence des sensa-
tions $\gamma - \gamma'$ est fonction du rapport des excitations $\frac{\beta}{\beta'}$, et
qu'elle reste égale quelles que soient les valeurs que prennent
β et β', pourvu que le rapport de β à β' reste constant : c'est
l'expression de la loi de Weber. » Quant au fait du seuil,
puisqu'il consiste en ceci, que la sensation s'évanouit ou
a une valeur nulle, non quand l'excitation a une valeur
nulle, mais quand l'excitation a encore une valeur finie,
il est contenu dans la formule de mesure : car dans cette
formule γ prend une valeur nulle, non pas quand on a $\beta = 0$,
mais quand on a $\beta = b$, c'est-à-dire quand β est une valeur
finie : en effet, si l'on considère la formule (2), on voit que,
pour $\beta = b$, on a $\gamma = 0$, et si l'on considère la formule (3),
on voit que, pour $\beta = b$, on a $\gamma = k \log. \ 1$; mais $\log. \ 1 = 0$ (1).

La vérification indirecte de la formule de mesure s'appuie
encore sur les conséquences qui dérivent de la loi de Weber
et de la loi du seuil. De la loi de Weber dérive cette conséquence qu'un accroissement d'excitation donne un accroissement de sensation d'autant moindre que l'excitation à
laquelle il s'ajoute est plus grande : la formule de mesure
montre cette conséquence, puisque l'addition d'une même
quantité à un nombre augmente le logarithme de ce nombre
d'une quantité notable, si le nombre auquel elle s'ajoute est
peu élevé, et l'augmente d'une quantité insignifiante, si elle
s'ajoute à un nombre élevé. De l'existence du seuil dérive
cette conséquence, qu'une sensation est d'autant plus éloignée
de la perceptibilité que l'excitation est plus bas au-dessous
du seuil ; cet éloignement est représenté dans la formule par
les valeurs négatives de γ : les sensations positives sont les

(1) *El. d. Ps.*, II, p. 12-14.

sensations conscientes, les sensations négatives sont les sensations trop faibles pour affecter la conscience ou les sensations inconscientes. Les sensations négatives ne sont pas des sensations réelles, opposées aux sensations positives, mais des sensations qui manquent *(fehlende Empfindungen)*, et la valeur absolue que leur donne la formule de mesure représente seulement la profondeur de l'inconscience (p. 39), c'est-à-dire la distance qui sépare la sensation inconsciente de la perceptibilité ou de la réalité (p. 40).

« La formule de mesure correspond donc à l'expérience :

« 1) Dans les cas d'égalité, où une différence de sensation reste égale alors que l'intensité absolue des excitations se modifie (Loi de Weber) ;

« 2) Dans les cas limites, où la sensation ou bien son accroissement cesse d'être perceptible ou considérable *(erheblich).* la sensation, quand elle tombe au-dessous du seuil, l'accroissement de sensation, quand la sensation est déjà si forte qu'un accroissement donné d'excitation cesse d'être senti d'une manière appréciable ;

« 3) Dans les cas d'opposition entre les sensations qui s'élèvent au-dessus de la perceptibilité et celles qui n'atteignent pas la perceptibilité, bref entre les sensations conscientes et inconscientes.

« Par conséquent nous avons le droit de considérer la formule de mesure comme bien fondée (1). »

Mais la formule de mesure n'est pas encore la mesure : elle permet seulement d'y arriver. Elle exprime, en effet, « un rapport de dépendance entre la valeur fondamentale de l'excitation, c'est-à-dire la grandeur de l'excitation rapportée à la grandeur du seuil, et la grandeur de la sensation corres-

(1) *Ibid.*, p. 16.

pondante, rapport qui n'est plus simplement valable pour les cas d'égalité de la sensation, mais est général, et permet de calculer à partir de la grandeur de la première les multiples de la seconde, ce qui donne une mesure de la sensation ».

En effet, si l'on veut déterminer une sensation n fois plus forte que γ, il suffit de multiplier par n les deux termes de la formule de mesure donnée par l'équation (3).

On obtient l'équation :

$$n\gamma = nk \log. \frac{\beta}{b} \quad (4)$$

à laquelle on peut substituer l'équation suivante :

$$n\gamma = k \log. \left(\frac{\beta}{b}\right)^n \quad (5).$$

De même, si l'on veut déterminer une sensation contenue n fois dans γ, il suffit de diviser par n les deux termes de l'équation (3). On obtient :

$$\frac{\gamma}{n} = \frac{k}{n} \log. \frac{\beta}{b} = k \log. \left(\frac{\beta}{b}\right)^{\frac{1}{n}} = k \log. \sqrt[n]{\frac{\beta}{b}} \quad (6)$$

D'une façon générale, le rapport de deux sensations se tire de la formule de mesure et est donné par l'équation suivante :

$$\frac{\gamma}{\gamma'} = \frac{\log. \dfrac{\beta}{b}}{\log. \dfrac{\beta'}{b}} = \frac{\log. \beta - \log. b}{\log. \beta' - \log. b} \quad (7) \qquad (1)$$

Enfin, si l'on veut obtenir la formule de mesure la plus simple, il faut choisir les unités d'excitation et de sensation de façon que dans la formule de mesure on puisse poser $b = 1$

(1) *Ibid.*, p. 17, 18.

et $k = 1$. Or le calcul montre que $k = 1$ si l'on a $b = 1$.
Il faut donc prendre pour unité d'excitation la valeur du seuil
d'excitation. Quant à l'unité de sensation, elle ne sera pas
fournie par la sensation qui correspond au seuil d'excitation,
puisque cette sensation est d'intensité nulle : mais γ prendra
la valeur 1 quand le rapport $\dfrac{\beta}{b}$ sera égal au nombre qui
sert de base aux logarithmes employés : l'unité de sensation
est donc la sensation qui correspond à une excitation égale à
10 fois la valeur du seuil si l'on emploie les logarithmes ordinaires, et à 2.718... fois cette valeur si l'on emploie les
logarithmes naturels. La formule de mesure devient alors :

$$\gamma = \log. \beta \quad (8)$$

« Ces unités d'excitation et de sensation..., qui ramènent
la formule de mesure à sa forme la plus simple, seront
appelées les *unités fondamentales,* et on y ajoutera le nom
d'*ordinaires* ou de *naturelles* selon le genre des logarithmes
employés. L'unité d'excitation reste la même dans les deux
cas, mais l'unité de sensation se modifie selon le système de
logarithmes dans le rapport de 10 à 2.718... Sous l'hypothèse des unités fondamentales on peut dire simplement que
la force de la sensation est le logarithme de la force de l'excitation, et selon le système de logarithmes employés, on trouvera pour la grandeur de la sensation une expression numérique différente, mais la grandeur absolue de la sensation
sera toujours la même si l'on tient compte de l'unité qui la
mesure, de même que, au lieu de la longueur 1 on peut poser
la longueur 12, et ne pas désigner par le dernier nombre une
longueur plus grande, si par 12 on entend 12 pouces et par
1 un pied (1). »

Pour caractériser ce genre de mesure relativement aux
unités qu'il choisit, Fechner fait cette importante remarque.

(1) *Ibid.*, p. 19, 20.

« Comme l'excitation et la sensation sont de nature tout à fait hétérogène, elles ne peuvent être mesurées que séparément par des unités de leur espèce, et on ne peut pas les rapporter à une unité commune. En fait, dans notre mesure de la sensation, nous ne présentons pas la sensation comme un multiple de l'excitation, mais comme un multiple d'une grandeur de sensation de même espèce prise pour unité, et c'est seulement la relation de la sensation à son unité qui est déterminée d'après la relation de l'excitation à son unité, attendu que ces deux relations sont des fonctions l'une de l'autre, de telle façon que, si l'une des relations est donnée, l'autre peut en être tirée. C'est cette fonction qui est présentée dans notre formule de mesure (1). »

Voilà donc la mesure des sensations selon Fechner. Mais peut-on en faire un usage pratique? Fechner ne s'est pas fait d'illusions sur ce point. « Si simple, dit-il, que soit la formule de mesure, ce n'est pas une chose trop simple que d'en faire usage. » En effet, pour déterminer les valeurs de b et de β, il faut tenir compte d'un certain nombre de causes secondaires. La valeur du seuil est variable, elle grandit à mesure que l'excitabilité diminue, et l'excitabilité diminue quand les excitations deviennent fortes ; c'est même là une des raisons pour lesquelles la loi de Weber ne s'applique pas exactement aux excitations fortes. De plus, pour obtenir la valeur de β, il ne suffit pas d'avoir une mesure de l'excitation extérieure, il faut y ajouter l'excitation propre de l'organe sensoriel quand il existe une excitation de ce genre, comme c'est le cas pour l'œil, qui a une lumière propre. De plus il faut tenir compte du mécanisme naturel qui dans certains cas arrête partiellement l'action de l'excitation : ainsi, quand la lumière devient vive, la pupille se rétrécit et ne laisse plus passer une assez grande quantité de lumière. Il faut tenir compte encore de l'irradiation, des effets de contraste, de

(1) *Ibid.*, p. 18.

l'attention. Fechner signale lui-même toutes ces difficultés et se demande s'il est vraiment arrivé à un résultat et quel est ce résultat.

« A ce point de vue, dit-il, il faut remarquer que l'intérêt principal de la formule de mesure ne consiste pas tant en ce qu'elle permet de comparer des sensations numériquement exprimées, ce que l'on n'aurait pas fréquemment l'occasion de faire dans la science ou dans la pratique, qu'en ceci :

« 1) La formule de mesure fonde en principe et permet d'effectuer, quand les circonstances sont favorables, la mesure des sensations : par là elle établit le concept de cette mesure sur un fondement solide, clair, exact, et par conséquent elle assure à la psychophysique une base mathématique; 2) en rattachant fonctionnellement les valeurs γ, β, b, elle exprime le rapport de l'excitation, de la sensation et de la sensibilité, et cette expression fonde une conception claire et rigoureuse de ce rapport en l'appuyant sur les faits, et assure à la recherche sur ce point une base claire et sûre; 3) d'après cette relation fonctionnelle aussi, on peut prévoir en général et sans mesure spéciale comment, par la modification de tel et tel rapport, la marche et l'état du phénomène de la sensation doivent se modifier, et se comporter dans les cas limites et les points de crise (Wendepunkte); elle permet par conséquent aussi, là où la mesure spéciale n'est pas possible, de tirer des conséquences générales. » Donc, en ce qui concerne la psychophysique externe, l'importance de la formule de mesure réside plutôt dans les avantages ci-dessus indiqués que dans la réalisation de la mesure dont on aura très rarement besoin. Mais, pour la psychophysique interne, l'intérêt de la formule de mesure est plus grand, parce que la relation de mesure entre la sensation et l'excitation qui est contenue dans la formule n'ouvre pas tout à fait, il est vrai, l'entrée de la psychophysique interne, mais donne pour ainsi dire « la clef de la porte » (1) ainsi qu'on le verra dans le chapitre suivant.

A la formule de mesure Fechner rattache deux autres formules, qu'il appelle, l'une la formule de différence (*Unterschiedsformel*) et l'autre la formule de mesure de la sensation de différence ou de contraste (*Unterschiedsmassformel*); la première donne la mesure de la différence entre deux sensations; la deuxième donne la mesure d'une sensation de différence ou de contraste.

Deux sensations peuvent différer l'une de l'autre sans que cette différence soit sentie. C'est ce qui arrive si elles existent dans la conscience d'individus différents, ou si, bien qu'elles existent dans une même conscience, elles sont séparées par un intervalle de temps trop considérable. La formule de mesure de la différence (non sentie) s'obtient d'ailleurs facilement à partir de la formule de mesure des sensations. Soient γ et γ' deux sensations, β èt β' les excitations correspondantes et b la valeur du seuil d'excitation. On a :

$$\gamma = k (\log. \beta - \log. b)$$
$$\gamma' = k (\log. \beta' - \log. b)$$

On tire de ces deux équations :

$$\gamma - \gamma' = k (\log. \beta - \log. \beta') = k \log. \frac{\beta}{\beta'}.$$

Si dans cette formule on considère comme nulle l'une des deux sensations, on retrouve pour l'autre la formule de mesure de la sensation simple. La formule de différence en est donc la formule générale, et c'est ce qui en fait le principal intérêt (2).

Si la différence entre deux sensations est sentie, on obtient pour la mesure de cette différence une autre formule, et qui

(1) *Ibid.*, p. 24-28.
(2) *Ibid.*, p. 89-91.

présente un intérêt particulier. L'acte mental par lequel nous saisissons la différence de deux sensations est différent des sensations, et il est un acte de conscience plus élevé que celui par lequel nous saisissons simplement une sensation. Donc, en mesurant la différence sentie des sensations, c'est-à-dire la sensation de différence ou de contraste, Fechner pense atteindre une forme d'activité mentale plus élevée que la simple sensation. « Et comme, ajoute-t-il, on peut sentir aussi des différences entre des différences de sensation, et que ces sensations plus élevées sont aussi mesurables en principe, il est prouvé directement que le spirituel supérieur, abstrait comme concret, n'est pas moins accessible à la mesure que l'inférieur, et que l'on a un principe pour s'élever de l'inférieur au supérieur (1). »

Pour obtenir la formule qui donne la mesure des sensations de différence, Fechner prend comme point de départ la formule de mesure des sensations, et remplace dans cette formule la sensation par la sensation de différence, le seuil d'excitation par le seuil différentiel, et l'excitation par le rapport des excitations entre lesquelles existe la différence. Soient donc u *(Unterschied)* la différence sentie entre deux sensations γ et γ', φ le rapport des excitations correspondantes β et β', et v *(Verhältniss)* le seuil différentiel, c'est-à-dire la valeur du rapport $\dfrac{\beta}{\beta'}$ pour laquelle la différence cesse d'être sentie ; on peut poser, par analogie avec la formule de mesure des sensations :

$$u = K \log. \frac{\varphi}{v} = K \log. \frac{\beta}{v\,\beta'} = K\,(\log. \varphi - \log. v).$$

On suppose dans ces formules que le numérateur β du rapport $\dfrac{\beta}{\beta'}$ est plus grand que β', que par suite φ est supé-

(1) *El. d. Ps.*, II, p. 86.

rieur à 1, et que log. φ est une valeur positive. — De plus cette formule s'applique seulement dans le cas, appelé par Fechner *cas normal*, où les deux excitations β et β' peuvent changer de place sans que la grandeur de la différence sentie soit modifiée. Il est vrai que ce n'est pas le cas le plus général ; au contraire, la sensation de différence varie ordinairement selon la position des excitations dans l'espace et dans le temps, et c'est précisément de là que résulte l'erreur constante. Mais en éliminant l'erreur constante, on ramène tous les cas au cas normal, et l'on donne une valeur générale à la formule de mesure des différences senties (1).

Des calculs analogues conduisent Fechner à déterminer les formules qui mesurent les différences senties entre des différences de sensations, ou différences de second ordre, puis entre des différences de troisième ordre, etc. Pour montrer que ces formules correspondent à quelque chose de réel, et qu'il n'y a pas là simplement un jeu mathématique, Fechner cite des faits. Par exemple, nous percevons une différence de lumière entre deux étoiles, puis une autre différence entre deux autres étoiles, nous pouvons comparer ces deux différences, c'est-à-dire percevoir une différence de second ordre. Au fond, c'est toujours la formule de mesure qui est ici l'objet d'une généralisation indéfinie.

Une remarque finale doit être faite maintenant au sujet des limites de la loi de Weber et du rôle que joue cette loi dans la détermination des formules de mesure psychique. Ces formules s'appuient sur la loi de Weber et la loi du seuil, et demeurent exactes aussi longtemps que ces ·deux lois demeurent exactes. Cependant la loi de Weber, en ce qui concerne la liaison de la sensation avec l'excitation externe, ne s'applique avec exactitude qu'aux excitations que les sens ont coutume de subir, et, en dehors de cette région moyenne des excitations, est sujette à des perturbations et à des com-

(1) *Ibid*, p. 96 sqq.

plications, pour cesser absolument de s'appliquer aux excitations très fortes et très faibles. Les trois formules de mesure, des sensations, des différences de sensation et des sensations de différence, cessent donc d'être exactes en même temps que la loi de Weber. Mais le principe général de mesure peut encore être employé en dehors des limites de la loi de Weber. D'après ce principe, en effet, il suffit que l'on puisse constater l'égalité de petits accroissements de sensation correspondant à des accroissements déterminés d'excitation. Or cette constatation peut toujours se faire au moyen des trois méthodes psychophysiques. Donc, « là où la loi de Weber nous fait défaut, il faut la laisser de côté, et prendre pour base de la mesure psychique l'autre relation que l'expérience nous révèle entre les différences psychiques et les différences ou rapports d'excitation dans la partie de l'échelle des excitations et des sensations que l'on considère » (1). On regardera donc toujours, d'après le principe de mesure, une sensation totale comme composée de différences élémentaires égales, et l'on déterminera le nombre de ces différences élémentaires en s'appuyant sur la relation que l'on aura découverte entre les accroissements élémentaires de la sensation et les accroissements correspondants de l'excitation. Ainsi, dans la psychophysiqne externe, la loi de Weber fournit une base pour établir les formules générales de mesure et elle limite la région des excitations et des sensations où ces formules peuvent être appliquées, mais elle n'est pas rigoureusement indispensable à la mesure des sensations. Son importance est plus grande dans la psychophysique interne.

(1) *Ueber die psychischen Massprincipien und das Weber'sche Gesetz*, Phil. St. IV, p. 187; Cf. *El. d. Ps.*, I, p. 65-67 et II, p. 191 sqq.

CHAPITRE VII

Entre l'excitation sensorielle et la sensation qui en dérive s'intercalent des phénomènes qui ont leur siège dans les nerfs et dans le cerveau, et à l'ensemble desquels Fechner donne le nom d'activité psychophysique ou de mouvements psycho-physiques : c'est de ces phénomènes que la sensation dépend directement, tandis qu'elle ne dépend qu'indirectement de l'excitation. La psychophysique interne a pour but de découvrir et d'exprimer mathématiquement les relations qui existent entre l'activité psychophysique et la sensation. — Quelle est la nature de cette activité ? Consiste-t-elle en des mouvements électriques, chimiques, ou mécaniques, d'une forme ou de l'autre, d'un milieu pondérable ou impondérable ? Nous n'en savons rien, pas plus que nous ne savons quelle est la nature de l'électricité. Mais, de même que nous pouvons cependant connaître certaines lois de l'électricité, de même nous pouvons connaître aussi certaines lois du mouvement psychophysique. D'ailleurs la psychophysique externe ne s'est pas souciée de la nature de l'excitation : elle s'est occupée seulement des rapports de l'excitation avec la sensation. De même maintenant, pour établir les points essentiels de la psychophysique interne, il n'est pas nécessaire de connaître la nature du mouvement psychophysique (1). On peut se

_____

(1) *El. d. Ps.*, II, p. 377-379. Cf. *Ibid.*, p. 543-547 et *In Sachen*, p. 204 sqq.

borner à dire qu'il est cette partie des mouvements cérébraux qui sert à la conscience.

La psychophysique interne est la vraie science des rapports de l'âme et du corps : la psychophysique externe n'en est que la préparation (1), et c'est le problème de la psychophysique interne que Fechner s'était proposé d'abord. Guidé par cette idée métaphysique que l'âme et le corps ne sont que les deux modes sous lesquels se manifeste une même substance (2), Fechner s'était proposé depuis longtemps de trouver un rapport fonctionnel entre ces deux modes, et en particulier de rattacher la sensation à ses conditions physiques internes, c'est-à-dire à ses conditions physiologiques. Mais après avoir conçu et abandonné l'idée que les deux séries de phénomènes peuvent se développer proportionnellement, ou bien comme deux progressions arithmétiques, ou deux progressions géométriques d'ordre différent, il arriva enfin à l'hypothèse du rapport logarithmique. Mais, pour vérifier cette hypothèse, il dut passer au point de vue de la psychophysique externe, car les rapports de la sensation et de l'excitation sont directement accessibles à l'expérience, tandis que l'activité psychophysique est presque insaisissable ; et les premiers faits de nature à vérifier l'hypothèse qui se présentèrent à Fechner furent précisément ceux qui concernent la dépendance de la sensation de lumière à l'égard de l'excitation. Ensuite, le problème étant posé sur le terrain de la psychophysique externe, Fechner dut chercher une méthode de mesure des sensations pour établir la relation fonctionnelle de la sensation avec l'excitation extérieure. Ainsi surgirent tous les problèmes de la psychophysique externe, et la solution de ces problèmes était pour Fechner un moyen pour justifier l'hypothèse fondamentale de la psychophysique interne, à savoir que la

---

(1) *Ibid.*, II, p. 377.

(2) *Ibid.*, I, p. 4 ; Cf. Ribot. *La psychologie allemande contemporaine*, p. 158.

sensation est égale au logarithme de l'activité psychophysique correspondante, et un moyen pour généraliser cette loi autant que possible.

Or, pour que la loi logarithmique puisse être posée comme reliant la sensation et l'activité psychophysique correspondante, il faut et il suffit que la loi de Weber et la loi du seuil puissent être transportées dans le domaine de la psychophysique interne.

Si l'on prend comme point de départ ce fait, que la loi de Weber exprime, au moins approximativement et dans certaines limites, la relation qui existe entre les accroissements d'excitation et les accroissements de sensation, et si l'on veut tenir compte ensuite de l'activité psychophysique intermédiaire, deux hypothèses sont possibles : ou bien la loi de Weber relie l'excitation à l'activité psychophysique qu'elle met en jeu, et alors la sensation est proportionnelle à l'activité psychophysique ; ou bien la loi de Weber relie l'activité psychophysique à la sensation, et alors l'activité psychophysique est proportionnelle à l'excitation, dans les limites où la psychophysique externe a vérifié la loi de Weber. C'est à la deuxième hypothèse que s'arrête Fechner.

Il en donne d'abord des raisons générales, c'est-à-dire qu'il s'attache surtout à montrer que cette hypothèse est celle qui cadre le mieux avec les théories scientifiques les plus générales. En raison des différences qui existent entre le physique et le psychique, on peut parfaitement concevoir une dépendance logarithmique entre l'activité du corps et celle de l'âme, tandis qu'on ne peut guère concevoir une dépendance de ce genre entre deux activités corporelles, comme l'exigerait la première hypothèse. — D'autre part, l'hypothèse la plus simple et la plus naturelle que l'on puisse poser en accord avec les lois de la physique et de la physiologie est que les accroissements de l'activité dégagée dans les nerfs de la vue et de l'ouïe et dans les centres cérébraux correspondants par l'excitation visuelle ou auditive sont proportionnels à l'excitation, aussi longtemps que l'organe n'en souffre pas ; au delà de cette limite, on ne peut plus chercher une telle proportionnalité, puisque la loi de Weber cesse de s'appliquer (1).

Mais Fechner trouve aussi une vérification expérimentale indirecte de son hypothèse dans l'existence d'une loi qu'il appelle loi parallèle à la loi de Weber ou simplement loi parallèle (*Parallelgesetz*). Voici en quoi consiste cette loi. Si l'on regarde d'une façon prolongée un disque blanc sur papier noir, il se couvre en une certaine mesure d'un voile grisâtre : Fechner interprète le fait en disant que l'action prolongée de l'excitation lumineuse affaiblit la sensibilité à la lumière. Si l'on se fatigue à soulever ou à porter des poids, on en vient à sentir un même poids comme plus lourd : la prolongation de l'excitation a donc ici pour effet d'accroître la sensibilité. Dans un cas comme dans l'autre, il s'agit de la sensibilité absolue. La loi parallèle exprime que, pendant que la sensibilité absolue se modifie ainsi, dans un sens ou dans l'autre, la sensibilité différentielle ne varie pas. Pour vérifier cette loi, Fechner a fait des expériences sur les poids par la méthode des cas vrais et faux, en employant des durées de soulèvement de 1/2, 1, 2 et 4 secondes, et un poids principal de 1000 grammes. Quand la durée de soulèvement était de 4 secondes, Fechner éprouvait un sentiment prononcé de fatigue dans la main. Si la loi parallèle est exacte, la sensibilité différentielle ne doit pas être modifiée par la fatigue : la loi est vérifiée d'une façon satisfaisante, les nombres de cas vrais, pour 4096 cas, ont été respectivement, pour les quatre durées de soulèvements, 3102, 3009, 2979 et 3097. Le résultat est d'autant plus remarquable que la durée de soulèvement exerçait une influence très sensible sur l'erreur constante. D'autres expériences sur les poids, les unes à l'état normal, les autres après que les bras avaient

(1) *El. d. Ps.*, II, p. 429.

été fatigués méthodiquement, ont confirmé la loi parallèle
d'une manière analogue : la sensibilité différentielle restait à
peu près la même après la fatigue qu'avant. La loi parallèle
ne serait d'ailleurs exacte que dans les mêmes limites que la
loi de Weber (1). — Voici maintenant la conséquence qu'en
tire Fechner au point de vue de la psychophysique interne.
Quand la sensibilité s'émousse, l'activité psychophysique
dégagée par l'excitation diminue : si donc deux excitations
de même espèce sont reçues par un organe fatigué, la différence entre les mouvements psychophysiques correspondants
est diminuée en valeur absolue, mais reste la même en
valeur relative. Si donc la sensation de différence qui en
dépend était proportionnelle à la différence absolue des mouvements psychophysiques, elle devrait diminuer en raison
de la fatigue. Or la loi parallèle montre que la sensation de
différence reste constante quand la différence relative reste
constante : c'est donc qu'elle dépend de la différence relative,
et par suite la loi de Weber s'applique aux rapports de
l'activité psychophysique avec la sensation (2).

Si la loi de Weber est valable dans le domaine de la
psychophysique interne, la loi du seuil doit l'être aussi. Mais
ici Fechner s'appuie sur des faits. Il s'agit de montrer que
le mouvement psychophysique doit atteindre un certain
degré pour produire la sensation, et par suite qu'il existe
dans des cas où la sensation consciente n'a pas lieu, bien que
le mouvement psychophysique existe. Or, les étoiles ne sont
plus perceptibles dans le jour ; elles doivent pourtant produire une impression psychophysique, mais cette impression
reste au-dessous du seuil. Fechner cite une observation
personnelle. « Le matin, au lit, j'ai coutume de songer à
toutes sortes de choses. En face du lit est un tuyau de poêle
noir sur un mur blanc. Pendant que ma tête reste immobile,

(1) *El. d. Ps.*, I, p. 300-329.
(2) *El. d. Ps.*, II, p. 430.

si je demeure couché, avec les yeux ouverts, après l'irruption de la lumière du matin, l'impression du tuyau noir se grave fortement dans l'œil, mais je pense à tout autre chose, et cette impression est pour moi complètement inconsciente. Mais très souvent, après avoir fermé les yeux, j'ai été frappé par une très forte image consécutive du tuyau de poêle. L'impression physique avait donc été faite dans des conditions telles que la sensation de lumière pouvait se produire, mais, aussi longtemps que l'attention en était détournée, la sensation demeurait inconsciente, et elle pouvait cependant devenir consciente dans la suite (1). » Un fait analogue est rapporté par Scoresby : il lui est arrivé souvent de percevoir en images consécutives des parties d'un objet dont il n'avait pas eu la perception consciente pendant qu'il les regardait : il rapporte en particulier que, après avoir regardé fixement un point dans un écrit imprimé en gros caractères, il parvenait à lire en images consécutives les lettres voisines. L'ouïe fournit des faits analogues, et Fechner cite ce fait bien connu, que nous entendons après coup une parole qui nous a été adressée et que nous ne percevions pas d'abord. « Incontestablement, dit-il, les mouvements dont dépend l'audition devaient exister déjà, et l'attention n'a eu pour effet que de les élever au-dessus du seuil. » — Par là s'explique ce fait que, de deux impressions successives, c'est parfois la deuxième qui est la première à donner une sensation : ainsi des médecins ont remarqué que, en faisant une saignée, ils voyaient d'abord le sang jaillir avant de voir le bistouri pénétrer dans la veine. D'autres illusions de même genre ont été notées dans le sens de la vue (2).

Ainsi la loi de Weber et la loi du seuil règlent les rapports de l'activité psychophysique avec la sensation. Du moins, c'est là, aux yeux de Fechner, l'hypothèse la plus vraisem—

(1) *Ibid.*, II, p. 432.
(2) *Ibid.*, II, p. 433, 434.

blable. On peut dès lors remplacer, dans la formule fondamentale et dans la formule de mesure de la sensation,
l'excitation extérieure par l'activité psychophysique. Non
seulement ces formules s'appliquent à la psychophysique
interne, mais elles s'y appliquent avec plus de rigueur qu'à
la psychophysique externe. « Nous devons reconnaître, dit
Fechner, que nos formules fondées sur la loi de Weber ne se
vérifient par rapport à l'excitation externe que dans certaines
limites, qu'avec une approximation plus ou moins grande,
qu'à la condition que l'excitation soit toujours présentée de
la même façon et que la sensibilité demeure invariable; nous
devons reconnaître que les constantes b (le seuil) et v (le seuil
de rapport ou seuil différentiel) ne sont pas véritablement
constantes..... Mais rien ne nous empêche, et même au contraire, s'il existe une relation fonctionnelle réelle entre le
corps et l'esprit, nous sommes contraints d'admettre que les
lois qui relient la grandeur et l'espèce de la sensation à la
grandeur et à l'espèce du mouvement psychophysique sont
valables sans conditions et sans limites, au même titre que la
loi de la gravitation dans l'ordre de la nature, de sorte que,
quand et où existent un même degré et une même espèce de
mouvement psychophysique, toujours aussi existe le même
degré et la même espèce de sensation, et que toutes les
déviations que présentent la loi de Weber et les formules qui
en dérivent par rapport à l'excitation externe proviennent
seulement de ce qu'une même excitation externe ne produit
pas dans tous les cas la même quantité d'activité psychophysique (1). »

Mais tandis que Fechner s'est borné dans la psychophysique externe aux rapports de la sensation avec l'excitation,
il s'attache à généraliser la loi fondamentale de la psychophysique interne et à l'étendre aux rapports de la conscience
totale avec ses conditions physiologiques.

(1) *Ibid.*, II, p. 435, 436.

Les sensations oscillent de l'inconscience à la conscience ;
mais il en est de même de tous les états psychologiques et de la
vie psychique tout entière. La vie psychique considérée dans
son ensemble oscille entre le sommeil et la veille, et, en considérant cette oscillation, on y trouve une confirmation expérimentale des lois de la psychophysique interne (loi de Weber
et loi du seuil) que l'on peut comparer à celle que l'on a
trouvée dans l'étude des sensations pour la psychophysique
externe. — En effet, pendant le sommeil, la conscience
s'éteint. Au moment du réveil, la conscience surgit et atteint
très rapidement un maximum, auquel elle se maintient sans
grandes modifications pendant un certain temps ; puis elle
s'abaisse de nouveau et le sommeil recommence. Le point où
le sommeil cesse et où il commence peut être considéré
comme le seuil de la conscience. Au-dessous du seuil il se
produit un abaissement progressif de la conscience, le sommeil
devient plus profond : la preuve en est qu'il faut des excitations plus fortes pour déterminer le réveil (1). Enfin, après
que le sommeil a passé par un maximum de profondeur,
la conscience se relève de nouveau jusqu'au seuil, pour
remonter jusqu'au maximum qu'elle peut atteindre dans
la veille. Si donc on veut exprimer mathématiquement
cette marche de la conscience pendant la veille et le
sommeil, on peut désigner le seuil de la conscience par la
valeur zéro : on devra alors désigner par des valeurs positives
les degrés de la conscience pendant la veille, et par des

(1) Un auditeur de Fechner, Kohlschütter, exprima, dit Fechner,
l'idée que l'on pourrait mesurer la profondeur du sommeil en mesurant,
au moyen du pendule sonore de Volkmann, la force des sons nécessaires
pour réveiller le dormeur. Il donna suite à cette idée et publia le résultat
de ses expériences, en 1862, sous le titre de *Messungen der Festigkeit des
Schlafes*; reproduit dans Zeitschrift für rationelle Medicin, 1863. La
méthode a d'ailleurs été reprise ultérieurement. Voir Michelson,
Untersuchungen über die Tiefe des Schlafes, Psychologische Arbeiten
(de Kräpelin), II, p. 84 (1897).

valeurs négatives ses degrés pendant le sommeil. La distinction des sensations conscientes comme positives et des sensations inconscientes comme négatives se trouve ainsi transportée à la conscience prise dans son ensemble : elle exprime alors l'oscillation de la veille au sommeil, et par là elle se renforce et se généralise (1).

Mais, pour que la loi psychophysique puisse s'appliquer à la relation de l'activité psychophysique totale avec la conscience totale qui lui correspond, il faut que l'on puisse admettre que pendant le sommeil l'activité psychophysique diminue. Cette hypothèse s'appuie sur les faits suivants : « La force vive totale de notre corps paraît diminuée pendant le sommeil. Le pouls et la respiration sont plus lents, la température du corps est abaissée, la sécrétion de l'urine, de l'acide carbonique, de la sueur est diminuée, et, en ce qui concerne en particulier l'activité cérébrale que nous devons regarder comme le support des phénomènes conscients, c'est-à-dire en ce qui concerne l'activité psychophysique, la cessation de la conscience et du mouvement volontaire indique une diminution de cette activité. De plus, l'irrigation sanguine du cerveau pendant le sommeil est moindre que pendant la veille, comme on le constate dans les fractures du crâne et dans les fontanelles des petits enfants. Le pouls qui devient plus lent montre aussi que la circulation du sang dans le cerveau devient plus lente. Or, nous voyons partout que, au moins dans certaines limites, les fonctions d'un organe s'accomplissent d'une façon plus ou moins active selon l'abondance et la vivacité de la circulation du sang (2). »

Mais, pour que la loi psychophysique trouve ici son application, il faut que l'activité psychophysique s'abaisse pendant le sommeil sans pourtant disparaître complètement : car il est bien certain que l'activité cérébrale ne cesse pas

(1) *El. d. Ps.*, II, p. 439-442.
(2) *El. d. Ps.*, II, p. 442, 443.

entièrement pendant le sommeil, mais on pourrait croire que
dans un sommeil sans rêves, l'activité psychophysique, cette
partie de l'activité cérébrale qui sert à la conscience, se
trouve anéantie. Or, des faits tendent à montrer qu'elle subsiste encore, amoindrie seulement. Une excitation quelconque,
d'origine physique ou physiologique, atteignant un nerf sensitif quelconque, peut produire le réveil, pourvu qu'elle soit
assez forte. Qu'arrive-t-il donc alors ? L'impression exercée
sur le nerf est transmise au cerveau, et le réveil, c'est-à-dire
le retour à la conscience, a lieu quand l'activité psychophysique dégagée a atteint un degré assez élevé : cette activité a
donc existé d'abord à un degré moindre, sans être accompa-
gnée de conscience. De même une excitation faible, par
exemple le mouvement léger d'un enfant auprès de sa mère
endormie, peut déterminer le réveil, si cette excitation est de
nature à produire pendant la veille une forte impression. Au
contraire, nous nous endormons quand les excitations locales
sont supprimées ou quand nous ne parvenons pas à maintenir
notre attention tendue sur un objet particulier : l'activité
psychophysique présente dans le cerveau s'y trouve alors
répandue d'une manière uniforme et reste partout au-dessous
du seuil. Mais la suppression d'une excitation prolongée et
monotone détermine le réveil parce qu'elle produit une rupture de cette uniformité : l'activité psychophysique, étant alors
diminuée dans un point du cerveau, se relève par ailleurs,
conformément à la loi de la conservation de la force. C'est
pourquoi le meunier s'éveille quand son moulin s'arrête, le
dormeur s'éveille à l'église quand le prédicateur cesse de
parler, l'enfant que la nourrice endort en chantant s'éveille
quand la nourrice cesse de chanter, l'homme qui a coutume de
dormir avec une veilleuse s'éveille quand la veilleuse s'éteint,
celui qui dort en voiture s'éveille quand la voiture s'arrête, le
soldat qui dort en marchant s'éveille quand on fait halte (1).

(1) *Ibid.*, II, p. 443-447.

Ainsi la relation logarithmique qui existe entre la sensation et l'activité psychophysique correspondante existerait aussi entre la conscience totale et l'activité psychophysique totale, de sorte que la loi logarithmique exprimerait la relation générale de l'âme et du corps.

Fechner va même plus loin, et, dépassant les hypothèses sur lesquelles il a établi la plus grande partie de la psychophysique interne, lesquelles sont très hardies, mais gardent encore un caractère scientifique, puisqu'elles sont vérifiables, au moins en principe, il s'élève jusqu'à une conception générale du monde (*Weltansicht*), dérivée de ses théories psychophysiques. Ce n'est pas seulement l'individu humain qui est un système psychophysique formé d'une âme et d'un corps liés par la loi logarithmique, c'est le monde tout entier, dont l'esprit universel est l'âme. Le panthéisme, qui se manifestait déjà sous forme spinosiste dans l'hypothèse métaphysique d'après laquelle l'âme et le corps seraient deux apparences d'une même réalité, reparaît ici sous une forme plutôt stoïcienne. L'activité psychophysique ne s'abaisse pas au-dessous du seuil dans toutes les parties du cerveau à la fois, et il peut arriver que l'homme soit partiellement endormi, et partiellement éveillé. Quand par exemple l'attention s'applique à un sens et se détourne des autres, on peut dire que le premier est éveillé et que les autres sont endormis. De même, dans le cas de méditation profonde, la sphère des sens est endormie, et des excitations légères passent inaperçues, c'est-à-dire ne suffisent pas à faire sortir le sujet de ce sommeil partiel. Les fonctions de l'âme sont donc dans une certaine mesure indépendantes les unes des autres, et l'activité psychophysique qui correspond à une fonction peut s'élever et s'abaisser par rapport au seuil de la conscience sans que les autres fonctions suivent le même mouvement (1). La conscience totale est donc un système com-

(1) *El. d. Ps.*, II, p. 449 sqq.

posé de phénomènes individuels relativement indépendants. Fechner suppose par analogie que le monde est un composé de même genre et que dans la conscience de l'esprit universel qui ne s'endort jamais, la conscience humaine s'élève comme une conscience séparée quand l'activité psychophysique de l'homme a atteint une certaine valeur par rapport à l'activité psychophysique du système universel. Mais c'est ici, dit-il, le domaine de la croyance, et non plus de la science (1).

(1) *Ueber d. Psych. Masspr.*, p. 211, 212; *El. d. Ps.*, II, p. 526 sqq.

DEUXIÈME PARTIE

ÉVOLUTION
ET CRITIQUE DE LA PSYCHOPHYSIQUE

Les théories psychophysiques de Fechner ont soulevé les objections les plus diverses, et les faits bien établis sur lesquels reposent ces théories ont été l'objet de multiples interprétations. La faute en est en partie à Fechner lui-même ; il n'a pas fourni à ses critiques une base de discussion suffisamment nette, parce qu'il n'a pas défini avec assez de précision les deux idées essentielles de sensation et d'intensité psychologique. Je vais examiner d'abord l'idée de sensation. J'examinerai l'idée d'intensité dans les chapitres suivants, en exposant les critiques qui ont été dirigées contre la mesure des sensations, les tentatives qui ont été faites pour reconstituer la psychophysique, et en cherchant ce qu'il y a de quantitatif et de mesurable dans les phénomènes psychologiques, ou au moins dans les sensations.

CHAPITRE PREMIER

SENSATION ET PERCEPTION

L'idée de sensation a été en général négligée par les adversaires mêmes de Fechner. Wundt est l'un des rares psychophysiciens qui ont nettement distingué la sensation et la perception, et qui ont tiré la conséquence de cette distinction en s'attachant à expliquer dans le détail la formation des divers genres de perceptions. Les sensations sont pour lui les éléments représentatifs (*Vorstellungselemente*) dont se composent les représentations complexes. Il réserve le nom de représentation (*Vorstellung*) pour les états psychologiques que nous rapportons à des objets extérieurs ; si les objets extérieurs sont regardés comme présents, les représentations sont des perceptions (*Sinneswahrnehmungen*) ; celles qui se rapportent à des objets regardés comme ayant été présents antérieurement sont les images de la mémoire ou les souvenirs (*die Erinnerungen an solche Sinneswahrnehmungen*), et enfin celles qui se rapportent à des objets possibles sont les images de l'imagination créatrice (*die beliebige Phantasiebilder*) (1).

Mais cette distinction entre la sensation d'une part, et d'autre part la perception des objets extérieurs présents, passés ou possibles, ne possède pas encore toute la précision

(1) WUNDT, *Vorlesungen über die Menschen— und Thierseele*, 2ᵉ édit., p. 15, 16; Cf. *Éléments de Psychologie physiologique*, tr. fr., I, p. 305.

désirable. La perception est définie comme la représentation
qui se rapporte à un objet extérieur : mais la sensation ne
se rapporte-t-elle pas aussi à un objet extérieur ? Si elle est
un état purement subjectif, elle n'est plus une représentation :
il faut admettre qu'elle est un état subjectif se rapportant à
un objet, c'est-à-dire une synthèse du représentatif et du
représenté ; car on ne comprendrait jamais comment des
combinaisons de sensations pourraient acquérir une valeur
objective si les sensations elles-mêmes n'avaient pas déjà
une signification objective. Il est à peine utile de faire
remarquer que le problème de l'idéalisme et du réalisme
n'est pas en question ici. La différence entre la sensation et la
perception serait donc réduite à une différence de complexité.
Or, qu'il existe une telle différence entre ces deux modes
de la représentation sensorielle, cela n'est pas douteux. Mais
il en existe une autre plus importante, qui consiste en ce que
la perception contient des images que l'on ne trouve pas dans
la sensation. Bref, il me semble que l'on peut établir, au
moyen des faits fournis par la psychologie contemporaine,
une théorie générale sur la constitution de la perception.
Cette théorie est indispensable pour orienter une étude
critique de la psychophysique.

Après qu'une excitation sensorielle a produit tous ses effets
physiologiques, une représentation apparaît à la conscience :
c'est la sensation. Mais la sensation, au moins dans certains
cas, est elle-même le point de départ d'un nouveau travail
mental. Une série nouvelle de phénomènes psychologiques se
développe alors, et à un certain moment apparaît la réflexion,
c'est-à-dire l'effort intellectuel pour interpréter la sensation
et en tirer parti en vue d'étendre la connaissance. C'est par
un effort de ce genre que nous essayons de déterminer la
hauteur d'un arbre, la distance d'une montagne, la direction
précise d'un son, la nature d'un objet que nous touchons
dans l'obscurité, le poids d'un corps que nous soulevons, le
cru d'un vin d'après sa saveur et son bouquet : tous les genres

de sensations peuvent servir d'objet à ce travail intellectuel. — Mais l'effort de réflexion ne porte pas sur une sensation pure : il a été précédé d'un travail automatique, irréfléchi, qui a eu pour résultat de nous fournir une première interprétation de la sensation, sans que nous ayons fait effort et sans même que nous nous soyons aperçus de l'opération. C'est pourquoi il nous semble percevoir directement la grandeur et la distance des objets, et c'est pourquoi la localisation nous fait l'effet d'une donnée immédiate de la sensation : on sait pourtant que la localisation est le résultat d'une longue éducation. Il faut donc distinguer l'interprétation réfléchie et l'interprétation automatique de la sensation. — On donne souvent le nom de perception au résultat d'ensemble de ces deux opérations, et on dit alors que la perception implique l'intervention de l'intelligence. En réalité, la matière sur laquelle s'effectuent les opérations intellectuelles est déjà une représentation complexe qui résulte d'opérations automatiques antérieures. C'est pour cette représentation que je réserve le nom de perception.

La sensation s'oppose donc à la perception en ce qu'elle est le premier phénomène représentatif qui suive l'excitation et soit produit par l'excitation, tandis que la perception est formée par la combinaison de la sensation et de représentations additionnelles. Mais en quoi consiste au juste la sensation ? Est-elle la représentation qui correspond à un élément dernier de l'excitation, à un choc provenant d'un mouvement vibratoire unique, — ou bien résulte-t-elle d'une pluralité de chocs de ce genre, c'est-à-dire de l'excitation envisagée comme formant un tout ? Bref, dans la série d'événements qui va de l'impression sensorielle à l'interprétation intellectuelle de la sensation, à quel moment la vie psychologique commence-t-elle à s'éveiller ? Cette question n'est pas facile à résoudre, mais la solution peut en être laissée indécise : quelle que soit, des deux solutions possibles, celle qui est vraie, la sensation ne peut toujours être qu'un phénomène psychologique inaccessible à l'observation subjective, non attribué au moi d'une façon distincte, inaperçu, un phénomène de conscience faible et obscure, perdu pour l'observation dans le mélange dont il fait partie. Peut-être convient-il de distinguer avec Taine, d'une manière tout à fait hypothétique, la sensation élémentaire comme correspondant au phénomène physique élémentaire, et la sensation totale comme correspondant à l'excitation totale : la sensation totale serait alors une combinaison de sensations élémentaires, du genre de celles que Wundt appelle les synthèses associatives. Mais la sensation totale aussi bien que les sensations élémentaires ne peut toujours être qu'une des composantes de la perception.

En quoi donc consiste ce travail automatique qui de la sensation fait une perception ? Parmi les nombreuses théories qui ont été proposées pour répondre à cette question, il en est une qui se dégage des analyses de la psychologie contemporaine avec assez de solidité pour qu'on puisse la considérer comme acquise. C'est la théorie d'après laquelle la perception serait un composé de sensations et d'images associées. Mais les principaux partisans de cette théorie (Helmholtz, Bain, James Sully, Höffding, M. Binet, etc.), d'accord sur ce point qu'on doit expliquer la perception par l'association des images avec les sensations, diffèrent d'avis sur le détail de l'explication. Je vais exposer la façon dont je crois qu'il faut concevoir le mécanisme général de la perception : je donnerai ensuite les raisons qui me semblent prouver cette théorie.

Deux sortes de représentations s'ajoutent à la sensation pour constituer la perception : ce sont des images antérieurement acquises et des sensations.

Toute sensation, au moins toute sensation qui a été consciente à un degré assez élevé, peut reparaître à la conscience à titre d'image. Dans l'intervalle de temps qui sépare la sensation de l'image, la sensation n'était pas morte, elle n'était que refoulée : vienne une occasion favorable, elle reparaît en l'absence de toute excitation ; elle est alors l'image.

Les images se combinent ensuite les unes avec les autres de diverses façons. Pendant longtemps, on n'a analysé qu'un mode de combinaison, l'association de succession. Mais les psychologues contemporains, en particulier Galton et Wundt, et même, avant eux, Ampère, ont analysé aussi des associations de simultanéité. Parmi ces associations, l'une des plus importantes est la fusion des images semblables en une image unique, c'est-à-dire l'assimilation, comme l'a appelée Wundt (1), ou la concrétion, comme l'a appelée Ampère (2). Il y a même dans la vie de l'esprit quelque chose de plus que des associations de ce genre se produisant au gré des circonstances: d'une manière générale, toutes les fois que deux représentations semblables. deux images, ou deux sensations, ou une image et une sensation, coexistent dans une même conscience, elles se combinent en une représentation unique. Cette loi a été appelée par M. Binet loi de fusion (3). Au moyen de la loi de fusion et de l'association de succession, on peut comprendre le mécanisme essentiel de la perception.

J'ai vu un même objet plusieurs fois : chacune des excitations sensorielles a produit une sensation et chaque sensation a laissé une image après elle. Je pourrais donc à la rigueur posséder autant d'images visuelles différentes d'un même objet que je l'ai vu de fois. Mais l'expérience a beau se prolonger, les sensations ont beau se succéder, je n'ai ordinairement qu'une image. Ainsi je n'ai qu'une image visuelle de la maison que j'habite, des pièces dont elle se compose, des meubles qui sont dans ces pièces ; je n'ai qu'une image auditive du bruit de la sonnette, qu'une image tactile du bouton de la porte, etc. Si, au lieu d'un même objet, il s'agit d'objets très semblables, le résultat est le même : par exemple, je n'ai qu'une image visuelle pour les feuilles de papier blanc que

(1) *Psychol. physiol.* tr. fr., II, p. 332.
(2) D'après *Critique philosophique*, 2ᵉ série, I, p. 214, 215.
(3) *Psychologie du raisonnement*, p. 96.

j'ai coutume d'employer, pour les plumes dont je me sers, etc.
— Ainsi les images provenant de sensations numériquement
différentes, mais très semblables pourtant, se fondent ensemble,
et, au lieu d'avoir dans l'esprit un grand nombre d'images
individuelles, j'ai un petit nombre d'images générales ou
génériques (1). On peut encore les appeler générales quand
elles proviennent d'un même objet, parce qu'elles résument
une pluralité de sensations : il s'agit alors d'une généralité
subjective, et c'est le cas où les images générales sont le plus
nettes. Quand elles proviennent d'une pluralité d'objets
semblables, elles ont une netteté d'autant plus grande que
les objets sont plus semblables.

Supposons maintenant que, l'image générale d'un objet
étant formée dans un esprit, le même objet ou un objet très
semblable fournisse une sensation nouvelle. Cette sensation
est, en tant que représentation, aussi semblable que possible
à l'image générale. Il y a donc des chances pour qu'elle
l'évoque par une association de ressemblance. Si l'évocation a
lieu, l'image et la sensation doivent se fondre en une représentation unique, en vertu de la même loi de fusion qui a
présidé à la formation de l'image générale. La combinaison
de l'image et de la sensation constitue la partie essentielle de
la perception. Aussi j'appellerai *image constitutive* l'image
générale qui est contenue dans la perception. — Si l'évocation
de cette image n'a pas lieu, la perception ne se forme pas, la
sensation demeure une sensation et reste inaperçue. — Mais,
en outre de l'image générale, d'autres images moins importantes contribuent à compliquer la perception : on peut les
appeler *images additionnelles* par opposition à l'image cons-

(1) Voir GALTON, *Inquiries into human faculty*, p. 349 (Extract from
Proceedings Royal Institution, 25 avril 1879) et une étude plus étendue
dans *Revue scientifique*, 2ᵉ série, t. XVII, p. 221 (sept. 1879). L'étude de
J. Philippe sur les images (*Un recensement d'images mentales*, Revue
philos. nov. 1897, p. 508) montre bien comment les images usuelles se
réduisent à un petit nombre.

M. FOUCAULT.

titutive. Elles varient d'ailleurs avec les circonstances, avec la nature des objets perçus et avec les personnes qui perçoivent. Enfin à cet ensemble de représentations s'ajoutent des sensations secondaires ou subordonnées.

Si l'analyse qui précède est exacte, la perception complète, antérieurement à la réflexion, comprendrait les éléments suivants : 1° une sensation ; 2° une image constitutive; 3° des images additionnelles: 4° des sensations subordonnées. Toutes ces représentations unies forment un système qui se tient, un tout dans lequel l'observation subjective ne distingue des parties qu'avec l'aide de beaucoup d'attention et d'une manière incomplète.

Les images additionnelles sont les plus faciles à constater : je n'en donnerai donc que quelques exemples. — Dans beaucoup de cas, au moment même de la perception, le nom de l'objet perçu nous monte aux lèvres. Quelquefois nous le prononçons : c'est ce qui arrive quand nous rencontrons une personne de connaissance, ou bien quand notre perception nous cause quelque surprise. Il est des chasseurs qui, en apercevant subitement un lièvre, ne peuvent pas toujours s'empêcher de dire à voix basse, ou même à voix demi-haute: « Un lièvre! » L'enfant, moins accoutumé que l'adulte à réprimer ses tendances motrices, prononce plus souvent le nom des objets en même temps qu'il les perçoit. J'ai vu une petite fille âgée d'environ seize mois qui, en se promenant dans la rue, nommait les objets qu'elle rencontrait: « Un monsieur, un cheval, une voiture, un chien ». Ainsi l'image verbale se lie souvent à la perception, toujours peut-être quand il s'agit de perception humaine : mais le plus souvent nous retenons nos paroles extérieures comme inutiles et nous nous contentons de la parole intérieure. — La localisation ne peut pas s'effectuer sans images. Elle implique notamment une association entre les sensations visuelles ou auditives et des images qui fournissent les déterminations locales. — Je citerai un dernier genre d'images qui viennent

compliquer la perception : ce sont les images provenant de
sens autres que celui qui perçoit. « L'aspect d'une pointe
aiguë, dit Wundt, qui appelle complication ce genre d'association, d'une surface rugueuse, d'une substance molle,
éveille, avec une netteté qu'il est impossible de méconnaître,
les sensations (les images) tactiles correspondantes. Les
impressions auditives se lient pareillement aux sensations
tactiles et à celles de la sensibilité générale, puisque, par
exemple, les bruits de scie sont, grâce aux sensations qui les
accompagnent, insupportables à la plupart des personnes (1). »
Quand, du haut d'un escarpement, nous regardons un précipice, nous ressentons un malaise plus ou moins vif, c'est-à-
dire que nous nous imaginons tomber sur les rochers et
que nous en éprouvons de l'angoisse ; on s'habitue à des
perceptions de ce genre, et l'angoisse peut diminuer ou
même disparaître, mais l'émotion seule s'émousse, les
images continuent de surgir : la perception d'un précipice
serait incomplète s'il ne s'y ajoutait pas quelque image de
chute.

Presque aussi facilement que pour les images additionnelles, on peut reconnaître la présence des sensations secondaires dans la perception. Je les appelle secondaires ou
subordonnées parce qu'elles contribuent à donner des indications complémentaires sur l'objet perçu, sur sa distance, ou
sa forme, ou sur le détail de ses caractères. Parmi ces sensations, celles qu'il est le plus facile de constater sont des
sensations musculaires, mais il en est certainement d'autres.
Les perceptions visuelles impliquent des mouvements de
l'œil, et par conséquent des contractions des muscles oculaires,
par suite aussi des sensations qui nous avertissent de ces
mouvements ; en même temps nous sentons que le globe de
l'œil se déplace le long des paupières. On trouve dans les
autres perceptions des sensations analogues à celles que nous

(1) WUNDT, *Psych. physiol.*, tr. fr., t. II, p. 333.

donnent les mouvements de l'œil. — On peut ajouter ici une remarque générale : c'est qu'il n'y a pas de perception sans quelque degré d'attention spontanée. Or, l'attention spontanée s'accompagne toujours d'une attitude corporelle et par suite aussi la perception attentive s'accompagne de sensations musculaires correspondantes. « Point de mouvements, point de perception, » dit M. Ribot (1).

Il est plus difficile de prouver la présence de l'image constitutive dans la perception. Sur ce point, l'observation subjective ne nous donne pas d'information précise : la combinaison de l'image constitutive avec la sensation est trop intime pour que nous puissions l'analyser directement. Aussi l'analyse que j'ai donnée sur ce point est hypothétique. Mais c'est une hypothèse que l'on peut confirmer indirectement par des faits nombreux tirés de l'observation et de l'expérimentation.

Les faits d'observation les plus probants sont fournis par les illusions, et je ne parle pas de ces illusions compliquées, à physionomie dramatique, que l'on trouve rapportées dans les ouvrages des aliénistes, mais des illusions beaucoup plus simples que l'on peut observer dans la vie quotidienne de l'homme normal. Les illusions compliquées ne sont pas simplement des perceptions fausses, mais des systèmes de perceptions fausses dont l'analyse est plus difficile.

Les illusions de l'homme adulte et sain peuvent provenir de deux causes principales : 1° la confusion de la sensation, et 2° la vivacité exceptionnelle de l'image, qui est due, soit au nombre considérable de sensations récentes qu'elle résume, soit à une préoccupation permanente ou passagère.

La confusion de la sensation provient principalement de ce que l'organe est placé à l'égard de l'objet dans des conditions défavorables. — Si nous regardons des objets mal éclairés, nous ne les reconnaissons plus avec la même sûreté : la sensa-

(1) *Psychologie de l'attention*, p. 75.

tion confuse évoque alors une image qui lui ressemble mal, la fusion se fait quand même, et la perception est erronée. Quand les couleurs reçoivent un éclairement insuffisant, toutes les nuances depuis la plus claire jusqu'à la plus foncée tendent à apparaître comme des degrés du gris, depuis le gris qui est presque blanc jusqu'au gris qui est presque noir, de sorte que des nuances qui sont distinguées avec exactitude à la lumière du jour ne le sont plus au crépuscule ou bien quand on les éclaire avec une lampe que l'on éloigne ou que l'on baisse progressivement. Ce ne sont pas simplement les nuances d'une même couleur qui sont ainsi confondues, ce sont les couleurs elles-mêmes. Nous avons des perceptions cependant, mais, au lieu de percevoir le violet foncé comme un violet, nous le confondons avec le rouge foncé, ou avec le vert, ou avec le noir. La sensation a été indistincte, la perception s'est faite cependant, mais l'image constitutive n'est pas celle qui aurait dû être évoquée. — L'insuffisance de l'éclairement donne la même confusion aux sensations visuelles de formes, et détermine la même évocation à faux : ainsi s'expliquent les perceptions illusoires d'objets fantastiques pendant la nuit ou bien au crépuscule. De même il arrive, quand nous continuons à lire au moment où le jour tombe, que nous lisons un mot pour un autre, et que nous rectifions l'erreur de perception en remarquant que le sens n'est pas satisfaisant. — Toujours dans les perceptions visuelles, l'éloignement ou la petitesse des objets cause les mêmes confusions qu'une insuffisance d'éclairement, de la même façon d'ailleurs, par suite du petit nombre des rayons lumineux qui frappent l'œil. De loin le chasseur croit voir un lièvre au gîte, de près c'est une motte de terre ou une pierre. M. Yung, professeur à l'Université de Genève, « montrait à ses élèves au laboratoire une préparation, la regardait lui-même au microscope en la décrivant ; il décrivait des formes imaginaires, et les élèves les voyaient après lui, quelques-uns même les ont vues avec assez de netteté pour en faire un dessin » (1). Le fait ne s'explique pas entièrement par la suggestion, ou plutôt le succès de la suggestion ne peut s'expliquer que si l'on suppose que les sensations indistinctes évoquaient dans l'esprit des élèves des images distinctes avec lesquelles elles se combinaient. — On peut citer des faits analogues relatifs aux autres sens, mais ils sont moins nombreux que ceux qui concernent la vue. Pour l'ouïe, les erreurs d'audition sont suffisamment caractéristiques : je trouve dans les notes prises en classe par un élève le mot « indication » pour « obligation », le mot « borné » pour « formé » : il est visible que les sensations auditives des deux mots ont été indistinctes, que des images distinctes, mais mal appropriées, ont été évoquées, et que la fusion s'est faite de manière à donner naissance à une perception erronée.

. Dans d'autres cas, plus nombreux peut-être, l'illusion est due à la vivacité exceptionnelle de l'image constitutive : l'image est alors évoquée par une sensation qui ne lui ressemble même que médiocrement, mais qui lui fournit le prétexte d'apparaître et de recouvrir en quelque sorte la sensation. C'est ce qui arrive surtout dans l'attention expectante, mais aussi quand l'image provient d'une sensation récente qui s'est prolongée ou qui a fortement frappé l'esprit, ou quand quelque émotion un peu vive est en jeu et confère à l'image une vivacité particulière. Les illusions réalisées par Seashore d'une manière artificielle montrent bien le rôle de l'attention expectante. La méthode de Seashore consiste à produire un certain nombre de fois une excitation faible, puis à la supprimer en laissant croire au sujet que l'excitation existe : on a produit de cette façon des illusions de chaleur, de changement de clarté, de son, de perception d'objet. Par. exemple, « dans une chambre peu éclairée, on montre au sujet un objet peu visible, une petite balle se détachant sur fond noir, et on cherche à quelle distance le sujet distingue

(1) *Année Psychologique*, III, p. 524.

cet objet ; on fait l'expérience plusieurs fois ; chaque fois le
sujet part d'une assez grande distance, se rapproche lentement en regardant; puis s'arrête quand il voit la balle ; à ce
moment il jette les yeux sur le parquet, où les distances sont
marquées, et lit la distance où il se trouve de la mire ; puis
il se retourne et s'éloigne, pour refaire la même expérience ;
pendant qu'il se retourne, l'expérimentateur peut supprimer la
balle ; le sujet revient, et quand il se trouve à peu près à la même
distance que la première fois, il croit qu'il perçoit encore la
balle (1) ». MM. Binet et Henri ont fait ensemble des expériences analogues. « La vie journalière, dit M. Binet en parlant
de ces faits, en fourmille d'exemples ; qui ne s'est pas trompé,
attendant un ami avec impatience, et n'a cru le reconnaître
dans un étranger ? » (2) Dans les manœuvres de torpilleurs,
on signale fréquemment la présence d'un torpilleur ennemi
qui n'existe pas. L'enfant qui apprend à lire est souvent
dupe d'illusions du même genre : la première partie d'une
phrase le porte à attendre un mot qui ne figure pas dans le
livre ; mais il se trouve à la place un autre mot commençant
par la même lettre ; l'enfant fait alors la confusion. Après le
départ d'Andrée pour le pôle Nord, on a cru voir son ballon
à peu près au même moment dans cinq ou six endroits très
éloignés les uns des autres, en Sibérie, au Groënland, etc. —
L'image peut de même prendre l'apparence d'une sensation
et constituer une perception erronée quand les excitations
sont récentes et se sont prolongées longtemps. « On sait, dit
M. Baillarger, que les personnes qui se servent habituellement
du microscope voient quelquefois reparaître spontanément,
plusieurs heures après qu'elles ont quitté leur travail, un
objet qu'elles ont examiné très longtemps. » M. Baillarger
« ayant préparé pendant plusieurs jours, et plusieurs heures par

(1) Seashore, *Studies from the Yale Psych. Lab.* Analysé dans *Année
Psych.*, III, p. 522-528.

(2) *Année Psych.*, III, p. 524.

jour, des cerveaux avec de la gaze fine, vit tout à coup la gaze
couvrir à chaque instant les objets qui étaient devant lui, et
cette hallucination se reproduisit pendant plusieurs jours (1) ».
M. Binet, qui cite le fait précédent, y ajoute une illusion
semblable de M. Pouchet (2). Certaines perceptions erronées
prennent un caractère collectif sous l'influence d'un sentiment
commun. Tel est le cas pour les apparitions de la Vierge
dans la Dordogne en 1889. « C'est une petite fille de onze
ans qui la première a vu la Vierge. Son hallucination s'est
transmise d'abord à d'autres enfants de son âge, puis à un
grand nombre de paysans, à des hommes, à des femmes. Les
hommes mûrs comme les enfants ont vu l'apparition, mais
tous l'ont vue sous une forme quelque peu différente. Le
fond de leurs récits ne varie pas, mais les détails changent ;
tantôt la Vierge est blanche, tantôt elle est noire, tantôt elle
a le visage découvert, tantôt elle est enveloppée d'un voile,
son corps est parfois lumineux, elle porte des lumières
attachées aux épaules, à la poitrine (des chandelles, comme
disent les paysans) ; tantôt elle est grande, tantôt toute petite,
à peine a-t-elle la hauteur des statuettes de plâtre, images
pieuses qu'on trouve dans toutes les maisons du Périgord sur
les cheminées des paysans, etc. (3). » L'influence des émotions sur la formation des illusions est bien connue. La peur,
l'inquiétude, le remords, la jalousie troublent nos sens, c'est-
à-dire maintiennent dans l'esprit des images très fortes, qui se
combinent avec les premières sensations qui se présentent et
nous font croire à la réalité de leurs objets. « Lorsque l'esprit
est ainsi préparé (par des émotions), dit Brierre de Boismont,
les objets les plus familiers se transforment en fantômes.
Ellis raconte une anecdote de ce genre qu'il tenait d'un

(1) TAINE, *De l'intelligence*, I, p. 101.

(2) BINET, *Psychologie du raisonnement*, p. 48.

(3) MARILLIER, *Les apparitions de la Vierge dans la Dordogne en 1889*,
Revue Philosophique, t. XXXII, p. 422 (octobre 1891).

témoin oculaire, capitaine de vaisseau à Newcastle, sur la Tyne. Pendant la traversée, le cuisinier du navire mourut. Quelques jours après ses funérailles, le second accourut plein d'effroi dire au capitaine que le cuisinier marchait devant le vaisseau, et que tout le monde était sur le pont pour le voir. Celui-ci..., obsédé..., avoua franchement que la contagion l'avait gagné. En regardant l'endroit désigné, il aperçut une forme humaine dont la démarche était tout à fait semblable à celle de son vieil ami, et qui était coiffée comme lui..... C'était un fragment du sommet d'un grand mât, provenant de quelque naufrage, qui flottait devant eux (1). » « La plupart de ces illusions, dit encore Brierre de Boismont, sont liées aux préoccupations, aux idées, aux habitudes, aux passions des malades. Une jeune dame me dit qu'elle ne peut rester plus longtemps, parce que tous les personnages qui l'entourent sont déguisés, que c'est un carnaval continuel. Cette illusion reste inexplicable comme beaucoup d'autres, lorsque, après quelque temps de séjour, j'apprends que l'événement qui a amené la folie a eu lieu dans un bal masqué à l'Opéra (2). »

L'éducation des sens chez les enfants fournit un deuxième genre de faits qui confirment l'hypothèse que j'ai exposée sur la composition de la perception. « Le nouveau-né, dit M. Compayré, apprend à voir comme il apprendra plus tard à marcher, comme il apprend à entendre, à toucher (3). » — « Tout enfant, à la naissance, est jusqu'à un certain point un petit aveugle. Il y voit assez pour être blessé, incommodé par la lumière, si elle est vive, trop peu pour distinguer les objets (4). » A une date mal déterminée, peut-être vers le sixième jour (d'après M. Cuignet), ou vers le quatorzième

(1) Brierre de Boismont, *Des hallucinations*, p. 122, 123.
(2) *Ibid.*, p. 134, 135.
(3) Compayré, *L'évolution intellectuelle et morale de l'enfant*, p. 46.
(4) *Ibid.*, p. 46.

jour (d'après une observation de M. Espinas), l'enfant témoigne qu'il reconnaît la lumière. Au vingt-troisième jour, le fils de Preyer perçoit un rideau rose vivement éclairé par le soleil ; au quarante-neuvième jour, le fils de Darwin contemple avec admiration un gland à couleurs voyantes. « A deux ou trois mois, dit M. Compayré résumant diverses observations, le nouveau-né ne distingue pas les objets les uns des autres. Quelques points brillants, la flamme d'une lampe, les yeux reluisants de sa mère et de sa nourrice, un jouet aux couleurs éclatantes, viennent parsemer d'abord la scène confuse et trouble que lui présente le monde..... Du deuxième au troisième mois, il semble qu'il aperçoive pour la première fois des objets ou des personnes qui pourtant sont devant lui depuis sa naissance (1) ». « D'abord des sensations de lumière, puis des sensations de couleur : voilà les deux étapes que traverse la vision, avant de parvenir à des perceptions vraiment objectives (2). » Vient ensuite la perception des formes. — L'éducation de l'ouïe, de l'odorat, du goût et du toucher se fait parallèlement à celle de la vue. Le nouveau-né est d'abord sourd : il est vrai que sa surdité tient à ce que la chambre tympanique, au lieu de contenir de l'air, contient des liquides (3). Mais après que les liquides se sont écoulés, l'enfant reste dur d'oreille pendant quelques semaines (4), et l'ouïe s'exerce progressivement. A un mois, l'enfant observé par M. Cuignet distinguait sa mère à la voix. « Il faudra d'ailleurs beaucoup de temps pour que l'impression de la voix humaine elle-même devienne autre chose qu'une sensation confuse, pour qu'elle soit une percep-

(1) *Ibid.*, p. 57.

(2) COMPAYRÉ, ouvrage cité, p. 61.

(3) PREYER, *L'âme de l'enfant*, trad. fr., p. 58 sqq.

(4) COMPAYRÉ, ouv. cité, p. 73. Peut-être y a-t-il là quelque exagération : j'ai vu l'un de mes enfants tressaillir au bruit d'un timbre le sixième jour après sa naissance.

tion distincte (1). » — Le sens du goût serait, d'après Preyer, celui qui fournit le premier des perceptions nettes. Là aussi, pourtant, il y a une éducation : pour faire prendre à l'enfant de six mois un médicament désagréable, il faut l'additionner d'une plus grande quantité de sucre que si l'enfant est plus jeune (2). On peut ajouter que beaucoup d'enfants, âgés déjà de plusieurs années, prennent sans difficulté de l'huile de foie de morue, qu'ils refusent énergiquement dans la suite. — Pour l'odorat, le développement est tardif : c'est seulement vers le quinzième ou le dix-huitième mois que le fils de Preyer percevait quelques odeurs d'une façon distincte (3). — Enfin, le toucher doit se développer de la même façon que les autres sens. L'enfant qui vient de naître « se laisse manier par la sage-femme, par la nourrice, avec une tranquillité hébétée, qui donnerait envie de croire à une insensibilité complète, à une sorte d'anesthésie naturelle » (4). A quel moment l'enfant commence-t-il à percevoir avec quelque netteté les changements de température et le contact des objets? C'est ce qu'il est difficile de dire, car ces sortes d'observations sont délicates et les observateurs sont en désaccord; de plus, le sens du toucher a dû être exercé avant la naissance; quant au sens de la température, il reçoit un choc brusque au moment de la naissance, et le nouveau-né perçoit de très bonne heure avec une grande délicatesse les changements de température dans le voisinage de la température de la peau (5). Deux faits pourtant prouvent que là aussi il y a une part à faire à l'exercice : en ce qui concerne le toucher proprement dit, l'enfant d'un an ne distingue pas ses pieds et ses mains des objets extérieurs (6), et en ce qui concerne le sens de la

(1) *Ibid.*, p. 76.
(2) PREYER, ouvrage cité, p. 100 et 101.
(3) PREYER, ouvrage cité, p. 110-111.
(4) COMPAYRÉ, ouvrage cité, p. 85.
(5) PREYER, *Ibid.*, p. 92-93.
(6) PREYER, *Ibid.*, p. 440 et suiv.

température, on sait que les enfants restent peu sensibles au froid jusqu'à l'âge de plusieurs années.

Ainsi, d'une façon générale, l'enfant ne possède de perceptions distinctes que par la répétition des sensations, et il lui faut beaucoup de temps pour transformer ses sensations en perceptions. On se contente ordinairement, pour expliquer cette longue évolution, de dire que les enfants doivent apprendre à former les associations convenables, et l'on songe alors aux associations de succession; ou bien on dit, d'une manière plus simple et plus vague encore, que l'exercice est nécessaire pour donner aux centres cérébraux l'aptitude à bien remplir leurs fonctions, et l'on invoque de même l'influence de l'exercice sur les organes sensoriels. Ce sont là des explications vagues. Que l'éducation soit nécessaire pour que la sensation de l'enfant se transforme en perception, cela n'est pas douteux : mais il faut rendre compte de la façon dont s'opère cette transformation. Que les associations de succession fournissent le moyen d'expliquer un grand nombre de faits relatifs à l'éducation des sens, cela n'est pas moins sûr : c'est de cette façon que l'enfant apprend à percevoir la distance et la grandeur des objets. Mais cela ne suffit pas pour faire comprendre que les mêmes objets fournissent d'abord à l'enfant des sensations indécises, et ne sont reconnus que plus tard, après que les sensations se sont répétées. C'est d'une façon progressive que l'enfant arrive à reconnaître les objets, par suite à les percevoir clairement, car la perception claire rend seule la reconnaissance possible. C'est d'ailleurs de la même façon que, un peu plus tard, l'enfant apprendra à reconnaître les lettres, puis les notes de musique, et que l'adulte arrivera à reconnaître les personnes et les objets nouveaux. De pareils faits sont difficiles à expliquer si l'on n'admet pas qu'une image générale s'est formée peu à peu dans l'esprit, par fusion d'images semblables provenant d'un même objet ou d'objets distincts, et que cette image reparaît dans chacune des perceptions claires au moyen desquelles l'enfant ou l'adulte reconnaît les choses et les personnes. Il ne faut donc pas dire que le nouveau-né, pendant les premiers jours de sa vie, n'a pas de sensations visuelles, auditives, ou autres : il a des sensations, mais il n'a pas de perceptions, jusqu'au jour où, par la fusion des images semblables que lui laissent ses obscures sensations, il a formé des images suffisamment claires. — L'ordre dans lequel il arrive à reconnaître les objets fournit d'ailleurs ici une nouvelle preuve. C'est la lumière qui, par la vue, est perçue la première, parce que toutes les sensations visuelles sont des sensations de lumière et se ressemblent par là : l'image claire de la lumière doit donc être formée la première. Puis vient la perception des couleurs, au moins de quelques-unes d'entre elles, et des plus familières. Enfin, quand les formes sont distinguées ce sont aussi les plus familières qui sont distinguées les premières, parce que les images correspondantes doivent être les premières à se constituer.

Pourtant une difficulté subsiste encore. On comprend que, si la sensation et l'image générale qui lui ressemble se trouvent réunies dans la conscience, elles doivent se fondre en une représentation unique. Mais il faut pour cela que l'image générale apparaisse à la conscience. Or, en raison de sa ressemblance avec la sensation, il est possible qu'elle soit évoquée, mais cela est seulement possible. A partir d'une représentation quelconque, une multitude d'images peuvent être appelées à la conscience : pourtant l'évocation ne se fait que dans une seule direction. Comment se fait-il que, dans la perception, l'image qui est évoquée soit précisément celle dont la présence est indispensable pour que la perception se produise ? Comment se fait-il aussi qu'une image soit évoquée, et que la sensation s'enrichisse et se complète par l'addition de cette image ?

On peut apporter ici plusieurs raisons. — D'abord, une sensation présente ressemblant plus ou moins à un grand nombre d'images latentes et susceptibles d'être évoquées, il y

a des chances pour que l'image qui sera évoquée soit celle qui
ressemble le plus à la sensation, à moins que l'entrecroisement
des causes n'appelle à la conscience une autre image. Du
moins, dans cette sorte de compétition des images latentes,
toutes choses égales d'ailleurs, la plus semblable a le plus de
chances de triompher, ou bien le principe de la ressemblance n'a
plus de valeur pour expliquer l'association. — Il faut ajouter
que, quand une évocation d'image a déjà eu lieu plusieurs fois,
elle se renouvelle avec plus de facilité : la loi de l'habitude
s'applique ici. Or nous employons une partie de notre
enfance, non seulement à fabriquer des images, mais aussi à
prendre l'habitude de les évoquer en temps opportun. Ainsi
l'enfant s'exerce à former une habitude de ce genre quand il
apprend les noms des objets : il lie alors à ses images visuelles,
par exemple, des images motrices et des images auditives,
de telle façon que, dès qu'il entend le nom d'un objet,
l'image visuelle apparaît à son esprit, et que, dès qu'il éprouve
le besoin de nommer l'objet après l'avoir vu, l'image motrice
du mot apparaît à son tour : mais ces associations ne se
forment pas dès le premier acte, elles résultent de la répétition,
elles sont des habitudes. Semblablement, au cours de l'éducation des sens, chaque fois que l'enfant a perçu correctement
un objet, il est devenu plus apte à le percevoir correctement
dans la suite, c'est-à-dire que la faculté d'évoquer l'image
convenable s'est renforcée en même temps que l'image
devenait elle-même plus précise et plus vigoureuse. — Mais
la cause la plus active qui détermine l'apparition de l'image
semblable et dirige l'association vers cette image à l'exclusion
des autres, c'est l'utilité de cette évocation, ou l'utilité de la
transformation de la sensation en perception. Comme un
grand nombre d'excitations frappent nos sens à la fois, il doit
exister simultanément un grand nombre de sensations. Mais la
plupart de ces sensations passent inaperçues, il en est quelques-
unes seulement auxquelles s'ajoute ce que M. Pierre Janet a
appelé la perception personnelle, c'est-à-dire l'attribution au

moi. Il faut ajouter que quelques-unes seulement évoquent l'image semblable qui les renforcera et fera d'elles des perceptions. Elles tendent toutes à atteindre cette forme supérieure d'existence : il est impossible qu'elles y réussissent toutes, le champ de conscience est trop étroit, non seulement chez l'hystérique, mais même chez l'homme normal. Or celles qui réussissent sont précisément celles qui sont les plus intéressantes, celles dont l'interprétation présente le plus d'utilité. Il faut entendre ici l'utilité dans un sens très large, comme l'aptitude à satisfaire nos tendances, quelles qu'elles soient, bonnes ou mauvaises, tendances normales ou passions morbides. Les choses se passent ici comme dans l'attention spontanée : de même que les perceptions qui captivent notre attention sont celles qui conviennent le mieux à nos tendances dominantes, permanentes comme une passion ou un trait de caractère, passagères comme une inquiétude ou un caprice, de même, antérieurement à l'acte d'attention, ce sont les mêmes tendances qui ont déterminé la transformation de la sensation la plus utile en une perception, et par conséquent l'évocation de l'image la plus propre à accomplir cette transformation. La même loi qui subordonne l'attention aux tendances doit en effet s'appliquer aux sensations comme aux perceptions. Elle s'applique aussi à l'association des idées : c'est pourquoi dans la rêverie nous revenons toujours aux images qui sont le plus en accord avec nos préoccupations, nos goûts ou nos passions. Par suite, quand une sensation est utile, elle doit, de préférence aux autres sensations, évoquer une image qui la transforme, et parmi toutes les images possibles, évoquer de préférence celle qui lui ressemble le plus. L'addition de cette image lui donnera la force et la clarté qu'il est utile qu'elle possède. Par là s'expliquent tous les faits de distraction et la sélection qui s'opère dans nos sensations. Toutes celles qui ne correspondent pas aux tendances actuellement dominantes demeurent de simples sensations inaperçues, ce sont des germes qui meurent, des perceptions avortées. Les autres seules servent de point de départ au travail automatique par lequel se compose la perception (1).

Ainsi, de la sensation à la perception, la distance est grande. Fechner n'a pas distingué ces deux espèces de représentations, et c'est là une confusion fâcheuse, car, à supposer qu'il existe une relation fonctionnelle entre l'intensité de l'excitation et l'intensité de la représentation correspondante, cette relation ne peut pas être la même pour la sensation, chose tout à fait simple ou relativement simple, et pour la perception, chose extrêmement complexe. D'ailleurs, s'il est vrai que nous mettons dans notre perception d'un objet une image qui résume nos sensations antérieures de cet objet, la perception ne peut pas être liée à l'excitation d'une façon régulière. Qu'une liaison de ce genre existe pour la sensation proprement dite, cela est possible, s'il est vrai que l'intensité soit véritablement un caractère des sensations; cela n'est pas possible pour la perception. La perception est en partie l'œuvre propre de chacun de nous, nos images reflètent notre passé, peut-être même notre caractère, car elles se sont modifiées à notre insu depuis le jour où elles ont été formées :

(1) Pour les antécédents historiques de cette théorie de la perception, voir particulièrement : Höffding, *Psychologie in Umrissen*, p. 153 sqq. ; Helmholtz, *Handbuch der physiol. Optik*, 2ᵉ édit., p. 576; et Binet, *Psychologie du raisonnement*. Les théories voisines de divers psychologues sont discutées et rejetées par Allin (*The recognition theory of perception*, American Journal of Psychology, VII, p. 237, janvier 1896), mais je ne trouve pas que cette critique soit concluante, au moins contre la théorie de la perception telle que je la présente ici. Les théories de la perception auxquelles je fais les plus larges emprunts ont eu le tort en général d'identifier la perception à une opération réfléchie, par exemple à un raisonnement ou à un acte de reconnaissance : les opérations composantes de la perception ne sont pas, sauf exception, accompagnées d'une conscience aussi claire que celle qui accompagne nécessairement un raisonnement ou un acte de reconnaissance, et elles ne comportent jamais cet enchaînement logique des idées qui constitue la preuve et qui est l'essentiel du raisonnement.

bref, nous marquons chacune de nos perceptions d'un trait qui nous est personnel, et par suite il ne peut pas exister une relation fonctionnelle générale entre l'excitation et la perception qu'elle détermine. L'interprétation que Fechner a donnée de ses expériences est donc insoutenable, car il est évident que, quand nous comparons des intensités lumineuses ou sonores, des poids ou des longueurs, ce n'est pas là sensation qui est le fait psychologique en jeu, mais la perception.

CHAPITRE II

La base expérimentale de la psychophysique de Fechner comprend la loi de Weber et la loi du seuil. Mais la loi du seuil est double : elle énonce, d'une part, que l'excitation doit atteindre une certaine valeur minima pour qu'il se produise une sensation, et, d'autre part, que la différence entre deux excitations doit aussi atteindre une valeur minima pour être perceptible. A la fois théoriquement et sur la base de l'expérience, cette double loi du seuil est incontestable : il est évident qu'une excitation infiniment faible ne peut être sentie et qu'une différence infiniment faible entre deux excitations ne peut être perçue, et l'observation confirme cette affirmation *a priori*. Il est vrai que la mesure du seuil d'excitation manque totalement de sûreté, et qu'elle est même souvent impraticable, soit à cause des excitations physiologiques subjectives, soit à cause des excitations extérieures permanentes (ainsi le silence n'est jamais parfait), soit à cause des oscillations de l'attention. Mais cette mesure du seuil d'excitation, qui serait indispensable pour que l'on pût appliquer pratiquement la formule de mesure des sensations, est inutile au point de vue des considérations théoriques : on peut toujours attribuer au seuil d'excitation une valeur quelconque et traiter algébriquement cette quantité comme si elle était connue. On peut faire de même pour le seuil différentiel, qui d'ailleurs est susceptible d'être déterminé par l'expérience avec une sûreté incomparablement plus grande.

D'autre part, la loi de Weber a été entendue de plusieurs façons différentes, et il faut en fixer d'abord le sens empirique avant de discuter les idées essentielles de la psychophysique. Weber a établi que, si l'on compare des poids, soit en les soulevant, soit en les posant sur la main, la plus petite différence que l'on puisse reconnaître est une fraction constante de ces poids : autrement dit, et pour employer le langage de Fechner, le seuil différentiel relatif serait constant, au moins pour certaines valeurs moyennes des poids employés. Si l'on admet, provisoirement, qu'il en est de même pour les différences de lumière, de son, etc., on obtient une hypothèse générale qui peut se formuler ainsi : quand nous comparons des excitations de même espèce, la plus petite différence que nous puissions distinguer représente toujours une fraction constante de ces excitations, c'est-à-dire que le seuil différentiel relatif est constant, dans les limites moyennes des excitations. — Si l'on considère la méthode des cas vrais et faux, on est conduit à supposer avec Fechner qu'une différence relative constante entre deux excitations de même espèce donne une proportion constante de cas vrais, pour un même homme placé dans les mêmes conditions, c'est-à-dire est perçue d'une manière constante, quelle que soit la force absolue des excitations. — Enfin la loi de Weber est, selon Fechner, vérifiée par la méthode des erreurs moyennes, si l'erreur pure variable représente une fraction constante des excitations, toujours pour un même homme et dans les mêmes conditions. — Malgré la différence des méthodes, il est visible que ce ne sont pas là trois lois différentes, que ce sont trois manifestations d'une même loi. Mais Fechner, en déclarant que ses expériences établissent une relation entre des différences égales de sensation et des rapports égaux d'excitation, dépasse la signification immédiate des faits. Les faits, interprétés indépendamment de toute hypothèse additionnelle, permettent seulement d'établir une expression empirique de la loi de Weber qui peut se formuler

ainsi : *lorsque l'on compare des excitations ayant des dif-*
férences relatives constantes, il y a dans la perception un
élément ou un caractère constant qui dépend de cette constance
de la différence relative. Cet élément ou ce caractère est-il la
différence d'intensité des deux sensations, comme le croit
Fechner, ou est-ce autre chose? C'est ce qui sera examiné
plus tard. — En tous cas, les expériences de Fechner et de
ses prédécesseurs montrent que la loi de Weber, entendue
dans ce sens empirique, est exacte d'une manière approximative, c'est-à-dire dans certaines limites. Fechner ne lui a
jamais attribué une valeur illimitée, au moins dans le
domaine de la psychophysique externe, le seul qui soit
accessible à l'expérimentation. Les très nombreuses expériences qui ont été faites dans la suite ont confirmé, dans
l'ensemble du moins, l'assertion de Fechner sur ce point.
(Voir plus loin ch. IX.)

Ainsi la loi de Weber comme la loi du seuil, envisagées
au point de vue empirique, c'est-à-dire sans aucune affirmation relative à l'intensité des sensations, sont l'une et l'autre
établies, l'une comme certaine, l'autre comme une hypothèse
très vraisemblable. Mais, cette base expérimentale une fois
posée, le problème de l'interprétation des faits reste entier :
peut-on s'élever de là par des considérations théoriques à la
formule de mesure de l'intensité des sensations, à la loi générale de la psychophysique externe qui s'y rattache, et à la loi
générale de la psychophysique interne?

La formule de mesure des sensations exprime que l'intensité d'une sensation est égale au logarithme de l'excitation
correspondante, si l'on prend comme unité d'excitation le
seuil d'excitation et comme unité de sensation la sensation
qui correspond à l'unité d'excitation multipliée par la base
des logarithmes employés. La loi générale de la psychophysique externe énonce la même relation entre la sensation
et l'excitation et rend directement possible la mesure de la
sensation. Enfin la loi générale de la psychophysique

interne énonce une relation de même nature entre la sensation et l'activité psychophysique dont elle dépend immédiatement, et même, d'une façon plus générale, entre l'activité psychique contenue dans un fait psychique quelconque ou bien dans la conscience tout entière et l'activité psychophysique correspondante. Mais, tandis que la loi générale de la psychophysique externe et la formule de mesure ne s'appliquent que dans les limites expérimentales de la loi de Weber, la loi générale de la psychophysique interne s'applique sans limite, sans réserve, d'une manière absolue : elle est, au fond, la seule loi psychophysique, et la loi de la psychophysique externe n'en est qu'une manifestation indirecte, défigurée par les intermédiaires qui relient l'excitation externe à l'activité psychophysique.

Des attaques ont été dirigées contre toutes les parties de « l'édifice psychophysique » (1) de Fechner. Certaines critiques visent les conséquences des théories de Fechner, et en particulier les sensations nulles et négatives et le désaccord qui existerait entre la loi logarithmique d'une part, et d'autre part notre perception des rapports quantitatifs qui existent entre les choses (argument téléologique) et le principe de la proportionnalité des effets avec les causes. Mais les arguments les plus redoutables sont ceux qui tendent à montrer : 1° que la sensation ne peut pas être mesurée, parce que l'intensité qu'on lui attribue n'est pas une quantité homogène, ni une quantité continue, ni même une quantité psychologique ; 2° que la loi de Weber ne peut pas avoir le sens que lui donne Fechner.

---

(1) Expression de Fechner : « La tour de Babel ne s'acheva pas, parce que les ouvriers ne purent s'entendre sur la façon de la bâtir ; mon édifice psychophysique restera, parce que les ouvriers ne peuvent s'entendre sur la façon de le démolir. » (*In Sachen der Psychophysik. Nachwort*, p. 215.)

§ 1. — *Les sensations nulles et négatives.*

La formule logarithmique de Fechner implique des sensations nulles, des sensations négatives, et même une sensation
égale à l'infini négatif. « Ce sont là des conséquences inadmis-
sibles », dit Delbœuf (1). — La sensation nulle de Fechner
est celle qui correspond au seuil d'excitation. Mais Delbœuf
soutient que cette sensation « n'est pas nulle, qu'elle est une
sensation positive et déterminée, que la sensation = 0 est
en deçà de cette première sensation perceptible » (2). — En
ce qui concerne les sensations négatives, « nous pourrions *a
priori*, dit Delbœuf (3), rejeter des sensations négatives,
parce que les sensations sont nécessairement quelque chose,
et que l'expression *sensation négative* est un non-sens ». Mais
Fechner regarde la sensation négative comme existant d'une
certaine façon, comme étant quelque chose : il « fait, ou
plutôt semble faire de la sensation négative une sensation très
faible dont on n'a pas conscience. » Alors, ajoute Delbœuf,

(1) *Éléments de Psychophysique générale et spéciale*, p. 17. — Voici les
ouvrages de Delbœuf qui traitent de la psychophysique : *Étude psychophysique, recherches expérimentales sur la mesure des sensations, et spécialement
des sensations de lumière et de fatigue*, extrait du tome XXIII des mémoires
publiés par l'Académie Royale de Belgique, Bruxelles, 1873 ; *Théorie
générale de la sensibilité*, Bruxelles, 1876 ; (ces deux ouvrages ont été
réimprimés avec des abréviations en un volume sous le titre de *Éléments de
psychophysique générale et spéciale*, Paris, 1883); *Examen critique de la loi
psychophysique, sa base et sa signification (pour faire suite aux Éléments de
Psychophysique)*, Paris, 1883. (Ce volume est la réimpression, avec addition
de quelques notes, des articles suivants publiés dans la *Revue philosophique :
La loi psychophysique, Hering contre Fechner*, t. III, p. 225 sqq., 1877;
Fechner contre ses adversaires, t. V, p. 34-63 et p. 127-157, 1878); *La
psychologie comme science naturelle*, Bruxelles 1876. (La psychophysique
n'est qu'un accessoire dans ce dernier ouvrage.)

(2) *El. d. Ps.*, p. 19.

(3) *Ibid.*, p. 20.

« la formule ne peut prétendre à exprimer la réalité des faits » (1). — Enfin, la sensation qui est égale pour Fechner à l'infini négatif, c'est-à-dire celle qui correspond à l'excitation nulle, est en réalité la véritable sensation nulle (2).

Fechner a discuté ces objections, d'abord dans des lettres adressées à Preyer (3), puis dans un compte rendu du premier mémoire de Delbœuf (4), et enfin dans le premier ouvrage qu'il a consacré à la défense de ses théories (5). Il proteste avec raison contre l'interprétation de Delbœuf, d'après laquelle les sensations négatives seraient des sensations faibles ou inconscientes, c'est-à-dire des états psychologiques non saisis par la conscience. Une telle conception serait contradictoire, aux yeux de Fechner : mais les sensations négatives sont inconscientes pour lui en ce sens qu'elles n'existent que par leur côté physiologique, ou par l'activité psychophysique qui correspond aux excitations qui n'atteignent pas le seuil. Au point de vue psychologique, les sensations négatives n'existent absolument pas : « et si, dit-il, on demande comment on peut parler d'une sensation si elle n'existe pas, je dis que c'est dans le même sens que l'on peut parler des grandeurs imaginaires en mathématiques » (6). Pourquoi donc ces sensations ne sont-elles pas regardées comme des sensations mathématiquement nulles, puisqu'elles sont nulles pour la conscience? C'est qu'il faut les distinguer : d'une part, de la sensation qui correspond au seuil d'excitation

(1) *Ibid.*, p. 21.

(2) *Ibid.*, p. 21, 22 ; Cf. *Examen critique, etc.*, p. 105 sqq.

(3) *Wissenschaftliche Briefe* von Fechner und Preyer.

(4) *Kritische Besprechung von J. Delbœuf's Étude Psychophysique*, Ienaer Litteraturzeitung, I, 28, p. 421-423 ; réimprimé dans les *Wissenschaftliche Briefe* ; voir en particulier p. 111.

(5) *In Sachen der Psychophysik*, p. 88 sqq., discussion des arguments de Delbœuf, p. 94, 95.

(6) *Wissenschaftliche Briefe* von Fechner und Preyer, p. 19.

et qui ne fait que commencer à exister pour la conscience, c'est-à-dire dont la force est égale à zéro, et d'autre part, de la sensation qui correspond à l'excitation nulle, à l'existence de laquelle tout fait défaut. Tout ne fait pas défaut à l'existence des sensations négatives pour la conscience, il leur manque seulement une quantité plus ou moins grande d'activité psychophysique, elles sont plus ou moins éloignées de l'existence psychologique, et c'est cet éloignement qui est mesuré par les logarithmes négatifs. La formule de Fechner correspond donc à la réalité (1).

Un autre argument a été présenté presque simultanément de deux côtés par Preyer et Langer. « Un premier scrupule, dit Preyer dans une lettre à Fechner (20 janvier 1874), s'appuie sur ce que les signes — et + désignent dans l'échelle des sensations deux choses de nature différente, deux choses disparates ou hétérogènes, car les signes négatifs se rapportent à l'éloignement de l'existence *(auf das Entfernsein vom Dasein)*, et les signes positifs se rapportent, non pas à un éloignement de l'existence qui existerait en sens opposé, mais à la force des sensations, laquelle existe aussi bien dans la plus faible que dans la plus forte sensation » (2). — L'objection de Langer est au fond la même : c'est encore un reproche adressé à Fechner de n'avoir pas conservé fidèlement le sens de l'opposition entre le positif et le négatif. « Les valeurs négatives de sensation doivent en toutes circonstances être des valeurs qui, ajoutées à des valeurs positives égales, donnent zéro ; cela seulement répond à l'opposition entre le positif et le négatif. — Si l'on concevait une excitation finie produisant la sensation γ, et une autre excitation, plus petite que le seuil, produisant la sensation — γ, l'action simultanée des deux excitations devrait produire la sensation o » (3). Comme il est certain que ce n'est pas la

(1) *Wissenschaftliche Briefe*, p. 19; *In Sachen*, p. 95.
(2) *Wissenschaftliche Briefe*, p. 38.
(3) Langer, *Die Grundlagen der Psychophysik*, p. 51 (1876).

sensation o qui serait produite dans ces conditions, Langer
conclut qu'il est impossible d'admettre des sensations négatives au sens de Fechner. Il pense plutôt que ce qui correspond
aux excitations inférieures au seuil, ce sont de petites sensations, trop petites pour entrer directement dans la conscience
(p. 52).

Il est vrai, répond Fechner à Langer, qu'une quantité
positive ajoutée à une quantité négative égale en valeur absolue
donne une somme égale à zéro, mais il n'en résulte pas que,
si la quantité négative et la quantité positive sont des fonctions
de deux autres quantités, la fonction de la somme de ces deux
autres quantités doive être égale à zéro. Par exemple, le cosinus
de l'angle 0° est égal à $+$ 1, le cosinus de l'angle 180° est égal
à $-$ 1 : si l'on additionne les deux angles, le cosinus de la
somme est égal à $-$ 1, et non pas à o. De même, si l'on fait
agir simultanément deux excitations nb et $\dfrac{b}{n}$ ($b =$ le seuil
d'excitation), la sensation produite n'est pas égale à o, mais
à log. $\left(n + \dfrac{1}{n} \right)$ (1).

La réponse à Preyer marque peut-être encore plus nettement le sens que donne Fechner à l'opposition du positif et
du négatif. « En fait, dit-il, je ne conçois pas les sensations
négatives comme étant *simplement* des éloignements de l'existence, mais comme étant des éloignements du *point nul* de
l'existence d'une chose qui est susceptible de variations quantitatives, et je conçois de même les sensations positives, non
simplement comme des sensations existantes, dont il n'y aurait
pas à considérer la quantité, mais comme des éloignements,
seulement en sens opposé, de ce même point nul de l'existence (2). »

Le même argument contre les sensations négatives a été

(1) *In Sachen*, p. 38.
(2) *Wissenschaftliche Briefe*, p. 47.

repris par G.-E. Müller (1) et par d'autres encore. Il n'en
est pas plus probant. La formule de mesure de Fechner le
conduit à admettre des valeurs négatives de sensation : il
interprète ces valeurs négatives comme représentant des sensations qui ne sont pas réelles psychologiquement, et qui
peuvent par suite être assimilées à des imaginaires ; mais les
valeurs négatives prennent cependant une signification qui
s'accorde parfaitement avec la théorie de Fechner sur l'intermédiaire psychophysique ou physiologique entre l'excitation
et la sensation, et c'est en ce sens qu'elles mesurent ce qui
manque à une sensation virtuelle pour arriver à l'existence
psychologique ; d'autre part, si on considère avec Fechner la
sensation commençante, la sensation qui correspond au seuil,
comme ayant une grandeur nulle, les valeurs positives et les
valeurs négatives s'opposent bien les unes aux autres comme
mesurant, les unes l'élévation au-dessus du zéro de conscience,
et les autres l'abaissement au-dessous de ce zéro ou la profondeur de l'inconscience. Ce n'est donc pas l'hypothèse des
sensations négatives qui donne un point d'appui pour atta-
quer la psychophysique de Fechner.

§ 2. — *L'argument téléologique.*

L'argument téléologique, formulé par Hering (2), consiste
à soutenir qu'une relation logarithmique ne peut exister entre
l'excitation et la sensation, parce qu'une telle relation boule-
verserait et même rendrait impossible notre perception
exacte des rapports qui existent entre les choses extérieures.
Si la force des sensations est proportionnelle à la force des

(1) *Zur Grundlegung der Psychophysik*, p. 369 (1878).

(2) *Zur Lehre von der Beziehung zwischen Leib und Seele*, I Mittheilung,
Ueber Fechner's psychophysisches Gesetz, Sitzungsber. der. k. Akad. d.
Wiss., Math.-Naturw. Cl., 72 Bd. 3ᵗᵉ Abtheilung, p. 310-349, Wien (1876).

excitations, et si, d'une façon générale, il y a une proportionnalité entre les choses du monde intérieur ou les représentations, et les choses du monde extérieur ou les objets
représentés, on comprend comment notre pensée peut constituer un tableau fidèle de la réalité. Mais si, au contraire,
comme l'affirme la formule de mesure de Fechner, les sensations sont proportionnelles aux logarithmes des excitations,
on ne comprend plus comment nous pouvons percevoir
exactement les relations objectives (p. 331). En un mot, pour
que nous puissions percevoir exactement les relations objectives, il faut que, entre les rapports objectifs et la représentation de ces rapports, entre les quantités objectives et les
quantités subjectives ou perçues, il existe une adaptation ou
une harmonie, c'est-à-dire que les quantités représentées
doivent être proportionnelles aux quantités réelles. — Hering
développe son argument à plusieurs reprises, et en l'appliquant successivement aux sensations extensives et intensives.
Mais, comme Fechner lui-même n'applique pas la loi logarithmique aux sensations extensives, c'est relativement aux
sensations intensives que la critique de Hering présente le
plus d'intérêt. Si la loi logarithmique était vraie, dit
Hering (p. 333), « la différence entre 5 et 10 demi-onces
posées sur notre main ne nous paraîtrait pas plus petite que
la différence entre 5 et 10 livres; nous ne recevrions des
rapports dynamiques du monde extérieur que des images
caricaturales (*Zerrbilder*). » D'autre part, quand nous devons
faire un effort pour soulever un poids, nous savons adapter
l'effort à la résistance qu'il s'agit de vaincre, ce qui tend à
faire croire que le poids senti n'est pas égal au logarithme du
poids réel, mais proportionnel à ce poids réel : il ne serait
peut-être pas impossible, dans l'hypothèse logarithmique,
d'expliquer comment nous pouvons acquérir de pareilles
aptitudes, mais « l'harmonie qui existe entre nos sensations
de poids ou de résistance et la force que nous déployons
volontairement pour surmonter ces résistances s'explique

plus simplement par l'hypothèse d'une proportionnalité directe, au moins approximative, entre l'intensité de la sensation et la grandeur des poids ou des résistances (p. 333-334) ».

Hering reconnaît, il est vrai, que les sensations lumineuses ne sont manifestement pas proportionnelles aux excitations, ou, comme il dit, que les lumières apparentes croissent beaucoup plus lentement que les intensités lumineuses objectives (p. 336). Mais ce fait s'explique par des causes physiologiques. « La pupille se rétrécit quand l'éclairement des choses visibles grandit, et elle limite ainsi la quantité de lumière qui entre dans l'œil; de plus l'appareil nerveux de l'œil *s'adapte* à l'éclairement modifié, c'est-à-dire que sa sensibilité diminue..... Si au contraire l'éclairement total diminue, la pupille s'élargit et la sensibilité de l'œil se renforce par l'adaptation » (p. 337). Hering a expliqué dans un autre ouvrage (1), par des causes chimico-physiologiques, et conformément à sa théorie générale de la vision, cette adaptation de la sensibilité ou de l'excitabilité de la rétine.

L'argument téléologique s'applique à la perception de l'intensité des sons aussi bien qu'à celle des poids ou des longueurs. Si l'intensité des sensations de son était proportionnelle au logarithme de l'intensité objective, le timbre devrait se modifier selon la distance : il en résulterait des confusions et des erreurs qui en fait ne se produisent pas (p. 339).

Hering conclut en rejetant la loi logarithmique comme théoriquement invraisemblable pour les sensations de poids et de son et comme une hypothèse superflue pour les sensations de lumière.

La valeur de l'argumentation téléologique n'est pas grande intrinsèquement, et une preuve curieuse en est fournie par ce fait que l'on a cherché par un raisonnement du même genre

(1) *Zur Lehre vom Lichtsinne*, p. 99 sqq. (1878).

à prouver la loi psychophysique au sens de Fechner (1).
L'argument téléologique, en effet, repose sur ce principe
implicite que le monde est arrangé de façon à ce que
l'homme puisse commodément le connaître et s'en rendre
maître. Or, qu'il existe une certaine harmonie entre le monde
et l'esprit, qui rende la connaissance possible, cela n'est pas
douteux : mais rien ne prouve que la connaissance du monde
doive être acquise commodément. — Cependant il est certain
que Hering doit donner à son argument une autre signification et lui attribuer la valeur d'un argument expérimental.
Si la loi psychophysique est vraie, pense Hering, il doit se
produire certaines illusions de perception, et en particulier
celle-ci, que l'addition de 10 grammes à un poids de 10 grammes
doit nous paraître égale à l'addition de 1 kilog. à un poids de
1 kilog. Comme il est certain que de pareilles illusions ne se
produisent pas, il en résulterait que la loi logarithmique se
trouve mise, par ses conséquences, en opposition avec les faits.
La question serait donc de savoir si la loi logarithmique
implique de telles conséquences. Mais il n'est pas nécessaire
de le chercher, car cette recherche ne serait pas de nature à
mettre en lumière le vice essentiel des théories de Fechner :
ce vice se trouve aussi d'ailleurs dans la théorie psychophysique de Hering.

Fechner n'a pas posé la question de cette façon. Il répond à
Hering en citant des faits qui montrent que la sensation croît
plus lentement que l'excitation, mais il n'apporte là rien de
nouveau (2). — Au fond, l'interprétation de la loi de Weber
est ici en jeu, et c'est de là que vient la difficulté : si la loi de

(1) J.-J. Müller, *Ueber eine neue Ableitung des Hauptsatzes der Psychophysik*, Berichte über die Verhandlungen d. Kgl. sächs. Ges. d. Wiss.,
Math. phys. Cl. 1870, p. 328. J.-J. Müller regarde la loi psychophysique
comme une conséquence évidente des faits résumés dans la loi de
Weber, et il s'attache à montrer qu'elle peut être établie comme réalisant
les conditions les plus avantageuses pour l'organisme.

(2) *In Sachen*, p. 57 sqq.

Weber signifie que des rapports égaux d'excitation produisent des différences égales de sensation, l'argument de Hering est valable contre Fechner, mais, comme le remarque Fechner, il est valable aussi contre les résultats que Hering prétend tirer de ses expériences sur les poids, car ces expériences ne sont nullement favorables à l'hypothèse de la proportionnalité (1).

§ 3. — *Le principe de la proportionnalité des effets avec les causes.*

La sensation dépend directement d'un ensemble de phénomènes très peu connus qui ont leur siège dans la substance nerveuse, et qui constituent l'activité psychophysique de Fechner. Contre la loi de la psychophysique interne, d'après laquelle la sensation serait égale au logarithme de cette activité, on a présenté cette objection *a priori*, que l'effet doit être proportionnel à la cause, et que par suite la sensation ne peut être que proportionnelle aux phénomènes nerveux dont elle dépend. C'est là une objection *a priori*, mais on ne peut être surpris de la voir apparaître, car la relation réelle qui unit les deux phénomènes en question ne peut être constatée directement, et les faits connus ne permettent pas de l'induire avec sûreté.

L'un des plus anciens adversaires de Fechner, Mach, déclare que « l'excitation nerveuse terminale et la sensation, qui sont invariablement parallèles l'une à l'autre, ne peuvent pas avoir d'autre relation que celle de la proportionnalité » (2).

De même Hering, dans l'écrit cité plus haut, soutient que

(1) *Ibid.*, p. 59. Voir plus loin, ch. IX. § 5, l'exposition des expériences de Hering sur la perception des poids.

(2) MACH, *Ueber die physiologische Wirkung raümlich vertheilter Lichtreize*, Sitzb. d. k. Akad. d. Wiss.. Math. Naturw. Cl., 57 Bd, 2e Abth., p. 12 (Vienne 1868).

Fechner a moins que personne le droit de supposer entre les phénomènes nerveux et la sensation qui en dépend une relation autre que la proportionnalité. Si, dit-il, on réfléchit au genre de dépendance qui doit exister entre l'âme et le corps, « visiblement la première hypothèse qui se présente est que l'âme subit de la part du corps une action d'autant plus intense que les forces agissantes sont plus grandes,... de telle sorte que la proportionnalité existe entre les intensités des évènements physiques et psychiques. Cette hypothèse est la plus simple possible... Ce n'est qu'après avoir prouvé qu'elle est fausse que l'on aura le droit de chercher des formules plus compliquées. Une proportionnalité entre la cause et l'effet, l'agent et le produit, se comprend déjà d'elle-même, mais une loi plus compliquée pour leurs relations est particulièrement difficile à concevoir, si, comme c'est le cas, l'agent et ce qu'il produit dépendent l'un de l'autre immédiatement et non par des intermédiaires. Mais, d'après notre hypothèse, une telle dépendance immédiate existe entre les processus psychiques et psychophysiques ; car nous désignons comme psychophysiques exclusivement les processus corporels avec lesquels le processus psychique est immédiatement donné. Tout cela est valable lorsque l'on oppose le corps et l'âme comme deux réalités différentes, mais plus encore si, comme Fechner l'admet, l'agent et ce qu'il produit, le processus psychophysique et le psychique, sont au fond une seule et même chose, sont seulement deux faces ou deux façons d'apparaître d'une même réalité » (1).

Une opinion analogue a été exposée par Classen (2), par Ueberhorst (3), par G.-E. Müller (4).

(1) HERING, ouvrage cité, p. 330, 331.

(2) Zur Physiologie der Gesichtssinnes, p. 17. (D'après Fechner, In Sachen, p. 66.)

(3) Die Entstehung der Gesichtswahrnehmung, p. 90. (D'après Fechner, Ibid.).

(4) Zur Grundlegung der Psychophysik, p. 366.

La réponse de Fechner à cette objection est décisive. Il
admet que la cause et l'effet sont proportionnels quand l'effet
succède immédiatement à la cause et qu'il n'intervient pas de
complication pour troubler l'action de la cause : c'est même
sur cette conception de la causalité qu'il s'est appuyé pour
soutenir que le mouvement psychophysique est proportionnel
à l'excitation, dans la mesure où n'interviennent pas d'influences perturbatrices. Mais entre le mouvement psychophysique et la sensation il n'existe pas une relation de succession,
mais de coexistence. « Or on commet une lourde erreur et
une grave confusion quand on transporte, comme si c'était
une extension naturelle, ce qui est valable pour la relation
de succession à la relation de coexistence ; au contraire ce
qui est valable pour l'une n'est pas valable pour l'autre. »
Et Fechner, pour montrer que ce n'est pas là une affirmation *a priori*, cite des relations fonctionnelles observées dans
la nature et qui ne sont pas des relations de proportionnalité.
« Dans le mouvement d'une planète autour du soleil, les
variations de la distance de la planète au soleil, de la vitesse,
de l'espace parcouru et du temps employé (compté à partir
d'un point quelconque), sont liées ensemble en simultanéité,
mais ne sont pas proportionnelles les unes aux autres.
L'éclairement d'une surface et la distance de la source lumineuse, la longueur d'un pendule et la durée d'une de ses
oscillations sont liés en simultanéité, mais ce n'est pas un
rapport simple qui existe entre ces quantités, l'éclairement est
inversement proportionnel au carré de la distance, etc. (1) »
Il est vrai que, pour Fechner, la sensation et les phénomènes physiologiques qui y sont liés sont deux modes d'une
même substance, et ce serait là pour lui une raison de regarder l'hypothèse de la proportionnalité comme la plus naturelle. Mais ce ne serait après tout qu'une raison de symétrie,
et, même si l'on admet l'identité substantielle de l'âme et du

(1) FECHNER, *In Sachen*, p. 66, 67.

corps, on n'est pas contraint par là d'admettre qu'il doive
exister un parallélisme complet entre les relations quantitatives des phénomènes corporels et celles des phénomènes
spirituels. Si l'on admet qu'à la force vive représentée par
l'activité psychophysique correspond une activité spirituelle
susceptible elle aussi d'être exprimée mathématiquement, il
n'y a rien de choquant à supposer qu'il existe entre ces deux
quantités une relation logarithmique.

§ 4. — Le principe de mesure des sensations et l'intensité des sensations.

Les objections qui précèdent n'atteignent pas le fond des
idées de Fechner : elles sont ou inexactes ou superficielles,
et c'est pour cette raison que Fechner a pu en général les
réfuter assez facilement. Il en est autrement de celles qui
concernent le principe de mesure des sensations, l'idée
d'intensité dans le domaine des sensations, et le sens qu'il
convient d'attribuer à la loi de Weber.

Les objections les plus nettes et les plus décisives, mêlées,
il est vrai, à des critiques inexactes, ont été dirigées dès 1875
contre la loi logarithmique, et en particulier contre la mesure
des sensations, par M. Jules Tannery, dans deux lettres ano-
nymes publiées par la *Revue Scientifique* (1). « Comme on
ne peut, dit-il d'abord, prendre le logarithme que d'un

(1) La Revue Scientifique publia, en 1874 et 1875, des articles de
M. Ribot sur la psychophysique de Fechner et sur la psychologie de
Wundt. Le 13 mars 1875 paraissait, dans la même Revue, une lettre
anonyme suivie de la réponse de M. Ribot; l'auteur de la lettre anonyme
était M. Jules Tannery. Le numéro du 24 avril contenait des lettres de
Delbœuf et de Wundt, répondant aux critiques de M. Tannery, et une
deuxième lettre non signée de M. Tannery. Enfin le numéro du 15 mai
publiait une deuxième lettre de Delbœuf. Ces six lettres ont été réim-
primées par Delbœuf dans ses *Éléments de Psychophysique*. p. 109-144.

nombre et que le logarithme d'un nombre est un nombre, il
faut, pour que la loi de Fechner ait un sens, que la sensation
et l'excitation y soient remplacées par des nombres. Il serait
utile de dire comment on parvient à ces nombres, de quelle
mesure ils sont l'expression, au moyen de quelle unité on les
obtient. C'est de cette façon que l'on procède en physique ;
c'est avec un soin minutieux que l'on définit les unités, que
l'on décrit les procédés de mesure, que l'on fixe le sens des
nombres. Rien de pareil ici. On se borne à établir entre deux
termes dont aucun n'a de sens précis une relation où figure
une fonction transcendante (1). »

Cette critique est partiellement inexacte, parce que Fechner
a en fait indiqué comment il procède pour obtenir une
mesure de la sensation et de l'excitation : la question est
plutôt de savoir si ses procédés sont irréprochables. De plus,
des deux termes dont, selon M. Tannery, « aucun n'a de
sens précis », il en est un qui a certainement un sens précis :
c'est le deuxième, à savoir le logarithme de l'excitation multiplié par une quantité constante. M. Tannery objecte sur ce
point que « *l'excitation* est un mot vague, sans valeur scientifique, si l'on ne définit pas, à chaque fois, la fonction absolument arbitraire qui doit servir à la mesurer (2) ». Mais il
est toujours possible de donner cette définition, c'est-à-dire
d'indiquer le système de mesure physique que l'on choisit.
D'ailleurs il ne faut pas oublier que la quantité dont, selon
Fechner, le logarithme est proportionnel à l'intensité de la
sensation, n'est pas l'excitation mesurée par une unité quelconque, arbitrairement choisie, mais l'excitation mesurée par
une unité égale au seuil. Or, si l'on emploie pour mesurer
une excitation d'espèce quelconque deux systèmes différents,
on obtiendra dans les deux cas deux nombres différents pour

(1) Dans Delbœuf, p. 109, 110, dans Revue Scientifique, 2ᵉ série,
tome VIII, p. 876.

(2) *Ibid.*, p. 110, 111, Revue Scientifique, *Ibid.*

exprimer une excitation déterminée, et deux nombres aussi pour exprimer le seuil correspondant, mais le rapport du nombre qui exprimera cette excitation déterminée au nombre qui exprimera le seuil dans le même système de mesure demeurera constant quel que soit le système.

Mais il reste de l'objection de M. Tannery un point qui est capital : il ne lui semble pas possible que la sensation puisse être considérée comme possédant les propriétés des nombres, parce qu'elle ne peut pas être exprimée par un nombre, c'est-à-dire mesurée. « Quand, dit-il, on ne sait pas du tout ce que signifie la différence de deux sensations, comment peut-on bien parler de la différentielle d'une sensation ?..... Enfin que signifie l'intégration, la sommation des différentielles de sensation quand on ne sait pas ce qu'est la somme de deux sensations, non plus que leur différence (1). » — Cette idée, que la sensation ne peut pas être exprimée par un nombre, et que par conséquent elle ne peut pas être égale à un logarithme et que l'on ne peut pas y considérer des différentielles, se développe dans la deuxième lettre de M. Tannery. « Il me semble encore, dit-il, que les seules grandeurs auxquelles l'idée de mesure soit directement applicable sont celles dont on conçoit clairement l'égalité et l'addition : en fait, partout où l'on traite de la mesure des quantités, qu'il s'agisse de longueurs, d'angles, de surfaces, de temps, de forces, on commence par appeler l'attention sur ce qu'on doit entendre par l'égalité et la somme de deux de ces quantités ; il n'est guère de traité didactique qui ne débute ainsi. Le caractère essentiel des grandeurs directement mesurables est *l'homogénéité :* ce qui vient s'ajouter à elles, lorsqu'elles augmentent, est absolument de la même nature que ce qui existait déjà : une longueur, une surface, le temps, sont de telles grandeurs ; lorsqu'on ajoute une longueur à

---

(1) Dans Delbœuf, *Éléments, etc.*, p. 113. Revue Scientifique, *Ibid.* p. 877.

une autre longueur, les deux choses ajoutées sont absolument
de la même nature et de la même nature que leur somme.
Ce caractère d'homogénéité appartient nécessairement aux
grandeurs directement mesurables, précisément parce que
l'on ne peut comparer entre elles, pour les mesurer, que des
grandeurs de même espèce (1). » Or M. Tannery juge qu'une
sensation qui varie, en correspondance avec une variation
de son excitation, manque d'homogénéité. « Il ne me semble
pas, dit-il, qu'une sensation possède ce caractère d'homogénéité qui appartient essentiellement aux grandeurs mesurables. J'ai beau faire,... en restant à un point de vue purement subjectif, je ne conçois ni la somme de deux sensations,
ni leur différence : lorsqu'une sensation grandit, elle devient
tout autre, et ce qui est venu la modifier, dont je n'ai nulle
idée, ne me paraît pas de la même nature que la sensation
primitive. Que l'on tienne à la main un objet qui s'échauffe
progressivement : la sensation se modifiera incessamment et
se terminera en douleur cuisante ; on aperçoit bien que les
termes extrêmes ne se ressemblent guère ; lorsque la douleur
s'en mêle, d'autres nerfs, si je ne me trompe, sont mis en jeu.
Cette différence de nature qui existe incontestablement entre
deux sensations de chaleur causées par des excitations qui
diffèrent suffisamment me paraît subsister, à un moindre
degré, entre deux sensations intermédiaires (2). » Ainsi, les
variations de la sensation qui correspondent à des variations
de l'excitation seraient des variations qualitatives, et non pas
de simples variations d'une quantité homogène.

Cette critique formule l'argument capital contre la mesure
des sensations. Aussi elle a été reprise de différents côtés, soit
sous la même forme, soit sous des formes un peu différentes.
Pour mesurer l'*intensité d'une sensation*, dit M. Renouvier,

---

(1) Dans Delbœuf. *Éléments*. etc., p. 134-5. Revue scientifique, *Ibid.*.
p. 1019.

(2) Dans Delbœuf, *Éléments*, p. 136. Dans Revue Scientifique, p. 1020.

« il faudrait commencer par comprendre quand et comment deux sensations sont égales, ce que c'est qu'une sensation double d'une autre, et trouver le moyen de fixer l'unité de sensation, qui est indispensable pour que les sensations ajoutées les unes aux autres, ou retranchées les unes des autres, nous représentent des nombres. Voilà ce que nous voyons clairement n'être pas possible (1) ».

Mais Fechner, physicien et mathématicien avant d'être philosophe et psychologue, s'est rendu compte de la difficulté qui vient d'être signalée. Il a cru la résoudre en considérant une sensation quelconque comme formée par l'addition de différences égales de sensation à partir de zéro : à ces différences égales de sensation correspondraient des rapports égaux des excitations (loi de Weber), de sorte que la sensation serait une fonction de l'excitation correspondante. Cette fonction permettrait d'arriver à la mesure de la sensation par l'intermédiaire de la mesure de l'excitation. Fechner a choisi comme unité d'excitation la valeur du seuil, et comme unité de sensation la sensation qui correspond à une excitation égale au seuil multiplié par la base des logarithmes employés : le choix de ces unités est arbitraire, il n'a d'autre but que d'arriver à la formule de mesure la plus simple (2).

Plusieurs questions sont ici en jeu, et il faut les distinguer pour comprendre les critiques qui ont été dirigées contre la partie essentielle de la psychophysique et pour en fixer la valeur : 1° on peut admettre, soit d'une manière provisoire, soit d'une manière définitive, que les sensations possèdent un caractère quantitatif homogène qui est leur intensité, et chercher si l'on peut résoudre cette intensité en quantités infinitésimales et arriver par là à la mesurer; 2° on peut

---

(1) *La psychophysique appréciée d'après la doctrine mathématique de la mesure des grandeurs*, Critique Philosophique, 7ᵉ année, I, p. 182.

(2) Voir dans la première partie de ce travail les chapitres I et VI.

s'appuyer sur la même hypothèse, mais laissant de côté les quantités infinitésimales et la mesure indirecte, chercher à établir une mesure directe des sensations en choisissant les unités les plus commodes et en montrant comment une sensation se compose d'un nombre déterminé de ces unités; 3° on peut enfin rejeter l'hypothèse fondamentale de la psychophysique et soutenir que les sensations n'ont pas d'intensité, qu'elles sont de pures qualités, ou tout au moins que le jugement par lequel nous déclarons, par exemple, une lumière plus forte qu'une autre, ou une différence de lumière plus grande qu'une autre, ne nous renseigne pas sur les rapports quantitatifs des sensations correspondantes.

Fechner postule, comme un principe évident, que l'intensité de la sensation croît d'une manière continue et que cette grandeur continue peut se diviser arbitrairement en parties égales très petites, aussi petites que l'on voudra. Il faut que ce postulat soit légitime pour que l'on puisse parler de différentielles de la sensation et faire l'intégration de ces différentielles. — Or, le postulat a été contesté. « Que l'excitation, dit M. Renouvier (quand, bien entendu, l'on réduit ce mot à exprimer le mode propre d'une loi physique, un fait de vibrations moléculaires par exemple), soit calculée au point de vue infinitésimal, quoiqu'il n'y ait certainement pas d'infinitésimaux mathématiques dans la nature, cela se comprend, attendu qu'il y a là du moins des quantités dont le nombre et la petitesse surpassent l'imagination, et auxquelles l'intégration est une méthode applicable. Mais que la sensation soit également considérée comme formée de différences infinitésimales, le procédé est insoutenable, vu que tous les phénomènes psychiques, et les sensations, comme telles, sont donnés à l'état discret et discontinu quand on les compare les uns aux autres, et ne se produisent *sensiblement* que pour des intervalles finis de l'excitation (1). » — Stadler

(1) Critique Philosophique, 7ᵉ année, I, p. 180, 181.

a même prétendu que, si la loi de Weber est vraie au sens où l'entend Fechner, c'est-à-dire comme reliant les différences absolues de sensation aux différences relatives d'excitation, il en résulte que la sensation croît d'une façon discontinue. En effet quand une sensation S est produite par une excitation E, si l'on fait croître l'excitation, la sensation ne commencera à croître elle aussi que lorsque l'accroissement d'excitation atteindra la valeur du seuil différentiel; tant que l'accroissement d'excitation sera inférieur à ce seuil, la sensation ne recevra aucun accroissement, d'après la loi même de Weber : donc, tandis que l'excitation croît d'une façon continue, la sensation croîtrait par sauts brusques, c'est-à-dire d'une façon discontinue. Par suite, il pourrait être légitime de parler de différences égales entre des sensations semblables, mais il serait impossible de passer de ces différences finies à des différences infinitésimales (1).

Fechner a au contraire affirmé que les sensations croissent d'une façon continue parallèlement aux excitations (2). Mais quelle que soit la valeur de l'objection de Stadler, qui n'est peut-être pas concluante (3), la discontinuité des sensations exclurait seulement le principe de mesure sur lequel s'est appuyé Fechner, puisqu'elle ne permettrait pas de considérer l'intensité d'une sensation comme une somme d'intensités infinitésimales; mais elle n'empêcherait pas de considérer une sensation comme la somme de différences finies : il resterait seulement à s'assurer que ces différences sont égales. C'est à ce point de vue que se sont placés Delbœuf, Wundt

(1) STADLER, *Ueber die Ableitung des psychophysischen Gesetzes*, Philos. Monatshefte, t. XIV, p. 219 sqq (1878).

(2) C'est sur cette hypothèse que repose son principe de mesure des sensations exposé dans *Elemente der Psychophysik*, I, p. 54; voir en outre II, p. 84.

(3) Un autre adversaire de Fechner, F.-A. Müller, discute cette objection, et ne la trouve pas concluante (*Das Axiom der Psychophysik*, p. 23. 1882).

et Köhler, et que Fechner a fini par se placer lui-même
dans son dernier écrit psychophysique : *Psychische Maassprincipien* (1). C'est la deuxième manière de mesurer l'intensité
des sensations.

Delbœuf reproche à Fechner d'avoir mesuré la sensation
indirectement et par l'intermédiaire d'une formule. Il faut,
pense-t-il, trouver une unité de sensation et montrer comment, en se répétant, elle s'ajoute et finit par composer une
sensation totale dont la valeur numérique est exprimée par le
nombre des unités composantes. L'unité de sensation choisie
par Delbœuf est, pour les sensations lumineuses auxquelles il
a appliqué ce procédé de mesure, le contraste senti entre
deux lumières ou deux teintes lumineuses quelconques, voisines ou éloignées. La différence entre deux teintes lumineuses
peut être comparée à la différence entre deux autres teintes,
et être jugée égale, ou plus petite, ou plus grande : sur ce fait
repose la quatrième méthode psychophysique, ou méthode
de Plateau, dont il sera parlé plus loin (ch. III, § 2). On peut
donc dresser une échelle de teintes lumineuses telle que la
différence entre la première et la deuxième paraisse égale à la
différence entre la deuxième et la troisième, et ainsi de suite.
On a ainsi une série de différences égales de sensation, et, si
l'on a fait commencer les teintes sombres à une lumière égale
à 0, c'est-à-dire à l'obscurité complète, on peut dire qu'une
sensation provoquée par une teinte claire est égale à un
nombre d'unités de sensation qui est déterminé par le nombre
des différences égales que l'on parcourt en allant de l'obscurité complète à cette teinte claire. La sensation étant ainsi
mesurée par une unité de sensation, Delbœuf établit une for-

(1) Dans Philosophische Studien, IV, p. 161-230. Ce volume porte la
date de 1888, mais Fechner a été enterré le 21 novembre 1887. Dans
ce dernier travail, Fechner ne renie pas son ancienne méthode de
mesure; s'il substitue la considération des différences finies à celle des
différences infinitésimales, c'est en vue de rendre son exposition plus
simple, et, comme il le dit, plus populaire.

mule psychophysique reliant l'excitation à la sensation, et qui importe peu ici (1).

Köhler rejette comme Delbœuf la méthode de mesure des sensations par le moyen des excitations, et choisit comme unités-de sensation les différences qui sont jugées égales dans les recherches expérimentales. « L'unité de mesure, dit-il, n'est pas autre chose que la différence juste perceptible de sensation dans la méthode des petites variations de la sensation ; ou bien la différence également perceptible de sensation dans la méthode des différences égales. Dans les autres méthodes de mesure, on prend d'autres unités, ainsi la différence sur-perceptible de sensation, la différence sous-perceptible, etc. (2) » L'idée de Köhler est donc la même que celle de Delbœuf, avec plus de généralité.

Cette idée avait d'ailleurs été exposée aussi par Wundt. « Nous pouvons, dit-il, nous représenter un accroissement de sensation de force quelconque comme composé d'accroissements de sensation juste perceptibles. Nous pouvons admettre que ces accroissements commencent au point où l'excitation extérieure est juste assez forte pour produire une sensation. Nous sommes alors en état d'exprimer par des nombres l'intensité de la sensation, qu'elle soit grande ou petite. Une sensation est deux, trois ou quatre fois aussi grande qu'une autre quand elle est composée d'un nombre deux, trois ou quatre fois aussi grand d'accroissements égaux de sensation... L'unité de mesure que nous avons choisie ici pour la sensation est l'accroissement juste perceptible de sensation (3). » — En outre, aux yeux de Wundt, ces différences juste percep-

(1) DELBŒUF, Examen critique, etc., p. 117 sqq. Cf. Éléments de Psychophysique, p. 124, 125.

(2) Alfred KÖHLER, Ueber die hauptsächlichsten Versuche einer mathematischen Formulirung des psychophysischen Gesetzes von Weber, Philosophische Studien, III, p. 577 (1886).

(3) Vorlesungen über die Menschen- und Thierseele, 2e édition, p. 36, 37.

tibles sont nécessairement égales parce qu'elles sont juste perceptibles, car, si l'une était plus grande ou plus petite que les autres, elle serait plus grande ou plus petite que la différence juste perceptible, ce qui serait contraire à la supposition (1).

Il est vrai que Wundt et Köhler ne pensent pas atteindre ainsi l'intensité réelle de la sensation, mais seulement son intensité apparente, c'est-à-dire l'intensité qu'elle semble avoir pour le moi dans le jugement d'aperception (2). Mais cela importe peu ici, et d'ailleurs Delbœuf regarde son procédé comme permettant de mesurer l'intensité réelle des sensations (3).

Cette conception de la mesure des sensations, que Fechner n'a pas exposée le premier, mais qu'il accepte, a trouvé des adversaires aussi bien que la précédente.

Zeller, l'historien de la philosophie, reconnaît que « toute activité psychique a une certaine intensité. Mais, ajoute-t-il, on manque du mètre fixe que nous devrions posséder pour

(1) Lettre à la Revue Scientifique, dans Delbœuf, *Éléments de Psychophysique*, p. 130. M. Paul Tannery a bien montré que cette raison n'est pas concluante : « Il est trop clair, dit-il, que la *supposition* de M. Wundt est précisément que le minimum appréciable est constant, c'est-à-dire que les sensations différentielles correspondantes sont égales entre elles. » (*Critique de la loi de Weber*, Revue Philosophique, t. XVII, p. 21, 1884).

(2) Voir plus loin, ch. III, § 9, l'exposition de la psychophysique de Wundt.

(3) La même idée a été acceptée et développée par Gutberlet, et elle a été reprise par Wiener. Gutberlet accuse la doctrine de Fechner d'être matérialiste et irréligieuse (dans Natur und Offenbarung, 1879 et 1880; d'après Fechner, *Revision*, p. 315); mais il admet la possibilité de mesurer les sensations, et il établit une formule de mesure pour son propre compte, en prenant comme unité la différence juste perceptible de sensation (*Ueber Messbarkeit psychischer Acte*, Philosophisches Jahrbuch, t. V, VII et surtout VIII, p. 21, 1892-1895). Quant à Wiener, il a employé la même unité pour la mesure des sensations de lumière (*Die Empfindungseinheit zum Messen der Empfindungsstärke*, Annalen der Physik und der Chemie, de Wiedemann, t. XLVII, p. 659, 1892).

pouvoir déterminer sa grandeur absolue. Cela n'est même pas possible pour les sensations, où cependant l'on devrait l'attendre le plus tôt. On pourrait peut-être chercher à employer comme unité de mesure pour chaque classe de sensations la valeur moyenne de la plus petite excitation qu'elles puissent nous faire percevoir, et à exprimer l'intensité de chaque sensation en multiples de la sensation juste perceptible qui lui correspond. Seulement ces sensations juste perceptibles ne sont rien moins que des grandeurs connues et reconnues d'une manière universelle, fixes et immuables, comme elles devraient l'être cependant pour pouvoir servir de mètre commun à toutes les autres » (1). — Mais cette critique établit seulement que les unités psychologiques seraient pratiquement impossibles à retrouver. Or, Fechner avait déjà dit dans les *Elemente*, et il répète dans sa réponse à Zeller, que « l'intérêt de la mesure psychique ne réside pas dans son applicabilité pratique » (2). Comme l'a reconnu un autre critique de Fechner, la difficulté de trouver des unités stables n'est pas le nœud de la question (3).

« A mon avis, dit J. von Kries, dans toutes les tentatives faites pour mesurer les grandeurs intensives de la vie spirituelle, il ne s'est agi de rien de plus que de transporter à ces grandeurs, d'une manière inconsidérée et injustifiée, ce qui est permis pour les grandeurs intensives de la physique (4). »

(1) *Ueber die Messung psychischer Vorgänge*, Abhandl. d. Berl. Akad. d. Wiss. 1881, p. 6. Cf. la discussion de ce mémoire par Wundt, Phil. St. I, p. 251-260. Zeller a répondu à Wundt dans un deuxième mémoire (*Einige weitere Bemerkungen über die Messung psychischer Vorgänge*, Abhandl., etc., 16 mars 1882), discuté également par Wundt, Phil. St. I, p. 463-470.

(2) *Revision der Hauptpunkte der Psychophysik*, p. 333.

(3) J. v. Kries, *Ueber die Messung intensiver Grössen und über das sogenannte psychophysische Gesetz*, Vierteljahrsschrift für wissenschaftliche Philosophie, VI, p. 257-294 (1882).

(4) *Ibid.*, p. 274, 275.

En effet, toutes les mesures physiques d'intensités, par exemple les mesures de vitesses et de forces, se ramènent en dernière analyse à des mesures d'espaces, de temps et de masses, et dans cette réduction il faut que l'on puisse poser l'égalité de choses non identiques et que cette opération présente un sens satisfaisant et conforme aux données de l'expérience. Par exemple, les vitesses de deux mobiles sont égales si ces mobiles parcourent des espaces égaux dans des temps égaux. Il n'existe rien de pareil quand on prétend, comme le fait Fechner, que deux différences de sensation sont égales. « Il faut d'abord poser la question préalable de savoir si ce que l'on dit a un sens, et lequel, quand on dit que le changement d'une sensation de S_1 à S_2 est égal au changement de Sk à Sl, ou, ce qui revient au même, que la sensation Sm est tant de fois plus grande que la sensation Sn. Si l'on y réfléchit sans prévention, on ne peut pas, à mon avis, refuser de dire que cette expression n'a pas de sens » (p. 273).

« Si l'on charge une région de la peau avec 2 livres, puis avec 3, ensuite avec 10 livres, puis avec 15, les deux dernières sensations de pression sont placées dans un autre endroit de la série des sensations que les deux premières. L'un des accroissements est par suite complètement différent de l'autre et ils n'admettent aucune comparaison. L'affirmation qu'ils sont égaux n'a pas de sens. Ce n'est pas en fait autre chose que l'affirmation de l'égalité d'un son et d'une lumière » (p. 274).

C'est là un argument tiré de l'observation subjective. Boas présente le même argument en l'appliquant, non plus aux différences de sensation, mais aux sensations. « Nous pouvons, dit-il, concevoir un son fort comme composé d'un certain nombre de sons faibles, mais, si l'on y regarde de près, on voit que cette addition concerne les excitations, et non les sensations. La sensation du bruit léger n'est pas contenue comme une partie dans la sensation du bruit fort; tandis que l'excitation qui produit la sensation du bruyant peut être composée d'une pluralité de petites excitations. Le résultat est le même pour toutes les sensations... Dans une forte sensation de pression, on ne peut distinguer les sensations qui correspondent à des pressions plus faibles, quoique la pression elle-même puisse être composée de pressions plus petites (1). »

Des idées analogues sont exposées par Elsass (2), Münsterberg (3), Ebbinghaus (4), et en France par M. Bergson. C'est ainsi que, pour M. Bergson, si l'on fait croître une excitation jusqu'à ce que la sensation correspondante devienne différente pour la conscience, le passage de la première sensation à la deuxième n'est pas comparable à une différence arithmétique (5). — De même F.-A. Müller conclut, en s'appuyant sur les principes kantiens de la théorie de la connaissance, que le caractère de grandeur ne peut appartenir qu'à des objets, et nullement à la sensation, phénomène subjectif (6). — Elsass, dans un article postérieur à sa brochure *Ueber die Psychophysik*, émet l'idée que les termes quantitatifs, quand ils sont appliqués à la sensation, ont un sens métaphorique. « Je ne vois pas, dit-il, comment on peut parler d'une sensation moindre de chaleur là où il existe seulement une sensation de moindre chaleur. Que dans le langage ordinaire nous parlions sans scrupule du renforcement ou de l'affaiblissement de la sensation comme d'une modification quantitative, cela montre seulement que nous employons au figuré le

(1) Boas, *Ueber die Grundaufgabe der Psychophysik*, Archiv de Pflüger, t. XXVIII, p. 568 (1882).

(2) Elsass, *Ueber die Psychophysik*, p. 50 sqq (1886).

(3) Münsterberg, *Neue Grundlegung der Psychophysik*, Beiträge zur experimentellen Psychologie, III, p. 3 sqq (1890).

(4) Ebbinghaus, *Ueber negative Empfindungswerte*, Zeitschrift f. Ps. u. Ph. d. Sinnesorg. I, p. 322 sqq (1890).

(5) Bergson, *Essai sur les données immédiates de la conscience*, p. 49 (1889).

(6) F.-A. Müller, *Das Axiom der Psychophysik*, 1882.

concept de quantité, comme on parle aussi d'une intelligence grande ou petite (1). » — De même enfin R. Wahle nie l'existence de l'intensité dans les sensations, s'élève avec vivacité contre la distinction traditionnelle de l'intensité et de la qualité, et interprète l'égalité des sensations dans le sens qualitatif. « On peut, dit-il, parler d'une égalité de sensation ; cela signifie que les sensations peuvent se remplacer réciproquement sans que l'on remarque aucune différence ; mais il n'entre pas là l'idée que les sensations sont égales quantitativement (2). »

Déjà M. Pillon avait soutenu l'un des premiers que les prétendues intensités psychologiques ne sont pas mesurables, et il avait même énoncé avant Elsass, et presque dans les mêmes termes, l'idée que les termes quantitatifs appliqués à des sensations, à des sentiments et à d'autres états psychologiques, n'ont qu'un sens métaphorique (3). M. Pillon commence par montrer que le nombre s'applique en premier lieu aux choses discrètes et discontinues (psychiques ou physiques), puis s'étend grâce à la mesure aux grandeurs continues, d'abord aux grandeurs géométriques, puis, par l'intermédiaire des grandeurs géométriques, aux grandeurs mécaniques. Il distingue ensuite dans les qualités sensibles le facteur physique, lequel est un mode du mouvement, et le facteur psychique, qui n'est autre que la sensation ; et il se demande si l'idée de mesure et de degrés peut s'étendre du physique au psychique, si, quand nous supposons des degrés d'intensité dans nos sensations, dans nos sentiments, dans nos passions, le mot de degré prend un sens mathématique. Sa conclusion est la même que celle d'Elsass, mais, arrêté

(1) ELSASS, *Die Deutung der psychophysischen Gesetze*, Philosophische Monatshefte, t. XXIV, p. 143, 1888.

(2) R. Wahle, *Das Ganze der Philosophie und ihr Ende*, p. 190, 1894.

(3) *A propos de la notion de nombre*, Critique Philosophique, 1882, I, p. 380 sqq.

par je ne sais quel scrupule, il ne l'énonce qu'avec réserve et ne l'applique même pas formellement à toutes les sensations. « J'incline, dit-il, quant à moi, très fortement à penser que ces termes de *degrés*, de *quantités*, même celui de *grandeur*, appliqués à des sensations telles que la sensation de chaleur, à des sentiments tels que le plaisir et la douleur, à des passions telles que l'amour et la haine, à des états moraux tels que la bonté, la vertu, la méchanceté, le vice, sont purement métaphoriques. Il est certain qu'ils ne peuvent être entendus au sens propre, qui serait le sens mathématique. Qu'est donc ce sens vague qu'on leur donne et qu'on ne peut essayer de déterminer et de préciser sans sourire, si ce n'est un sens figuré ? Si l'on ne doit pas prendre ces termes à la lettre, que sont-ils, sinon des métaphores fournies par les mathématiques à la langue de la psychologie ? (1) »

Ainsi, en fin de compte, les adversaires de Fechner développent sous des formes diverses l'idée brièvement indiquée par M. J. Tannery et soutiennent que la raison pour laquelle on ne peut pas mesurer les sensations est que la prétendue intensité des sensations n'existe pas. Nous sommes amenés par là à discuter l'hypothèse implicite qui forme le fondement réel de la psychophysique, c'est-à-dire cette idée, admise si facilement par Fechner et par un très grand nombre de psychologues, que la sensation possède un caractère quantitatif qui est son intensité, et que nous pouvons apprécier l'égalité ou l'inégalité de deux sensations en comparant les excitations qui les produisent.

J'ai déjà signalé (première partie, chap. premier) l'obscurité de l'idée d'intensité psychologique chez Fechner (2). Il distingue dans les sensations la qualité et la quantité, ou

---

(1) *Ibid.*, p. 388.

(2) Cette obscurité avait été constatée jadis par Ward (*An attempt to interpret Fechner's law*, Mind, I, p. 464, 1876), puis par Bradley (*What do we mean by the intensity of psychical states?* Mind, 1895, p. 1).

force, ou intensité, et oppose ces deux caractères l'un à l'autre comme s'ils répondaient à des idées parfaitement claires. Mais on trouve çà et là dans ses écrits des passages qui prouvent que son idée de l'intensité des sensations est demeurée confuse. « La grandeur des valeurs positives (données pour les sensations par la formule logarithmique) mesure, dit-il, l'élévation au-dessus de ce point (du point nul, c'est-à-dire du point où la sensation commence à être perceptible) ou *la force avec laquelle la sensation entre dans la conscience* (1). » L'intensité de la sensation serait donc, si l'on creuse un peu le sens de ce passage, la force avec laquelle la sensation s'impose au sujet, et par suite la force qu'il faudrait employer pour chasser la sensation par un effort volontaire qui réussirait à en détourner complètement l'attention, ou encore la force d'inhibition que devraient déployer d'autres états de conscience pour que la sensation restât inaperçue. — Dans une lettre à Preyer, Fechner identifie la force des sensations avec le degré de conscience dont elles sont affectées. « Il me semble, dit-il, que c'est une belle propriété de la formule de mesure, qu'elle donne... avec la mesure de la clarté de la conscience (*Bewusstseinshelligkeit*), une mesure de la profondeur de l'inconscience (2). » — Enfin dans *In Sachen* on voit apparaître une troisième conception à propos de la méthode psychophysique de mesure des quantités psychiques. « D'après une remarque intéressante de Hering, deux points placés sur le papier à une certaine distance horizontale l'un de l'autre paraissent plus éloignés l'un de l'autre si l'on intercale entre eux une série de points que si l'espace intermédiaire reste vide, comme on peut s'en convaincre immédiatement en plaçant l'une au-dessous de l'autre une ligne horizontale vide et une ligne horizontale ponctuée, mesurée

---

(1) *El. d. Ps.*, II, p. 39. Les mots soulignés ici ne sont pas soulignés par Fechner.

(2) *Wissenschaftliche Briefe*, etc., p. 20 (13 janvier 1874).

par la même ouverture de compas. Puisque les deux lignes
correspondent à la même ouverture de compas, elles sont
physiquement égales, tandis qu'elles sont *psychiquement*
inégales. On pourrait établir entre l'impression psychique
de la grandeur et la mesure physique une relation fonctionnelle, en allongeant la distance vide ou en raccourcissant la
distance ponctuée jusqu'à ce qu'elles parussent égales à
l'œil, et l'on obtiendrait par là une relation fonctionnelle
entre l'égalité psychique, qui peut être appréciée par
l'esprit, et l'inégalité physique, qui peut se mesurer exté-
rieurement (1). » Ainsi la longueur apparente d'une ligne
est pour Fechner une quantité psychique, et par suite on
peut songer que l'intensité apparente d'une lumière ou
d'un son est aussi ce à quoi il pense quand il parle de
l'intensité des sensations. — Voilà donc trois conceptions
différentes de l'intensité des sensations. D'ailleurs il est
vraisemblable que Fechner les aurait rejetées, et qu'il a eu
le plus souvent dans l'esprit une quatrième conception.
En effet, ses lois psychophysiques relient trois termes :
l'excitation, l'activité psychophysique et l'intensité des
sensations ; et la loi dernière de la psychophysique interne
relie l'intensité de la conscience totale à l'activité psychophysique correspondante. Or, l'excitation trouve en fin de
compte sa mesure générale dans la force vive dont elle
est la manifestation ; il en serait de même de l'activité psychophysique, si l'on possédait les données nécessaires pour
l'exprimer en termes de mécanique, et Fechner a même cherché à transformer dans ce sens sa formule fondamentale (2) :
dès lors il est visible que l'intensité psychologique a dû être
pour lui quelque chose d'analogue à la force vive, une sorte de
force vive psychique, si l'on peut s'exprimer ainsi, ou tout au
moins le pendant psychologique de la force vive. — Comme

(1) *In Sachen*, p. 25, 26.
(2) *In Sachen*, p. 204-210.

M. FOUCAULT. 12

je ne veux pas attribuer à Fechner des opinions qu'il eût peut-être repoussées, je dois dire que ces quatre conceptions différentes de l'intensité psychologique n'apparaissent chez Fechner qu'à l'état de tendances : mais ces tendances multiples et divergentes suffisent à prouver qu'il n'a pas soumis à un examen suffisant l'idée d'intensité, c'est-à-dire que cette idée est restée confuse dans son œuvre. Il n'a pas séparé ces diverses conceptions possibles de l'intensité psychologique, ou plutôt il a identifié là où il aurait fallu distinguer.

Pourtant les méthodes psychophysiques sont d'un usage courant, tout le monde a eu occasion de porter des jugements analogues à ceux que l'on sollicite des sujets, et, quand on demande à un sujet de comparer deux excitations ou deux différences d'excitations, il n'a pas coutume d'être embarrassé pour donner le résultat de cette comparaison. C'est la réponse que fait Fechner (1) à la critique de J. von Kries citée plus haut. Mais cette réponse est insuffisante, car, s'il est certain que le jugement psychophysique a un sens, il n'est pas du tout certain qu'il porte sur l'intensité des sensations. Il est plutôt hors de doute que les quantités dont nous déclarons qu'elles sont égales ou inégales sont les quantités physiques. — Si je compare l'une à l'autre deux lignes horizontales tracées sur le papier devant mes yeux, et si je les déclare égales bien qu'elles diffèrent d'une faible quantité, mon jugement ne signifie pas pour moi que mes deux sensations sont égales, mais que les deux lignes extérieures sont égales. Si je compare deux teintes grises sur un disque rotatif et si je déclare que je ne vois pas de différence entre elles, cela ne signifie pas que je regarde mes deux sensations de lumière comme ayant une intensité égale, mais bien que je regarde les éclairements objectifs comme égaux l'un à l'autre. Si je compare deux sons ou deux poids et si je porte des jugements

(1) *Revision, etc.*, p. 322.

analogues, ce n'est pas à mes sensations que je songe, mais à leurs causes extérieures. Le sens de ce jugement est particulièrement clair dans le cas où il porte sur des poids : car, si je veux contrôler l'exactitude de mon appréciation, c'est à la balance et non à la conscience que je demande ce contrôle. — Quand il s'agit de comparer des différences existant entre des couples d'objets ou d'excitations, le sens des jugements est le même. Lorsque je compare trois couronnes lumineuses placées sur un disque rotatif, et que je m'applique à donner à la couronne intermédiaire une valeur moyenne, je me demande si la différence entre la première et la deuxième est égale à la différence entre la deuxième et la troisième, et je songe aux différences des excitations, non à des différences entre les sensations. Si de même je cherche à déterminer par la vue une longueur qui diffère également de deux longueurs données, je ne suis satisfait du résultat que lorsque la différence entre la plus grande ligne et la ligne moyenne me semble égale à la différence entre la ligne moyenne et la plus petite : je ne songe pas à égaliser des différences de sensations. — Ainsi le jugement psychophysique concerne les objets, et non pas nos sensations. S'il arrive qu'un sujet ou qu'un psychophysicien déclare qu'une sensation ou une différence de sensation est égale à une autre, ou plus forte qu'une autre, ce jugement exprime d'une manière inexacte l'acte mental qu'il énonce. En fait d'ailleurs les personnes qui se soumettent aux expériences de psychophysique n'ont pas coutume de parler de la force de leurs sensations : elles déclarent que cette teinte grise est plus claire ou plus foncée que cette autre teinte, que ce poids est plus lourd ou plus léger que cet autre, etc.

On peut dire, il est vrai, et c'est l'idée de Wundt (1), que nous n'apprécions les quantités objectives que par le moyen

---

(1) « D'après l'intensité des sensations nous apprécions la force des excitations sensorielles externes. » (*Physiol. Psychol.*, 4ᵗᵉ Aufl. I, p. 332.)

des quantités subjectives, l'intensité de la lumière extérieure
que par l'intensité de la sensation correspondante. C'est, en
effet, un problème psychologique de savoir comment nous
apprécions les quantités objectives, mais c'est en donner une
solution arbitraire, et en tout cas bien hâtive, que de
prétendre que notre appréciation des rapports quantitatifs des
choses traduit simplement une appréciation des rapports
quantitatifs de nos représentations. Le réalisme radical d'une
telle hypothèse suffirait à la rendre suspecte. D'ailleurs ce
n'est évidemment pas d'après des rapports extensifs de nos
états de conscience que nous percevons la grandeur, la
position et la distance des corps : pourquoi donc la perception
des intensités objectives serait-elle due à des rapports intensifs
de nos états de conscience? Les nombreux psychologues qui,
à la suite de Fechner, distinguent rapidement dans les
sensations la qualité et la quantité ou intensité, s'appuient
implicitement sur ce principe non formulé, que la quantité de
l'excitation passe dans la sensation. Mais. si l'on faisait
l'application de ce principe aux sensations que Fechner appelle
extensives, on arriverait à une conséquence absurde, montrant
bien la fausseté du principe. Si l'intensité de la lumière
objective se retrouve dans la perception de lumière, il faudrait
croire que la longueur de la ligne perçue par la vue ou le
toucher se retrouve dans la perception visuelle ou tactile, ce
qui serait absurde. Si la quantité extensive ne passe pas de
l'excitation à la sensation, il n'y a pas de raison pour que la
quantité intensive y passe. D'une manière générale, il ne faut
pas croire que la représentation d'une intensité est nécessairement une intensité parce qu'elle est la représentation
d'une intensité. Il ne résulte pas de là qu'elle n'a pas de
caractères quantitatifs, mais elle ne les a pas parce que son
objet les a.

Les tentatives faites par Fechner et beaucoup d'autres
pour mesurer, directement ou indirectement, l'intensité des
sensations, sont donc stériles parce que cette prétendue

intensité n'existe pas, et que par suite la sensation ne grandit en intensité ni d'une manière continue, ni d'une manière discontinue (1).

§ 5. — *Fechner a-t-il formulé correctement la loi de Weber ?*

S'il est vrai que l'intensité des sensations n'existe pas, du moins au sens où l'a conçue Fechner, il est évident que la loi de Weber est inadmissible sous la forme que Fechner lui a donnée. — Ce reproche a d'ailleurs été adressé à Fechner par ses premiers critiques, et appuyé par des arguments divers.

Pour simplifier la discussion, considérons seulement les faits établis par la méthode des différences juste perceptibles. Tout ce que cette méthode établit, abstraction faite des écarts de la loi, c'est que, si la différence relative entre deux excitations de valeur quelconque est juste perceptible, ce degré de juste perceptibilité se retrouvera dans l'échelle entière des excitations, quelle qu'en soit la valeur absolue, pourvu que la différence relative reste constante. Mais quelle est la signification psychologique de ce fait expérimental ?

Fechner l'interprète comme prouvant que les différences juste perceptibles sont des différences égales de sensa-

---

(1) C'est pourquoi je me borne à signaler divers travaux dont les mérites ne sont pas niables, mais qui ont le défaut commun d'admettre, comme une vérité au-dessus de toute discussion, comme le véritable axiome de la psychophysique, l'existence de l'intensité des sensations. Tel est le cas pour les études de Radakovic (*Ueber Fechner's Ableitungen der psychophysischen Massformel*, Vierteljahrschrift für wissenschaftliche Philosophie, 1890, p. 1-26) et de Dittenberger (*Ueber das psychophysische Gesetz*, Archiv für systematische Philosophie, II, p. 71-102, 1896). Ces auteurs montrent ordinairement des difficultés réelles dans les théories de Fechner ou des autres psychophysiciens, mais leurs critiques n'atteignent pas le point essentiel.

tion (1), et par suite il entend ainsi la loi : quand les rapports des excitations sont égaux, les différences arithmétiques des sensations correspondantes sont égales. Mais, pour que cette interprétation fût légitime, il faudrait : 1° que les différences juste perceptibles fussent des différences entre les sensations ; 2° que ces différences juste perceptibles entre sensations fussent égales au sens arithmétique.

Plusieurs critiques de Fechner, admettant que la première condition est remplie, ont nié que la deuxième le fût aussi. C'est ainsi que Brentano et Hering soutiennent que des différences juste perceptibles entre sensations ne sont pas des différences égales.

Brentano pense que les différences juste perceptibles entre sensations sont égales, non pas en valeur absolue, mais en valeur relative, c'est-à-dire sont proportionnelles aux intensités absolues des sensations entre lesquelles elles existent (2). Si donc on appelle dE la différence d'excitation juste perceptible par rapport à l'excitation E, dS et S la différence de sensation et la sensation correspondantes, la formule de la loi de Weber serait pour Brentano :

$$\frac{d\,S}{S} = k\,\frac{d\,E}{E},$$

tandis qu'elle est pour Fechner :

$$d\,S = k\,\frac{d\,E}{E}.$$

Cette formule de Brentano est d'ailleurs celle à laquelle Plateau était déjà arrivé de son côté, d'une manière hypothé-

(1) Cette idée de Fechner est qualifiée d'heureuse (*Glückliche Gedanke*) par Exner (*Physiologie der Grosshirnrinde*, dans Hermann's Handbuch der Physiologie, vol. II, 2ᵉ partie, p. 219). C'est en tout cas une idée capitale de la doctrine de Fechner.

(2) BRENTANO, *Psychologie vom empirischen Standpunkte*, p. 90 (1874). (D'après Fechner, *In Sachen*, p. 24 et 42.)

tique, et d'où il a tiré, pour mesurer les sensations en fonction des excitations, une formule qui importe peu ici. « Chacun sait, dit-il, que l'effet d'une gravure demeure sensiblement le même, soit qu'on regarde cette gravure à la lumière du jour, soit qu'on la considère à la lumière d'une bougie, à celle d'un bec de gaz ou même à celle du soleil ; ces éclairements si différents n'apportent pas de changement bien notable dans les relations entre les parties claires et les parties ombrées, à moins toutefois que l'imagination ne supplée aux altérations de l'effet général. » Mais ce fait s'expliquerait aussi bien dans l'hypothèse de Fechner que dans celle de Plateau ; aussi Plateau ajoute en note : « La formule de Fechner conduit à cette conséquence que, lorsque l'éclairement commun varie, ce sont les différences des sensations qui demeurent constantes ; il m'a paru plus rationnel, pour rendre compte du maintien de l'effet général de la gravure, d'admettre *a priori* la constance des rapports, et non des différences, entre les sensations (1). »

Hering dirige sa critique contre la loi de Weber entendue d'une façon spéciale. Selon Hering la loi se formulerait ainsi : quand les différences entre les excitations sont égales en valeur relative, nous avons des différences égales de sensation, c'est-à-dire que nous jugeons les différences d'excitation égales en valeur absolue. Et Hering affirme résolument que cette proposition est fausse. « Si, dit-il, je prends dans la main un poids de 100 grammes, j'ai la sensation d'une certaine lourdeur ; si je prends dans l'autre main un poids de 1 000 grammes, j'ai la sensation d'une lourdeur beaucoup plus grande. Si maintenant j'ajoute 100 grammes aux 100 grammes et 1 000 grammes aux 1 000 grammes, l'accroissement relatif est égal des deux côtés, et par conséquent l'accroissement de sensation devrait être égal aussi

---

(1) PLATEAU, *Sur la formule de la loi psychophysique*, Bulletins de l'Académie Royale de Belgique, 33ᵉ année, p. 382 (1872).

d'après Fechner, c'est-à-dire que les 1000 grammes ajoutés d'un côté devraient me donner le même accroissement apparent de poids que les 100 grammes de l'autre, et je devrais tomber dans l'illusion que le poids a été accru d'une quantité égale des deux côtés. Mais chacun reconnaîtra, et au reste pourra s'en convaincre par l'expérience, que ce n'est pas à beaucoup près le cas. Il nous semble plutôt que l'accroissement de poids est petit d'un côté, et très grand de l'autre (1). »

— Visiblement Hering a raison : la loi telle qu'il l'entend est fausse. Mais Wundt a soutenu que cette façon d'entendre la loi doit être distinguée de celle de Fechner, et que d'ailleurs l'interprétation de Fechner et celle de Hering sont illégitimes l'une et l'autre. On aurait donc trois lois pour lesquelles serait réclamé le nom de loi de Weber :

1° La loi de Hering : quand les différences relatives des excitations sont égales, nous jugeons ces différences égales en valeur absolue ;

2° La loi de Fechner : quand les différences relatives des excitations sont égales, les sensations correspondantes diffèrent de quantités égales en valeur absolue (l'intensité des sensations est alors distinguée de l'intensité apparente des excitations) ;

3° La loi de Weber : quand les différences relatives des excitations sont égales, les différences des sensations sont également perceptibles (*gleichmerklich*), c'est-à-dire que nous ne savons rien sur l'intensité réelle qui appartient aux sensations, ni sur la valeur réelle de leur différence, mais que la différence entre les sensations nous paraît alors avoir une valeur constante, bien qu'elle puisse en réalité avoir une autre valeur (2).

La distinction faite par Wundt entre la loi qu'il appelle

_____

(1) HERING, *mémoire cité*, Acad. des Sc. de Vienne, vol. LXXII (3e section), p. 323, 324 (1875).

(2) WUNDT, *Ueber das Weber'sche Gesetz*, Phil. St., II, p. 5 et suivantes.

loi de Fechner et celle qu'il appelle loi de Weber revient
à dire que Fechner n'a pas formulé correctement la loi
révélée par les expériences de Weber et par les siennes.
Quant à la distinction de la loi de Fechner et de la loi de
Hering, elle est très claire si l'on pose en principe que l'intensité des sensations n'est pas identique à l'intensité apparente
des excitations, mais Hering a précisément identifié l'intensité des sensations avec l'intensité apparente des excitations.
Plateau, Delbœuf et bien d'autres en ont fait autant. Le
passage déjà cité de Fechner (*In Sachen*, p. 25, 26) leur en
donne le droit, et Fechner n'a d'ailleurs nullement protesté
contre cette interprétation. Il aurait pu cependant déclarer
que nous saisissons par la conscience l'intensité ou force de
nos sensations, et que cette quantité que nous apprécions
ainsi subjectivement diffère de la quantité que nous attribuons
aux objets ou de l'intensité apparente des excitations. Mais
il n'a pas fait cette distinction, précisément parce que l'idée
d'intensité psychologique est demeurée confuse pour lui.

Langer adresse aussi à Fechner le reproche de tirer des
faits expérimentaux ce qu'ils ne contiennent pas : « La loi
de Weber, dit-il, affirme..... que des rapports égaux d'excitation existent lorsque les différences d'excitation sont juste
perceptibles, elle ne parle donc absolument pas des grandeurs
égales des différences de sensation qui doivent correspondre
aux différences juste perceptibles d'excitation (1). » La loi de
Weber serait simplement une relation entre le physique et le
physique, entre la valeur absolue des excitations et la valeur des
différences juste perceptibles d'excitation, et Fechner aurait
d'une façon arbitraire conclu à une relation entre le physique
et le psychique, entre les rapports des excitations et les différences des sensations. Langer voit d'ailleurs, avec Hering, la
preuve que l'interprétation de Fechner est fausse dans ce fait
que la loi de Weber au sens de Fechner devrait nous con-

---

(1) LANGER, *Die Grundlagen der Psychophysik*, p. 14 (1876).

duire à regarder comme égales des quantités qui ne sont
manifestement pas égales et que nous ne confondons jamais.

Un même argument négatif se retrouve donc, accompagné
d'idées positives variables, dans les critiques de Brentano,
Hering et Langer : c'est que les expériences psychophysiques
ne prouvent pas que des différences égales entre les sensations
correspondent à des rapports égaux entre les excitations. Cet
argument est juste : rien ne prouve que les différences juste
perceptibles, en admettant qu'elles sont des différences entre
les sensations, sont égales entre elles. Mais, si l'on se place
dans la même hypothèse, rien ne prouve que ces différences
sont proportionnelles aux intensités absolues des sensations,
comme le croient Plateau et Brentano, ou bien qu'elles sont
proportionnelles aux différences absolues entre les excitations,
comme le soutient Hering, ou bien que l'esprit les aperçoit
comme égales entre elles bien qu'elles soient en réalité proportionnelles aux intensités absolues des sensations, ainsi que
le suppose Wundt. En un mot, dans ces tentatives pour
passer des expériences psychophysiques à des conclusions
concernant l'intensité des sensations, on ne trouve que des
hypothèses arbitraires.

Il est inutile de pousser plus loin cette exposition historique des critiques dirigées contre la façon dont Fechner
conçoit la loi de Weber. Le vice capital de cette conception
consiste à admettre que les différences qui sont en jeu dans la
loi de Weber sont des différences d'intensité entre les sensations. Des deux conditions nécessaires pour que les faits
expérimentaux puissent être interprétés à la façon de Fechner,
la seconde n'a de sens que si l'on admet la première, mais la
première est inadmissible : les différences juste perceptibles
auxquelles on a affaire quand on emploie la méthode de ce
nom sont des différences entre les excitations. On pose successivement sur la main d'un sujet deux poids peu différents
l'un de l'autre, et on lui demande s'il trouve une différence ;
s'il n'en trouve pas, on fait croître l'un des deux poids

par petites quantités jusqu'à ce que le sujet sente une différence. On arrive ainsi à déterminer une différence juste
perceptible. Le jugement par lequel le sujet déclare que l'un
des poids est plus lourd que l'autre ne signifie pas que l'une
des perceptions est plus forte que l'autre, il n'a pas d'autre
sens que son sens littéral, il signifie que l'un des poids est
plus lourd que l'autre (1). — Sans doute, si nous pouvons
porter ce jugement, c'est que nos deux perceptions se distinguent l'une de l'autre par quelque caractère ; tant que nous
jugeons les deux poids égaux, bien qu'ils ne le soient pas,
les différences qui existent probablement entre les deux perceptions demeurent inconscientes. Mais affirmer que ces
différences sont des différences arithmétiques est absolument
arbitraire. Beaucoup d'autres hypothèses sont possibles, et,
comme elles tiennent compte de faits que Fechner néglige,
c'est parmi ces hypothèses que doit se trouver la vérité.
Quand nous soulevons deux poids différents, dit Hering dans
une lettre à Fechner, « le poids le plus léger est élevé plus
rapidement que le poids le plus lourd, et nous distinguons
très bien le mouvement le plus rapide et le mouvement le
plus lent du bras soulevé (2). » G.-E. Müller et Schumann
ont fondé toute leur théorie de la perception des poids soulevés
sur cette hypothèse, que nous apprécions les poids d'après
la vitesse avec laquelle nous les soulevons (3). — Aux
trois formules de la loi de Weber qui ont été distinguées par
Wundt (formules de Weber, de Fechner et de Hering), il
faut donc en ajouter une quatrième, que j'ai essayé de déterminer au début de ce chapitre comme donnant seule le sens
empirique de la loi. Nous percevons d'une façon régulière

(1) Cf. BERGSON, *Essai sur les données immédiates de la conscience*, ch. I,
notamment p. 31 sqq.

(2) Dans FECHNER, *In Sachen*, p. 49.

(3) G.-E. MÜLLER et SCHUMANN, *Ueber die psychologischen Grundlagen
der Vergleichung gehobener Gewichte*, Archiv de Pflüger, t. XLV, p. 37.

ou constante, non pas les différences absolues, mais les différences relatives des excitations ; autrement dit, quand les différences relatives des excitations sont constantes, il y a dans la perception de ces différences un élément constant.

Ainsi les critiques de Fechner ont bien compris que son interprétation de la loi de Weber est inacceptable, mais ils n'en ont pas donné la véritable raison. Cette raison est la même qui rend vicieuse sa conception de l'intensité psychologique et qui fait la faiblesse de tout son système psychophysique : c'est que le jugement par lequel nous comparons au point de vue quantitatif deux objets extérieurs, le jugement psychophysique. ne porte pas sur des quantités psychologiques, mais a pour but d'établir une relation entre des quantités physiques. Je ne crois pas cependant que l'on doive conclure de là, avec Hering, que la loi de Weber est fausse : des expériences cent fois refaites et variées ont montré que le fait expérimental mis en lumière pour la première fois par Weber est exactement observé. Je ne crois pas davantage que l'on doive conclure avec Langer que la loi de Weber n'est qu'une relation entre le physique et le physique : un fait psychologique est engagé dans cette relation ; autrement on ne pourrait pas parler de différences *perceptibles*, *juste perceptibles*, *imperceptibles*, etc. Fechner est demeuré, avec raison, malgré toutes les critiques, inébranlablement convaincu que la loi de Weber intéresse la psychologie. Il a eu tort d'interpréter les faits d'une manière trop simple, et au fond de croire que le monde psychologique se modèle sur le monde physique : de là dérive sa conception fausse de la loi de Weber, de là dérive aussi son idée fausse d'une science mathématique ayant pour objet les rapports des intensités physiques avec les intensités psychiques.

CHAPITRE III

LES CORRECTIONS DE LA PSYCHOPHYSIQUE DE FECHNER

Parmi les philosophes et psychologues qui ont critiqué les théories de Fechner, quelques-uns seulement se sont bornés à un travail critique : les plus nombreux ont estimé qu'il y a quelque chose à conserver dans l'œuvre de Fechner, et ils se sont appliqués soit à corriger la psychophysique de Fechner, soit à la reconstruire pour leur propre compte. J'appelle *correction* toute modification aux théories de Fechner dans laquelle on accepte son idée fondamentale que l'intensité est un caractère des sensations : la correction consiste alors à modifier, soit la méthode de mesure, soit la formule de mesure des sensations, soit les formules proprement psychophysiques qui relient l'intensité des sensations à l'intensité des excitations externes ou à celle de l'activité psychophysique, c'est-à-dire des impressions internes. J'appelle au contraire *reconstruction* toute modification dont le point de départ consiste à nier que l'intensité soit un caractère des sensations : on cherche alors dans les sensations quelque autre caractère que l'on s'attache à mesurer, soit directement, soit par l'intermédiaire des excitations, ou bien on s'applique à donner aux faits expérimentaux qui servent de base à la psychophysique, notamment à la loi de Weber, une signification nouvelle.

Si la critique exposée dans le chapitre précédent est juste, c'est-à-dire s'il est vrai qu'il n'existe pas d'intensité des sensations, les corrections apportées aux théories et aux formules de Fechner sont inacceptables. Cependant elles offrent un intérêt historique et elles témoignent de l'activité scientifique qui s'est dépensée sur la psychophysique ; de plus une partie des idées qui ont été exposées à cette occasion fournissent des hypothèses accessoires qui ne sont pas négligeables, et quelques-unes même peuvent être conservées, soit telles qu'elles se présentent, soit avec des modifications.

§ 1. — *Helmholtz*.

Helmholtz regarde la formule de mesure de Fechner comme une première approximation de la vérité et il se propose seulement de la corriger, en la modifiant sur deux points, pour ce qui concerne les sensations lumineuses.

L'une de ces modifications concerne la lumière propre de l'œil, à laquelle Fechner attribuait la déviation de la loi de Weber dans les faibles intensités lumineuses. L'autre est relative à la variation de la sensibilité, qui atteint un maximum pour les éclairements moyens et diminue de nouveau quand l'éclairement devient plus intense.

« A l'excitation produite par la lumière extérieure, dit Helmholtz, vient toujours s'ajouter l'excitation produite par des influences internes (la lumière propre de Fechner) et que l'on peut représenter par l'excitation que procurerait une lumière d'un éclat H_o. On obtient alors, comme expression plus exacte (que la formule fondamentale de Fechner), pour les plus petits degrés perceptibles de la sensation :

$$dS = A \frac{dH}{H + H_o} \text{ » (1)}$$

(1) *Handbuch der Physiologischen Optik*, 2ᵉ édit., p. 388 ; tr. fr. de la 1ʳᵉ édit., p. 415, 416.

Dans cette formule, S désigne la sensation, H l'excitation, dS une petite différence de sensation, dH la différence d'excitation correspondante, et A est une constante. Cette formule ne diffère donc de la formule fondamentale de Fechner que par l'introduction de la quantité H_0. Il faut ajouter que, pour Helmholtz, la lumière propre de l'œil aurait une intensité beaucoup plus considérable que ne l'ont cru Fechner et Volkmann, et que cette intensité serait irrégulière (1).

La deuxième modification a pour but de tenir compte de ce que la sensibilité relative n'est pas absolument invariable, même là où elle s'approche le plus de l'invariabilité. Donc la quantité A, qui a été posée comme constante dans l'équation précédente, n'est pas véritablement constante, mais doit plutôt dépendre de H, bien qu'elle varie peu pour des éclairements modérés. Si donc on veut obtenir une formule de mesure de la sensation qui tienne compte de cette variation de la sensibilité, il faut introduire dans l'équation différentielle, et par suite dans l'équation logarithmique, à la place de A, une fonction de H, qui soit sensiblement constante pour des valeurs moyennes de H, et devienne nulle pour des valeurs infinies de H. « La fonction la plus simple de ce genre serait

$$A = \frac{a}{b + H}.$$

« b étant considéré comme très grand. Si nous posons donc

$$dS = \frac{a.dH}{(b + H)(H_0 + H)},$$

« il vient

$$S = \frac{a}{b - H_0} . \log. \left(\frac{H_0 + H}{b + H} \right) + C.$$

<hr/>

(1) HELMHOLTZ, *Die Störung der Wahrnehmung kleinster Helligkeits-unterschiede durch das Eigenlicht der Netzhaut*, Zeitschrift f. Psych. u. Physiol. d. Sinnesorgane, I, p. 5; Cf. *Handbuch, etc.*, 2ᵉ édit., p. 388-9.

« Ce n'est guère que par une formule de ce genre que nous pouvons espérer exprimer complètement les faits (1). »

§ 2. — *Plateau et Brentano.*

Dans un mémoire publié en 1872 (2), Plateau rapporte qu'il avait songé, une vingtaine d'années auparavant, à « évaluer jusqu'à un certain point les sensations physiques », et qu'il avait commencé des expériences qui ont été arrêtées par d'autres recherches. Deux choses sont à noter dans ce travail : 1° une méthode psychophysique, qui a été admise par Fechner et les autres psychophysiciens, et dont notamment Delbœuf et plusieurs élèves de Wundt ont fait usage ; c'est la méthode des contrastes égaux, comme l'appelle Delbœuf, ou des différences surperceptibles, ou des gradations moyennes, ou des différences égales ; 2° une formule qui relie la mesure des sensations avec celle des excitations.

Selon Plateau, quand nous comparons deux sensations physiques égales en intensité, nous décidons laquelle est la plus forte et si leur différence est considérable. En examinant ce jugement de près, nous reconnaissons qu'il n'est pas aussi vague qu'il le semble d'abord. Quand nous disons qu'un objet est d'un gris clair, nous entendons que ce gris est plus rapproché du blanc que du noir, « ce qui équivaut à dire que l'intensité de la sensation qu'il produit en nous est supérieure à la moitié de celle de la sensation que produirait un objet

---

(1) *Optique physiologique*, tr. fr. 419. Ce passage a été supprimé dans la deuxième édition allemande du même ouvrage. Helmholtz ne renonce pas cependant à établir une formule de mesure de la sensation de lumière, et même de la sensation de couleur, en fonction des quantités physiques correspondantes. Je regrette de ne pouvoir suivre ses calculs mathématiques. Voir *Handbuch, etc.* 2ᵉ édit., p. 409 sqq.

(2) PLATEAU, *Sur la formule de la loi psychophysique*, Bulletins de l'Académie Royale de Belgique, 33ᵉ année, p. 376 (1872).

blanc placé dans les mêmes conditions d'éclairement. Quand nous disons, au contraire, qu'un objet est d'un gris sombre, nous entendons par là que ce gris est plus voisin du noir que du blanc, ou, en d'autres termes, que l'intensité de la sensation qui lui correspond est inférieure à la moitié de celle de la sensation correspondante à un objet blanc exposé à la même lumière. Enfin nous pouvons nous procurer un gris placé entre les gris clairs et les gris sombres, et qui nous paraisse exactement aussi distant du noir que du blanc ; or on comprend que l'appréciation de ce dernier gris pourra se faire avec une certaine précision, et, s'il en est effectivement ainsi, on aura de cette manière un gris produisant une sensation dont l'intensité différera fort peu de la moitié de celle de la sensation produite par le blanc. »

Plateau a prié séparément huit personnes s'occupant de peinture de former, avec des couleurs à l'huile, un échantillon du gris intermédiaire dont il s'agit. Les huit échantillons de gris se sont trouvés presque identiques. En les juxtaposant par ordre depuis le plus clair jusqu'au plus sombre, Plateau a pu choisir celui qui lui paraissait moyen entre tous, et « le considérer comme extrêmement voisin du gris qui produit une sensation exactement intermédiaire entre celles que déterminent une couleur blanche et une couleur noire bien pures ».

On peut, par le même procédé, se procurer un gris exactement intermédiaire entre le précédent et le noir, « et ce second gris excitera, par conséquent, une sensation dont l'intensité sera égale au quart de celle de la sensation du blanc ». Puis on peut chercher un gris exactement intermédiaire entre le blanc et le premier gris. « D'où l'on voit que les intensités des sensations correspondantes aux cinq teintes, depuis le noir jusqu'au blanc, seront entre elles comme les nombres 0, 1, 2, 3, 4. Enfin on pourra multiplier à volonté les nuances intermédiaires, et l'on obtiendra de la sorte une échelle de sensations dont les intensités auront entre elles des rapports connus. »

M. FOUCAULT.

13

Si donc l'interprétation psychologique des faits est exacte (Plateau n'a pas fait cette réserve), voilà une méthode qui permet d'évaluer le rapport d'intensité de deux sensations de lumière, c'est-à-dire de les mesurer l'une par l'autre. C'est une méthode moins détournée que celle de Fechner, puisqu'elle ne s'appuie pas sur la mesure des excitations et sur le rapport des excitations avec les sensations : c'est cependant une méthode indirecte, puisqu'elle repose sur ce que nous avons « la faculté d'apprécier l'égalité entre deux contrastes ».

Plateau regarde sa méthode comme susceptible de s'appliquer à d'autres sensations. « On doit regarder comme probable que la même faculté de juger de l'égalité de deux contrastes existe aussi, à un degré plus ou moins prononcé, à l'égard des sensations autres que celles de la lumière, par exemple à l'égard de la sensation du son, de la sensation de la chaleur, etc. »

Quant à l'emploi pratique de la méthode pour la mesure des sensations de lumière, il serait, d'après Plateau, assez facile. « Quand on aura formé l'échelle dont j'ai parlé, en rendant les teintes assez nombreuses pour que la différence de chacune d'elles à la suivante soit petite, on pourra trouver aisément le rapport exact ou très approché entre les sensations correspondantes à deux gris donnés : il suffira de chercher sur l'échelle quelles sont les deux nuances qui présentent respectivement le même degré de foncé que les deux gris dont il s'agit. Si elles s'y trouvent exactement, elles donneront directement le rapport des deux sensations ; dans le cas contraire, on cherchera, pour chacun des deux gris donnés, les deux nuances de l'échelle entre lesquelles il est immédiatement compris, et le rapport des deux sensations s'obtiendra approximativement à l'aide d'une interpolation. » — L'échelle des teintes grises servira de même à trouver le rapport entre les intensités de deux sensations de couleurs quelconques, car « on peut concevoir deux sensations très différentes quant à la couleur, et ayant des intensités exacte-

ment égales : on peut, par exemple, peindre deux carrés,
l'un en rouge et l'autre en vert, dont les teintes aient précisément le même degré de foncé, de manière que leur juxta-
position produise uniquement un contraste de couleur, et
nullement un contraste d'intensité (1). »

En résumé, voici en quoi consiste la méthode de Plateau :
si deux lumières diffèrent l'une de l'autre, d'une quantité
supérieure au double de la différence juste perceptible, on
peut déterminer une troisième lumière qui paraisse exactement intermédiaire entre les deux autres. On peut d'ailleurs
procéder autrement (c'est ce qu'a fait Delbœuf), et, ayant
deux lumières qui diffèrent l'une de l'autre d'une quantité
supérieure à la différence juste perceptible, en chercher une
troisième qui paraisse différer de la plus forte ou de la plus
faible d'une même quantité. Il s'agit toujours d'établir une
série de lumières telle que la différence apparente entre la
première et la deuxième soit égale à la différence apparente
entre la deuxième et la troisième. On peut appliquer aussi la
méthode à d'autres sensations, par exemple à la sensation de
la force des sons.

La méthode ainsi conçue peut s'appliquer à la mesure des
sensations, si l'on admet le postulat nécessaire de l'intensité
des sensations. Mais on peut aussi l'appliquer directement à
résoudre le problème général des rapports de l'excitation
avec la sensation, c'est-à-dire à établir une formule de la loi
psychophysique. C'est ce qu'a fait Plateau dans la deuxième
partie de son travail. Sa formule psychophysique repose sur
une hypothèse que conteste Fechner, mais qu'admet Brentano. Les uns et les autres sont d'accord pour déclarer que
les différences qui paraissent égales dans la méthode de
Plateau sont des différences de sensation. Mais, tandis que
ce sont pour Fechner des différences arithmétiques entre les
sensations, ce sont pour Plateau et pour Brentano des rapports

(1) *Mémoire cité*, passim.

égaux entre les sensations. Soient trois. excitations rangées dans l'ordre de grandeur croissante, et telles que la différence entre la première et la deuxième paraisse égale à la différence entre la deuxième et la troisième. Soient S, S' et S'' les trois sensations correspondantes. On aura, selon Fechner :

$$S' - S = S'' - S'$$

On aurait, au contraire, selon Plateau et Brentano :

$$\frac{S'}{S} = \frac{S''}{S'}.$$

La première hypothèse est celle que Fechner a appelée plus tard l'hypothèse de la différence, l'autre est celle qu'il a appelée l'hypothèse du rapport, et le débat sur ces deux interprétations d'un même fait expérimental a pris une large place dans la psychophysique, inutilement d'ailleurs.

De son hypothèse, Plateau tire la formule psychophysique suivante, dans laquelle S désigne l'intensité de la sensation, E celle de l'excitation, A et p des constantes :

$$S = AE^p$$

La quantité p peut être moindre que l'unité, et même, suivant une remarque de Fechner (1), elle doit l'être toujours, si l'on veut expliquer que la sensation croît plus lentement que l'excitation. Plateau regarde d'ailleurs sa formule comme cessant d'être applicable, de même que celle de Fechner, « au delà d'une certaine limite supérieure de E, car lorsque l'excitation devient trop énergique, elle altère l'organe qui perçoit la sensation » (2). — Il faut ajouter que, après les expériences de Delbœuf, faites suivant la méthode des diffé-

(1) *In Sachen der Psychophysik*, p. 21.
(2) *Mémoire cité*, p. 385.

rences égales, Plateau a reconnu que sa formule n'était pas
confirmée et l'a abandonnée.

Brentano n'a pas déduit lui-même, de son hypothèse du
rapport, suivant laquelle il interprète la loi de Weber, la
formule qui en peut dériver pour la loi psychophysique et
pour la mesure des sensations ; mais Fechner a fait cette
déduction, qui conduit naturellement à la formule de Plateau (1).

§ 3. — *Delbœuf.*

Delbœuf admet sans réserve l'opinion de Fechner, que
l'intensité est un caractère des phénomènes psychologiques.
« Les phénomènes internes, dit-il, sensation, douleur,
fatigue, bien-être, sont susceptibles d'avoir des intensités
bien différentes (2). » Mais il ne se place pas à proprement
parler au point de vue psychophysique, et il voit le principal
intérêt de la psychophysique, au moins actuellement, dans la
mesure des sensations.

Dans son premier travail sur la psychophysique (3),
Delbœuf donne une formule pour la mesure des sensations
et une formule pour la mesure de la fatigue en tant que
sentie ou de la sensation de fatigue. Toute sensation, en
effet, est un travail, elle implique une dépense de force
comme le travail musculaire, et par conséquent elle produit
une fatigue, ou un épuisement de la force disponible. « Donc,
parallèlement à la loi de la sensation, et concurremment avec
elle, doit intervenir une autre loi, la loi de la fatigue et de
l'épuisement (4). »

Maintenant, cette fatigue en tant que sentie, qu'elle pro-

(1) *In Sachen*, p. 24, 25.
(2) *Éléments de Psychophysique*, p. 3.
(3) *Étude Psychophysique*, 1873.
(4) *Examen critique de la loi psychophysique*, p. 32 ; Cf *El. d. Ps.*, p. 4.

vienne de la sensation ou du travail musculaire, peut être mesurée. « Appelons M la masse de force qui appartient à l'individu, et v la quantité indispensable à la vie. La quantité M — v représentera la quantité disponible pour le travail que nous désignerons par m. Appelons δ une dépense de force quelconque, que nous admettons être proportionnelle au travail effectué ou à l'excitation, c'est-à-dire à la cause physique extérieure qui agit sur nos organes, et soit f le sentiment d'épuisement ou la fatigue correspondant à cette dépense. — C'est un fait d'observation journalière, et qui n'a en soi rien d'irrationnel, que le sentiment d'épuisement ou la fatigue est d'autant plus grand que le travail effectué est plus considérable, et d'autant plus grand encore que la quantité de force qui nous reste est plus petite. Donc, en posant hypothétiquement que l'accroissement de fatigue est proportionnel à l'accroissement de dépense et inversement proportionnel à la quantité de force disponible M — v — δ, ou m — δ, on obtient facilement la formule :

$$ f = k \log. \frac{\text{M} - v}{\text{M} - v - \delta} = k \log. \frac{m}{m - \delta} . \quad (1) $$

Delbœuf arrive à cette formule tout à fait de la même façon dont Fechner arrive à la formule logarithmique, en posant d'abord une formule différentielle qui exprime la valeur de df en fonction de $d\delta$ et de m — δ, et en intégrant cette équation différentielle (2).

La formule de la sensation s'obtient d'une manière analogue. La sensation ne dépend pas seulement de l'excitation sensorielle, ou de la dépense de force δ qui est produite par l'excitation dans l'organisme et que Delbœuf regarde comme proportionnelle à l'excitation. Elle dépend aussi « de la masse

(1) *Éléments de Psychophysique*, p. 41.

(2) Voir *Étude Psychophysique*, p. 33, 34, où ce qui concerne la détermination mathématique de la formule est plus détaillé.

de sensibilité ou de force que les organes intéressés possèdent
à ce moment. Or l'excitation épuise cette provision de sensibilité ; et, par suite, lors d'une excitation subséquente, égale
ou inégale, l'être sensible est dans des conditions nouvelles,
..... l'excitation frappe, pour ainsi dire, un autre individu.
— Cette remarque fondamentale se vérifie de mille manières.
Une lumière éblouissante au premier moment semble avoir
perdu son éclat quelques instants après. La sensation initiale
de froid et de chaud est toujours bien plus vive que la sensation ultérieure, etc. (1). » La sensation épuise donc la sensibilité ou la force disponible de l'organisme : mais, si forte
que soit l'excitation, il est une quantité de force ou de sensibilité qu'elle ne peut pas utiliser : Delbœuf appelle cette
réserve de force c. Il l'identifie à l'excitation subjective que
l'on trouve dans chaque organe sensoriel (2) : cette excitation
est par exemple pour la vue ce que Fechner appelle la
lumière propre de l'œil, et Delbœuf, comme Fechner encore
et comme Helmholtz, la considère comme équivalant à une
certaine quantité de l'excitation objective, bien qu'elle ait
une origine différente (3). — Cela posé, voici comment Delbœuf établit la formule de mesure de la sensation. « Appelons s la sensation, musculaire ou autre, correspondant à la
dépense δ produite par l'excitation, il n'y a non plus rien
que de très rationnel à admettre que la sensation est d'autant
plus grande que δ est plus grand et que la quantité $c + \delta$
est plus petite. Ainsi la voix d'un choriste fera sur moi un
effet d'autant plus grand que cette voix est plus puissante et
que moindre est le nombre des choristes qui chantent en
même temps que lui ; la lumière d'une bougie est d'autant
plus éclatante qu'elle est elle-même plus brillante et que
l'obscurité est plus profonde. On peut donc poser hypothéti-

(1) *El. d. Ps.*, p. 32.
(2) *Examen critique*, p. 31, 32.
(3) *El. d. Ps.*, p. 33 sqq.

quement que l'accroissement de sensation est proportionnel à l'accroissement d'excitation et inversement proportionnel à l'excitation $c + \delta$ (1). » De là dérive, par des considérations mathématiques analogues à celles qui ont servi à établir la formule de la fatigue, la formule suivante de la sensation :

$$s = k' \log. \frac{c + \delta}{c}.$$

Ces formules de la fatigue et de la sensation peuvent être mises sous une forme plus simple si l'on prend dans chaque formule pour unité d'excitation la quantité qui fait k ou $k' = 1$. On obtient alors les formules suivantes :

$$f = \log. \frac{m}{m - \delta}$$

$$s = \log. \frac{c + \delta}{c}.$$

Ainsi la formule des sensations diffère de la formule loga-rithmique de Fechner par l'introduction de la quantité c, et la formule de la fatigue complète, selon Delbœuf, la formule des sensations, parce qu'elle explique la déviation supérieure de la loi logarithmique et de la loi de Weber. Ces deux formules sont, de plus, exemptes des difficultés mathématiques qui rendent la formule logarithmique de Fechner inacceptable aux yeux de Delbœuf. En effet, la sensation et la fatigue deviennent nulles quand on pose $\delta = 0$, c'est-à-dire quand la dépense de force est nulle ou quand l'excitation est nulle, ce qui correspond aux données de l'observation et exclut les sensations négatives.

Dans son deuxième mémoire sur la psychophysique (2),

---

(1) *El. d. Ps.*, p. 42.

(2) *Théorie générale de la sensibilité*, 1876. Réimprimé dans les *Eléments de Psychophysique*, dont ce travail forme la deuxième partie.

Delbœuf expose une théorie de la sensibilité. Il regarde la sensation comme le phénomène psychique qui répond à une impression organique se produisant chez un être sensible par suite d'une altération dans le milieu ambiant. De là résulte une modification de la première formule de la sensation. Soient donc p la force de l'être sensible, et p' celle du milieu ambiant. Si ces deux forces sont égales, il n'existe pas de sensation, comme on le voit quand la température extérieure est égale à celle de la peau. La sensation n'existe que s'il y a une différence entre la force interne de l'organisme et la force externe du milieu, et l'excitation dépend de cette différence. La quantité c de la première formule de la sensation peut donc être remplacée par p, et la quantité δ de la même formule peut être remplacée par $p' - p$. La formule se transforme alors en la suivante :

$$s = \log. \frac{p'}{p}$$

« Cette formule, ajoute Delbœuf, qui me paraît destinée à remplacer celle de Weber, constate d'abord une chose qui est en conformité avec les faits, c'est que nos sens sont des instruments différentiels ; que la sensation n'existe que pour autant qu'il y ait différence entre p et p', et qu'ainsi elle est due à un phénomène analogue à une rupture d'équilibre ; ensuite que l'excitation ne doit plus être représentée par $p' - p$, mais par $\log. \frac{p'}{p}$, ce qui fait que la sensation est proportionnelle à la cause qui la provoque (1). »

Telle serait la formule de la sensation pour le cas de la sensibilité simple, c'est-à-dire si l'on considère un organisme dont les sensations ne sont pas différenciées, et qui ne possède par conséquent qu'une espèce de sensations. Delbœuf y rattache plusieurs lois qui régissent la dégradation et la pro-

(1) *El. d. Ps.*, p. 172.

gression des sensations et la tension de l'organisme, ainsi que des considérations relatives à la sensibilité composée ou diffé-renciée. Mais il est inutile d'exposer ces théories qui, bien que se rattachant pour Delbœuf à la psychophysique, ne tiennent cependant que de loin aux théories de Fechner et à la mesure des sensations.

D'ailleurs, il n'est pas nécessaire d'examiner longuement les formules de Delbœuf pour voir que les défauts de Fechner se retrouvent ici, notablement aggravés.

§ 4. — *Hering et Funke.*

Hering est placé au point de vue psychophysique. Les tra-vaux de Fechner, dit-il, « lui assurent la gloire d'avoir été le premier qui ait élevé la théorie (*Lehre*) de la relation entre le corps et l'âme au rang d'une science (*Wissenschaft*) expé-rimentale exacte » (1). Mais il rejette la loi logarithmique de Fechner et même la loi de Weber, et il se propose d'établir une nouvelle loi fondamentale des rapports entre le physique et le psychique qu'il considère, non seulement comme vraie, mais aussi comme plus conforme à la philosophie de Fechner que la loi logarithmique. C'est la loi de la proportionnalité entre les intensités psychiques et les intensités physiques : il la regarde *a priori* comme dépendant du principe de la propor-tionnalité des effets avec les causes.

La même théorie a été reprise par Funke (2). Toute sensa-tion, pense-t-il, quand on renforce progressivement l'excita-tion au-dessus du seuil, grandit d'une façon continue propor-tionnellement à l'excitation. Le sens de la loi de Weber, qui d'ailleurs n'est valable que d'une manière approximative et

(1) Mémoire cité, p. 311.

(2) Funke, *Tastsinn und Gemeingefühle*, dans Hermann's Handbuch der Physiologie, vol. III, 2ᵉ partie, p. 346, 347 (1880); Cf. p. 333.

pour quelques espèces de sensations, est alors que la faculté par laquelle notre âme perçoit les changements d'intensité des sensations n'a pas une finesse illimitée : elle ne peut distinguer une augmentation ou une diminution quelconque de sensation ; les variations de sensation qui sont inférieures au seuil différentiel demeurent inconscientes, et elles ne peuvent devenir conscientes qu'en atteignant une certaine grandeur finie d'autant plus considérable que l'intensité initiale de la sensation a été plus grande.

§ 5. — *Langer.*

Langer a soutenu avec force, contre l'interprétation de la loi de Weber par Fechner, que l'on ne peut pas passer des « différences également perceptibles d'excitation » à des différences égales de sensation. Mais il pense qu'on le peut en s'appuyant sur une hypothèse : à la grandeur des excitations correspond la grandeur des sensations, et les sensations croissent d'une manière continue en même temps que les excitations. Langer admet, comme l'hypothèse la plus simple à laquelle on puisse s'arrêter, que la grandeur de la différence de sensation juste perceptible est proportionnelle aux excitations correspondantes (1). D'autre part il pense que les expériences faites par Aubert sur les sensations de lumière (2) prouvent que le rapport juste perceptible d'excitation, au lieu d'être constamment proportionnel aux excitations, passe par un minimum et s'accroît des deux côtés pour les excitations faibles et les excitations fortes. Il admet enfin que le seuil différentiel devient égal au seuil d'excitation quand

(1) *Die Grundlagen der Psychophysik,* p. 60.

(2) Voir plus loin, ch. IX, § 1.

l'une des excitations devient égale à zéro (1). De ces trois hypothèses il tire la formule suivante pour la mesure des sensations :

$$\gamma = K \log. \text{ nat. } \frac{k\beta^2 + b}{b}$$

Dans cette formule, γ désigne la sensation, β l'excitation correspondante, b le seuil d'excitation, K et k des constantes (2). — Il faut ajouter que, pour Langer, les sensations produites par les excitations inférieures au seuil ont déjà une valeur positive, bien qu'elles soient inconscientes : la valeur b est donc la valeur de l'excitation à laquelle correspond une sensation assez forte pour « entrer directement dans la conscience », et la valeur de la sensation correspondante est le seuil de la sensation (3).

§ 6. — *Breton.*

M. Breton a consacré trois travaux à la psychophysique. Dans le premier (4), il critique la loi de Fechner, et la rejette en s'appuyant sur des expériences relatives aux perceptions lumineuses. Ces expériences montrent, ce que Fechner avait d'ailleurs établi le premier, que la sensibilité aux différences relatives décroît quand les excitations deviennent faibles. L'auteur en conclut que la loi de Fechner est fausse, mais qu'il doit exister cependant une relation mathématique entre l'intensité de la sensation et celle de l'excitation. — Dans le

(1) *Die Grundlagen, etc.*, p. 58.

(2) *Ibid.*, p. 62.

(3) *Ibid.*, p. 53, 54.

(4) Philippe Breton, *Sur la loi de echner*, Les Mondes (Cosmos), t. XXXVIII, p. 63-69 (1875).

second travail (1), il conclut que cette relation est exprimée par la loi parabolique. L'intensité de la sensation croît plus lentement que celle de l'excitation, et l'on peut supposer qu'elle est proportionnelle à la racine carrée de l'excitation. Si donc on appelle H l'intensité de la lumière, et S l'intensité de la sensation, on aurait :

$$H = CS^2, \quad \text{ou} \quad S = \sqrt{\dfrac{H}{C}},$$

« C étant un coefficient constant pour chaque lampe et pour chaque œil, dans un état déterminé de calme ou d'excitation. » La courbe figurative de cette formule, en coordonnées rectangulaires, est une parabole ayant son sommet à l'origine des coordonnées et pour axe focal l'axe des H : d'où le nom de loi parabolique. Les expériences nouvelles que M. Breton a faites pour vérifier son hypothèse la confirment. L'interprétation psychologique qu'en donne l'auteur, suivant en cela Fechner, Helmholtz, etc., n'est certainement pas acceptable. Mais les expériences demeurent, et, quoiqu'elles soient peu étendues, elles donnent des résultats qui concordent sensiblement avec ceux des autres expérimentateurs (2). Quant à l'idée de substituer la racine carrée au logarithme des excitations dans une loi psychophysique, elle a été reprise par Fullerton et Cattell comme exprimant le résultat de nombreuses expériences psychophysiques (3).

(1) *Mesure expérimentale de l'intensité des sensations de lumière en fonction des quantités de lumière*, Association française pour l'avancement des sciences (1885), p. 226-246.

(2) Le troisième mémoire de M. BRETON (*Mesure des sensations lumineuses en fonction des quantités de lumière*, Comptes rendus de l'Académie des sciences, t. CIII, p. 426, 1887) reproduit partiellement le deuxième, et n'y ajoute rien qui intéresse la psychologie.

(3) FULLERTON et CATTELL, *On the Perception of Small Differences* (1892).

§ 7. — *Charpentier.*

M. Augustin Charpentier (1) a fait de nombreuses expériences sur la perception de la lumière blanche et des couleurs.
Ces expériences montrent que le rapport juste perceptible des
excitations lumineuses est loin de mériter le nom qu'on lui a
souvent donné de constante différentielle. M. Charpentier
rejette donc la loi de Fechner. Pourtant il doit exister une loi
qui relie l'intensité de la sensation à celle de l'excitation et
qui permette de mesurer les sensations en fonction des
excitations. M. Charpentier admet comme approchée la loi de
M. Breton, mais pense que « la sensation varie en réalité
d'une façon un peu plus complexe ». Il n'établit donc pas
de formule, mais dresse empiriquement une courbe qu'il
appelle courbe de la sensation : les abscisses de cette courbe
représentent les valeurs croissantes de l'éclairement d'une
surface lumineuse présentée à l'œil, les ordonnées indiquent
la valeur de l'éclairement supplémentaire nécessaire pour
provoquer une sensation plus élevée. L'unité de lumière est
représentée par le minimum perceptible. M. Charpentier
n'admet donc pas la lumière propre de l'œil : nous savons,
dit-il, que pour un œil bien reposé, la sensation lumineuse
est nulle quand l'éclairage est nul. A l'unité d'éclairage
correspond le premier degré de la sensation, la sensation 1.
En admettant que les différences juste perceptibles sont des
différences de sensation, que ces différences sont égales entre
elles et qu'elles sont égales à la sensation juste perceptible
prise pour unité, on comprend comment la courbe permet
d'exprimer numériquement les sensations lumineuses quand
on connaît l'intensité de l'excitation et que l'on a mesuré cette
intensité en prenant le minimum perceptible pour unité (2).

(1) *La lumière et les couleurs au point de vue physiologique*, p. 294 sqq.
(1888). Voir plus loin ch. IX, § 1.
(2) CHARPENTIER, *La lumière et les couleurs*, etc., p. 326 sqq.

§ 8. — *Mesure de l'intensité des sensations sur la base d'hypothèses physiologiques* : MACH, BERNSTEIN, DEWAR et MAC-KENDRICK, G.-E. MÜLLER, F.-C. MÜLLER, TIT-CHENER, ORCHANSKY.

Les psychophysiciens qui précèdent s'attachent à établir une formule ou un procédé qui permette de trouver la mesure d'une sensation en fonction de l'excitation correspondante et souvent aussi d'une ou de plusieurs autres quantités, comme le seuil, l'excitation subjective des organes, etc. Mais ils ne font pas entrer en compte les intermédiaires nerveux et céré-braux qui existent entre l'excitation et la sensation. Au con-traire, plusieurs psychophysiciens font reposer principalement la mesure des sensations sur des hypothèses relatives à la physiologie nerveuse.

Mach, qui d'ailleurs rejette la loi psychophysique en ce qui concerne les sensations extensives (1), l'admet comme exprimant la relation entre l'intensité de la sensation et la force de l'excitation (2). Mais il lui donne un autre sens que Fechner : « la loi psychophysique, dit-il, est valable pour la relation entre l'excitation primaire et l'excitation nerveuse terminale qui accompagne la sensation consciente, et cela parce que les impressions des nerfs sensoriels sont filtrées (*durchfiltrirt*) par un tissu complexe de nerfs (3) ». La loi logarithmique serait donc organique, c'est-à-dire que le rapport logarithmique entre la sensation et l'excitation

(1) En s'appuyant sur ses expériences relatives au sens du temps. Voir plus loin ch. IX, § 10.

(2) MACH, *Vorträge über Psychophysik*, 1863. (Épuisé. Je cite d'après Fechner, *In Sachen*, p. 19.)

(3) *Ueber die physiologische Wirkung räumlich vertheilter Lichtreize.* Sitzb. d. k. Akad. d. W. Math. naturw. Cl. LVII Bd, 2ᵗᵉ Abth. 1868, p. 12.

externe tiendrait aux conditions organiques dans lesquelles agit l'excitation.

Bernstein a exposé une hypothèse analogue, qui se rattache à sa théorie sur la marche des impressions nerveuses dans le centre sensoriel. — Quand une excitation très forte atteint, par exemple, un doigt, nous éprouvons une sensation douloureuse que nous localisons dans la main tout entière, et même dans le bras, et parfois aussi dans le doigt correspondant de l'autre bras. La manière la plus simple d'expliquer cette irradiation de la sensation est d'admettre qu'elle provient d'une liaison des éléments sensitifs des centres. « Quand une impression (*Erregung*) arrive à une cellule ganglionnaire, elle ne reste pas limitée à cette seule cellule, mais elle s'étend aux cellules environnantes, et ainsi le cas peut se présenter que nous ayons une sensation en des endroits du corps sur lesquels n'a agi aucune excitation, mais qui se trouvent dans le voisinage de la partie excitée. Et que l'irradiation puisse s'étendre à une partie de l'autre moitié du corps qui est placée symétriquement par rapport à la partie excitée, c'est ce qui se comprend aussi parce qu'il est très probable que, vu la symétrie de la structure du corps, les ganglions placés symétriquement sont reliés ensemble (1). » — Mais pourquoi les excitations fortes sont-elles seules à produire l'irradiation, et pourquoi l'irradiation, au lieu de s'étendre à tout le centre sensible, n'en occupe-t-elle qu'une partie? Bernstein répond à cette question par l'hypothèse « que l'impression doit surmonter une résistance dans les cellules ganglionnaires et qu'elle subit par là une perte dans son intensité (2) ». C'est par le moyen de cette hypothèse que Bernstein cherche à ramener la loi psychophysique de Fechner à une loi de simple proportionnalité : « la force de la sensation serait directement propor-

---

(1) Bernstein, *Untersuchungen über den Erregungsvorgang im Nerven- und Muskelsysteme*, p. 171 (1871).

(2) *Ibid.*, p. 171, 172.

---

tionnelle au nombre des éléments impressionnés dans le centre (1) ». — Bernstein appelle valeur du seuil la valeur atteinte par l'impression qui, après s'être affaiblie en se propageant dans le centre, ne peut plus continuer à s'y propager, et il appelle cercle d'irradiation la région dans laquelle a lieu cette propagation (2). Enfin, en ajoutant des hypothèses mathématiques aux hypothèses physiologiques, Bernstein établit, pour la mesure de l'intensité γ de la sensation, l'équation suivante :

$$\gamma = \frac{1}{k} \log. \text{ nat. } \frac{\beta}{b}.$$

Dans cette formule β désigne la valeur initiale de l'impression, b la valeur du seuil, et k une constante qui représente la résistance spécifique que les éléments centraux opposent à l'impression, et par conséquent « la perte d'intensité que l'unité d'impression subit dans l'unité d'étendue » (3). Ainsi « la grandeur de la sensation est proportionnelle au logarithme de l'impression divisée par la valeur du seuil ».

Dewar et Mac-Kendrick (4) ont apporté à l'interprétation physiologique de la psychophysique l'appui d'expériences dont l'importance a peut-être été exagérée. Ils employaient des yeux de grenouilles fraîchement arrachés et pourvus d'un segment de nerf optique, et faisaient agir sur la rétine des lumières d'intensité variable. L'action physiologique exercée sur la rétine ne peut pas se mesurer : mais les deux physiologistes anglais introduisaient l'œil de grenouille dans un circuit électrique dans lequel se trouvait aussi un galvanomètre : les

(1) *Ibid.*, p. 172. Cf. BERNSTEIN, *Zur Theorie des Fechner'schen Gesetzes der Empfindung*, Archiv de Reichert et du Bois-Reymond, t. LXVIII, p. 388.

(2) *Untersuch.*, etc., p. 174.

(3) *Ibid.*, p. 179.

(4) *Physiological action of light*, Transactions of the royal Society of Edinburgh for 1873, vol. XXVII, p. 141-166.

M. FOUCAULT.   14

mouvements de l'aiguille du galvanomètre donnaient une indication quantitative sur la variation du courant électrique résultant de l'action exercée par la lumière, et l'on peut voir dans ces variations une fonction indéterminée de l'impression nerveuse. Après avoir exposé leurs expériences en détail, les auteurs les résument et les interprètent ainsi : « De ces observations il résulte que, quand l'intensité lumineuse varie dans le rapport de 64 à 1, la variation électrique est de 8 à 1 : elle n'est donc nullement proportionnelle à celle de la source lumineuse, mais elle se fait beaucoup plus lentement. Nous avons fait aussi des observations sur la diminution de l'effet électrique résultant d'un changement d'intensité lumineuse dans le rapport de 100 à 1, et comme moyenne de ces observations nous avons trouvé que la variation électrique, pour des yeux différents, se trouve intermédiaire entre les rapports de 3 à 1 et de 6 à 1, c'est-à-dire que, si une source lumineuse, à la distance de dix pieds, donne une impulsion initiale correspondant à un degré de la graduation de notre galvanomètre, l'effet électrique, à la distance de un pied, serait de trois à six degrés..... Est-ce que les effets physiques que nous avons décrits et mesurés sont réellement comparables en quelque façon à nos différences de sensation dans la perception de la lumière, en éliminant tous les processus mentaux d'association, etc., et en laissant seulement notre perception de la différence d'intensité? En d'autres termes, ces changements représentent-ils ce qui est transmis au sensorium? (1) » — A la question ainsi posée, Dewar et Mac-Kendrick répondent affirmativement. Ils regardent la loi logarithmique comme acquise à la science, sinon sous la forme que lui a donnée Fechner, au moins avec la correction de Delbœuf. Ils s'appuient donc sur la formule : $S = a$ log. $\dfrac{c + I}{c}$, dans laquelle S désigne la sensation, I l'inten-

(1) Ouvrage cité, p. 156, 157.

— 211 —

sité de l'excitation, c la lumière propre de l'œil, et a une quantité constante. Ils admettent aussi que la valeur de c varie, d'après les expériences de Delbœuf, entre 0,1 et 0,5. « Introduisant ces valeurs dans l'équation, nous pouvons trouver quel est le rapport des intensités de sensation pour des valeurs données quelconques de l'intensité lumineuse. De cette façon, si la quantité de lumière varie comme 100 par rapport à 1, les valeurs correspondantes de sensation peuvent différer comme 3 par rapport à 1, ou 5 par rapport à 1. En comparant ces valeurs avec les variations électriques précédemment données, nous remarquons une étroite concordance qui peut difficilement être regardée comme accidentelle. Il apparaîtrait ainsi que la loi psychophysique de Fechner ne dépend pas seulement de la perception dans le cerveau, mais en partie de la structure de l'œil lui-même. Les effets qui se produisent pendant et après l'action de la lumière sur la rétine se présentent aussi après que l'on a supprimé la connexion de l'œil avec le cerveau. Ainsi la loi de Fechner n'est pas une fonction du cerveau seulement, mais est en réalité une fonction combinée du cerveau et de l'organe terminal, de la rétine (1). »

La position de Georg Elias Müller à l'égard de la psychophysique est difficile à déterminer, car il est surtout un critique, et, si l'on voit bien ce qu'il rejette, on ne voit pas toujours aisément ce qu'il accepte et ce qu'il propose : car, très affirmatif dans la critique, il est au contraire très réservé au point de vue dogmatique. Voici comment il exprime la conception qu'il appelle « purement empirique » de la loi de Weber : « deux excitations sensorielles de même qualité, qui présentent une différence d'intensité perceptible à un degré

(1) *Ibid.*, p. 158. Voir, pour une critique spéciale de ces expériences, BRETON, *Sur la loi de Fechner*, Les Mondes (Cosmos), t. XXXVIII, p. 63 (1875), et G.-E. MÜLLER, *Zur Grundlegung der Psychophysik*, p. 294. Je me demande comment les deux physiologistes anglais ont pu s'assurer que les valeurs expérimentales trouvées par Delbœuf pour la quantité c étaient exprimées en fonction de l'unité de lumière qu'ils ont eux-mêmes employée.

déterminé, par exemple une différence d'intensité juste perceptible, doivent être l'une à l'égard de l'autre dans un rapport
constant, indépendant de la force absolue des excitations (1) ».
Il n'est pas ici question de l'intensité des sensations, de
sorte que l'on pourrait croire que cette formule prétendue
empirique a le même sens que la formule empirique que j'ai
établie plus haut : pourtant, c'est bien à l'intensité des sensations que songe Müller. « Si, dit-il, nous admettons par
exemple que, *pour produire un relèvement (Erhöhung) juste
perceptible d'une sensation* visuelle déjà présente, il faut qu'une
excitation lumineuse d'intensité 100 soit renforcée d'une unité
d'intensité, et qu'une excitation lumineuse d'intensité 1000
soit renforcée de 10 unités, la signification immédiate de ce fait
est simplement celle-ci : dans les deux cas l'intensité de l'excitation lumineuse doit être accrue d'une fraction égale, si l'on
veut que la première sensation lumineuse soit *relevée à un degré
tel que le renforcement qu'elle reçoit (die Steigerung derselben)*
devienne juste perceptible pour l'activité de l'âme qui fait les
comparaisons (2). » Et Müller distingue deux groupes d'interprétations de la loi de Weber : les interprétations du premier
groupe supposent que les accroissements juste perceptibles de
sensation (ou d'une manière plus générale les accroissements
de sensation dont la perceptibilité est égale) sont des accroissements égaux de sensation, et telle est l'hypothèse de Fechner ;
les interprétations du second groupe rejettent cette hypothèse
et recourent à d'autres hypothèses psychologiques pour
expliquer la loi de Weber (3) : c'est le cas pour Brentano,
Hering, Langer, etc.

Mais ces deux interprétations ne sont acceptées ni l'une ni
l'autre par Müller, qui les soumet à une critique détaillée.
Il préfère une interprétation physiologique, « d'après laquelle

(1) *Zur Grundlegung der Psychophysik*, p. 225, 226 (1878).
(2) *Ibid.*, p. 226. Les passages soulignés ne sont pas soulignés par Müller.
(3) *Ibid.*, p. 227.

la loi de Weber est fondée sur ce que l'intensité de l'impression produite dans les nerfs sensitifs est approximativement
proportionnelle au logarithme de l'excitation extérieure (1) ».
Ce n'est là d'ailleurs à ses yeux qu'une hypothèse générale.

Mais il admet toujours la possibilité d'établir une formule
qui donne la mesure de la sensation, et il se borne à corriger
la formule de Fechner en tenant compte de ce que la loi de
Weber n'est approximativement valable que pour les excitations de force moyenne. « Quand, dit-il, les excitations
grandissent progressivement, la sensibilité aux différences
relatives grandit d'abord, pour différents genres de sensations,
par exemple pour les sensations de pression, elle atteint un
maximum pour une certaine intensité des sensations, et elle
diminue de nouveau si la force absolue des excitations continue à grandir (2). » Il faut donc substituer aux formules de
Fechner, qui supposent que la loi de Weber s'applique
approximativement aux excitations de force quelconque, des
formules exprimant cette variation de la sensibilité. Müller
établit ainsi une formule corrigée de mesure :

$$s = K \log. \varphi (r)$$

et une formule fondamentale corrigée :

$$ds = \frac{K \varphi'(r) \, dr}{\varphi(r)}$$

Dans ces formules, s désigne la sensation et r l'excitation (3). Et Müller conclut son étude sur la signification de la
loi de Weber en déclarant que la formule corrigée de mesure,
sans être prouvée d'une manière certaine, est cependant très
vraisemblable (4).

(1) *Ibid.*, p. 232.
(2) *Ibid.*, p. 225.
(3) *Ibid.*, p. 229.
(4) *Ibid.*, p. 402.

Un autre savant allemand du même nom que le précédent, Franz-Carl Müller, a essayé lui aussi de résoudre le
problème psychophysique par le moyen d'hypothèses physiologiques; mais il montre beaucoup plus de hardiesse. Il admet
que la sensation est représentée physiologiquement par un état
d'impressionnabilité (*Erregbarkeit*) amoindrie, et il ajoute :
« l'impressionnabilité est inversement proportionnelle à l'intensité de l'excitation; le processus psychophysique (qui sert
de base à la sensation) est d'autant plus fort que l'impressionnabilité est plus amoindrie; donc le processus psychophysique
qui sert de base à la sensation comme état d'impressionnabilité
amoindrie est directement proportionnel à l'intensité de l'excitation (1) ». Des considérations analogues s'appliquent aux
différences de sensation. — Ces hypothèses, dans lesquelles il
est difficile de voir autre chose que des mots, sont d'autant
plus surprenantes que F.-C. Müller semble s'être arraché au
préjugé psychophysique de l'intensité des sensations. Il va
plus loin dans ce sens que presque tous les critiques précédents
de Fechner. « La loi de Weber, d'une manière immédiate,
ne dit rien des sensations. Elle dit plutôt : le jugement sur
la dissemblance de deux excitations reste le même (*bleibt
gleich*), lorsque le rapport des deux excitations reste égal (2). »
Et malgré cela, F.-C. Müller parle bientôt après de l'intensité
des sensations, et c'est l'intensité des sensations qu'il songe à
mesurer au moyen de ses hypothèses sur la physiologie
nerveuse. Quant à la loi de Weber, elle serait pour lui un
cas particulier d'une loi « neurophysique » plus générale (3).

Titchener (4) interprète aussi la loi de Weber d'une manière
purement physiologique et croit que les écarts expérimentaux

(1) F.-C. Muller, *Physiologische Studien über Psychophysik*, Archiv
für Anatomie und Physiologie, Physiol. Abth., 1886, p. 307.

(2) *Ibid.*, p. 302.

(3) *Ibid.*, p. 300.

(4) *An Outline of Psychology*, p. 89.

que présente cette loi sont dus à ce que l'impressionnabilité de la substance nerveuse varie avec la force des excitations.

Enfin un physiologiste russe, Orchansky (1), a tenté de corriger la théorie de Bernstein. Pour lui, la résistance que l'impression nerveuse doit vaincre en se propageant dans la masse cérébrale est variable : à peu près constante dans une première phase, qui correspond aux excitations faibles, la résistance grandit à mesure que les excitations deviennent plus fortes et que par suite les nerfs s'épuisent; l'intensité de l'impression nerveuse s'accroît alors plus lentement que l'excitation externe. Quant à l'intensité des sensations, elle serait proportionnelle aux excitations quand les excitations sont faibles ; puis, quand les excitations deviennent plus fortes, elle serait égale au logarithme des excitations, et enfin, quand les excitations deviennent très fortes, il n'y aurait plus de rapport régulier entre l'excitation et la sensation.

§ 9. — *Wundt et ses disciples.*

Wundt, l'illustre savant qui a donné une si forte impulsion aux recherches de psychologie expérimentale en fondant à Leipzig, en 1879, le premier laboratoire de psychologie, a modifié profondément les théories psychophysiques de Fechner. Il est d'autre part un chef d'école, la plupart des psychophysiciens de tous les pays ont été ses élèves, et il a lui-même publié depuis 1861 un grand nombre de travaux sur la psychologie expérimentale (2), sans parler de ses écrits

(1) *Considérations sur la loi psychophysique de Weber-Fechner*, Bulletin de l'Académie Impériale des sciences de Saint-Pétersbourg, Vᵉ série, tome VI, n° 4 (avril 1897).

(2) *Beiträge zur Theorie der Sinneswahrnehmung* (1862); *Vorlesungen über die Menschen- und Thierseele* (1863, 2ᵉ éd. en 1892); *Grundzüge der Physiologischen Psychologie* (1874, 4ᵉ édit. en 1894); *Grundriss der Psychologie* (1896), et de nombreux articles dans les Philosophische Studien.

sur la physiologie, la théorie de la connaissance, la logique
et la morale. Sa conception de la psychophysique est acceptée
par beaucoup de psychologues. Elle mérite donc une place à
part, à la fois par l'importance des idées qu'elle contient et
par les adhésions que ces idées ont obtenues.

Wundt distingue la sensation des états complexes dans
lesquels elle est enveloppée, perceptions, souvenirs et créations
de l'imagination : la sensation est pour lui l'élément représentatif, le fait de connaissance que l'analyse ne peut plus
décomposer. La sensation possède trois caractères : la qualité,
la quantité, ou intensité, et le ton émotionnel ou la tonalité
(*Gefühlston*). L'intensité des sensations nous permet d'apprécier la force des excitations sensorielles externes. Dès lors
le problème psychophysique est de découvrir le rapport qui
existe entre cette appréciation immédiate et la force réelle des
excitations externes.

Le caractère fondamental de la psychophysique de Wundt
tient à sa théorie de l'aperception. La sensation est déjà pour
lui un phénomène de conscience ; mais il distingue, comme
Leibnitz, la conscience pure et simple et l'aperception.
L'aperception est l'acte de l'esprit par lequel nous saisissons
un phénomène psychologique, par lequel nous nous aper-
cevons de sa présence dans la conscience. La simple conscience
suffit à faire du phénomène auquel elle appartient un phénomène psychologique, elle ne suffit pas pour que l'esprit se
rende compte de la présence en lui du phénomène (1) :
l'aperception est donc une conscience d'un ordre plus élevé,
une conscience de la conscience, pour employer l'expression
par laquelle M. Renouvier a défini la réflexion.

Les sensations sur lesquelles nous faisons les expériences
psychophysiques ne sont naturellement que les sensations
aperçues. Quand nous comparons l'une avec l'autre deux
sensations de même espèce, comme celles que nous fournissent

(1) Wundt, *Psychologie physiologique*, tr. fr., II, p. 247.

la lumière du soleil et la lumière de la lune, un coup de
canon et un coup de pistolet, un poids d'un quintal et un
poids d'une livre, nous déclarons que, dans chacun de ces
couples de sensations, la première est plus forte que la
deuxième. Le jugement psychophysique porte donc, selon
Wundt, non pas directement sur les objets extérieurs, mais
sur les sensations, et sur les objets par l'intermédiaire des
sensations. Wundt est d'accord avec Fechner sur ce point,
mais il se sépare de Fechner parce qu'il intercale, entre la
sensation et le jugement sur les objets, l'acte d'aperception.
Quel est donc le sens de cette proposition : la sensation d'un
coup de canon est plus forte que celle d'un coup de pistolet ?
Il n'est pas que, de ces deux sensations, la première est
réellement plus forte que la deuxième ; cela, nous ne le savons
pas, du moins par l'investigation directe, mais le sens de cette
proposition est que nous saisissons dans l'aperception la
première sensation comme plus forte que la deuxième.

Dès lors la loi de Weber n'a plus le sens que lui
attribuait Fechner. Wundt a classé en trois groupes les
façons d'entendre la loi de Weber, il en a distingué trois
conceptions typiques : 1° la conception psychophysique, celle
de Fechner, d'après laquelle la loi de Weber exprime que des
différences égales de sensation correspondent à des rapports
égaux d'excitation ; 2° la conception physiologique, dont le
premier représentant a été Bernstein, et qui, sous des formes
diverses, revient toujours à dire que, si les rapports des
excitations sont égaux, il existe des différences égales entre les
phénomènes physiologiques, et notamment les phénomènes
cérébraux, qui en dérivent ; 3° la conception psychologique,
d'après laquelle, quand les excitations croissent selon des
rapports égaux, nous percevons des accroissements égaux
dans les sensations qui en résultent. C'est cette dernière conception que Wundt a introduite dans la psychophysique.
Ainsi, tandis que pour Fechner le fait psychologique qui
est en jeu dans la loi de Weber est l'intensité réelle de la

sensation, c'est pour Wundt l'intensité apparente, l'intensité
que l'esprit attribue à la sensation dans l'acte d'aperception
par lequel il cherche à l'évaluer. Wundt ne rejette d'ailleurs
pas absolument la conception physiologique : il admet que
l'on peut, en s'appuyant sur des hypothèses d'ailleurs peu
solides, supposer dans les processus nerveux un développement parallèle à celui des processus psychologiques, mais
il nie que la conception physiologique puisse exclure la
conception psychologique. Au contraire, la conception psychologique se tient seule près des faits, parce que « sans le
processus d'aperception il ne peut pas exister d'appréciation
quantitative des sensations » (1).

La loi de Weber ainsi entendue se ramène pour Wundt à
une loi plus générale. En effet, aux excitations externes ou
physiques correspondent des mouvements cérébraux dont
l'ensemble constitue ce que Wundt appelle l'excitation interne.
L'excitation interne est proportionnelle à l'excitation externe
dans certaines limites, c'est-à-dire quand les excitations
externes ne sont ni trop faibles ni trop fortes : trop faibles,
elles n'exercent aucune action appréciable, trop fortes, elles
menacent de détruire l'organe. L'excitation interne est le
dernier phénomène corporel qui se produise avant la sensation, et c'est de la force de cette excitation que va dépendre
la force de la sensation. Or, les expériences sur lesquelles se
fonde la loi de Weber nous apprennent que, si un mouvement
physique et par suite un mouvement nerveux de la force 1
s'accroît de 1/3, si un autre mouvement de la force 2 s'accroît de 2/3, les deux accroissements nous paraissent égaux.
Cela signifie que, dans l'acte d'aperception, nous ne saisissons pas la force absolue des sensations, ni leurs différences
absolues, mais seulement leurs différences relatives : la comparaison quantitative de deux sensations se ramène à mesurer

(1) *Physiol. Psychol.*, 4ᵉ édit. all. I, p. 393, Cf. *Vorlesungen*, 2ᵉ édit.,
p. 63 sqq.

l'une de ces sensations par l'autre, c'est-à-dire à déterminer le rapport mathématique de ces deux sensations, et la comparaison quantitative de deux différences de sensation se ramène par suite à comparer deux rapports mathématiques. La loi de Weber exprime donc que notre appréciation quantitative des intensités des sensations est bornée à déterminer les rapports de ces intensités, c'est-à-dire que la loi de Weber n'est autre chose qu'une loi de la relativité des sensations. Cette loi est d'ailleurs plus générale : elle s'applique aussi à la comparaison qualitative des sensations et aux phénomènes émotionnels (1). « Tout le monde a pu observer, disait déjà Wundt en 1862, que la plus petite contrariété, que l'on ne remarque pas quand on est déjà triste, est capable de détruire complètement une disposition joyeuse, et ce n'est pas là autre chose qu'un cas particulier de cette loi (2). »

La loi du seuil prend de même pour Wundt une signification spéciale : le seuil d'excitation est pour lui la valeur de l'excitation externe qui produit une excitation interne, puis une sensation juste assez forte pour provoquer l'aperception. Cette valeur est très variable, mais peut rester approximativement constante, si l'on conserve l'état le plus uniforme possible de l'attention. Les excitations inférieures au seuil produisent donc déjà des sensations, mais des sensations trop faibles pour éveiller l'aperception, de sorte qu'il existe aussi un seuil de la sensation : c'est l'intensité de la sensation qui correspond au seuil d'excitation (3).

En combinant la loi du seuil avec la loi de Weber, Wundt établit la formule logarithmique, comme Fechner. Mais elle

(1) *Physiol. Psychol.*, 4e édit. I, p. 393 ; *Vorlesungen*, 2e édit., p. 65.

(2) *Beiträge zur Theorie der Sinneswahrnehmung*, p. XXX ; voir aussi *Phil. Stud.* I, p. 252 (dans la discussion contre Zeller ; Zeller admet bien la loi de relativité, mais ne pense pas que l'on puisse jamais passer de la comparaison de deux états psychiques à la mesure, parce que l'on manque d'unités stables).

(3) *Physiol. Psychol.*, 4e édit. all. I, p. 399 sqq.

a pour lui un tout autre sens. La sensation croît comme le logarithme de l'excitation, et, en choisissant convenablement les unités de sensation et d'excitation, la sensation est égale au logarithme de l'excitation. Mais il faut remarquer qu'il s'agit toujours ici de l'intensité apparente ou aperçue de la sensation, et non de son intensité réelle. Le sens de la loi logarithmique est donc que nous apprécions nos sensations comme égales aux logarithmes des excitations correspondantes. — Cependant cette conception est encore un peu obscure : elle se précise, et peut-être aussi elle se transforme grâce à l'idée de la perceptibilité des sensations. « La sensation, dit Wundt, doit avoir atteint une certaine grandeur pour devenir perceptible, et, toutes choses égales d'ailleurs, elle se pousse vers l'aperception avec une intensité d'autant plus grande qu'elle est plus forte (1). » Donc les sensations inférieures au seuil sont des sensations imperceptibles, et d'autant plus éloignées de la perceptibilité qu'elles sont plus éloignées du seuil ; la sensation qui correspond au seuil est celle qui ne fait que commencer à être perceptible, et par suite sa perceptibilité est égale à zéro ; enfin les sensations supérieures au seuil sont d'autant plus perceptibles qu'elles sont plus élevées au-dessus du seuil. Dès lors, si l'on prend comme unité d'excitation la valeur du seuil, et comme unité de sensation ou unité de perceptibilité la sensation qui correspond à une excitation égale au produit du seuil par la base des logarithmes employés, la formule logarithmique donne la mesure de la perceptibilité des sensations, et l'on obtient un sens satisfaisant pour le logarithme zéro, ainsi que pour les logarithmes négatifs et positifs (2).

En résumé, voici quel est selon Wundt le processus sensoriel complet : 1° l'excitation externe exerce une impression

(1) *Vorlesungen*, 2ᵉ édit., p. 48.

(2) *Physiol. Psychol.*, 4ᵉ édit. all. I, p. 400 sqq. ; *Vorlesungen*, 2ᵉ édit., p. 48-52.

sur l'organe sensoriel et est transmise au cerveau ; 2º elle dégage dans le cerveau une excitation interne ou physiologique qui lui est proportionnelle dans certaines limites, à savoir quand les excitations sont de force moyenne ; mais quand l'excitation externe est trop faible, elle n'arrive pas au cerveau ou n'y exerce aucune action, et, quand elle trop forte, la proportionnalité cesse encore d'exciter ; 3º la sensation se produit, proportionnelle à l'intensité de l'excitation interne ; 4º la sensation devient objet d'aperception, ou entre dans le champ de regard de la conscience, et c'est à la comparaison quantitative des sensations dans l'aperception que s'applique la loi de Weber, c'est-à-dire que les rapports égaux entre les sensations sont perçus comme étant des différences égales. Enfin la loi logarithmique relie le premier et le quatrième terme de ce processus, l'excitation physique et l'intensité aperçue de la sensation : l'intensité de la sensation nous apparaît comme égale au logarithme de l'excitation, ou la perceptibilité de la sensation est égale au logarithme de l'excitation, dans les limites où l'excitation interne est proportionnelle à l'excitation externe.

On trouve chez divers disciples de Wundt des conceptions psychophysiques qui se rattachent à la sienne d'une manière plus ou moins étroite. La plus importante idée de Wundt qui soit acceptée en commun par ces psychophysiciens est que les expériences nous font atteindre, non pas l'intensité réelle des sensations, mais leur intensité aperçue, ou leur intensité telle que nous l'apprécions par la conscience (*Empfindungsschätzung*).

Köhler défend en outre la formule psychophysique de Wundt, qu'il regarde comme préférable à toutes les autres, et c'est aussi au point de vue de Wundt qu'il critique Fechner, Langer, etc. (1). — George Trumbull Ladd est un disciple à peu près aussi fidèle de Wundt, dont il suit avec soin les idées dans ses deux principaux ouvrages de psychologie :

(1) *Ueber die hauptsächlichsten Versuche einer mathematischen Formulirung des psychophysischen Gesetzes von Weber*, Phil. St. III, p. 572. (1886).

Elements of Physiological Psychology (p. 356-381, 1887) et
Psychology, descriptive and explanatory (p. 131-140, 1894).
La fidélité aux idées de Wundt est surtout complète dans le
premier de ces ouvrages, que l'on peut regarder, en ce qui concerne la psychophysique, comme un bon abrégé de la *Psychologie physiologique* de Wundt. Dans son deuxième traité de
psychologie, Ladd penche plutôt vers l'interprétation physiologique de la loi de Weber. « Il est probable, dit-il, que tout
ce qui est vrai par rapport au caractère logarithmique de la
relation (entre la sensation et l'excitation) concerne la relation
entre l'excitation physique et la quantité d'excitation nerveuse
qui en résulte. Entre l'excitation nerveuse, — après qu'elle a
atteint le cerveau et qu'elle y a produit son action, — et la
sensation qui en est le résultat psychique, la relation est probablement celle de la proportionnalité directe (1). » C'est là le
langage de Mach et de bien d'autres. Mais G. Tr. Ladd ne veut
pas renoncer à réduire la loi de Weber à la loi de la relativité
universelle. « Quand nous donnons à la loi de Weber une
interprétation purement psychologique, nous trouvons qu'elle
tombe sous le principe général de toute vie mentale, à savoir
que chaque état de l'esprit a sa valeur déterminée par sa relation
à d'autres états contigus de l'esprit. » (Ibid.) — Mais entre ces
deux interprétations de la loi de Weber, il n'y a pas d'accord
possible : Wundt déclare bien que son interprétation psychologique est compatible avec une interprétation physiologique :
mais le processus physiologique qui serait parallèle au processus psychologique de l'aperception ne peut pas être celui
qui a été admis par Mach et d'autres partisans d'une théorie
exclusivement physiologique des faits psychophysiques.

Plus original est le minutieux travail de Merkel (2) sur la

(1) *Psych., descript. and expl.*, p. 140.

(2) *Die Abhängigkeit zwischen Reiz und Empfindung*, Philosophische
Studien, IV, 541-594 (1888); V, 245-291, 499-557 (1889); X, 140-161,
203-249, 369-393, 507-523 (1894); et Zeitschrift f. Ps. u. Ph. d. S.,
XII, p. 226-242 (1896).

dépendance entre l'excitation et la sensation. Il traite le problème psychophysique tel que l'a formulé Wundt ; quelle est la relation mathématique qui existe entre l'intensité de l'excitation et l'intensité que la conscience attribue à la sensation ? Il s'agit donc toujours de faire une psychophysique de l'aperception. — Le point de départ de toutes les solutions du problème est dans la loi de Weber. Mais comment l'interpréter ? Merkel voit en présence l'hypothèse de Fechner et celle de Plateau et Brentano, ou, comme Fechner les a appelées (1), l'hypothèse de la différence et l'hypothèse du rapport. D'après la première, aux rapports égaux d'excitation correspondent des différences égales de sensation ; d'après l'autre, ce sont des rapports égaux de sensation qui correspondent aux rapports égaux d'excitation. Soient E l'excitation, S la sensation, δE et δS des différences correspondantes de l'excitation et de la sensation ; on a, d'après l'hypothèse de la différence :

$$\text{pour} \cdot \frac{\delta E}{E} = \text{constante,} \ \delta S = \text{constante} ;$$

tandis que l'on aurait d'après l'hypothèse du rapport :

$$\text{pour} \ \frac{\delta E}{E} = \text{constante,} \ \frac{\delta S}{S} = \text{constante.}$$

L'idée intéressante de Merkel, pour qui d'ailleurs S et δS ne peuvent désigner que des intensités aperçues, a été de demander à l'expérience de décider entre les deux hypothèses (2), et il a entrepris dans ce but la série d'expériences psychophysiques la plus considérable qui ait jamais été faite.

Les expériences de Weber et toutes celles que l'on peut

---

(1) *Psychische Maassprincipien*, Phil. St. IV, p. 174.
(2) Phil. St. IX, p. 544.

faire par la méthode des différences juste perceptibles laissent
la question indécise entre l'hypothèse de la différence et celle
du rapport : on peut les interpréter aussi bien dans une
hypothèse que dans l'autre. — Merkel a cru d'abord qu'il
pourrait résoudre la question au moyen de sa méthode des
excitations doubles (1). Dans cette méthode on cherche,
étant donnée une excitation E qui fournit une sensation S, à
déterminer par le procédé des petites variations une excitation
E_1 qui produise une sensation S_1 double de S, puis une
excitation E_2 qui produise une sensation S_2 double de S_1, etc.
Le résultat de ces expériences devait, dans la pensée de Merkel,
soit montrer un parallélisme entre les rapports correspondants
des excitations, soit au contraire démentir ce parallélisme, et
en tout cas s'interpréter en faveur de l'une ou de l'autre
hypothèse. — Mais Wundt, dans des lettres adressées à
Merkel, lui fit cette remarque très juste que, pour que la méthode des excitations doubles pût fournir la solution du problème, il faudrait d'abord savoir exactement ce que l'on entend
par des sensations doubles. C'est, disait Wundt, par l'action
répétée de deux excitations qui sont dans le rapport de 2 à 1
que l'on apprend à connaître le rapport des sensations qui y
correspond. En un mot l'exercice antérieur aux expériences
doit influer sur le jugement au point de rendre douteux tous
les résultats de la méthode (2). — Merkel a fait sur ce point
des réserves qui ne me semblent pas justifiées, mais il a jugé
néanmoins que la méthode des différences égales (ou des gradations moyennes, de Plateau) conviendrait mieux à son but
que la méthode des excitations doubles. J'ai déjà exposé
(même chapitre, § 2) l'essentiel de cette méthode : je rappelle
seulement qu'elle consiste, deux excitations étant données, à
en trouver une troisième (plus faible, plus forte, ou intermédiaire), telle que la différence entre la première des trois et la

(1) Voir plus loin, ch. VIII, § 3.
(2) *Ibid.*, p. 545-547.

deuxième paraisse égale à la différence entre la deuxième et la troisième. Aux yeux de Plateau, de Fechner et de la plupart des psychophysiciens, les trois sensations correspondantes forment une série d'intensités psychiques dans laquelle la différence entre deux intensités consécutives est constante. Merkel se plaint que l'on ait coutume, quand on emploie cette méthode, de dire, sans distinction entre l'hypothèse de la différence et celle du rapport, que la loi de Weber est vérifiée si l'excitation moyenne est la moyenne géométrique des deux autres. Mais, dit Merkel, c'est supposer que la loi de Weber n'est compatible qu'avec l'hypothèse de la différence. Cependant, il peut arriver, et les expériences de Merkel le prouvent, que la loi de Weber soit pleinement confirmée par la méthode des différences juste perceptibles et que cependant la méthode des différences égales donne pour l'excitation moyenne une valeur qui soit la moyenne arithmétique des deux autres excitations (1). Merkel s'est donc proposé de voir d'abord, dans les principaux genres de sensations, si la loi de Weber est confirmée par la méthode des différences juste perceptibles ; puis il a appliqué aux mêmes genres de sensations la méthode des différences égales (et subsidiairement celle des excitations doubles) ; et il pose en principe que, si par cette dernière méthode on obtient pour la valeur des excitations moyennes la moyenne géométrique des excitations extrêmes, il y a dépendance logarithmique entre l'excitation et la sensation aperçue, et l'hypothèse de la différence est vraie, tandis que, si l'on obtient pour la valeur des excitations moyennes la moyenne arithmétique des excitations extrêmes, il y a proportionnalité entre l'excitation et la sensation aperçue, et c'est l'hypothèse du rapport qui est vraie (2).

Les expériences de Merkel ont été faites par les trois méthodes (des différences juste perceptibles, des excitations

(1) *Ibid.*, p. 547, 548.
(2) *Ibid.*, p. 548. Cf. Phil. St. V, p. 251.

M. Foucault.   15

doubles et des différences égales) sur les sensations de
lumière (1), de pression (2), et de son (3). Je ne peux pas
exposer toutes ces expériences, ni en suivre la discussion
dans le détail. Je reproduirai plus loin (4) une partie des
résultats pour montrer les indications qu'elles fournissent au
sujet de la loi de Weber. Je note seulement pour le moment
que les résultats des expériences faites par la méthode des
différences égales n'ont pas eu le caractère décisif sur lequel
comptait sans doute Merkel. D'une manière générale, lorsque
les expériences portent sur des différences un peu étendues,
l'excitation moyenne est intermédiaire entre la moyenne
géométrique et la moyenne arithmétique, mais elle est en
général beaucoup plus voisine de la moyenne arithmétique.

Ainsi, d'après la façon dont Merkel interprète ses expériences, c'est plutôt l'hypothèse du rapport qui serait vraie.
Mais Merkel ne l'entend pas à la façon de Plateau. Lorsqu'une
excitation agit sur un de nos organes, « son énergie, pour
des causes physiologiques, ne se tranforme pas tout entière
en sensation (5). » On peut donc, appelant S la sensation et
E l'excitation, poser l'équation :

$$S = k\,E,$$

dans laquelle k est moindre que l'unité. Le problème psychophysique se ramène alors à la détermination de k, qui est une

(1) Phil. St., IV, p. 549.

(2) Phil. St., V, p. 253.

(3) Phil. St., V, p. 499 et X, p. 228 et 369. Pour les deux derniers
groupes d'expériences sur le son, Merkel a employé la méthode des cas
vrais et faux combinée avec celle des différences égales, et finalement la
méthode des cas d'égalité et d'inégalité combinée avec celle des différences
égales.

(4) Ch. IX à la suite.

(5) Ph. St., IV, p. 573.

quantité constante dans les limites où s'applique la loi de Weber et qui varie en dehors de ces limites. Je crois inutile d'exposer la marche suivie par Merkel pour résoudre ce problème difficile, et, à mes yeux, sans objet.

Quelle est la valeur propre de ces idées de Merkel? J'ai à peine besoin de faire remarquer que toute cette théorie est viciée à mes yeux par l'erreur commune à la plupart des psychophysiciens, à savoir par cette opinion fausse que l'intensité des sensations est en jeu dans le jugement psychophysique. Si mon idée critique est exacte, il n'y a pas lieu de choisir entre l'hypothèse de la différence et celle du rapport : elles sont fausses l'une et l'autre. Cependant les expériences de Merkel demeurent comme une des sources les plus importantes où l'on puisse puiser pour déterminer les lois de la sensibilité différentielle et pour donner aux méthodes psychophysiques une forme définitive. J'ajoute que ses expériences par la méthode des excitations doubles et par la méthode des différences sont particulièrement propres à justifier mon interprétation du jugement psychophysique : c'est bien sur les rapports quantitatifs des excitations que porte le jugement psychophysique, puisque, quand on demande au sujet d'indiquer une excitation qui lui procure une sensation double, il indique une excitation double, et, quand on lui demande de ranger trois excitations de manière à former deux différences égales de sensation, il fournit ordinairement une série qui forme deux différences égales d'excitation. Il est vrai que cela ne se produit que lorsque les différences sont assez étendues, et que la moyenne indiquée est loin de coïncider exactement avec la moyenne arithmétique : mais c'est là une circonstance secondaire, qui tient manifestement à ce que les différences d'excitation sont perçues d'une manière peu exacte, dans des conditions qui rendent l'appréciation difficile. Les expériences de Merkel prouvent, mieux que toutes les autres, que la comparaison psychophysique porte sur l'intensité des excitations, et non pas des sensations.

Pendant que Merkel poursuivait ses travaux, un autre psychophysicien, Grotenfelt (1), exposait une théorie de la loi de Weber et de la mesure des sensations dans laquelle l'influence de Wundt se fait sentir aussi d'une façon profonde. Grotenfelt, en effet, se sépare de Wundt sur plusieurs points, notamment en ce qu'il pense que la loi de Weber porte sur les intensités réelles des sensations, et en ce qu'il soutient l'hypothèse du rapport, mais, comme Wundt, il ramène la loi de Weber à la loi générale de relativité des états psychiques.

§ 10. — *Conclusion critique.*

Toutes les théories qui viennent d'être exposées ont le défaut commun, qu'elles admettent l'existence de l'intensité des sensations et qu'elles prétendent la mesurer. Mais une simple modification dans l'idée de l'intensité des sensations peut suffire quelquefois pour transformer complètement le sens des formules et des hypothèses qui s'y rattachent. Cette idée confuse de l'intensité des sensations s'est même modifiée, en quelque sorte spontanément, chez un certain nombre de psychophysiciens. Par exemple, tandis que les uns admettent sans critique qu'il n'y a pas de sensation sans intensité et parlent de l'intensité des sensations comme ils parleraient de la longueur d'une ligne, de la hauteur d'un arbre ou de la force du vent, d'autres identifient sciemment l'intensité des sensations avec l'intensité apparente ou sentie des excitations : tel est le cas pour Hering, Delbœuf, et peut-être aussi Helmholtz et Wundt. D'autres modifient plus profondément encore l'idée de l'intensité des sensations : c'est ainsi que Wundt interprète la loi logarithmique comme concernant la

(1) *Das Weber'sche Gesetz und die psychische Relativität*, Helsingfors, 1888.

perceptibilité des sensations, et il identifie ainsi la perceptibilité des sensations avec leur intensité apparente ou aperçue ;
de même G.-E. Müller, en parlant de l'intensité des sensations
et des différences entre les sensations, paraît identifier la perceptibilité des différences entre les excitations avec la perceptibilité des différences entre les sensations et avec l'étendue de
ces différences. D'autres songent, d'une manière plus ou moins
précise, que l'appréciation subjective de l'intensité de la sensation équivaut à une appréciation du travail psychique ou de
l'énergie enveloppée dans la sensation. Mais toutes ces iden-
tifications impliquent des distinctions corrélatives : les choses
que l'on regarde ainsi comme identiques apparaissent comme
distinctes, au moins à certains points de vue. Ces distinctions
étaient déjà en germe chez Fechner ; il serait exagéré de dire
qu'elles sont devenues très nettes chez ses disciples, mais elles
s'y manifestent cependant avec un peu plus de précision.
L'idée confuse de la quantité psychologique tend donc à se
dissocier : c'est la preuve que, sous les noms de quantité,
d'intensité, de force des sensations, on enveloppe indistincte-
ment une pluralité de caractères. J'essaierai d'en dégager
quelques-uns dans le chapitre V à la suite.

CHAPITRE IV

LES RECONSTRUCTIONS DE LA PSYCHOPHYSIQUE

Si l'on nie l'intensité des sensations, ou, ce qui revient au même, si l'on n'en tient pas compte, il reste deux façons possibles d'interpréter les faits d'expérience établis par Weber et Fechner : on peut les rattacher aux conditions corporelles dans lesquelles se produit la perception, ou bien aux conditions spirituelles. On pourrait donc reconstruire la psychophysique comme une théorie physiologique ou comme une théorie psychologique.

§ 1. — *Elsass.*

En fait, il n'existe pas de reconstruction physiologique de la psychophysique, c'est-à-dire du système de faits, de lois et d'hypothèses ayant pour but d'expliquer que nous portons un jugement sensiblement constant sur la différence de deux excitations quand le rapport de ces excitations est constant. Les hypothèses de Bernstein, G.-E. Müller, F.-C. Müller et autres n'ont pas en effet ce caractère, puisque, malgré les réserves des auteurs sur les théories de Fechner, ces hypothèses sont toutes subordonnées à l'affirmation de l'intensité des sensations. Il est vrai qu'il suffirait de renoncer à cette affirmation pour transformer ces théories en des théories physiologiques de la psychophysique : mais cette renonciation n'a pas eu lieu, de sorte que tous les physiologistes précédemment nommés sont des disciples de Fechner. Un seul des critiques de Fechner, en même temps qu'il nie l'intensité des sensations, énonce une hypothèse de nature physiologique en vue d'expliquer la loi de Weber : c'est Elsass. Il réduit la loi du seuil à une loi de frottement : l'homme, en tant qu'il sent, est comparable à une balance, mais c'est en même temps un observateur qui constate les mouvements de la balance. Or dans toute balance, il y a un frottement, en raison duquel un poids trop petit placé sur un plateau ne suffit pas pour entraîner le plateau. De même une excitation trop faible ne suffit pas à dégager l'impression psychophysique nécessaire à l'existence d'une sensation. La loi de Weber serait une loi de frottement analogue à la loi du seuil (1).

Mais cette idée d'Elsass ne forme pas à proprement parler une théorie physiologique de la psychophysique. Outre que la constance du seuil différentiel relatif ne s'expliquerait peut-être pas par le frottement ou par la résistance nerveuse aussi facilement que le seuil d'excitation, l'hypothèse d'Elsass se réduit à recommander une voie dans laquelle il pense que l'on peut trouver la solution du problème psychophysique.

§ 2. — *La théorie physiologique d'Ebbinghaus sur les sensations de lumière.*

Ebbinghaus a cherché à expliquer que, dans la perception de la lumière, la sensibilité atteint un maximum pour les excitations moyennes et décroît des deux côtés pour les excitations faibles et fortes (2). D'abord cette théorie s'appuie sur l'hypothèse difficilement acceptable que la sensibilité ne

---

(1) ELSASS, *Ueber die Psychophysik*, p. 39 sqq. (1886).

(2) EBBINGHAUS, *Ueber den Grund der Abweichungen von dem Weber'schen Gesetz bei Lichtempfindungen*, Archiv de Pflüger, t. XLV, p. 113-133 (1889).

présenterait pas de variations individuelles chez les différents hommes. D'autre part, conformément à la théorie de Hering, Ebbinghaus admet que la modification produite par l'action de la lumière sur la rétine consiste dans une transformation chimique : des composés complexes sont dissociés, des composés plus simples sont formés, et l'énergie ainsi rendue libre agit comme excitation sur les nerfs optiques. De plus, selon qu'un accroissement égal d'excitation est ajouté à une excitation antérieure faible, moyenne ou forte, son action sur les décompositions chimiques est différente, relativement faible pour les excitations extrêmes, relativement forte pour les excitations moyennes, de manière à atteindre toujours un maximum. Enfin la grandeur des décompositions produites dans la rétine par la lumière serait proportionnelle aux logarithmes des excitations externes, et les dissemblances qui existent entre les sensations, et auxquelles seules, selon Ebbinghaus, peut s'appliquer la mesure (1), seraient proportionnelles aux différences des décompositions correspondantes. Il m'est difficile de voir dans cette théorie autre chose que des hypothèses arbitraires combinées avec l'énonciation de faits psychologiques connus en termes de physiologie.

Ainsi la psychophysique n'a pour ainsi dire pas évolué dans le sens physiologique. Je ne veux pas dire que les conditions physiologiques de la perception n'ont pas été l'objet de travaux fructueux : au contraire, on a fait dans ce domaine de recherches d'importantes découvertes, notamment en ce qui concerne le toucher, et les hypothèses physiologiques abondent sur la perception de la lumière et des couleurs, mais aucune de ces découvertes ou de ces hypothèses n'intéresse la psychophysique dans le sens étroit du mot, aucune n'a contribué à expliquer les faits découverts par Weber et Fechner. Il n'y a d'ailleurs là rien d'étonnant : les faits acquis en matière de physiologie nerveuse sont trop peu nombreux et

(1) Voir plus loin, même chapitre, § 4.

trop peu significatifs ; on ignore, malgré de nombreuses hypothèses, notamment sur la vision, quelle est la nature des impressions nerveuses, c'est-à-dire des phénomènes qui se produisent dans les parties terminales des nerfs sensitifs ; on ignore également la nature de la conduction nerveuse, et par suite on est réduit, en tout ce qui concerne la théorie des conditions nerveuses de la perception, à des hypothèses hasardeuses. — Au contraire, quand on aborde l'étude de la perception par le côté psychologique, on se trouve en présence de faits qui sont facilement accessibles à l'observation, au moins à une observation superficielle. En tout cas, l'observation subjective fournit une ample moisson de faits, une ample matière par conséquent pour bâtir des théories. C'est pourquoi les hypothèses psychologiques ne manquent pas pour expliquer les expériences de Weber, et, d'une manière plus générale, pour expliquer le fonctionnement de la sensibilité. La psychophysique de Fechner est pour Delbœuf l'occasion de construire une « Théorie générale de la sensibilité », donnant les « Éléments d'une solution scientifique des questions générales relatives à la nature et aux lois de la sensation, à la formation et au rôle des organes des sens, à l'action de la sensibilité sur le développement physique et intellectuel de l'individu et de l'espèce » (1). De même la théorie des rapports entre l'intensité réelle de l'excitation et celle que nous lui attribuons par le moyen des sensations ne forme qu'un point, si important qu'il soit, dans la théorie totale de Wundt sur la perception. Mais Delbœuf et Wundt, le premier surtout, sont encore disciples de Fechner en ce qui concerne l'affirmation capitale de l'intensité des sensations. Au contraire, chez F.-A. Müller, Boas, Stumpf, Münsterberg, Ebbinghaus et Meinong on trouve des théories plus ou moins complètes qui ont pour but d'expliquer la loi de Weber dans un sens psychologique.

---

(1) Titre complet du deuxième mémoire de Delbœuf sur la psychophysique.

§ 3. — *F.-A. Müller.*

F.-A. Müller est placé au point de vue de la doctrine de Kant, qu'il interprète dans le sens d'un idéalisme radical. « C'est en vain, dit-il, que l'on cherchera à définir l'excitation, si l'on se tient à cette idée non critique (*unkritischen*), que l'excitation éveille la sensation, ou, comme on dit aussi, que l'excitation dégage la sensation. Il faut plutôt appliquer ici la révolution copernicienne dans la façon de penser, prendre la sensation comme point de départ, et appeler grandeur de l'excitation l'objet de la sensation, en tant que la grandeur intensive de l'objet correspond au degré de la sensation (1). » Le degré de la sensation ne serait pas une quantité susceptible d'être exprimée numériquement, mais consisterait en ce qu'une sensation peut varier d'une manière continue depuis le point où elle est complète jusqu'à celui où elle cesse d'affecter la conscience. Cela signifie sans doute en un langage plus clair que les degrés de la sensation sont des degrés de complexité. En tout cas la quantité mesurable appartient seulement, d'après F.-A. Müller, aux objets, et par suite fait défaut aux représentations : elle appartient donc aux excitations, non aux sensations, et « l'axiome de la psychophysique, à savoir qu'il existe une relation fonctionnelle entre la sensation et l'excitation, est faux. La sensation n'est pas fonction de l'excitation, mais l'excitation est objet de la sensation (2) ».

Pourtant les expériences psychophysiques doivent être interprétées dans un sens psychologique, car il s'agit dans ces expériences de la façon dont nous *saisissons* ou *percevons* (*auffassen*) les différences qui existent entre les objets : il existe là par conséquent un élément psychologique, et

(1) *Das Axiom der Psychophysik*, p. 53 (1882).
(2) *Ibid.*, p. 56.

Weber avait raison de signaler le fait qu'il avait découvert
comme « un phénomène *psychologique* extraordinairement
intéressant ». Le sens de ce phénomène, selon F.-A. Müller,
est que la différence qui existe entre les objets, aux points de
de vue de l'extension, de l'intensité ou de la qualité, ou, d'un
terme général, la dissemblance (*Verschiedenheit*) des objets
produit en nous un sentiment de contraste qui a un certain
caractère déterminé. Ce sentiment de contraste n'est pas une
différence arithmétique de sensation, comme l'a supposé
Fechner pour la sensation des intensités objectives, c'est un
état psychologique du genre du plaisir. Par exemple, le sentiment de la parenté des sons est nettement agréable (1).
L'égalité des excitations comparées produit donc un plaisir
particulier, et c'est ce plaisir qui déterminerait notre jugement d'égalité. D'ailleurs certains contrastes des excitations
produisent aussi un sentiment agréable nettement déterminé,
et ces contrastes dépendent des rapports des excitations, ce
qui explique la loi de Weber. La musique fournit des faits à
l'appui de cette hypothèse, et de même les artistes ont trouvé
depuis longtemps que certaines proportions sont particulièrement agréables. En résumé, l'élément psychologique
constant qui se trouve dans notre perception des rapports
entre les choses est un sentiment, la psychophysique
s'explique par l'esthétique. — Il est regrettable que cette vue
ingénieuse, quoique certainement incomplète, n'ait pas été
soumise par l'auteur à un contrôle méthodique. Elle subsiste
en tout cas comme une hypothèse intéressante.

§ 4. — *La mesure de la dissemblance.*

Quatre psychophysiciens, dans des travaux d'importance
variable, ont essayé de substituer aux différences quantitatives que Fechner prétendait trouver dans les sensations des

(1) *Ibid.*, p. 90, 91.

différences qualitatives, et de constituer une psychophysique dont le but serait de mesurer les différences qualitatives des sensations, ou leurs dissemblances, ou leurs distances, ou leurs degrés de parenté, suivant les diverses dénominations qui ont été employées.

a) BOAS (1)

Le premier en date, Boas, s'est contenté d'indiquer une façon nouvelle de poser le problème psychophysique. J'ai cité plus haut (ch. II, § 4) sa critique de l'intensité des sensations. Il conclut que « les prétendues différences intensives des sensations sont proprement qualitatives ». — Pourtant il admet que l'on peut parler de grandeurs de sensation et il dégage plusieurs significations de cette expression. D'abord toute sensation est un « contenu de la conscience », et par suite les diverses sensations occupent en quelque sorte une portion variable de la conscience. « Les sensations qui exigent une grande partie de la conscience peuvent être désignées comme grandes, celles qui n'en exigent qu'une moindre partie peuvent être désignées comme petites. La grandeur du contenu de la conscience équivaut à la grandeur de l'attention que les sensations tirent à elles, et des faits nombreux d'expérience nous apprennent que l'attention est variable. Ainsi, dans un mélange irrégulier de lumières, ce sont toujours les points les plus brillants qui les premiers attirent notre attention ; de fortes sensations de douleur requièrent tant d'attention qu'il ne reste presque pas de place pour d'autres contenus de la conscience. Le fait que la force de l'excitation qui produit une sensation juste perceptible doit être d'autant plus grande que l'attention dirigée sur la perception est plus

---

(1) Boas, *Ueber die Grundaufgabe der Psychophysik*, Archiv de Pflüger, t. XXVIII, p. 566-576 (1882).

faible témoigne aussi de la justesse de cette conception(1). » —
On peut encore parler de grandeurs de sensation en songeant
à la fatigue qui accompagne les sensations, et dont nous nous
rendons compte par des sensations concomitantes. Enfin les
sensations sont plus ou moins agréables ou désagréables (2).
— Mais ces différents caractères quantitatifs des sensations ne
sont pas ceux qui nous font reconnaître l'intensité objective
des excitations. « Si l'on conçoit, par exemple, deux sons
dont la force est peu différente, on serait certainement très
embarrassé de répondre à la question de savoir lequel présente le plus grand contenu de conscience. Il ne serait pas
plus facile de dire avec certitude lequel nous fatigue le plus.
Malgré cela, on porte un jugement déterminé et l'on déclare
que l'un des sons est plus fort que l'autre, ce qui doit par
suite avoir sa cause dans des différences qualitatives de la
sensation de son (3). » On distingue donc les degrés ou les
intensités des phénomènes physiques par certaines « marques
qualitatives », et il est clair que ce ne sont pas là des différences mesurables : les caractères réellement quantitatifs des
sensations, à savoir l'étendue du contenu de la conscience et
la force de la fatigue ressentie peuvent bien contribuer à
déterminer notre appréciation des quantités objectives, mais
seulement comme des caractères de second ordre.

Pourtant, aux yeux de Boas, le jugement psychophysique, bien que n'énonçant rien sur le rapport de grandeur
des sensations, a pourtant une signification psychologique.
« Ce jugement est manifestement porté sur le degré de
parenté (*Verwandtschaft*) des deux sensations...... Deux
sensations correspondant à des excitations de force peu différente sont plus parentes, plus semblables l'une à l'autre, que
celles qui correspondent à des excitations très différentes. Si

(1) *Ibid.*, p. 569.
(2) *Ibid.*, p. 570.
(3) *Ibid.*, p. 570.

donc nous comparons deux sensations, nous jugeons sur
leur parenté, ou, autrement dit, sur le degré de leur dissemblance (1). »

Les sensations peuvent donc être plus ou moins semblables
ou parentes, plus ou moins dissemblables, et par là on est
conduit à chercher une mesure de la parenté. On peut
trouver deux paires de sensations A et B, *a* et *b*, fournies par
une même série d'intensités physiques, et telles que la parenté
de A avec B soit égale à la parenté de *a* avec *b*. « Si maintenant on admet un certain degré de parenté comme le degré
normal, et si l'on cherche la sensation *b* qui est parente de *a*
à ce degré, et, en partant de *b*, la sensation *c* qui en est
parente au même degré, etc., on obtient une série de sensations dans laquelle deux sensations voisines sont parentes à
un degré constant. On peut donc dans ce sens considérer
une sensation comme éloignée d'une autre d'un certain
nombre d'unités et mesurer ainsi le plus ou le moins des
dissemblances. C'est le mode de calcul des méthodes psychophysiques de mesure qui choisissent comme unité du degré
de parenté la différence juste perceptible (2). » — On peut par
ce moyen obtenir une loi psychophysique. On peut déterminer par l'expérience une série d'excitations de même
espèce telle que les sensations qui correspondent à deux
excitations consécutives soient parentes entre elles au degré
normal, et l'on trouve que, entre la série des excitations et
la série des sensations il existe une relation régulière qui
est exprimée par la loi de Weber, c'est-à-dire que, aux
degrés égaux de parenté des sensations correspondent des
rapports égaux des excitations. Telle sera du moins la relation si la loi de Weber s'applique avec exactitude. Si elle
ne s'applique pas avec exactitude, la relation sera plus
complexe, mais pourra toujours être découverte empirique-

(1) *Ibid.*, p. 572.
(2) *Ibid.*, p. 572, 573.

ment. « On peut ensuite calculer de combien il faut renforcer l'excitation R pour obtenir une sensation qui soit éloignée de p unités de la sensation S correspondant à R. Le résultat est que, si m est le rapport des excitations qui correspond à la différence juste perceptible des sensations, la sensation éloignée de S de p fois la différence juste perceptible correspond à l'excitation $R \times m^p$, ou que l'éloignement respectif de deux sensations de la série est proportionnel au logarithme du rapport des excitations correspondantes (1). »

Ainsi les méthodes psychophysiques de mesure, telles qu'elles ont été employées par Fechner et par bien d'autres après lui, fourniraient la mesure du caractère que Boas regarde comme mesurable dans les sensations, à savoir de la ressemblance ou de la dissemblance entre les sensations, et cette mesure serait obtenue en fonction des excitations. Mais Boas estime que c'est là seulement une solution partielle du problème psychophysique. Si je comprends bien sa théorie, voici le problème dont il pense que la solution peut être demandée encore à la psychophysique : quel rapport existe-t-il entre la parenté d'une sensation a avec une sensation b et la parenté de la même sensation a avec une autre sensation c ? Dans la méthode précédemment indiquée, c'est-à-dire dans la méthode ordinairement suivie par les psychophysiciens, on établit par exemple que la parenté de a avec b est égale à la parenté de b avec c, mais on ne considère pas la parenté de a avec c. — Avant de continuer l'exposition, je fais remarquer que Boas me paraît être trop exigeant à l'égard des méthodes psychophysiques. Si l'on admet son interprétation du jugement psychophysique, c'est-à-dire si l'on admet que le jugement par lequel nous comparons deux excitations, et les trouvons par exemple juste diffé-

---

(1) *Ibid.*, p. 573. « …..proportional dem Logarithmus der zugehörigen Reize ». — La traduction littérale n'aurait pas de sens, il est évident qu'il s'agit du *rapport* des excitations.

rentes l'une de l'autre, exprime que les deux sensations correspondantes sont juste dissemblables qualitativement l'une de l'autre, si l'on admet en outre que la
sensation *a* diffère de la sensation *b* en ce que *n* différences
égales au seuil différentiel s'intercalent entre les deux, et
qu'un même nombre de différences égales s'intercalent entre
b et *c*, on est renseigné par là même sur la dissemblance qui
existe entre *a* et *c* : cette dissemblance est double de celle
qui existe entre *a* et *b*, elle est égale à 2 *n* fois le seuil différentiel. Boas aurait le droit d'avoir le scrupule qu'il exprime
s'il n'avait pas admis antérieurement la possibilité de
mesurer la dissemblance de deux sensations en prenant la
différence juste perceptible pour unité : mais, puisqu'il
admet que la différence juste perceptible est une unité acceptable pour la mesure des dissemblances, il aurait pu conserver
cette unité. — Quoi qu'il en soit sur ce point, Boas estime
qu'il n'est pas arrivé au but, « qu'il faut plutôt chercher des
méthodes qui comparent directement les unes avec les autres
les grandeurs en question (1) », c'est-à-dire les degrés de
dissemblance ou de parenté.

Comment donc pourra-t-on comparer directement les
dissemblances de sensations par une autre méthode ? Boas ne
donne à ce sujet que des explications très incomplètes, et
dans lesquelles il faut voir simplement des indications. Le
jugement que nous portons sur la dissemblance de deux
sensations dépend en première ligne de la perceptibilité
(*Merklichkeit*) de cette dissemblance, et la perceptibilité est
complètement déterminée par deux facteurs, à savoir pre-
mièrement la facilité (*Leichtigkeit*) avec laquelle le jugement
est porté sur la dissemblance des deux sensations, et
deuxièmement la sûreté (*Sicherheit*) de ce jugement... Ces
deux facteurs sont des grandeurs mesurables. La première
n'est pas autre chose que la mesure du travail psychique qui

(1) *Ibid.*, p. 574.

est nécessaire pour porter le jugement, la deuxième est la probabilité d'avoir porté le jugement vrai (1). » — Mais ces deux facteurs qui déterminent la perceptibilité d'une différence ne suffisent pas encore, selon Boas, pour conditionner le jugement différentiel, car, quand les différences de sensation sont grandes, elles peuvent varier cependant, et nous pouvons reconnaître encore des dissemblances entre ces différences, sans que cependant il y ait une variation dans la facilité ou dans la sûreté avec laquelle nous portons le jugement. « Le jugement sur la dissemblance de deux sensations doit donc, indépendamment de la perceptibilité, être conditionné encore par les qualités des deux sensations (p. 575). » — En définitive, il existe, selon Boas, un fait unique qui peut fournir le moyen de mesurer directement les dissemblances des sensations : « c'est ce fait que nous ne pouvons pas reconnaître les sensations avec une complète exactitude » (2). L'erreur commise dans l'acte de reconnaissance devrait être traitée par le calcul des probabilités et là serait la solution du problème.

Boas n'a pas donné davantage d'explications, de sorte qu'il propose seulement un programme de recherches et une méthode de mesure. Mais le programme, et surtout la méthode, manquent de précision, et l'auteur n'a fait, à ma connaissance, nulle application de sa méthode.

b) STUMPF

Les travaux de Stumpf (3) intéressent la psychophysique à un double titre : d'abord parce qu'il a exposé, à peu près en même temps que Boas, une théorie de la mesure des

---

(1) *Ibid.*, p. 574.

(2) *Ibid.*, p. 575.

(3) *Tonpsychologie*, vol. I (1883) et vol. II (1890); *Beiträge zur Akustik und Musikwissenschaft*, pour faire suite à la *Tonpsychologie*, et des articles dans la *Zeitschrift für Psychologie und Physiologie der Sinnesorgane*.

distances psychologiques qui lui a fourni une interprétation
de la loi psychophysique ; ensuite et surtout par sa théorie
sur la mesure de la sûreté des jugements sensoriels. Je réserve
cette dernière théorie pour une exposition séparée (voir le § 5
à la suite). La première seule se rapporte à la mesure des
dissemblances, car les distances de sensation ne sont pas pour
Stumpf autre chose que des dissemblances.

« Par distances (*Distanzen*), nous entendons, en prenant le
mot dans un sens auquel beaucoup ne sont pas accoutumés, non
seulement des distances dans l'espace et le temps, mais aussi
dans la qualité et dans l'intensité, et nous définissons le mot
par degrés de dissemblance (*Grade der Unähnlichkeit*) (1). »
Il existe donc, pour Stumpf, des distances entre les sensations
au point de vue de la qualité et de l'intensité. Nous apprécions
ces distances d'une manière immédiate, sans autre moyen
d'information que les sensations entre lesquelles elles existent,
nous les comparons les unes avec les autres, et nous déclarons,
par exemple, que cette distance-ci est égale ou supérieure à
celle-là. Les expériences de Plateau, pour la construction
d'une échelle de sensations lumineuses, le montrent d'ailleurs
d'une façon très nette en ce qui concerne les intensités (2). On
peut construire de même une série d'excitations sonores dans
laquelle les distances entre deux sensations consécutives,
considérées au point de vue de l'intensité, soient égales. Il
faut s'attendre à ce que les différences d'excitation qui cor-
respondront à ces distances de sensation ne soient pas égales,
mais soient d'autant plus grandes que les sensations sont plus
fortes. On peut arriver ainsi, et ainsi seulement, à donner un
sens à la formule logarithmique de Fechner. « En soi il est
et reste indéniable qu'une sensation n'est pas le multiple
d'une autre, ou tout au moins qu'elle ne peut pas être
reconnue comme le multiple d'une autre. Autrement nous

(1) *Tonpsychol.* p. 57.
(2) *Ibid.*, p. 122 sqq.

devrions pouvoir soustraire l'une de l'autre et sentir le reste
à part. Toute sensation se présente à nous comme un indivisible. Cependant on peut conserver une signification à la
formule de Fechner, si l'on caractérise le degré de force d'une
sensation par sa distance du minimum de force. Alors la loi
logarithmique ne sera pas une loi des sensations, mais des
distances de sensation. Mais il est tout à fait clair que cette
loi, qui ne coïncide pas avec la loi de Weber, ne pourrait
avoir un sens que relativement au côté intensif des sensations,
et au plus en outre relativement à la qualité des sensations de
couleur, tout cela étant subordonné à la vérification empirique (1). »

c) Ebbinghaus (2)

Ebbinghaus, à l'occasion d'une étude sur les sensations
négatives, expose en réalité une théorie générale de la mesure
des sensations et une critique des idées essentielles de
Fechner. — Voici les principaux points de cette théorie et
de cette critique.

Les sensations envisagées en elles-mêmes ne sont pas des
quantités. Quand deux sensations sont jugées comme différentes, l'une est simplement jugée comme autre chose que
l'autre, mais elle ne contient pas l'autre et quelque chose de
plus avec, elle n'est pas un multiple de l'autre. — Il est
vrai que, pour les sensations de lumière ou de son, on est
porté à admettre l'existence d'une force différente des sensations et à dire qu'une sensation est dix fois plus forte qu'une
autre. Mais c'est qu'il existe alors dans l'esprit des idées
relatives aux causes des sensations, et c'est à ces causes que
se rapporte notre appréciation de l'existence de multiples.

(1) *Tonpsychol.*, I, p. 398, 399. — La vérification empirique a donné
un résultat tout différent pour les sensations de couleur.

(2) *Ueber negative Empfindungswerte*, Z. f. Ps. u. Ph. de S., I,
p. 320-334 et 463-485 (1890).

Mais les sensations comparées ensemble peuvent être plus ou moins distantes, ou dissemblables. C'est cette dissemblance (*Verschiedenheit*) qui est un caractère quantitatif et que l'on peut mesurer : si on la mesure en tant qu'elle est consciente, on obtient la mesure de ce que les sensations contiennent de mesurable. D'ailleurs, pour qu'une mesure soit possible, il faut qu'il existe au moins trois et en général quatre sensations. Soient quatre sensations a, b, c et d, supposées dissemblables, mais susceptibles pourtant d'être comparées : entre a et b existe une certaine dissemblance a/b, entre c et d une dissemblance c/d. Il peut se faire que ces deux dissemblances apparaissent immédiatement à l'esprit comme inégales et que l'une soit jugée double de l'autre. La distance ou la dissemblance a/b pourra par exemple être l'unité que l'on trouvera contenue deux fois dans la dissemblance c/d. — Dans les sensations spatiales, ce procédé de mesure peut être appliqué facilement. Les sensations élémentaires sont ici des sensations de points, ou de positions, ou de lieux (*Orte*). Entre ces points existent des distances objectives : la sensation de ces distances est la sensation de la dissemblance qui existe entre deux lieux ou positions, c'est-à-dire qu'à la distance objective correspond une distance sentie. Or deux distances senties peuvent être senties comme égales ou comme différentes. Quand elles sont senties comme différentes, elles peuvent l'être dans des conditions telles que l'une apparaisse comme double, comme triple, bref comme un multiple de l'autre. Le choix de l'unité est arbitraire. — Dans les sensations de lumière le même genre de mesure peut exister aussi. Deux lumières, ou deux éclairements, que l'on considère chacun isolément, fournissent deux sensations qui ne sont pas en elles-mêmes des quantités. Si l'on dit que l'une est plus forte que l'autre, c'est que l'on songe à la force des lumières objectives. Mais les deux sensations tranchent (*abstechen*) plus ou moins l'une sur l'autre, et ce degré selon lequel elles tranchent l'une sur l'autre est le degré de leur dissemblance

Si maintenant on considère une dissemblance analogue entre deux autres sensations de lumière, ou bien entre l'une des premières et une troisième, on pourra comparer quantitativement ces deux dissemblances, mesurer l'une en prenant l'autre pour unité, et, d'une manière générale, mesurer une dissemblance quelconque entre deux lumières en prenant une unité arbitraire de même espèce. On pourrait d'ailleurs choisir par convention une sensation de lumière à partir de laquelle on mesurerait, en unités également conventionnelles, les dissemblances entre les sensations de lumière. — On peut appliquer la même méthode de mesure aux autres genres de sensations : on le peut du moins en principe, car dans la pratique il se présente des différences qui peuvent être considérables, tout en restant d'importance secondaire pour la science. — Dès lors on peut distinguer les sensations positives et les sensations négatives. Si, à partir d'un point arbitrairement choisi dans une espèce de sensations, on mesure les dissemblances dans un certain sens, les dissemblances seront exprimées par des quantités positives : si l'on mesure en sens inverse, on obtiendra des quantités négatives. Ces quantités négatives ajoutées à des quantités positives égales en valeur absolue donneront des sommes égales à zéro : c'est là la condition à laquelle, suivant la remarque de Langer, doivent satisfaire des quantités négatives. Cette conception est d'ailleurs tout à fait indépendante de la loi de Weber et de la loi logarithmique.

Fechner a donc eu tort de vouloir mesurer la quantité des sensations en elles-mêmes : les sensations n'ont pas de quantité par elles-mêmes. Il a eu tort aussi de vouloir mesurer les différences des sensations en les considérant comme des différences entre des nombres. Il reste seulement légitime de mesurer les sensations de différences, de sorte que, si la formule logarithmique est juste, elle doit être considérée comme ce que Fechner appelle une formule de mesure des sensations de différence (*Unterschiedsmassformel*). Une seule formule par suite peut être légitime dans la mesure des sensations. —

Quant à la conception des sensations négatives chez Fechner, elle est liée à sa théorie du seuil. Fechner a regardé la loi logarithmique et la loi du seuil comme indissolublement liées l'une à l'autre et comme entraînant ces deux conséquences : la sensation du seuil a une valeur numérique nulle, les sensations au-dessous du seuil ont des valeurs négatives. Ces deux conséquences sont fausses selon Ebbinghaus : la sensation du seuil considérée en elle-même a une valeur nulle, mais il en est de même de toutes les sensations, puisque le choix du point à partir duquel on mesure les dissemblances de sensations, c'est-à-dire du point zéro dans l'échelle des valeurs de sensations, est arbitraire ; quant aux valeurs négatives, elles appartiennent à toutes les quantités que l'on trouve dans les sensations, puisque ces quantités sont positives ou négatives selon la direction dans laquelle on compte les unités qui les mesurent. — Ebbinghaus ne dénie pas pour cela toute importance au fait du seuil : au contraire, mais il le regarde comme absolument étranger à la loi logarithmique. D'ailleurs il n'admet comme important que le fait du seuil différentiel, et non pas celui du seuil d'excitation, « cas limite purement fictif, qui en fait ne peut pas être réalisé, parce que nous ne pouvons pas nous débarrasser des excitations faibles, mais encore bien perceptibles, qui proviennent de causes organiques ». Mais le seuil différentiel même reste un fait particulier d'expérience, qu'il n'est pas possible d'introduire dans la formule de mesure des sensations.

La formule logarithmique cependant est vraie approximativement et dans certaines limites, mais les grandeurs psychiques qu'elle relie aux excitations sont les grandeurs des distances entre les sensations. Pour que la formule $S = K \log E + c$ (1) ait un sens, il faut rapporter S à une sensation arbitrairement choisie comme formant le point zéro dans l'échelle des sensations. Soit S_0 cette sensation : elle correspond à une excitation E_0. Par là on peut déterminer c en remarquant que toute sensation isolée, ou comparée avec elle-même comme telle, a la valeur numérique zéro. Donc :

$$S_0/S_0 = O = K \log. E_0 + c$$

d'où $$c = -K \log. E_0$$

En portant cette valeur dans la formule logarithmique, on obtient :

$$S/S_0 = K \log. E - K \log. E_0 = K \log. \frac{E}{E_0}.$$

Pour faire usage de cette formule, on déterminera K d'après la valeur des unités, qui peuvent être quelconques. D'après la position de S_0, on aura des valeurs positives dans un sens, des valeurs négatives dans l'autre. La seule différence qui subsiste entre cette formule et celle de Fechner est que Fechner choisit comme sensation nulle la sensation du seuil et prétend mesurer ainsi l'intensité de la sensation S, tandis que pour Ebbinghaus, la sensation S_0 est quelconque et ce sont seulement des dissemblances de sensations qui sont mesurées. D'autre part, la loi logarithmique ne s'applique pas aux sensations produites par des excitations voisines du seuil : il n'y a donc en aucune façon à se préoccuper du seuil. De plus, si l'on trouvait une formule plus exacte que la formule logarithmique, c'est-à-dire une formule s'appliquant aux sensations fournies par des excitations très faibles ou très fortes, Ebbinghaus déclare que son interprétation s'y appliquerait encore.

d) MEINONG (1).

Enfin Meinong pense, lui aussi, que la psychophysique a pour objet de mesurer la dissemblance (*Verschiedenheit*). Mais, tandis que Boas et Ebbinghaus entendent sous ce nom

. (1) MEINONG, *Ueber die Bedeutung des Weberschen Gesetzes*, trois articles dans Z. f. Ps., XI (1896).

un caractère purement psychique, Meinong lui donne à la fois un sens psychique et physique. La dissemblance des objets ne doit pas être confondue avec leur différence. Par exemple, la différence entre 1 et 2 centimètres est égale à celle qui existe entre 6 et 7 centimètres, mais la dissemblance n'est pas la même entre les longueurs de chacun de ces deux couples. Qu'est-ce donc que la dissemblance ? Ce n'est pas quelque chose de physique, ni de psychique (1). En fait, je crois que Meinong désigne, sous le nom de dissemblance, tantôt une relation entre les objets, tantôt une relation entre les sensations, ou peut-être plutôt une relation entre les sensations exprimant dans l'esprit une relation entre les objets. En tout cas, c'est la liaison des grandeurs physiques avec les grandeurs psychiques qui fournit le moyen de mesurer la dissemblance. Il suffit de remplacer, dans les équations qui expriment pour Fechner des différences de sensations, le signe qui exprime la différence arithmétique par un signe qui exprime la dissemblance. Le sens de la loi de Weber est alors que, si des excitations sont dans un rapport constant, les dissemblances psychophysiques sont égales. Si donc on établit une série d'excitations formant une progression géométrique, dont la raison est égale au rapport des excitations juste distinctes, les dissemblances sont égales. On retrouve par là une formule logarithmique qui donne la mesure des dissemblances en fonction des excitations : il suffit de choisir l'unité convenablement pour avoir une formule simple (2).

e) Critique

En faisant abstraction de cette idée étrange de Meinong, d'après laquelle la dissemblance est quelque chose de psy-

(1) *Ibid..* p. 127, note.
(2) *Ibid.,* p. 374 sqq.

chique et de physique à la fois, les quatre théories qui viennent d'être exposées sont d'accord pour attribuer à la psychophysique la mesure des différences qualitatives entre les sensations. Entre Boas et Ebbinghaus, il y a des différences relativement à la façon dont est conçue la méthode de mesure, Ebbinghaus étant plus fidèle à Fechner, Boas cherchant des procédés nouveaux. Entre Boas et Stumpf, la différence est que Boas envisage les dissemblances dans les sensations considérées en bloc, tandis que Stumpf distingue des dissemblances ou distances aux points de vue de la qualité et de l'intensité, et à d'autres points de vue secondaires. Mais tous sont d'accord pour substituer des différences qualitatives aux différences quantitatives que Fechner croyait exister entre les sensations.

Je note d'abord que la dissemblance quantitative de Stumpf, en tant qu'elle implique l'affirmation de l'intensité des sensations, tombe sous la critique générale de cette idée d'intensité. D'ailleurs, si l'on admet que les sensations varient en quantité, je puis bien concevoir dans ces quantités l'égalité et la différence arithmétiques, mais non pas la ressemblance et la dissemblance, qui sont des rapports qualitatifs.

Wundt a soutenu que le changement apporté par Boas dans la conception de la mesure psychique n'est qu'une affaire de mots, et ce reproche s'adressait par avance aux autres théoriciens de la mesure des dissemblances : peu importe, dit Wundt, que l'on regarde comme une différence qualitative ou comme une différence intensive la différence que nous constatons entre deux sensations, du moment que l'on reconnaît la mensurabilité quantitative de cette différence qualitative (1). — Sans doute, la divergence est peu considérable en ce qui concerne la mesure psychologique ; pourtant les rapports seuls des sensations sont mesurables au point de vue de la psychophysique qualitative, tandis que l'intensité

(1) WUNDT, *Ueber das Weber'sche Gesetz,* Phil. Stud. II, p. 12, 13.

elle-même des sensations peut être exprimée numériquement si l'on se place au point de vue de Fechner et de Wundt. D'ailleurs, entre les partisans et les adversaires de l'intensité des sensations, la divergence d'opinion est grande en ce qui concerne la constitution des sensations.

Mais je ferais plutôt un autre reproche aux psychophysiciens qui prétendent mesurer la dissemblance des sensations. C'est que la ressemblance et la dissemblance des sensations ne sont pas susceptibles d'une comparaison quantitative, à moins que l'on ne spécifie avec une précision parfaite le point de vue auquel on se place pour parler de ressemblance ou de dissemblance. Une sensation est chose complexe, ou, si l'on hésite à l'admettre, on doit reconnaître que les perceptions, sur lesquelles portent les expériences psychophysiques, sont choses complexes, c'est-à-dire que l'on trouve dans chacune d'elles une pluralité d'éléments et de caractères que l'analyse doit distinguer. Dès lors, si l'on veut parler de plus et de moins dans la ressemblance entre des perceptions, il faut indiquer le caractère ou l'élément commun auquel on songe. Par exemple, trois sensations a, b, c sont agréables : il peut se faire que la sensation a soit plus semblable à la sensation b qu'à la sensation c au point de vue du plaisir qu'elles procurent. Il peut se faire de même que l'on déclare des sensations ou des perceptions plus ou moins semblables les unes aux autres au point de vue de l'effort musculaire qu'elles impliquent, ou au point de vue de la fidélité avec laquelle elles représentent leur objet, ou au point de vue de la distinction de leurs éléments composants. Mais on ne peut pas quantifier la ressemblance d'une façon absolue. Une sensation a ressemble à la sensation b au point de vue d'un caractère ou d'un ensemble de caractères que je désigne par x; elle ressemble à la sensation c au point de vue d'un autre ensemble de caractères que je désigne par y : le jugement qui consisterait à déclarer que a est plus ou moins semblable à b qu'à c n'a pas de sens, à moins que x

ne soit identique à γ. — Il est donc nécessaire, pour que la comparaison quantitative des ressemblances entre sensations ait un sens, que l'on sache exactement quel est le caractère commun que l'on considère dans ces sensations. Mais alors, il n'est plus utile de parler de comparaison entre les ressemblances : la comparaison devient une comparaison entre les sensations au point de vue de leur caractère commun. La mesure de la ressemblance s'évanouit dès que l'on cherche à en déterminer le sens avec précision.

Quelle est donc la signification de ces jugements par lesquels le psychophysicien déclare que deux dissemblances de sensations sont égales ? Il ne peut y en avoir qu'une : l'égalité qui est en jeu dans ces jugements et qui les rend possibles ne peut être qu'une égalité objective, l'égalité des deux différences qui existent entre les excitations. Soient trois sensations a, b, c, provenant des excitations A, B, C. On déclare que la dissemblance entre a et b est égale à la dissemblance entre b et c, ou, suivant l'expression d'Ebbinghaus, que a tranche sur b aussi fortement que b sur c. Mais, ce qui est vrai plutôt, c'est que, d'après les caractères propres aux trois sensations, la différence objective entre A et B apparaît comme égale à la différence entre B et C. On répète pour les différences qualitatives la confusion fondamentale que Fechner avait faite pour les intensités et pour les différences d'intensité : de ce que les excitations ont une intensité mesurable, Fechner concluait à tort qu'il en est de même pour les sensations ; de ce que les différences d'excitation sont mathématiquement comparables, il concluait à tort qu'il existe entre les sensations correspondantes des différences quantitatives, mathématiquement comparables elles aussi. Maintenant Boas et les autres se bornent à substituer aux différences quantitatives de Fechner des différences qualitatives, mais c'est sans plus de raison qu'ils regardent ces différences comme pouvant être mathématiquement égales ou inégales, doubles ou triples les unes des autres.

La preuve expérimentale que le classement opéré dans la méthode des différences égales est un classement des excitations, et non pas des sensations, est fournie par les expériences de Merkel (voir le chapitre précédent, § 9). — D'autre part Witasek (1) a fait faire à ses élèves, à Graz, des expériences en vue de mesurer les dissemblances entre des angles perçus par la vue, et ces expériences sont très propres à faire juger la valeur de cette théorie de Meinong, dont Witasek s'est d'ailleurs inspiré. On demande au sujet de donner à trois angles qu'il compare des valeurs telles que la dissemblance entre le plus petit et l'angle moyen soit égale à la dissemblance entre l'angle moyen et le plus grand. Le sujet, d'une façon très régulière, donne aux angles des valeurs telles que les différences arithmétiques qu'il compare sont égales, dans la limite des erreurs d'observation ; ce résultat serait tout à fait contraire à la loi logarithmique de Meinong. Witasek trouve que le sujet déplace la question qui lui a été posée (2). Je crois plutôt que le résultat prouve que la question n'avait proprement pas de sens, et que le sujet lui a donné le seul sens possible en faisant porter son jugement sur les rapports des grandeurs objectives.

§ 5. — *La mesure de la sûreté des jugements sensoriels :*
Stumpf.

Stumpf a introduit dans ses études sur la perception des sons musicaux des idées et des procédés de mesure dont l'ensemble peut être considéré comme formant une reconstruction originale de la psychophysique, et cet ensemble de vues se sépare assez aisément de sa théorie sur les distances de sensation.

(1) *Versuche über das Vergleichen von Winkelverschiedenheiten*, Z. f. Ps. XI, p. 321.
(2) *Ibid.*, p. 331.

D'abord, il établit d'une façon très nette le sens des jugements sensoriels. « Nous ne devons pas perdre de vue, dit-il,
que, excepté dans le cas où il se produit une abstraction (des
sensations par rapport aux objets) (1) en vue de fins scientifiques particulières, en même temps que nous jugeons sur les
apparences (les sensations), nous jugeons aussi sur les objets,
les choses ou processus qui (avec la permission de la métaphysique) produisent les apparences, bref sur les excitations.
Dans la vie on dit couramment, non pas qu'une qualité de couleur (*Farbenqualität*) est plus brillante, une sensation de son
plus haute, une sensation musculaire plus intense qu'une autre,
mais qu'un gant, une sorte de papier, une flamme sont plus
brillants, qu'un corps est plus lourd qu'un autre, ou qu'une
corde est désaccordée. D'ailleurs le but de l'homme qui réfléchit n'est ordinairement pas de connaître ses sensations comme
telles, mais de connaître le monde par ses sensations (2). »
Les jugements sensoriels possèdent un caractère de grande
importance, qui est leur sûreté (*Zuverlässigkeit*). « Par la
sûreté, dit Stumpf, nous entendons la mesure de la confiance
que les autres ont le droit d'avoir dans la déclaration de celui
qui porte le jugement, relativement à la vérité ou à l'exactitude de cette déclaration (3). » Cette définition est un peu
embrouillée, et elle l'est, je crois, parce que Stumpf veut
qu'elle s'applique à deux caractères différents des jugements
sensoriels qu'il désigne sous ce même nom de sûreté (*Zuverlässigkeit*). Il distingue d'ailleurs ces deux caractères : la
sûreté objective et la sûreté subjective.
La sûreté objective n'est autre chose que l'exactitude du
jugement par rapport à son objet. Pour la déterminer,
Stumpf divise les jugements sensoriels en deux classes : ceux
dans lesquels les réponses possibles à la question posée peu—

(1) Cette parenthèse explicative n'est pas dans le texte de Stumpf.
(2) *Tonps.*, I, p. 22, 23.
(3) *Ibid.*, p. 22.

vent être vraies ou fausses selon les circonstances, ceux dans lesquels la réponse affirmative est toujours fausse et la réponse négative toujours vraie (ou inversement, si la question a été posée sous une autre forme). S'il s'agit de savoir lequel est le plus haut de deux sons qui ont été déjà reconnus comme différents, chaque réponse peut être vraie ou fausse selon les circonstances, et constitue un jugement de la première classe. Mais dans le cas où l'on demande si une certaine hauteur de son ou une certaine intensité de lumière est égale à une autre, ou si tel intervalle est pur, la réponse affirmative est toujours fausse, car il s'agit de choses dont la variation est continue et où par conséquent l'on ne peut trouver l'égalité absolue. Si d'ailleurs, au lieu d'interroger sur l'égalité, on interrogeait sur la non-égalité ou la dissemblance, c'est la réponse affirmative qui serait toujours vraie. Les réponses de ce genre sont des jugements de la deuxième classe (1). — La sûreté objective des jugements de la première classe est identique au degré de leur probabilité, c'est-à-dire au rapport des chances de vérité et des chances de fausseté que présentent ces jugements, rapport que l'on obtient en faisant le compte des cas vrais et des cas faux dans une série de jugements ; et ce rapport a une exactitude d'autant plus rigoureuse que la série est plus considérable (2). — La sûreté objective des jugements de la deuxième classe est identique au degré d'exactitude du jugement qui affirme l'égalité des objets comparés ou bien la pureté des intervalles, et ce degré d'exactitude, ou ce degré d'approximation de la vérité, est déterminé par la plus grande différence qui puisse échapper à la perception (la différence juste imperceptible), ou, s'il s'agit d'intervalles, par le plus grand écart de la pureté qui puisse échapper à la perception (3). — On peut distin-

(1) *Ibid.*, p. 24, 25.

(2) *Ibid.*, p. 26.

(3) *Ibid.*, p. 27.

guer d'ailleurs la sûreté absolue et la sûreté relative. Par
exemple, si l'on demande quel est le plus haut de deux sons
donnés, le jugement de la première classe a, pour deux
paires de sons différentes, la même sûreté objective absolue
si le même rapport de cas vrais et faux se produit les deux
fois pour des différences égales dans les nombres de vibrations ; il a, au contraire, la même sûreté objective relative si
le même rapport de cas vrais et faux se produit pour le même
quotient des nombres de vibrations. Le jugement de la
deuxième classe, répondant à la question de savoir si deux sons
ont la même hauteur, a la même sûreté objective absolue
dans deux cas différents, pour deux paires de sons différentes,
si la différence juste perceptible (ou imperceptible, cela
importe peu ici) correspond à des différences égales dans les
nombres de vibrations ; la sûreté objective relative sera la
même, au contraire, si la différence juste perceptible correspond à des quotients égaux des nombres de vibrations (1).

Ainsi la mesure de la sûreté objective des jugements sensoriels est possible au moyen des méthodes psychophysiques.
Une telle mesure est même, selon Stumpf, le seul résultat
direct que nous fournissent les expériences psychophysiques.
« Ces expériences, dit-il, ne nous apprennent primitivement
rien sur le rapport de l'excitation et de la sensation, comme
beaucoup l'ont admis à tort et pendant longtemps, mais elles
nous apprennent quelle doit être la grandeur de la différence,
ou bien du rapport, de deux excitations, pour que, dans des
conditions déterminées, par exemple pour un son de hauteur
déterminée et pour un individu déterminé, ces excitations
produisent des jugements d'un degré déterminé de probabilité (1re classe) ou d'exactitude (2e classe). Le moyen d'arriver
à ces mesures est fourni par des séries de jugements dans
lesquels on calcule le rapport des réponses vraies au total
des réponses, ou bien l'erreur moyenne commise dans des

(1) *Ibid.*, p. 27.

jugements faux. En faisant varier les circonstances dans une nouvelle série d'expériences, on peut en outre déterminer des valeurs moyennes pour l'individu que l'on étudie ou pour le sens que l'on étudie, et déterminer notamment la marche de l'accroissement et de la diminution de la sûreté objective dans des régions différentes d'un même sens (hauteurs des sons, régions du spectre, intensités), et d'une manière générale reconnaître la variation régulière de la sûreté objective qui correspond à la variation de conditions déterminées (1). »

Maintenant, Stumpf estime que l'on peut, de la sûreté objective, remonter à des conditions psychologiques en quelque sorte plus internes. « La sûreté objective est toujours déterminée par deux facteurs généraux, qu'il est pour la psychologie de la plus haute importance de distinguer, et que l'on doit s'attacher à mesurer séparément, quoique cela ne soit pas nécessaire pour la mesure de la sûreté objective et que cela soit sujet à d'importantes difficultés de principe (2). » Ces deux facteurs sont la sensibilité et la sûreté subjective.

« La sensibilité est le degré auquel nos sensations correspondent aux excitations adéquates qui les déterminent (3). » Voilà encore une définition qui n'est pas claire, mais elle s'explique par la distinction et la définition des deux formes de la sensibilité. La correspondance entre les excitations et les sensations fait défaut quand les excitations sont trop faibles, ou bien trop fortes, de sorte que la correspondance n'existe que pour une certaine région des excitations : c'est cette région que Wundt avait appelée le champ d'excitation (*Reizumfang*). Mais la correspondance fait défaut aussi quand les différences d'excitation sont trop faibles pour produire des différences de sensation. La sensibilité, c'est-à-dire la réceptivité mentale à l'égard du monde physique, se trouve

(1) *Tonps.*, I, p. 43-45.
(2) *Ibid.*, p. 27, 28.
(3) *Ibid.*, p. 28.

donc bornée à l'égard des excitations et des différences d'excitation. C'est pourquoi Stumpf distingue la sensibilité aux excitations ou le champ de la sensibilité (*Umfangs-Empfindlichkeit oder Umfang des Empfindungsgebietes*) et la sensibilité différentielle. Le champ de la sensibilité se détermine en fixant les limites supérieure et inférieure où la sensation cesse d'exister. Quant à la sensibilité différentielle, c'est « la finesse avec laquelle les différences des sensations correspondent à celles des excitations, ou encore le nombre de sensations différentes qui trouvent place dans des limites données de l'excitation (1) ». Elle peut être absolue ou relative, selon que l'on considère les différences ou les rapports des excitations.

La sûreté subjective, maintenant, est « la sûreté du jugement au point de vue de l'aperception (*Auffassung*) correcte des sensations comme telles » (2). La conscience, en effet, a ses illusions comme la perception extérieure. Il est des sensations, il est aussi des différences de sensation qui ne sont pas inconscientes (*unbewusste*), mais demeurent inaperçues (*unbemerkte*). « Il n'y a pas simplement un seuil que la différence d'excitation doit franchir pour produire une différence de sensation, mais aussi un seuil que la différence de sensation doit franchir pour devenir perceptible. Ce dernier, par opposition au seuil de sensation, peut être désigné comme le seuil du jugement (3). » — La sûreté subjective dépend d'ailleurs elle-même de plusieurs autres facteurs que Stumpf se borne à indiquer : la sûreté et l'exactitude de la mémoire, le degré de l'attention, etc.

Maintenant comment peut-on mesurer la sensibilité et la sûreté subjective ? On le peut, selon Stumpf, au moyen des mêmes expériences psychophysiques, « mais il faut consi-

(1) *Ibid.*, p. 30.
(2) *Ibid.*, p. 31.
(3) *Ibid.*, p. 33, 34.

dérer d'une manière prépondérante des circonstances particulières, et le résultat désiré ne peut être atteint que par
l'intermédiaire de raisonnements plus ou moins hypothé-
tiques » (1).

« La mesure de la sûreté subjective s'obtient en soumet-
tant à un examen minutieux (*durch Abfragen*) une série de
jugements portés par un même individu sur des excitations
extérieures invariables, et en introduisant quelques circonstances de nature à troubler le jugement (2). » Mais Stumpf
n'indique pas ici de procédé régulier de mesure. Il fait plutôt
remarquer que la mesure, bien qu'elle ne soit pas impossible,
est très difficile. Une multitude de circonstances influent sur
le jugement : il faut les déterminer empiriquement. En outre
l'exercice influe aussi sur le jugement, et il peut modifier
l'aptitude à juger, même dans le cours d'une série d'expériences ; on peut cependant noter comme une circonstance
favorable que l'influence de l'exercice cesse de se faire sentir
après avoir atteint un certain point. — Au sujet de la mesure
de la sensibilité, Stumpf se borne à donner des indications
de détail, qui sont intéressantes pour la façon de conduire
les expériences, mais qui ne concernent pas les principes
généraux de la mesure. Une de ces indications doit être
cependant retenue ici à titre d'opinion : c'est que la sensibilité dépend essentiellement de causes physiologiques, et
même anatomiques, et par suite doit être invariable ou à peu
près chez chaque homme, au moins pendant un temps assez
long (3). Par conséquent les variations qui se présentent
dans les jugements sensoriels seraient dues à des causes
psychologiques. Je signale cette idée en passant, sans en
discuter la valeur : on voit l'importance qu'elle a aux yeux

(1) *Ibid.*, p. 45.

(2) *Ibid.*

(3) Les nerfs de l'ouïe semblent être plus sensibles le soir que le matin.
(STUMPF, *Tonpsychol.*, I, p. 358.)

de Stumpf au point de vue de la mesure de la sûreté subjective, et elle peut en tout cas fournir un point de départ de recherche.

Ainsi Stumpf a fait subir à l'interprétation des faits psychophysiques une transformation profonde et de grande importance, et il a contribué pour beaucoup à faire de la psychophysique une méthode d'expérimentation psychologique (1). Chose étrange, cependant, et qui montre la puissance du préjugé relatif à l'intensité des sensations, il admet que la conscience saisit et apprécie l'intensité des sensations (2). Il ne part pas, il est vrai, de cette opinion pour chercher une formule de mesure des sensations, mais bien pour chercher la mesure des distances de sensation. J'ai essayé de montrer que cette tentative est stérile. Au contraire j'admets sans réserve son idée, que les méthodes psychophysiques ne nous font connaître directement que la sûreté des jugements sensoriels, et qu'il faut remonter de cette sûreté des jugements à ses conditions psychologiques, par une analyse régressive. Je reprendrai cette idée dans les chapitres suivants.

§ 6. — *Münsterberg.*

Une des reconstructions les plus originales de la psychophysique est celle de Münsterberg (3).

D'une manière aussi décidée que les adversaires les plus résolus de la mesure des sensations, Münsterberg déclare

---

(1) « Dans les expériences psychophysiques, nous soumettons à la recherche, surtout et en première ligne, les processus psychiques. » (*Tonpsychol.*, I, p. 55.) La psychophysique n'est plus envisagée ici comme la science exacte des rapports de l'âme et du corps.

(2) *Ibid.*, I, p. 345 sqq.

(3) *Neue Grundlegung der Psychophysik*, Beiträge zur experimentellen Psychologie, III (1890).

qu'une sensation forte n'est pas un multiple d'une sensation faible, qu'elle ne contient pas une sensation faible avec quelque chose de plus, qu'une sensation ne se divise pas en parties ou en unités. Mais il n'en résulte pas, selon Münsterberg, que l'on ne puisse pas mesurer les sensations et les différences de sensations.

Münsterberg rattache sa théorie de la mesure des sensations à une théorie générale de la mesure, qui porte sur la mesure physique aussi bien que sur la mesure psychique. Toute mesure physique se ramène à la mesure de l'étendue, de la durée et de la masse; la réduction peut même être poussée plus loin, si l'on en croit Wundt (1), pour qui la mesure de la durée se ramène encore à la mesure de l'étendue, de même que la mesure de la masse. Mais, dit Münsterberg, cette théorie de la mesure physique a besoin d'un complément psychologique. « La base de toutes nos méthodes de mesure physiques est que nous pouvons comparer les grandeurs d'espace, de temps et de poids les unes avec les autres dans une appréciation subjective immédiate : sans cette faculté subjective, tous les instruments objectifs de mesure seraient pour nous aussi dépourvus de sens qu'un microscope serait dépourvu de valeur si nous n'avions pas d'yeux (2). » « Lorsque nous percevons l'étendue, la durée et la masse, il se produit toujours en nous des représentations complexes, dans lesquelles entrent des sensations d'espèces multiples, et nous déclarons toujours, en songeant à la mesure, que deux de ces représentations sont égales quand une sensation déterminée est identique dans ces deux représentations, de quelque façon que puissent différer les autres éléments des synthèses (3). » Cette représentation élémentaire dont l'identité nous permet d'affirmer l'égalité de deux

(1) *Ueber das Weber'sche Gesetz*, Phil. Stud., II, p. 14.
(2) *Neue Grundlegung der Psychophysik*, p. 19.
(3) *Ibid.*, p. 20, 21.

grandeurs physiques est la sensation musculaire. Quand l'étendue est perçue par la vue, la sensation musculaire en jeu est celle que nous obtenons en parcourant l'étendue par le mouvement des yeux, soit que le mouvement soit réellement effectué, soit que l'image d'un mouvement antérieur soit associée à la perception visuelle. Quand il s'agit de l'espace tactile, les sensations musculaires nous sont fournies par le mouvement des organes. Dans l'appréciation de la durée, des groupes de muscles très différents sont en jeu, ceux de la nuque, du cou, des épaules, du tronc, des membres : seulement il s'agit ici, non plus du raccourcissement des muscles, mais de leur tension, etc. En résumé, les grandeurs égales d'étendue, de durée et de masse sont celles qui produisent des sensations musculaires de force égale, et si l'on prend comme unité la sensation musculaire produite par un objet déterminé, on peut diviser chaque objet en des parties dont chacune produit l'unité de sensation musculaire (1).

C'est donc la possibilité de constater des sensations musculaires égales qui fonde la mesure physique : l'idée capitale de la psychophysique de Münsterberg est que la mesure des grandeurs psychiques, des intensités de sensations, repose sur la même base. Toute perception, en effet, provoque dans l'organisme, d'une manière réflexe, des contractions musculaires, dont la force dépend de la force de l'excitation. Si la qualité de l'excitation se modifie, la contraction musculaire se modifie aussi, et aux variations d'intensité de l'excitation correspondent des variations de contraction musculaire qui sont exprimées dans notre conscience par des sensations. La sensation musculaire fournit donc un élément commun de nos perceptions qui en rend la mesure possible.

Mais maintenant apparaît la difficulté à laquelle se heurte Münsterberg et qui est manifestement insoluble. Les sensa-

(1) *Ibid.*, p. 22, 23.

tions musculaires sont-elles donc d'une autre nature que les sensations de lumière ou de son pour qu'elles puissent être les unes à l'égard des autres dans des rapports de multiplicité et d'égalité mathématique? — Oui, répond Münsterberg : « la sensation musculaire occupe une position tout à fait exceptionnelle, la sensation musculaire faible est contenue dans la sensation forte, et les deux ne diffèrent pas l'une de l'autre qualitativement, mais par leur durée et leur étendue » (1). — Il ne faut évidemment pas prendre ce passage au pied de la lettre : les sensations musculaires ne sont pas des phénomènes étendus ; l'étendue à laquelle songe ici Münsterberg est l'étendue des muscles intéressés au mouvement qui provoque la sensation, ou bien c'est encore l'étendue des mouvements effectués par les muscles. Mais cette étendue, quelle qu'elle soit, ne peut être un élément d'information qu'à la condition d'être connue, appréciée par l'esprit. De même la durée des contractions musculaires doit être appréciée pour nous renseigner sur la durée des mouvements effectués. On pourrait donc demander comment cette étendue et cette durée sont connues, si c'est par une intuition immédiate, et alors comment il se fait que les sensations musculaires jouissent d'un tel privilège, — ou bien si c'est par d'autres sensations musculaires, comme semble l'exiger la théorie de Münsterberg sur l'appréciation de la durée et de l'étendue, et alors à quel point on pourra s'arrêter dans cette régression. — Mais cette conséquence ne fait apparaître que d'une façon indirecte le vice de la théorie. La raison pour laquelle la théorie psychophysique de Münsterberg conduit à des conséquences aussi embarrassantes est que les sensations musculaires n'ont nullement la nature privilégiée qu'il leur attribue. Il donne le nom de sensations musculaires à des représentations complexes qui sont, comme toutes les perceptions, des agrégats de sensations et d'images, et qui, à ce

(1) *Ibid.*, p. 30.

titre, varient qualitativement comme la perception d'une
intensité lumineuse qui grandit, d'un son qui s'éloigne ou
d'une couleur qui change de nuance. Nous reconnaissons
qu'une lumière devient plus forte à ce que, par exemple,
notre perception devient pénible, à ce que nous sentons notre
pupille se rétrécir ou même nos paupières se rapprocher : je
ne donne cette indication que comme un exemple, parce que
nous sommes loin de connaître la constitution détaillée de
toutes les perceptions. De même, si j'étends le bras pour
prendre un livre sur la table, et si ensuite je fais quelques
pas pour en prendre un autre sur un rayon, je me rends
compte que j'ai effectué dans le deuxième cas un mouvement
plus considérable que dans le premier, et sans doute mon
appréciation de la durée des deux mouvements joue un rôle
dans mon appréciation de leur étendue ; mais il y a aussi des
différences qualitatives entre mes deux perceptions, parce
qu'elles me sont fournies par des organes différents. Même
si l'on fait la supposition artificielle de deux mouvements
différents accomplis par un muscle unique, d'un raccourcissement faible et d'un raccourcissement plus considérable du
même muscle, il doit bien exister quelque différence qualitative entre les deux perceptions musculaires : l'une m'est,
par exemple, plus familière, et l'autre moins ; ou bien l'un
des mouvements m'est plus facile, ou plus agréable, etc. ;
peut-être même existe-t-il des différences plus internes, que
l'analyse subjective ne peut pas dégager et décrire, mais qui
peuvent suffire néanmoins à distinguer les deux perceptions.
« La sensation de mouvement, dit Münsterberg, quand le
bras parcourt deux décimètres en palpant un objet, n'est pas
autre que quand il ne parcourt qu'un décimètre ; elle a seulement une durée double ; la deuxième sensation est donc en
fait contenue deux fois dans la première (1). » C'est là une
affirmation tout à fait arbitraire. Sans doute il peut arriver

(1) *Ibid.*, p. 34.

que deux perceptions, musculaires ou non, se ressemblent à tous les points de vue, de telle façon que la conscience la plus attentive ne puisse saisir entre elles d'autre différence que celle de la durée ; il peut même arriver que la durée en soit exactement la même. Je ne prétends ni défendre, ni combattre le principe des indiscernables. Mais, si une parfaite répétition de deux faits psychiques se produit, ce n'est là qu'un fait sans portée pour la mesure des phénomènes psychologiques.

L'intérêt de la théorie de Münsterberg n'est donc pas en ce qu'elle fournirait une nouvelle manière de mesurer les sensations. Mais il reste vrai, cependant, ou du moins c'est une hypothèse de la plus haute vraisemblance, que toutes nos perceptions comprennent des éléments moteurs, que dans toutes nos perceptions, par conséquent, les sensations musculaires fournissent un élément d'information. Il en résulte que chaque perception a une valeur motrice, et c'est là un fait important. Mais les expériences par lesquelles Münsterberg a essayé de vérifier sa théorie psychophysique ne donnent pas d'indications utiles. En effet, Münsterberg pose comme une conséquence de sa théorie que, si elle est vraie, « deux paires de sensations doivent pouvoir être comparées au point de vue de la grandeur de leurs différences, même lorsqu'elles appartiennent à des sens différents » (1). La comparaison de la différence entre deux intensités lumineuses avec la différence entre deux intensités sonores se ferait par le moyen d'une comparaison entre les différences de contractions musculaires concomitantes. « Si deux excitations lumineuses nous sont données, ayant entre elles un rapport déterminé d'intensité, et si nous tenons dans la main gauche un poids déterminé, nous pouvons placer dans la main droite un poids que l'on fait croître ou diminuer jusqu'à ce que la différence entre les deux poids nous paraisse égale à la différence entre les deux

(1) *Ibid.*, p. 56.

excitations lumineuses (1). » Münsterberg a comparé de cette façon des différences entre des mouvements des bras ou des mouvements des yeux avec des différences entre des intensités lumineuses, des poids et des intensités sonores. Mais il est probable que la comparaison réelle ne portait pas sur la valeur motrice des perceptions, que les excitations de chaque paire étaient mesurées l'une par l'autre d'une façon approximative et que la comparaison portait sur les rapports mathématiques ainsi obtenus. C'est donc une autre méthode qu'il faut chercher pour étudier la valeur motrice.

§ 7. — *Charles Henry*.

M. Charles Henry a fait, au laboratoire de physiologie des sensations de la Sorbonne, des recherches en vue de déterminer les lois de la sensibilité, et il a formulé une loi compliquée que ses expériences ont vérifiée avec une régularité remarquable pour la sensation de la lumière (2) et pour la sensation de la force des sons (3).

Cette formule relie les numéros d'ordre des sensations que l'on obtient en graduant d'une façon parfaite une série d'intensités lumineuses ou sonores. M. Henry a commencé par faire au lavis une série de teintes grises, « de manière à offrir à l'œil l'aspect d'un dégradé parfait ». Il a mesuré ensuite les intensités lumineuses des différentes teintes, et il a établi une courbe reliant les numéros d'ordre des teintes, qui représentent pour lui des numéros d'ordre de sensations, avec les intensités lumineuses. « L'équation de cette courbe, dit-il, n'est ni la relation logarithmique, ni la relation de la

---

(1) *Ibid.*, p. 60, 61.
(2) *Comptes rendus de l'Académie des sciences*, 1896, t. CXXII, p. 951-954, 1139-1142.
(3) *Ibid.*, p. 1283-1286.

racine carrée de l'excitation qu'on a vérifiée, dans des limites très étroites d'ailleurs, d'intensités, pour les numéros d'ordre de la sensation lumineuse (1). » C'est une équation beaucoup plus compliquée, et que je juge inutile de reproduire, parce que je n'ai pas l'intention de la discuter. M. Henry a vérifié sa formule par d'autres expériences photométriques, et il a retrouvé la même formule pour la sensation des intensités sonores.

L'originalité de ce travail, envisagé comme une reconstruction de la psychophysique est que l'auteur tient à rester à un point de vue rigoureusement empirique. Il ne parle ni de l'intensité des sensations, ni de l'égalité ou de l'inégalité des différences de sensation. Un psychophysicien un peu fidèle aux idées de Fechner ou de quelqu'un de ses disciples n'aurait pas manqué de déclarer qu'il existe entre les sensations fournies par les teintes voisines des différences égales, ou bien des dissemblances ou des distances égales. M. Henry se borne à établir une formule de classement des sensations. — Mais il est impossible de se tenir à un pareil point de vue : les expériences ont besoin d'être interprétées, il faut savoir quel est le phénomène psychologique en jeu. L'excès de prudence, surprenant chez un psychophysicien, ne vaut pas mieux que l'excès de hardiesse.

J'ajoute que les expériences de M. Henry, si on les interprète conformément aux idées de Fechner ou de Delbœuf, ou de tous ceux qui ont employé la méthode expérimentale de Plateau, montrent que nous apprécions comme égales des différences d'excitation qui ne sont pas égales. Mais il n'y a pas d'autre conclusion à en tirer, car la méthode des différences égales est la plus imparfaite de toutes les méthodes psychophysiques (Voir plus loin, ch. VIII, § 3).

(1) *Ibid.*, p. 951.

CHAPITRE V

LES CARACTÈRES QUANTITATIFS DES REPRÉSENTATIONS SENSORIELLES

Le système psychophysique de Fechner est inacceptable parce que l'idée qui lui sert de base est fausse : il est faux que, lorsque nous portons le jugement psychophysique, lorsque nous déclarons, par exemple, une intensité lumineuse plus forte qu'une autre, ou égale à une autre, notre jugement soit déterminé par une comparaison quantitative des sensations ou des perceptions ; la prétendue intensité des sensations, qui grandirait et diminuerait à mesure que les intensités physiques correspondantes grandissent et diminuent, n'existe pas. Mais il ne résulte pas de là que les représentations sensorielles ne possèdent pas de caractères quantitatifs, qu'elles soient de pures qualités et que la psychophysique soit tout entière une chimère.

Presque tous ceux des critiques de Fechner qui ont mis en lumière la fausseté de son idée fondamentale sont allés trop loin dans la voie de la négation.

Ainsi F.-A. Müller soutient que la quantité mesurable appartient seulement aux objets et par suite fait défaut aux sensations, phénomènes subjectifs (1).

Elsass expose une opinion analogue dans sa brochure sur la psychophysique (2), et il la reprend dans un article

(1) F.-A. MÜLLER, *Das Axiom der Psychophysik* (1882).
(2) ELSASS, *Ueber die Psychophysik* (1886).

postérieur, où il déclare que les termes quantitatifs, quand ils sont appliqués à la sensation, n'ont qu'un sens figuré (1).

M. Pillon en avait déjà dit autant, bien que d'une manière moins formelle, et bien qu'il déclare nettement que, « si les phénomènes mentaux échappent à la mesure, ils n'échappent pas à la supputation » (2).

Mais le plus hardi négateur de la quantité psychologique est M. Bergson, qui, non content de nier toute intensité psychologique, va jusqu'à soutenir que « la multiplicité des états de conscience, envisagée dans sa pureté originelle, ne présente aucune ressemblance avec la multiplicité distincte qui forme un nombre. Il y aurait là..... une multiplicité qualitative » (3).

Selon M. Bergson, les phénomènes psychologiques se pénètrent les uns des autres au point de perdre leur individualité, ou plutôt cette pénétration continue est leur état réel, et nous ne les isolons les uns des autres qu'en les projetant dans l'espace par une opération qui les défigure. Comme cette opération est d'usage courant, comme elle se légitime pratiquement par des besoins sociaux, en particulier par le besoin de communication verbale avec les autres hommes, nous avons peine à nous apercevoir qu'elle s'accomplit, et il faut faire un effort vigoureux d'abstraction et d'analyse pour retrouver le moi réel sous le moi symbolique et réfracté, la continuité naturelle sous la discontinuité artificielle, l'unité indivisible de la vie psychologique sous l'apparente multiplicité numérique. Le nombre ne s'applique donc aux sentiments, aux sensations, aux idées que d'une

(1) ELSASS, *Die Deutung der psychophysischen Gesetze*, Philosophische Monatshefte, t. 24, p. 129-155. J'ai cité plus haut (ch. II), le passage le plus significatif de cet article.

(2) *A propos de la notion de nombre*, Critique Philosophique, 1882, I, p. 384.

(3) *Essai sur les données immédiates de la conscience*, p. 91, 1889.

manière inadéquate, que par une déformation de leurs rapports réels.

Je ne vois d'autre manière de critiquer cette négation de la quantité psychologique que de montrer, par l'analyse de la perception, que l'on y trouve une pluralité de caractères quantitatifs (1). J'utiliserai maintenant la distinction que j'ai faite précédemment entre la sensation et la perception, et, comme c'est la perception, et non à proprement parler la sensation, qui est en jeu dans les expériences psycho-physiques et qui est donnée à l'observation subjective, c'est principalement pour la perception que j'essaierai d'établir la pluralité des caractères quantitatifs. D'ailleurs la simplicité qui semble appartenir à la perception quand on la confond avec la sensation est peut-être une des causes secrètes pour lesquelles certains psychologues ont regardé comme un élément immuable, indivisible et purement qualitatif, l'état mental consécutif à l'excitation sensorielle. Si, au contraire, on voit dans cet état mental quelque chose de très complexe, on doit y admettre d'abord une pluralité d'éléments, et reconnaître, contre la théorie paradoxale de M. Bergson, que ces éléments peuvent être distingués les uns des autres et comptés séparément. De même les perceptions qui se succèdent ou qui existent simultanément dans un même esprit peuvent être comptées, et c'est même parce que nous comptons les perceptions distinctes que nous procurent les objets que nous pouvons compter les objets. Dans beaucoup de cas, il est vrai, les états mentaux simultanés ou successifs se fondent partiellement les uns dans les autres, et cela arrive surtout quand ils sont obscurs et mal distingués : mais ils

(1) Déjà M. Tarde, après avoir nié que les sensations fussent quanti-tatives, cherche à transférer le caractère quantitatif à d'autres éléments psychologiques (*La croyance et le désir, la possibilité de leur mesure,* Revue Philos., 1880, II, deux articles). Je ne crois pas qu'il soit néces-saire, pour trouver des quantités psychologiques, de sortir de ce que l'on appelle la sensation, c'est-à-dire de la perception.

forment alors une multiplicité confuse, ils comprennent toujours, quoique d'une manière enveloppée, les relations numériques, et ce sera l'une des fins de l'analyse de dégager ces relations.

Cette *numérabilité* des perceptions en est un caractère quantitatif en quelque sorte extérieur. Il en est de même de la *durée*. On sait, depuis la découverte de l'équation personnelle, que les opérations mentales demandent un certain temps pour être accomplies. Les premières mesures du temps de réaction ont été faites vers 1861 par Donders. En décomposant le temps de réaction en ses divers éléments, et en faisant varier les conditions de l'expérience, on a pu mesurer le temps minimum qui est nécessaire pour diverses opérations, le temps de discernement et le temps d'association notamment (1).

D'autres caractères quantitatifs appartiennent aux perceptions par le fait qu'elles sont liées à des états corporels. D'abord elles dépendent de phénomènes nerveux et cérébraux dont la nature n'est guère connue. Mais c'est une hypothèse en quelque sorte directrice dans la science contemporaine que chacune de nos perceptions implique d'une façon nécessaire un travail nerveux déterminé : c'est l'activité psychophysique de Fechner. Ce travail nerveux varie sans doute qualitativement d'une perception à l'autre, c'est-à-dire que des centres différents sont intéressés à la formation des divers genres de perceptions, et sans doute la nature du travail physiologique varie aussi dans un même centre pour les diverses perceptions qui s'y élaborent. Mais en outre ce travail est par nature susceptible d'être exprimé mathématiquement comme tout travail mécanique, de sorte que chaque perception correspond à une quantité déterminée de travail

(1) Ribot, *Psychologie allemande*, p. 299. Buccola, *La legge del tempo nei fenomeni del pensiero*, 1883. Jastrow, *The time-relations of mental phenomena*, 1890. Wundt, *Psychologie physiologique*, tr. fr., II, p. 247. Binet, *Introd. à la psychol. exp.*, p. 103, 1894.

nerveux, c'est-à-dire qu'il existe pour chaque perception une *équivalence nerveuse*.

Il existe de même pour chaque perception une *équivalence musculaire*. Car les mouvements d'adaptation des organes sensoriels sont indispensables pour que la perception puisse s'effectuer d'une manière complète. On dirait que chaque sensation, pour devenir la perception achevée qu'elle aspire à être, utilise tous les muscles dont le jeu peut lui servir. Par conséquent chaque perception représente cette quantité déterminée de force musculaire qu'elle emploie pour se constituer, et les perceptions pourraient être comparées quantitativement les unes avec les autres à ce point de vue, si nous avions le moyen d'isoler et d'évaluer la force musculaire qui est dépensée par chacune d'elles.

La perception n'implique pas seulement des antécédents, mais elle implique aussi des conséquents corporels : elle retentit dans l'organisme, d'une part sur le système musculaire, et de l'autre sur les organes de la circulation, des sécrétions, de la respiration. — En tant que la perception exerce une action sur les muscles, on peut dire qu'elle possède une *énergie motrice*. Il est inutile de citer des faits pour montrer que les perceptions peuvent déterminer, ou tendre à déterminer des mouvements; c'est là une idée généralement admise et que M. Fouillée a prise comme base de sa psychologie des idées-forces. Münsterberg en a fait l'idée fondamentale de sa psychophysique, et s'est plus tard attaché à donner la preuve expérimentale de l'existence de ces mouvements inconsciemment produits qui dérivent des perceptions visuelles, et il pense avoir établi que l'étendue de ces mouvements varie avec le temps qui s'est écoulé depuis la perception, avec les objets perçus et avec les personnes. Il est vrai que ces expériences ont été critiquées par Nichols (1).

(1) Münsterberg, *The motor power of ideas*, Psychological Review, I, p. 441. Nichols, même titre, Philosophical Review, IV.

Mais il reste néanmoins incontestable que beaucoup de perceptions, toutes probablement, se prolongent en quelque sorte dans l'organisme par des mouvements dont la fonction générale est de réagir d'une manière appropriée à l'excitation reçue.

Le retentissement de la perception sur la circulation, les sécrétions et la respiration s'accompagne d'un phénomène psychologique que l'on range quelquefois à tort parmi les sensations, et qui est l'émotion. C'est une question de savoir si l'émotion comme phénomène psychologique est antérieure à ses concomitants physiologiques, ou bien si, suivant l'opinion de William James et de Lange, l'émotion comme phénomène psychologique traduit simplement ces événements physiologiques pour la conscience. En tout cas, que l'émotion soit immédiatement liée aux perceptions, ou qu'elle s'y rattache par un intermédiaire physiologique, elle est néanmoins un caractère que l'on trouve dans toutes les perceptions. La conscience constate en outre directement que les émotions liées aux perceptions sont plus ou moins fortes selon les circonstances, c'est-à-dire que le *degré émotionnel* constitue encore un caractère quantitatif des perceptions. C'est même un caractère dont la mesure apparaît en principe comme n'étant pas impossible : les modifications qui se produisent dans la pression sanguine et dans les autres concomitants physiologiques des perceptions, en corrélation avec des émotions définies, fourniront sans doute, quand on pourra les enregistrer d'une façon commode et sûre, ou bien en déterminer le degré d'une façon quelconque, le moyen de mesurer les émotions par leur fonction physiologique. — Une remarque doit d'ailleurs être faite, c'est que l'émotion n'est pas un caractère qualitativement invariable des perceptions, c'est-à-dire qu'il existe des espèces différentes d'émotions agréables et d'émotions pénibles. On en peut donner deux raisons : 1° les émotions apparaissent comme différentes à l'observation subjective, le plaisir esthétique ne nous apparaît pas comme étant de même nature que le plaisir de boire quand on a soif ou de manger quand on a faim, même abstraction faite des différences qui existent dans les représentations et les tendances concomitantes; 2° les émotions retentissent dans le corps de façons différentes; c'est ainsi que M. Dumas a distingué deux formes de joie et trois ou même quatre formes de tristesse (1), et que MM. Binet et Courtier ont constaté la variété des manifestations corporelles qui accompagnent les émotions et qui sont en rapport avec les qualités des émotions (2). Le degré émotionnel des perceptions n'est donc pas un caractère qualitativement constant qui varierait seulement en quantité. Mais c'est pourtant une hypothèse difficilement contestable que toute émotion qualitativement déterminée est susceptible de varier quantitativement en même temps que les états corporels auxquels elle est liée varient quantitativement.

Les caractères quantitatifs des perceptions qui viennent d'être énumérés appartiennent aux perceptions par le fait qu'elles sont liées au corps: ils sont donc, dans une certaine mesure, extérieurs à la perception, ou du moins ils ne concernent la perception que dans ses conditions extérieures, et, quand même nous pourrions les connaître et les mesurer d'une manière exacte, cette connaissance ne nous ferait pas pénétrer dans la nature psychologique de la perception. Il en est autrement des caractères quantitatifs qui restent à examiner.

Boas (3), puis Bradley (4), cherchant ce que l'on peut

---

(1) Dumas, *Recherches expérimentales sur la joie et la tristesse*, Revue Philosophique, juin, juillet et août 1896.

(2) *La vie émotionnelle*, Année Psychologique, III, surtout p. 101-104.

(3) *Ueber die Grundaufgabe der Psychophysik*, Archiv de Pflüger, t. XXVIII, p. 566, 1882.

(4) *What do we mean by the intensity of psychical states?* Mind, janvier 1895.

entendre par l'intensité des états psychologiques, ont été amenés à reconnaître à l'idée d'intensité ou de force une signification légitime, si l'on conçoit par là « la grandeur du contenu de conscience », comme s'exprime Boas. En effet, les représentations sont plus ou moins absorbantes, elles saisissent notre attention avec une force variable, et elles se poussent plus ou moins, selon l'expression de Wundt, vers l'aperception, vers la conscience réfléchie. Mais il faut distinguer ici deux choses : 1° l'étendue ou le champ de la conscience, c'est-à-dire le nombre des états psychologiques qui peuvent coexister dans un même esprit; 2° la force avec laquelle les représentations tendent à occuper la conscience.

Wundt (1) a étudié le champ de conscience et s'est appliqué à le mesurer. M. Pierre Janet (2) a montré que, dans des cas pathologiques, il se trouve extrêmement réduit. Il est très probable qu'il varie d'un homme à l'autre, et qu'il n'est pas le même chez l'homme adulte, chez l'enfant, chez l'animal. Mais, ce qu'il faut remarquer pour le moment, c'est que les divers états psychologiques occupent en quelque sorte une étendue variable du champ de conscience. Telle idée abstraite sur laquelle nous méditons suffit à remplir la conscience et à la fermer pour ainsi dire aux excitations venues du dehors. Au contraire, si je cesse d'écrire et que je lève les yeux, je vois par la fenêtre des arbres, des vignes, des maisons, des nuages, j'ai une pluralité de perceptions visuelles simultanées; en même temps j'entends le tictac d'une pendule dans la pièce voisine et le chant d'un enfant parvient jusqu'à moi; d'autres bruits encore, plus ou moins distincts, frappent mon oreille, j'ai une pluralité de perceptions auditives, et pendant ce temps des perceptions tactiles et organiques occupent les régions obscures de ma conscience. Le nombre de mes états de conscience simultanés est

(1) *Psychologie physiologique*, tr. fr., II, p. 240.
(2) *L'automatisme psychologique*, p. 190.

assez grand, chacun d'eux n'occupe qu'une faible partie de
la conscience qu'à d'autres moments une idée abstraite
absorbe tout entière, eux-mêmes n'occupent pas tous la
même étendue de la conscience, et leur étendue relative varie
d'un instant à l'autre. Donc les perceptions et même tous
les états de conscience possèdent un caractère quantitatif que
l'on peut appeler métaphoriquement *l'étendue de leur contenu
de conscience.*

D'autre part, on peut considérer les perceptions et les
autres représentations comme des forces qui se disputent
l'existence. Comme elles ne peuvent coexister dans une même
conscience en très grand nombre, elles tendent à se chasser
réciproquement : il existe une concurrence des états psychologiques (1). — Cette concurrence est visible dans l'attention
spontanée : une perception, une image, une idée occupe
alors la conscience d'une manière tenace, les autres états
psychologiques sont refoulés, rejetés à l'arrière-plan. Il en
est de même dans l'idée fixe et dans la mélancolie. — En dehors
de l'attention, qui nous montre le triomphe passager d'un
phénomène mental, en dehors des états morbides comme
l'idée fixe et la mélancolie, qui nous en montrent le triomphe
durable, dans le cours ordinaire de la vie, le même conflit des
phénomènes psychologiques se manifeste. Ainsi un grand
nombre d'excitations frappent nos sens simultanément, les
unes venues du dehors, les autres de notre propre corps :
quelques-unes seulement nous donnent des perceptions, les
sensations que produisent les autres sont étouffées. De même
les images sont repoussées par les sensations antagonistes qui
leur servent de réducteurs (2). Le même phénomène s'observe
dans la rêverie. On a coutume de dire que c'est l'association
de succession qui dirige alors le cours des images : mais

(1) BINET, *La concurrence des états psychologiques*, Revue Philosophique, 1890, I, p. 138.

(2) TAINE, *L'intelligence*, livre II, ch. I.

cette explication est tout à fait incomplète, car, à supposer que l'on pût reconnaître le lien associatif qui rattache chaque chaînon de la rêverie à celui qui le précède et à celui qui le suit, il resterait vrai que nous revenons toujours, soit à nos images et à nos idées les plus familières, soit à celles qui se rapportent aux objets de nos préoccupations permanentes ou passagères. L'association nous permet de comprendre à quelle occasion surgissent les images, mais non ce qui introduit certaines d'entre elles avec une sorte de persistance dans le cours de la vie psychique. On ne peut expliquer les apparitions répétées, obsédantes parfois, de certaines images, que si l'on admet dans les images une tendance à s'élever sans cesse du fond obscur de l'âme vers la conscience claire, bref, une puissance de vie. C'est pourquoi j'appellerai ce caractère la *vitalité*, le nom de force étant devenu ambigu comme celui d'intensité. — Il est facile de voir que la vitalité des images et des perceptions varie d'après le degré de familiarité des représentations, d'après l'intérêt qu'elles présentent, et, pour les images, d'après leur âge: ainsi, certains souvenirs récents reviennent obstinément à la mémoire, nous pensons souvent aux personnes que nous avons coutume de voir, à nos parents et à nos amis par exemple, mais nous pensons encore plus facilement à nos amis quand nous avons besoin d'eux. — Cette vitalité des représentations ne doit pas être confondue avec l'étendue qu'elles occupent dans le champ de conscience : car certaines idées abstraites auxquelles on est forcé de réfléchir, par exemple par devoir professionnel, ne tendent pas spontanément à revenir à la conscience et pourtant l'absorbent tout entière quand nous les y appelons et les y maintenons par un effort d'attention volontaire.

Il reste maintenant à considérer deux caractères quantitatifs communs à toutes les représentations et qui ont été distingués depuis longtemps par Descartes et Leibnitz.

Descartes et Leibnitz attribuent aux idées la *clarté* et la *distinction*. « La connaissance sur laquelle on peut établir un jugement indubitable, dit Descartes, doit être non seulement claire, mais aussi distincte. J'appelle claire celle qui est présente et manifeste à un esprit attentif; de même que nous disons voir clairement les objets lorsque, étant présents à nos yeux, ils agissent assez fortement sur eux, et qu'ils sont disposés à les regarder ; et distincte, celle qui est tellement précise et différente de toutes les autres, qu'elle ne comprend en soi que ce qui paraît manifestement à celui qui la considère comme il faut....... La connaissance peut quelquefois être claire sans être distincte, mais elle ne peut être distincte qu'elle ne soit claire par même moyen (1). »

La définition de Leibnitz est plus explicite, et marque mieux le caractère quantitatif de la clarté et de la distinction. « Je dis qu'une idée est claire lorsqu'elle suffit pour reconnaître la chose et pour la distinguer : comme lorsque j'ai une idée bien claire d'une couleur, je ne prendrai pas une autre pour celle que je demande, et si j'ai une idée claire d'une plante, je la discernerai parmi d'autres voisines ; sans cela l'idée est obscure. Je crois que nous n'en avons guère de parfaitement claires sur les choses sensibles. Il y a des couleurs qui s'approchent de telle sorte, qu'on ne saurait les distinguer par mémoire, et cependant on les discernera quelquefois, l'une étant mise près de l'autre. Et lorsque nous croyons avoir bien décrit une plante, on en pourrait apporter une des Indes, qui aura tout ce que nous aurons mis dans notre description, et qui ne laissera pas de se faire connaître d'espèce différente..... (2) »

Leibnitz pense d'ailleurs être fidèle au langage de Descartes dans l'usage qu'il fait des termes de *clarté* et de *distinction*.

---

(1) DESCARTES, *Les principes de la philosophie*, I, § 45 et 46.

(2) *Nouveaux essais sur l'entendement humain*, livre II, ch. XXII. Cf. l'écrit antérieur de Leibnitz qui traite de la même question, *Meditationes de cognitione, veritate et ideis*.

« J'ai coutume de suivre ici le langage de M. Descartes, chez qui une idée pourra être claire et confuse en même temps ; et telles sont les idées des qualités sensibles, affectées aux organes, comme celle de la couleur ou de la chaleur. Elles sont claires, car on les reconnaît et on les discerne aisément les unes des autres, mais elles ne sont point distinctes, parce qu'on ne distingue pas ce qu'elles renferment. Ainsi on n'en saurait donner la définition. On ne les fait connaître que par des exemples, et au reste il faut dire que c'est un je ne sais quoi, jusqu'à ce qu'on en déchiffre la contexture..... Nous nommons distinctes non pas toutes celles qui sont bien distinguantes ou qui distinguent les objets, mais celles qui sont bien distinguées, c'est-à-dire qui sont distinctes en elles-mêmes et distinguent dans l'objet les marques qui le font connaître, ce qui en donne l'analyse ou définition ; autrement nous les appelons confuses (1). »

Ainsi la clarté n'est autre chose que le caractère des idées en vertu duquel nous en reconnaissons l'objet, et la distinction est le caractère des idées en vertu duquel nous en distinguons les éléments représentatifs composants. On sait d'ailleurs que le mot *idée* désigne dans la langue cartésienne ce que nous appelons aujourd'hui représentation : il s'applique donc, non seulement aux idées abstraites, mais aussi aux perceptions, images et sensations.

D'autre part, la clarté et la distinction sont pour Descartes et Leibnitz des caractères quantitatifs, c'est-à-dire susceptibles de plus et de moins. Ainsi pour Descartes l'idée vraie est l'idée à laquelle appartiennent la parfaite clarté et la parfaite distinction, et, puisqu'il recommande de suspendre le jugement tant que l'esprit n'a pas atteint le degré le plus élevé de clarté et de distinction, il affirme par là que la clarté et la distinction peuvent exister à des degrés inférieurs. D'ailleurs la raison pour laquelle les idées qui viennent des sens sont à ses yeux

(1) *Nouveaux esasis, ibid.*

dénuées de vérité est que ces idées sont toujours en quelque mesure obscures et confuses : c'est admettre que l'effort d'attention par lequel nous nous efforçons de les rendre claires et distinctes, bien que condamné à ne pas obtenir un succès complet, réussit cependant à accroître la clarté et la distinction des représentations sensorielles. De même Leibnitz fait consister le progrès des monades à acquérir des représentations de plus en plus claires et distinctes, et par conséquent la clarté et la distinction sont pour lui des choses quantitatives. Il les regarde même comme variant d'une manière continue.

Même en laissant de côté l'autorité des grands philosophes, il ne me semble nullement douteux que la clarté et la distinction soient des caractères quantitatifs. La perception d'un même objet, dans les mêmes conditions physiques, devient plus claire par l'effet de l'attention, moins claire par l'effet de la fatigue. A égalité d'attention et de fatigue, et les conditions physiques étant les mêmes, une perception est d'autant plus claire qu'elle est plus familière. S'il arrive parfois que notre perception des objets familiers devienne inexacte et que nous commettions des erreurs grossières (comme le distrait de La Bruyère), c'est que la perception trop rapide a été inattentive. La perception d'un même objet est aussi plus ou moins claire selon les conditions physiques ou physiologiques, l'éclairement, la distance, l'état des organes sensoriels.

La distinction est susceptible de degrés comme la clarté, et les causes qui la font varier semblent être les mêmes qui font varier la clarté. D'abord, nos perceptions sont plus ou moins distinctes selon la force des excitations. Si l'on nous parle à voix très basse, ou si les paroles sont prononcées à une trop grande distance, nous ne percevons pas distinctement les divers sons articulés : nous distinguons une phrase, un mot, une syllabe, mais nous n'entendons pas le discours qui nous est adressé. Il en est de même si les excitations sont trop fortes ou se succèdent trop rapidement : un son trop violent nous étourdit, et nous sommes étourdis de même par un bavard au point de ne plus distinguer ses paroles et de ne percevoir qu'un bruit confus ; nous sommes étourdis de même par le bruit d'une rue animée dans une grande ville au point de ne plus distinguer les sons, même très familiers, qui frappent nos oreilles. L'attention n'a pas pour but d'accroître simplement la clarté, mais aussi la distinction des perceptions ; d'ailleurs l'attention est par excellence l'instrument d'analyse. La fatigue a pour résultat de diminuer la distinction aussi bien que la clarté.

Tous ces caractères quantitatifs qui viennent d'être distingués dans les perceptions appartiennent-ils aussi aux autres représentations sensorielles, c'est-à-dire aux images et aux sensations ? Il est probable qu'ils appartiennent tous aux images, au moins à celles qui sont la répétition de perceptions complètes, et non de simples sensations. C'est en effet une idée admise ordinairement que l'image s'accompagne, au moins à un certain degré, des phénomènes corporels qui ont accompagné l'état primaire correspondant. En est-il de même de la sensation pure ? Peut-être, mais la sensation pure est tellement noyée dans la multitude des autres phénomènes psychologiques qu'il est souvent difficile d'en parler autrement que par analogie. Je me bornerai donc à montrer que l'on retrouve dans les images et les sensations la clarté et la distinction, parce que ces caractères-sont les plus importants de tous pour la psychophysique.

Telle image fugitive qui ne fait en quelque sorte que traverser notre esprit risque fort d'être très inexacte : elle devient plus précise si nous fixons notre attention sur elle. C'est ce qui arrive quand nous essayons de ressaisir un souvenir qui nous échappe, ou bien de faire de mémoire la description d'un objet, d'une personne, d'une scène à laquelle nous avons assisté. Cet effort d'attention dirigé sur une image ne réussit pas toujours : il arrive que l'image se déforme sans que nous

nous en rendions compte (1), et qu'elle constitue une représentation erronée. Souvent, au contraire, l'image devient plus
exacte sous l'influence de l'attention. Mais, dans un cas
comme dans l'autre, on peut dire que la clarté de l'image a
varié, qu'elle s'est accrue ou qu'elle a diminué, c'est-à-
dire qu'elle s'est comportée comme une quantité. — Les
images récentes sont plus claires que les images anciennes,
et le charme ordinaire des souvenirs d'enfance tient sans
doute en partie à ce que ces souvenirs sont inexacts, à ce
qu'ils sont embellis parce qu'ils sont liés dans la mémoire
au souvenir d'une époque heureuse. Quelquefois la déformation des souvenirs d'enfance se produit en sens inverse.
— En tout cas il est certain que la clarté des images
varie avec leur âge, et cela prouve encore que la clarté est
une quantité.

On ne peut pas observer directement les variations de clarté
dans les sensations. Pourtant il n'est pas téméraire d'affirmer
que les sensations doivent, elles aussi, être plus ou moins
claires selon les circonstances. Si d'une perception on retranche
l'image constitutive, les images additionnelles et les sensations
subordonnées, on obtient comme reste la sensation. Cet état
mental dépend de l'excitation et des conditions physiologiques dans lesquelles se trouvent l'organe sensoriel, le nerf
sensitif et le cerveau. Or ces conditions physiques et physiologiques peuvent être plus ou moins favorables à la produc-
tion d'une sensation exacte. Si par exemple l'éclairement
d'un objet est insuffisant, la sensation visuelle de sa forme est
nécessairement obscure. Il en est de même si l'éclairement
est trop violent, parce que la sensation est alors troublée par
une impression pénible d'éblouissement ou même de brûlure.
De même, si l'accommodation ne peut pas se réaliser d'une
façon satisfaisante, les formes des objets sont représentées

---

(1) Voir des exemples dans l'étude de M. J. Philippe, *Sur les trans-
formations de nos images mentales*, Revue Philosophique, 1897, I, p. 481.

d'une façon inexacte, et il est certain que dans ce cas c'est la sensation qui est défectueuse (1).

De ces deux caractères des représentations, la clarté et la distinction, il en est un, la clarté, qui peut être mesuré quand les conditions sont favorables. Comme j'attache, au point de vue de la psychophysique, une importance capitale à cette mesure, je consacre le chapitre suivant à l'expliquer en détail. — Quant à la distinction, il est impossible de la mesurer. Il s'agirait, en effet, de déterminer comparativement le degré auquel nos représentations sont analysées. Pour cela il faudrait que la psychologie eût isolé tous les éléments composants des représentations, et que l'on pût en outre reconnaître, dans une représentation donnée, combien d'éléments sont distingués, sont pensés à part des autres. Il faudrait aussi que les éléments fussent équivalents, ou bien que l'on en eût fixé la valeur respective. La mesure de la distinction est donc impossible, au moins pratiquement.

Ainsi on trouve dans la perception et dans les représentations qui s'y rattachent, l'image et la sensation, une pluralité de caractères quantitatifs. Ni la perception ni la sensation ne

---

(1) La clarté est visiblement autre chose que la force des sensations, quelle que soit la manière dont on entende la force. Wolf a déjà fait sur ce point d'utiles distinctions, mais il établit entre la clarté et la force une telle solidarité que la distinction est bien près de s'évanouir. « On dit qu'une sensation est plus forte (*fortior*) qu'une autre quand elle a un degré plus élevé de clarté ou quand nous en sommes plus conscients que de l'autre. Il en est de même d'une perception quelconque. Par exemple la perception de la lumière du soleil est plus claire que celle de la lumière de la lune, et la sensation est plus forte dans le premier cas que dans le deuxième..... Une sensation est plus faible (*debilior*) qu'une autre quand elle a un degré moindre de clarté ou que nous en sommes moins conscients que de l'autre..... La sensation plus forte efface (*obscurat*) la plus faible. » (*Psychologia empirica*, § 74-76.) Wolf regarde donc, ainsi que le fera plus tard Fechner, la sensation la plus forte comme celle qui provient de l'excitation la plus forte, et il lui attribue en même temps la clarté la plus grande et aussi la vitalité la plus grande.

sont des qualités pures. Au contraire, la perception apparaît plutôt comme une chose concrète, comme une sorte d'être vivant dont la sensation serait le germe, et qui, d'une part, plonge et étend ses racines dans l'organisme, pour s'épanouir d'autre part à la lumière de la conscience. Dès lors, il n'est pas étonnant que la perception possède une pluralité de caractères quantitatifs : elle se développe selon la clarté, la distinction, la vitalité, l'énergie motrice, etc., comme une plante se développe en hauteur, en largeur, en poids, etc.

D'ailleurs je n'ai pas la prétention d'avoir distingué tous les caractères quantitatifs de la perception. J'ai énuméré séparément tous ceux dont la réalité me paraît incontestable, et cela dans un double but : 1° pour montrer que le projet qu'a formé Fechner, après Herbart, d'introduire le nombre en psychologie, n'est pas nécessairement rendu stérile par la nature des phénomènes psychologiques, notamment des perceptions ; 2° pour faire voir que, sous le nom d'intensité, on peut envelopper confusément plusieurs caractères quantitatifs réels qui doivent être minutieusement distingués.

Je n'ai pas cru devoir ranger parmi ces caractères l'intensité apparente ou perçue des excitations. C'est à cette quantité que songent beaucoup de psychophysiciens quand ils parlent de l'intensité des sensations : ils opposent l'intensité de l'excitation à l'intensité de la sensation, l'intensité physique à l'intensité psychique. La première serait la quantité dont le physicien s'occupe et qu'il mesure par ses méthodes spéciales, objectives : elle serait la quantité physique réelle. La deuxième serait l'apparence que prend cette quantité physique dans la perception. La même considération s'appliquerait aux grandeurs extensives de l'espace et du temps : la longueur d'une ligne mesurée en millimètres serait une grandeur physique, la longueur de la même ligne appréciée dans la perception visuelle ou tactile serait une grandeur psychique. Enfin la psychophysique aurait pour objet de relier la grandeur psychique à la grandeur physique, et de dire quelle fonction la première est de la deuxième. C'est en ce sens que Hering reconnaît que les sensations lumineuses croissent moins vite que les lumières objectives, et que beaucoup de psychophysiciens cherchent à déterminer empiriquement la façon dont croissent les grandeurs subjectives par rapport aux grandeurs objectives, pour établir une formule psychophysique générale. — Je pense, au contraire, que cette représentation d'une quantité physique, bien qu'étant réellement quantitative à plusieurs points de vue, ne l'est pas parce qu'elle est la représentation d'une quantité, mais est quantitative pour d'autres raisons. Les caractères quantitatifs que je trouve dans la perception d'une lumière, de la force ou de la hauteur d'un son, de la longueur d'une ligne noire tracée sur le papier, je les trouve aussi dans la perception visuelle d'un arbre, d'un animal, d'un homme, dans la perception auditive des paroles qu'on m'adresse, dans la perception organique que me procure une bouffée d'air froid. Il y a pourtant une différence entre les perceptions du premier groupe et celles du deuxième : c'est que je pourrai mesurer l'exactitude ou la clarté des premières, tandis que je ne le pourrai pas pour les autres. Mais cette différence concerne la mensurabilité pratique, non pas l'existence d'une quantité psychique, et il reste toujours vrai que ce n'est pas la quantité de l'excitation qui passe dans la sensation.

CHAPITRE VI

LA MESURE DE LA CLARTÉ ET SA PLACE DANS LA PSYCHOPHYSIQUE (1)

La clarté est la qualité d'une représentation qui nous permet de reconnaître son objet. J'ai montré dans le chapitre précédent que la clarté est susceptible de grandir et de diminuer, c'est-à-dire qu'elle est une quantité ; je me propose de montrer maintenant que c'est une quantité mesurable et que c'est cette quantité qui est en jeu dans les mesures psychophysiques.

§ 1. — *Mesure de la clarté des perceptions.*

Si nous employons une représentation à reconnaître son objet, c'est-à-dire à le distinguer d'autres objets semblables, il y a des chances pour que nous commettions une erreur. Nous ne commettrons pas d'erreur si les objets parmi lesquels

---

(1) J'ai déjà exposé quelques-unes des idées de ce chapitre dans un article de la Revue Philosophique (*Mesure de la clarté de quelques représentations sensorielles,* 1896, II, p. 613). Je ne songeais pas alors que la clarté des représentations est le véritable élément psychologique en jeu dans les mesures psychophysiques : c'est ce que je me propose de montrer maintenant. Je reprends en outre la théorie de la mesure de la clarté, que j'avais simplement esquissée, pour la développer d'une manière plus complète.

nous cherchons l'objet exact de notre représentation sont très dissemblables les uns des autres : mais nous commettrons une erreur si les objets sont très semblables les uns aux autres ; des différences, ordinairement légères, passeront alors inaperçues.

Si les différences dont il s'agit sont simplement qualitatives, le jugement erroné qui aura été porté ne permettra pas de mesurer la clarté de la représentation. Par exemple, je cherche dans un groupe d'hommes un homme que je connais mal, et je fais une confusion : cette confusion ne me donne pas le moyen d'apprécier d'une manière exacte la clarté de ma représentation, elle me montre seulement que cette clarté n'est pas parfaite.

Il en est autrement s'il s'agit de différences quantitatives. Par exemple, je viens de voir une ligne de 50 millimètres, tracée sur une feuille de papier, et je cherche une ligne égale dans une série de lignes tracées sur des feuilles semblables, perçues dans des conditions objectives identiques, et mesurant 40, 41, 42..... jusqu'à 60 millimètres, sans avoir pour me guider dans cette recherche autre chose que ma représentation visuelle. Je pourrai commettre une erreur, et indiquer une ligne de 48 millimètres comme égale à celle que j'ai vue d'abord. J'aurai commis une erreur de 2 millimètres. J'appelle cette erreur *erreur de reconnaissance*.

L'erreur de reconnaissance est la différence entre deux quantités physiques, à savoir entre la quantité qui est l'objet réel de la perception et la quantité qui est indiquée comme égale à la première : elle est donc une quantité physique.

Je ne possède pas encore par là une mesure de la clarté, mais j'ai le moyen de l'atteindre. D'abord, je puis transformer mon erreur absolue de 2 millimètres en une erreur relative de $2/50 = 1/25$. Cette substitution de l'erreur relative à l'erreur absolue permet de comparer ensemble toutes les erreurs de reconnaissance, même celles qui se rapportent aux représentations les plus dissemblables.

⊐Maintenant je peux remonter de l'erreur de reconnaissance à la cause psychologique d'où elle provient. Il suffit pour cela de poser le principe suivant, qui dérive de la définition même de la clarté : *la clarté des représentations est inversement proportionnelle à l'erreur de reconnaissance qu'elles nous font commettre.* C'est là le postulat fondamental de la mesure de la clarté.

Par application directe de ce principe, je définis ainsi qu'il suit l'égalité et l'addition des quantités de clarté :

1° Deux représentations ont une clarté égale quand les erreurs de reconnaissance correspondantes sont égales ;

2° La clarté d'une représentation est égale à n fois la clarté d'une deuxième représentation quand l'erreur de reconnaissance qui correspond à la première est n fois plus petite que celle qui correspond à la deuxième.

Il ne reste plus qu'à choisir une certaine quantité de clarté comme unité. Ce choix est arbitraire, comme dans tous les genres de mesures. On pourrait prendre comme unité la clarté qui correspond à l'erreur $1/2$, ou à l'erreur $1/4$, ou à l'erreur 1. Cette dernière unité serait peut-être préférable à toutes les autres, car, en exprimant l'erreur de reconnaissance par une fraction dont le numérateur serait 1, on trouverait immédiatement dans le dénominateur la valeur numérique de la clarté. Mais je ne vois, au moins dans l'état actuel de la psychologie, aucun intérêt décisif à fixer une fois pour toutes ce choix de l'unité. On peut se contenter de mesurer les clartés comparativement, ce que l'on peut toujours faire en prenant pour cette mesure la valeur inverse du rapport des erreurs de reconnaissance.

Mais on suppose dans cette méthode de mesure que les objets comparés sont perçus dans des conditions rigoureusement identiques. Or il est pratiquement impossible de réaliser de telles conditions. Par exemple, si les deux objets sont perçus simultanément par la vue ou par le toucher, ce sont des parties différentes de la rétine ou de la peau qui reçoivent les impressions. Donc, de ce que les objets occupent des positions différentes, il résulte que les deux perceptions ne sont plus exactement comparables. D'ailleurs, s'il s'agit de la vue, l'œil, en vertu de sa mobilité, est porté à passer d'un objet à l'autre, et les perceptions deviennent successives. Même si l'on maintient l'organe sensible immobile, l'attention se concentre tantôt sur une des impressions, tantôt sur l'autre, c'est-à-dire que les perceptions deviennent encore successives. On est donc conduit à substituer des perceptions franchement successives aux perceptions simultanées, et Weber l'avait déjà fait dans ses expériences sur la mesure de la sensibilité. Mais alors il surgit deux difficultés nouvelles : l'une est que, pendant l'intervalle de temps qui sépare la première perception de la deuxième, la première devient une image ; l'autre est que les dispositions mentales, par exemple l'état de l'attention, peuvent se modifier pendant cet intervalle de temps. Il existe ainsi trois causes d'erreur qui peuvent vicier la détermination de l'erreur de reconnaissance : ce sont celles que Fechner a appelées l'erreur d'espace (*Raumfehler*), c'est-à-dire de position, et l'erreur de temps (*Zeitfehler*) ; mais cette dernière est double, puisqu'elle contient une erreur due à la transformation de la première perception en image, et une autre erreur due à la modification possible des dispositions mentales. — Il faut donc éliminer ces erreurs, ce qui ne peut se faire qu'en établissant des compensations, et par suite en prenant des mesures moyennes.

Il est encore une autre raison pour laquelle on est obligé de prendre des moyennes. C'est que le sujet, qui cherche une quantité d'excitation égale à celle qui lui a été présentée, peut arrêter son choix sur plusieurs quantités différentes les unes des autres, mais situées dans une même région de l'échelle des excitations. Cette région forme ce que Wreschner a appelé le champ (*Umfang*) du jugement d'égalité (1). Si

(1) WRESCHNER, *Methodologische Beiträge zu psychophysischen Messungen*, p. 23, 1898.

donc le choix du sujet se faisait entièrement au hasard, ce serait une raison suffisante pour prendre des mesures moyennes. Mais il faut en outre prendre ces moyennes d'une manière méthodique, car le choix ne se fait pas entièrement au hasard : il est déterminé, au moins en partie, par l'ordre dans lequel on parcourt l'échelle des excitations. Si le sujet commence à comparer à son modèle mental des excitations trop fortes, il y a beaucoup de chances pour qu'il s'arrête à l'une des premières excitations qu'il rencontrera dans le champ du jugement d'égalité. Si, au contraire, on commençait par des excitations trop faibles, le sujet s'arrêterait à une excitation plus faible que dans le cas précédent. Comme l'erreur d'espace et l'erreur de temps, la nouvelle erreur dont il s'agit ici ne peut être éliminée que par des alternances compensatrices (1).

Il faut donc renoncer aux déterminations individuelles pour prendre des moyennes. Par suite l'erreur de reconnaissance doit être une erreur moyenne, et la mesure de la clarté est une mesure de clartés moyennes.

Ainsi il est possible de mesurer la clarté des représentations, c'est-à-dire d'exprimer les quantités de clarté par des nombres d'unités. Mais, dans beaucoup de recherches psychologiques, il n'est pas nécessaire d'effectuer complètement cette mesure. La détermination de l'erreur de reconnaissance donne, en effet, aux expériences psychologiques dans lesquelles elle intervient, un caractère suffisant de rigueur. Quand nous parlons d'une perception ou d'une image, quand nous en faisons la description ou l'analyse, nos expressions et nos idées conservent toujours quelque chose de flottant : il existe dans tous les phénomènes psychologiques de fines nuances que le langage est impuissant à décrire et même que l'observation subjective est impuissante à saisir. Cela est vrai de tous les caractères des phénomènes

(1) Sur la méthode à suivre, voir plus loin, ch. VIII.

psychologiques, et par conséquent aussi de la clarté des représentations. Je viens de regarder une ligne de 5o millimètres, je ferme ou je détourne les yeux, et je crois que ma représentation est toujours la représentation d'une ligne de 5o millimètres : il n'en est rien, la perception devenue image s'est modifiée à mon insu, et elle ne représente plus son objet d'une manière exacte. Il en est de même pour la perception : je crois qu'elle représente fidèlement son objet comme ferait un bon miroir ; mais dans ma perception il se trouve des éléments subjectifs qui me sont personnels, qui résument mon passé mental, qui expriment mes aspirations présentes. Il est possible que ma perception représente exactement son objet, il est plus probable qu'elle le représente inexactement, car elle représente en même temps ma personnalité, elle est une vue personnelle sur une partie du monde. De là vient le caractère flottant de nos descriptions psychologiques, et l'incertitude de nos analyses. William James soutient avec raison (1) que pour le psychologue tout phénomène spirituel est un objet, que la perception est un objet. Mais il faut reconnaître que c'est un objet indécis aussi longtemps qu'on se borne à l'étudier par une méthode subjective. — Si au contraire, par l'expérimentation psychophysique, je mesure l'erreur de reconnaissance qui correspond à ma perception ou à mon image, je n'enlève rien à ma représentation de ses éléments propres, mais je la lie à une détermination fixe : je l'objective véritablement, car je pourrai étudier ses variations dans les variations de l'erreur de reconnaissance. — Il n'est pas nécessaire que la mesure de la clarté soit effectuée, l'indication de l'erreur de reconnaissance suffit pour réaliser l'objectivation. Mais cette indication tire toute sa valeur de ce qu'elle constitue pour le phénomène subjectif une *marque quantitative*, c'est-à-dire de ce qu'elle contient implicitement la mesure.

(1) *The principles of psychology*, I, p. 183.

§ 2. — *Mesure de la clarté des perceptions différentielles qui ont pour objet de grandes différences.*

En fait nos perceptions sont le plus souvent des perceptions de différences. Même lorsque nous percevons un objet en essayant de l'apprécier en lui-même, soit au point de vue qualitatif, soit au point de vue quantitatif, nous le comparons à quelque étalon que nous avons dans l'esprit. C'est ce que fait le botaniste quand il cherche à déterminer à première vue l'espèce à laquelle appartient une plante ; c'est ce que nous faisons aussi quand nous cherchons à évaluer la hauteur d'un arbre, la distance d'une montagne : l'étalon qu'emploie alors le botaniste est un type connu de plante, celui que nous employons est le mètre ou une autre unité de longueur.

La perception de la différence est évidemment une représentation complexe, puisqu'elle comprend, outre deux perceptions, une appréciation de la grandeur des deux objets perçus, peut-être une mesure grossière de ces deux grandeurs, et une comparaison qui peut se faire de plusieurs façons : il est possible, en effet, que l'on apprécie la différence de deux grandeurs en mesurant directement l'une par l'autre, ou bien que l'on mesure d'abord, d'une manière rapide et approximative, l'une et l'autre par une même unité, et que l'on fasse la comparaison par le moyen d'une soustraction ou d'une division. La perception de la différence est donc une représentation complexe, mais les opérations qu'elle comprend peuvent s'effectuer d'une manière rapide, automatique, sans le secours de la réflexion ; c'est de cette façon que les animaux et les enfants procèdent toujours, et que les hommes procèdent les trois quarts du temps. La perception de la différence, si complexe qu'elle soit, est donc encore une opération de la connaissance automatique, c'est-à-dire du même ordre que la perception proprement dite.

Or, quand on a perçu une différence entre deux grandeurs physiques, on peut chercher, dans une série de différences analogues, une différence égale à la première, ou bien, ce qui est plus commode au point de vue expérimental, on peut s'efforcer de donner à deux grandeurs de la même espèce des valeurs telles que leur différence paraisse égale à la première. Mais deux cas peuvent se présenter: il peut se faire que le sujet chargé d'établir les deux différences égales songe, d'une manière plus ou moins nette, à des différences arithmétiques, ou qu'il songe au contraire à des rapports des quantités comparées. Les psychophysiciens ont jusqu'à présent pris soin de laisser ce point indécis: ils demandent au sujet de juger d'après l'égalité des différences ou des distances de sensation, et la question est précisément pour eux de savoir si le sujet indiquera, en correspondance avec des différences ou des distances égales de sensation, des différences arithmétiques égales entre les excitations, ou bien au contraire des rapports égaux. S'ils obtiennent des rapports égaux, ils considèrent les expériences comme concluantes en faveur de la dépendance logarithmique des sensations à l'égard des excitations : dans le cas contraire ils pensent que la dépendance logarithmique n'est pas confirmée. Il est inutile de revenir sur la critique de l'idée d'intensité : puisqu'il n'existe pas d'intensité des sensations, les expériences faites par la méthode de Plateau ne peuvent donner le plus souvent que des résultats confus. Dans certains cas, il est visible que le sujet considère les différences arithmétiques des grandeurs comparées: c'est ce qui est arrivé dans les expériences de Witasek sur la perception visuelle des angles. Dans d'autres cas, il est visible qu'il considère les rapports et s'attache à établir des rapports égaux: c'est ce qui est arrivé dans les expériences de Delbœuf sur la perception des intensités lumineuses. Dans d'autres cas encore, il est difficile de voir quelles sont les quantités que le sujet essaie de rendre égales : il croit de bonne foi qu'il apprécie l'égalité et l'inégalité des différences de sensation, et il se guide je ne

sais comment, peut-être par une appréciation confuse de
l'énergie et de l'étendue des contractions musculaires qui
concourent à la perception, peut-être par une conscience
également confuse des sentiments esthétiques ou des sentiments de fatigue qui résultent de ses perceptions et en constituent le ton émotionnel.

Il est donc indispensable, avant de chercher à mesurer la
clarté des perceptions différentielles, de distinguer les deux
genres possibles de perception et de les soumettre séparément
à l'expérimentation, et il faut que le sujet sache exactement
ce qu'on lui demande, c'est-à-dire soit expressément invité à
établir ou des différences arithmétiqueségales ou des rapports
égaux.

Soient donc trois excitations a, b, c, dont les deux premières
sont invariables, tandis que le sujet donne à la troisième une
valeur telle que la différence arithmétique $c - b$ lui paraisse
égale à la différence $b - a$. Posons $d = b - a$, et $d' = c - b$.
On peut prévoir que, en général, d' sera plus grand ou plus
petit que d. Si l'on répète l'expérience en établissant les
alternances compensatrices, comme dans la mesure de la
clarté des perceptions proprement dites, on obtiendra une
valeur moyenne de d' débarrassée des erreurs dues à l'ordre
des excitations, à leur position et à l'ordre de variation de c.
La différence $d' - d$ dépendra uniquement de l'exactitude
avec laquelle la différence sera perçue, c'est-à-dire de la clarté
de la perception différentielle : elle correspondra à l'erreur de
reconnaissance des perceptions proprement dites. L'erreur
relative de reconnaissance $\dfrac{d' - d}{d}$ donnera la mesure de
la clarté des perceptions différentielles. — Il conviendra
d'ailleurs de répéter les expériences afin d'obtenir des résultats
indépendants des influences qui ne peuvent être compensées
par les alternances, notamment de celles qui ont leur source
dans certaines variations accidentelles de l'action des excitations et dans les oscillations de l'attention.

Supposons maintenant que le sujet soit invité à établir un rapport $\frac{c}{b}$ égal au rapport donné $\frac{b}{a}$. Posons $\frac{b}{a} = \delta$, et $\frac{c}{b} = \delta'$. En expérimentant de la même façon que dans le cas précédent, on obtiendra une erreur de reconnaissance $\delta' - \delta$, d'où l'on tirera l'erreur relative $\frac{\delta' - \delta}{\delta}$, mesurant la clarté de la perception différentielle.

Cette méthode de mesure est toujours une méthode de reconnaissance, semblable en tous points à celle qui a été indiquée plus haut pour la mesure de la clarté des perceptions proprement dites. Le principe de mesure est le même : *la clarté d'une perception différentielle est inversement proportionnelle à l'erreur de reconnaissance correspondante.*

La même remarque doit être faite aussi : il ne sera pas toujours nécessaire d'effectuer la mesure de la clarté jusqu'au bout. L'erreur de reconnaissance pourra fournir une marque quantitative suffisante pour la clarté de la perception différentielle. On pourra même se contenter de l'erreur absolue si l'on expérimente sur des différences constantes. Il faudra recourir à l'erreur relative si l'on emploie des différences variables.

§ 3. — *Mesure de la clarté des perceptions de petites différences.*

La méthode précédente n'est applicable que lorsque les différences entre les grandeurs physiques sont assez grandes pour être sûrement perçues. Quand elles sont trop faibles, on peut recourir à une autre méthode, celle des cas vrais et faux. On choisit deux excitations qui diffèrent assez peu pour que le sujet commette certainement des confusions, et on lui demande d'indiquer laquelle est la plus forte. En fait, si l'on

a soin de neutraliser l'influence exercée par l'ordre des excitations et si l'on fait un nombre assez grand d'expériences,
on obtient toujours une majorité de réponses vraies, et la
proportion des réponses vraies est d'autant plus considérable
que la différence des excitations est plus forte. Ce n'est donc
pas le hasard qui dicte les réponses, car alors le nombre des
réponses vraies serait sensiblement égal à celui des réponses
fausses. La différence, trop faible pour être toujours perçue
d'une manière exacte, est donc perçue cependant. Si, la différence étant constante, la proportion des réponses vraies est
plus forte pour un sujet que pour un autre, on peut dire que
la perception de la différence est plus claire pour le premier
sujet que pour le deuxième. Si, la proportion des réponses
vraies étant la même pour deux sujets, la différence des excitations est plus faible pour le premier que pour le deuxième,
on peut dire que le premier manifeste une faculté de percevoir
ce genre de différence avec plus de clarté que le deuxième.

Mais la méthode des cas vrais et faux a une signification
tout autre que la méthode précédente. Elle permet, comme
la méthode des différences juste perceptibles, de fonder des
conclusions sur la clarté des perceptions proprement dites.
Ces conclusions sont d'ailleurs subordonnées à la loi de Gauss,
et, comme j'essaierai de le montrer dans le chapitre VIII à la
suite, sont pour cette raison très incertaines. Mais la fin immédiate de la méthode des cas vrais et faux est de mesurer la
clarté des perceptions de petites différences. Seulement cette
mesure n'est pas comparable avec celle qui concerne les
grandes différences. Dans la méthode des cas vrais et faux,
il s'agit de savoir avec quelle fréquence relative une différence
est perçue. Cette recherche a un sens tant que la différence
est assez petite pour n'être pas perçue dans tous les cas : elle
cesserait d'en avoir un si la différence dépassait le seuil différentiel, puisque le propre d'une grande différence est d'être
toujours perçue. Au contraire, quand on fait des expériences
sur de grandes différences, la même question ne peut plus se

poser, mais on peut se demander avec quelle exactitude la différence est perçue. — Les résultats des deux méthodes ne sont donc pas comparables entre eux. Pourtant, dans un cas comme dans l'autre, il s'agit de lier à une marque quantitative, et par suite de mesurer, la clarté d'une perception différentielle. Cela ne fait pas de doute pour la perception des grandes différences. Et la perception des petites différences est susceptible, elle aussi, de degrés variables d'exactitude : les degrés supérieurs d'exactitude se traduisent par des proportions élevées de réponses vraies, les degrés inférieurs par de faibles proportions de réponses vraies. Au lieu d'obtenir directement des erreurs de reconnaissance, on obtient des nombres déterminés de cas dans lesquels la reconnaissance d'une différence n'a pas lieu.

Comment donc peut-on mesurer la clarté de la perception des différences par la méthode des cas vrais et faux ? — J'ai, dans le travail mentionné plus haut (1), indiqué brièvement un procédé de calcul que je continue à croire correct, mais qui a besoin d'être complété. — Supposons que l'on emploie deux excitations constantes, et que par suite la différence perçue soit constante. Supposons également que l'on exige du sujet qu'il réponde dans tous les cas, et que par ce moyen on élimine les réponses douteuses. On obtient un nombre v de réponses vraies, et un nombre f de réponses fausses. Si la différence n'était pas perçue du tout, si la perception différentielle avait une clarté nulle, le sujet répondrait au hasard, et l'on aurait $v = f = \dfrac{v + f}{2}$. Donc, les seules réponses vraies qui puissent provenir de la clarté de la perception sont égales à l'excédent du nombre v sur la moitié du nombre total des réponses. Dès lors, on peut poser le principe suivant comme principe de mesure : *la clarté de la perception d'une petite différence est proportionnelle à l'excédent du nombre*

(1) Revue Philos., 1896, II, p. 613.

des réponses vraies sur la moitié du nombre total des réponses.

Cette quantité est représentée par $v - \dfrac{v+f}{2} = \dfrac{v-f}{2}$.

Autrement dit, la clarté est proportionnelle à l'excédent des réponses vraies sur les réponses fausses. — Si l'on emploie des nombres d'expériences différents, la valeur $(v-f)$ doit être rapportée aux nombres totaux de cas : la clarté de la perception est alors proportionnelle à $\dfrac{v-f}{v+f}$.

De ce principe dérivent les deux propositions suivantes relatives à l'égalité et à l'addition des clartés :

1° Deux clartés sont égales quand les quantités $(v-f)$ par lesquelles elles se manifestent sont égales, — par suite aussi quand elles se manifestent par des proportions égales de cas vrais ou de cas faux.

2° Une clarté est égale à n fois une autre clarté quand le nombre $(v-f)$ qui correspond à la première est égal à n fois le nombre $(v-f)$ par lequel se manifeste la deuxième.

Mais une remarque analogue à celle qui a été faite précédemment doit être faite ici. On n'a pas toujours besoin de recourir à une véritable mesure de la clarté. Si l'on ne compare des clartés qu'en vue de savoir si elles sont égales ou inégales, ou laquelle est la plus grande, on peut s'en tenir aux nombres de cas vrais, envisagés indifféremment dans leurs rapports aux nombres totaux des cas, ou même aux nombres de cas faux. La connaissance de l'un de ces rapports suffit pour fixer, pour objectiver la perception des petites différences, considérée au point de vue de sa clarté : elle en constitue la marque quantitative.

La mesure qui vient d'être exposée concerne la clarté des perceptions qui ont pour objet des différences égales. Si les différences sont inégales, peut-on encore comparer quantitativement les clartés ? C'est là un problème qui ne peut être résolu *a priori*. Il en est de même de cet autre problème : Si

les excitations varient en grandeur absolue, alors que la différence relative reste constante, la clarté varie-t-elle? C'est le
problème de la loi de Weber.

§ 4. — *Les méthodes psychophysiques ne permettent de mesurer que la clarté.*

Ainsi, il faut distinguer trois cas dans la mesure de la
clarté : 1° la mesure de la clarté des perceptions proprement
dites ; 2° la mesure de la clarté des perceptions différentielles
qui ont pour objet de grandes différences ; 3° la mesure de la
clarté des perceptions différentielles qui ont pour objet de
petites différences. Dans les deux premiers cas, la mesure
s'obtient en déterminant l'erreur de reconnaissance ; dans le
troisième cas, elle s'obtient au moyen du nombre des réponses
vraies et des réponses fausses.

Or, les méthodes qui conduisent ainsi à mesurer la clarté
des perceptions sont des méthodes usitées dans la psychophysique. La méthode des erreurs moyennes et celle des cas
vrais et faux sont deux des méthodes de Fechner. Enfin, la
méthode des erreurs moyennes n'a pas, il est vrai, été
employée par les psychophysiciens à la comparaison des
différences, mais, en l'employant à la comparaison des différences, on ne fait que détourner de son application première
la méthode des différences égales, inventée par Plateau,
employée pour la première fois par Delbœuf, et admise par
Fechner au rang des méthodes psychophysiques. Seulement,
bien que les méthodes de mesure de la clarté aient été
employées par les psychophysiciens, ils ont eu le tort de
croire qu'elles atteignent l'intensité des sensations.

Fechner prétend que, dans la méthode des cas vrais et faux,
le sujet déclare quelle est celle des deux sensations qui lui
paraît la plus forte. Mais il me semble, au contraire, incontestable que le sujet déclare laquelle des deux excitations lui

paraît la plus forte. Porte-t-il son jugement, comme le soutient Wundt, d'après une appréciation comparative de deux intensités psychologiques en présence? Il est arbitraire de répondre affirmativement à cette question, mais le fait qu'on la pose implique une distinction entre l'intensité de la sensation et l'intensité apparente de l'excitation. Or, il faut tirer toutes les conséquences de cette distinction, et la plus importante de ces conséquences est que le jugement par lequel on exprime le résultat de la comparaison signifie que l'une des excitations est plus forte que l'autre. — De ce jugement, sans doute, il faut remonter à l'état mental d'où il dérive, à la représentation qu'il exprime. Mais le caractère de cette représentation qui détermine immédiatement le jugement, c'est qu'elle est exacte ou inexacte: le jugement est vrai ou faux, parce que la perception de la différence est exacte ou ne l'est pas. — Donc, sur n jugements donnant v réponses vraies et f réponses fausses, on a v perceptions différentielles qui ont une clarté parfaite et f qui ont une obscurité complète. C'est dire que la proportion des réponses vraies exprime la clarté moyenne de la perception différentielle, et qu'elle n'exprime rien d'autre, du moins directement.

Dans la méthode des erreurs moyennes, Fechner considérait une distance quelconque, mesurée par l'ouverture d'un compas ou par deux fils équidistants, et il s'attachait à donner à un autre compas une ouverture égale, ou bien à établir entre l'un des deux fils et un troisième une distance égale. Aucune hésitation n'est permise sur l'interprétation d'une pareille expérience : si la deuxième distance est égale à la première, c'est que la perception est exacte ; si la deuxième distance diffère de la première, c'est que la perception est inexacte, et la différence entre les deux distances exprime le degré d'inexactitude de la perception.

Enfin, dans la méthode des différences égales, Plateau, Fechner et les autres psychophysiciens soutiennent que les différences que l'on déclare égales, entre des teintes lumineuses par exemple, sont des différences dans l'intensité des sensations. Mais, ce point admis par tous les psychophysiciens, il existe encore deux façons d'interpréter les expériences : suivant Plateau, du moins suivant sa première opinion, suivant Brentano et d'autres depuis, ce sont des rapports égaux des sensations qui fondent le jugement d'égalité ; suivant Fechner, ce sont des différences arithmétiques. Ainsi se sont formées l'hypothèse du rapport et l'hypothèse de la différence, comme les appelle Fechner, et d'interminables discussions se sont engagées au sujet de ces deux hypothèses. Merkel a cru pouvoir résoudre la question par ses expériences : mais le résultat ne s'est trouvé décisif ni en faveur de l'une, ni en faveur de l'autre. Bien plus, les expériences de Merkel prouvent plutôt, comme d'ailleurs celles de Witasek, que, quand on emploie cette méthode, le sujet compare les différences objectives des excitations, et non pas les différences, ou les rapports, ou les distances, ou les dissemblances des sensations (voir plus haut ch. III, § 9 et ch. IV, § 4). L'intérêt psychologique de la méthode tient à ce que le jugement de comparaison peut être exact ou inexact, et qu'il nous fournit un moyen de remonter à la perception différentielle et d'en mesurer la clarté d'après l'erreur commise.

§ 5. — *La mesure de la sensibilité différentielle se réduit à la mesure de la clarté.*

Fechner a défini la sensibilité différentielle de manière à montrer très nettement que c'est là pour lui une faculté d'apprécier la différence d'intensité des sensations (1). Mais beaucoup de psychophysiciens, sans s'obstiner à poursuivre l'intensité des sensations, du moins à la façon de Fechner,

(1) Voir plus haut, 1re partie, ch. I.

ont prétendu conserver les méthodes psychophysiques pour la mesure de la sensibilité différentielle conçue d'une autre façon.

C'est ainsi que, pour Wundt, la sensibilité différentielle est inversement proportionnelle à la modification de l'excitation qui est nécessaire pour produire une modification déterminée et maintenue constante dans la sensation : cette modification est la différence juste perceptible dans la méthode de ce nom, la différence égale dans la méthode de Plateau, etc. (1). Cette conception est déjà distincte de celle de Fechner : il s'agit pour Fechner de différences réelles de sensation, tandis qu'il s'agit pour Wundt de différences apparentes ou aperçues. — Pour Stumpf, la sensibilité différentielle est la finesse avec laquelle les différences des sensations correspondent à celles des excitations : il ne s'agit plus de différences arithmétiques entre les sensations, mais de distances. — J'ai exposé plus haut (ch. II, § 4 et ch. IV, § 4) les raisons pour lesquelles je ne puis accepter ces interprétations psychologiques.

Mais, même chez les psychophysiciens qui admettent l'intensité des sensations, on voit apparaître une deuxième conception de la sensibilité différentielle, c'est-à-dire qu'ils la définissent tantôt comme la faculté d'apprécier les différences d'intensité des sensations, tantôt comme la faculté d'apprécier les différences d'intensité des excitations ; et, bien qu'ils identifient ces deux conceptions, la deuxième tend souvent à passer au premier plan. Tel est le cas dans l'ouvrage de G.-E. Müller sur la psychophysique, qui débute ainsi : « Si deux excitations sensorielles de même qualité, mais d'intensité différente agissent l'une après l'autre, ou bien en des points différents, sur celui de nos organes sensoriels qui leur correspond, il ne se produit pas simplement deux sensations d'intensité différente, mais, au cas où la différence des deux excitations dépasse une certaine grandeur, nous avons aussi conscience de ce que les deux sensations possèdent des intensités différentes, et nous pouvons aussi juger si la différence des deux sensations, et aussi celle des deux excitations, est grande, moyenne, ou faible. On désigne cette faculté, au moyen de laquelle la différence de deux excitations données peut nous être perceptible à un degré plus ou moins élevé, sous le nom de sensibilité différentielle. Elle est manifestement d'autant plus grande qu'une différence d'excitation de grandeur donnée nous est plus perceptible, ou que la différence de deux excitations doit être plus petite pour nous paraître perceptible à un degré déterminé (1). » Dans ce passage, il est d'abord question de l'intensité des sensations, puis G.-E. Müller y substitue l'intensité des excitations.

Ces deux conceptions de la sensibilité différentielle doivent être distinguées. La deuxième est tout à fait légitime, parce qu'elle se borne à énoncer des faits. Si l'on trouve par exemple que la différence juste perceptible entre les intensités lumineuses est dans un cas 1/80, dans un autre cas 1/160, et si l'on exprime ce fait en disant que la sensibilité différentielle est deux fois plus fine dans le second cas que dans le premier, on se borne à énoncer le fait expérimental en des termes différents, et d'un usage plus commode : il n'y a là qu'une affaire de langage, non pas une interprétation psychologique.

Mais il faut remonter du fait expérimental à sa cause psychologique. Or le seuil différentiel, tel qu'il a été défini par Fechner, est la valeur que doit avoir une différence objective pour être toujours perçue : la détermination du seuil différentiel ainsi entendu revient donc à déterminer la valeur limite pour laquelle la perception différentielle atteint la clarté parfaite. Ce que l'on mesure en disant que la sensibilité différentielle est double dans un cas de ce qu'elle est dans un

(1) G.-E. Müller, *Zur Grundlegung der Psychophysik*, p. 1.

autre, c'est l'aptitude à atteindre une clarté parfaite dans la perception différentielle. — Si l'on définit le seuil différentiel d'une autre façon, par exemple comme la valeur de la différence qui donne une proportion déterminée de jugements vrais (1), la mesure de la sensibilité différentielle se ramène à mesurer l'aptitude à atteindre une clarté déterminée par la proportion des jugements vrais. Si l'on emploie la méthode des erreurs moyennes et si l'on mesure la sensibilité différentielle en la posant comme inversement proportionnelle à l'erreur moyenne, c'est encore la clarté que l'on mesure : mais il s'agit cette fois de la clarté des perceptions proprement dites. — Donc, d'une manière générale, toute mesure de la sensibilité différentielle se ramène à une mesure de la clarté, soit des perceptions proprement dites, soit des perceptions différentielles. C'est donc bien la clarté, et non l'intensité, qui est, toujours et partout, la quantité psychologique dont les méthodes psychophysiques fournissent la mesure. J'ajoute que le terme de sensibilité différentielle est fâcheux, parce que, pris au pied de la lettre, il désigne une faculté de nature mystérieuse, et non pas une manière d'être des phénomènes.

§ 6. — *Les antécédents historiques de la mesure de la clarté.*

La psychophysique n'est pas une science spéciale, intermédiaire entre les sciences de la nature et la psychologie, qui aurait pour effet de déterminer d'une manière exacte et d'exprimer mathématiquement les rapports de l'âme et du corps. Elle n'est pas davantage une branche de la psychologie qui aurait pour objet de mesurer l'intensité des sensations. Elle est bien une branche de la psychologie, et elle a bien

---

(1) Ainsi Külpe définit le seuil comme la valeur de la différence pour laquelle le nombre des cas vrais est égal à la somme des cas faux et des cas douteux (*Grundriss der Psychologie*, p. 72).

pour objet la mesure, mais seulement la mesure d'un caractère spécial des représentations sensorielles. Or, c'est précisément à cet usage que les prédécesseurs de Fechner, ainsi que quelques-uns de ses contemporains et des savants postérieurs, ont employé les méthodes psychophysiques, avec, il est vrai, des intentions diverses, et en donnant à leurs recherches une étendue plus ou moins grande.

Les physiciens que Fechner cite comme ses précurseurs cherchent à mesurer l'erreur d'observation, c'est-à-dire à déterminer le degré d'exactitude sur lequel ils peuvent compter dans leurs mesures. Leur but est d'éliminer l'erreur d'observation aussi complètement que possible ; mais comme ils ne peuvent toujours y parvenir, notamment en ce qui concerne les expériences photométriques, ils déterminent l'approximation de leurs mesures par rapport aux mesures vraies.

Bouguer avait dû être frappé par ce fait que l'on ne voit plus les étoiles pendant le jour, ou par d'autres faits analogues, et il en cherchait les raisons dans les lois de la sensibilité. C'est ce que montrent le titre et le début de son travail : « *Observations faites pour déterminer quelle force il faut qu'ait une lumière pour qu'elle en fasse disparaître une autre plus faible*. — Nous mettrons à la tête de toutes nos observations celles qui nous ont appris la force que doit avoir une lumière pour rendre absolument insensible par sa présence l'effet d'une autre lumière beaucoup plus faible. Tous nos organes, les plus délicats comme les plus grossiers, sont sujets à des délimitations à peu près semblables. De même qu'un grand bruit nous empêche d'en entendre un plus faible, nous ne voyons pas, en présence d'une forte lumière, une autre dont l'intensité est beaucoup moindre, si les deux frappent notre rétine dans le même endroit (1). »

(1) Bouguer, *Traité d'optique sur la gradation de la lumière*, publié par Lacaille en 1760, p. 51. Cité d'après Masson, *Études de photométrie électrique*, Annales de Chimie et de Physique, 3ᵉ série, t. XIV, p. 148, 149.

Arago, Steinheil, Masson se proposaient le même but, et bien d'autres astronomes ou physiciens s'étaient déjà préoccupés des lois de la sensibilité. « La sensibilité de l'œil, dit Arago, est très variable suivant les points de la rétine où l'image vient se former. Ainsi, lorsqu'on regarde directement une très faible étoile avec un télescope, on peut ne pas la voir, tandis qu'on aperçoit distinctement des étoiles qui ne sont pas plus brillantes situées à droite ou à gauche de la première. Les astronomes ont eu mille fois l'occasion de remarquer que, pour observer les très faibles satellites de Saturne, il faut diriger sa vue à quelque distance du point où le satellite se trouve; en ce sens, on peut dire sans paradoxe que, pour apercevoir un objet très peu lumineux, il faut ne pas le regarder. Cette remarque est citée dans un ouvrage d'Herschel comme résultat de ses propres observations, mais elle était déjà consignée dans un Mémoire de Cassini IV (1). » Arago cite d'autres faits pour montrer les variations individuelles de la sensibilité et rapporte ensuite l'expérience de Bouguer. — Enfin Masson s'exprime ainsi : « *De la sensibilité de l'œil et de sa mesure.* — L'exactitude des expériences photométriques dépend de la sensibilité de l'œil. Il faut, pour apprécier leur degré de précision, pouvoir mesurer facilement cette sensibilité pour des lumières ayant des intensités et des couleurs quelconques (2). »

Tandis que Bouguer, Masson et d'autres s'occupaient de déterminer d'une manière expérimentale les défauts de la sensibilité, d'autres savants traitaient les erreurs d'observation par le calcul des probabilités. Gauss établissait la loi qui porte son nom, et Bessel en cherchait la confirmation expérimentale (3).

(1) ARAGO, *Astronomie populaire*, I, p. 189.

(2) Mémoire cité, p. 148.

(3) GAUSS, *Theoria motus corporum cœlestium*, lib. II, sect. III, 1809; *Theoria combinationis observationum erroribus minimis obnoxiæ*, Commentationes societ. reg. scient. Götting., vol. V, 1823; BESSEL, *Fundamenta Astronomiæ*, 1819. Voir plus loin, ch. VIII, § 1, l'exposition de la loi de Gauss et l'examen de sa valeur psychologique.

C'est dans un esprit notablement différent que E.-H. Weber a fait ses célèbres expériences et inventé sa méthode de mesure de la sensibilité. Anatomiste et physiologiste, il s'attache à déterminer la finesse (*subtilitas*) des sens, et c'est là pour lui une partie de la physiologie des sens. Il explique les variations de la sensibilité par la structure des organes et par les mouvements qu'ils exécutent (1). C'est ainsi qu'il sépare la finesse du toucher qui dépend de l'organisation de la peau et celle qui dépend des mouvements. C'est ainsi encore qu'il explique la différence de finesse des diverses régions de la peau dans l'appréciation des distances par son hypothèse des cercles de sensation. « Dans les parties dont la sensibilité est plus fine, dit-il, se terminent des fibres nerveuses plus nombreuses que dans les parties dont la sensibilité est plus grossière. Si deux impressions sont faites sur une seule et même fibre nerveuse, il se produit une sensation unique, mais, si les impressions sont faites sur deux fibres, il se produit deux sensations différentes. Une seule et même fibre nerveuse confère sans aucun doute la faculté de sentir à plusieurs points de la peau, car, en piquant la peau même avec l'aiguille la plus fine, on ne trouvera pas de parties complètement insensibles. Mais les endroits dans lesquels les impressions ne se confondent pas avec les impressions faites dans le voisinage sont distribués sur la peau de telle sorte que les parties de la peau qui sentent avec finesse en possèdent un plus grand nombre, et qui sont faciles à distinguer, tandis que les parties de la peau qui sentent d'une manière obtuse en possèdent un moins grand nombre. Par l'usage prolongé et par les attouchements variés de la main et des autres parties, nous avons pris connaissance de ces endroits. Et plus est grand le nombre de ces endroits qui sont interposés entre les deux pointes du compas

(1) *De pulsu, resorptione, auditu et tactu, Annotationes anatomicæ et physiologicæ*, p. 145, 1834.

touchant la peau, plus les pointes paraissent éloignées l'une de l'autre. Mais si les deux pointes touchent un seul et même endroit, il ne se produit qu'une seule impression (1). » Ces endroits ainsi rendus sensibles chacun par une fibre nerveuse ont été appelés plus tard par Weber les cercles de sensation (*Empfindungskreise*). « La peau se divise en de petits cercles de sensation, c'est-à-dire en de petites sections dont chacune doit sa sensibilité à une fibre nerveuse. Les cercles de sensation sont plus petits dans les parties de la peau les plus sensibles, plus grands dans les autres, etc. (2). »

Pourtant, on peut déjà distinguer chez Weber, observateur scrupuleusement attaché aux faits, une disposition à passer de la physiologie à la psychologie. C'est ainsi que le fait sur lequel repose la loi que Fechner a appelée loi de Weber lui apparaît comme « un fait psychologique extraordinairement intéressant » (3). — Après avoir remarqué que la distinction de deux objets se fait mieux au moyen de perceptions successives qu'au moyen de perceptions simultanées, il a aussi signalé, et même étudié, le rôle de la mémoire dans les expériences sur la sensibilité. « J'ai fait, dit-il, sur différents hommes des séries d'expériences pour savoir à quel degré la comparaison de deux sensations devient imparfaite quand il s'écoule 2, 5, 10, 15, 20, 25, 30, 35, 40 secondes, et davantage, avant que la deuxième sensation suive la première, avec laquelle elle doit être comparée. Chez beaucoup d'hommes, la comparaison devenait déjà très imparfaite après 10 secondes. Si les différences sont plus grandes, il peut s'écouler plus de temps que si les différences sont plus petites, avant que l'on soit empêché de distinguer

(1) WEBER, *Ibid.*, p. 149.

(2) *Tastsinn und Gemeingefühl*, dans Wagner's Handwörterbuch der Physiologie, tome III, 2ᵉ partie, p. 527, 1846.

(3) *Ibid.*, p. 561.

le poids le plus lourd du plus léger. Je réussissais à distinguer un poids de 14 onces, ou même quelquefois de 14 1/2
onces d'un poids de 15 onces, quand il s'était écoulé de
15 à 3o secondes entre la première et la dernière sensation.
Quelquefois même je réussissais à faire la distinction après
35 secondes, mais jamais quand il s'était écoulé 4o secondes.
Quand la différence de poids était plus grande, il pouvait
s'écouler de 6o à 9o secondes entre les deux sensations, et
je pouvais encore distinguer le poids le plus lourd, si par
exemple les deux poids étaient dans le rapport de 4 à 5.
Pour des différences de poids encore plus grandes, il
pouvait s'écouler plus de 100 secondes. Dans les sensations
visuelles, j'ai fait des expériences semblables. Je présentais à
des hommes une ligne noire tracée à l'encre sur du papier,
et, après qu'elle avait été enlevée, je laissais passer 3o ou
même 7o secondes, avant de présenter une deuxième ligne,
en tout semblable, mais plus longue de 1/4, et la plus longue
était encore distinguée de la plus courte. Mais la distinction
était si difficile quand il s'était écoulé 7o secondes que l'on
voyait bien qu'elle aurait été impossible après 8o secondes.
Quand les longueurs des lignes étaient comme 20 est à 21,
et qu'elles différaient par conséquent de 1/21, la plus
longue pouvait encore être distinguée de la plus courte après
3o secondes, mais non après 4o secondes. Quand les longueurs étaient comme 5o et 51 1/4, la ligne la plus longue
était distinguée après 3 secondes, mais non après 5 ou
10 secondes. On peut de cette façon mesurer et exprimer
numériquement la manière dont la clarté (*die Deutlichkeit*)
du souvenir des sensations diminue de seconde en seconde.
Comme on a très rarement l'occasion de faire des mesures
sur de tels processus spirituels, je recommande ces recherches
à l'attention des psychologues ». (1)

Quelques années après la publication de ce travail de

(1) *Tastsinn und Gemeingefühl*, p. 545, 546.

Weber, Hegelmaier (1), sous la direction de Vierordt, repre-
nait le problème psychologique ainsi posé par Weber, et
l'appliquait à la perception visuelle des lignes. Il a employé
la méthode des cas vrais et faux, mais sous une forme lâche, en
se contentant d'un petit nombre d'expériences. Les différences
variaient de 1/10 à 1/58, les longueurs des lignes de 15 à
150 millimètres, et les intervalles de temps de 3 à 60 secondes.
Les expériences montrent que le nombre des cas vrais diminue
assez rapidement à mesure que l'intervalle de temps s'accroît :
en totalisant les résultats pour les diverses différences et
longueurs, Hegelmaier a obtenu, pour les lignes horizontales,
77 p. 100 de cas vrais avec un intervalle de 3 secondes,
64 p. 100 avec 15 secondes, 49 p. 100 avec 30 secondes et
45 p. 100 avec 60 secondes et, pour les lignes verticales,
70 p. 100 avec 3 secondes et 36 p. 100 avec 60 secondes.
De plus, la longueur absolue des lignes s'est montrée sans
influence nette sur le nombre des cas vrais, ce qui tend à
confirmer la loi de Weber. Mais le nombre des expériences
est trop faible pour que l'on puisse en accepter les résultats
sans réserve à ce point de vue.

Un peu plus tard, toujours sous la direction de Vierordt,
Renz et Wolf entreprennent de mesurer la finesse de la faculté
de distinction pour la force des sons. Ils emploient aussi la
méthode des cas vrais et faux.

Des expériences analogues ont été faites sur le sens de la
température. Weber avait déjà trouvé, ce qui ne confirme
pas sa loi, que l'on peut distinguer une différence de température de 1/5 à 1/6 de degré Réaumur, et que la plupart des
hommes perçoivent avec sûreté la différence de 2/5 de degré,
soit dans le voisinage de 14° R., soit dans le voisinage de la
température du sang (2). — Lindemann (3), en 1857, sur

(1) *Ueber das Gedächtniss für Linearanschauungen*, Archiv für physiologische Heilkunde, de Vierordt, t. XI, p. 844-853, 1852.
(2) *Tastsinn und Gemeingefühl*, p. 554.
(3) *De sensu caloris*, Halis, 1857. (D'après Fechner, *El. d. Ps.*, I, p. 209.)

l'invitation de Volkmann, a appliqué la méthode des erreurs moyennes au sens de la température, mais en faisant trop peu d'expériences pour que l'on puisse en tirer une conclusion.

Les précurseurs de Fechner ont donc appliqué les méthodes psychophysiques à la recherche des lois de la perception, et particulièrement à la mesure de la sensibilité. Weber a même montré comment ces méthodes peuvent fournir un point d'appui pour des analyses plus purement psychologiques. Fechner a orienté la psychophysique dans une direction nouvelle, et cette direction a été suivie par la plupart des psychophysiciens. Quelques-uns cependant, plus prudents, peut-être aussi inquiets de voir surgir autour des idées les plus importantes de la psychophysique d'interminables polémiques qui faisaient soupçonner des difficultés insolubles, ont repris la tradition de Weber.

« Les physiciens et les chimistes, disait Weber, éprouvent (*prüfen*) leurs instruments pour savoir dans quelle mesure ils peuvent s'y fier; ils éprouvent par exemple les balances avec lesquelles ils font leurs pesées; les physiologistes et les anatomistes éprouvent leur microscope et savent combien de fois il grossit. Il est aussi important pour l'homme d'éprouver ses instruments naturels de sensation (1). » On dirait que cette idée a inspiré tous les savants qui, à partir de Galton, se sont servi des méthodes psychophysiques pour obtenir des épreuves, ou comme a dit Galton, des *tests*, des facultés mentales.

Galton a fabriqué une série de poids pour éprouver la finesse avec laquelle on peut distinguer les poids en les soupesant. Les poids étaient constitués par des cartouches de chasse remplies de couches alternantes de plomb, de laine et de bourres. Les séries sont arrangées de façon à déterminer la plus petite différence relative qui puisse être distinguée. Le procédé est en léger progrès sur celui de Weber parce qu'il

(1) *Tastsinn und Gemeingefühl*, p. 544.

comprend une graduation méthodique des différences. Le même procédé, ajoute Galton, peut être appliqué au toucher en employant des fils métalliques d'épaisseur différente, au goût avec des solutions de force différente, à l'odorat avec des essences diluées à des degrés différents (1).

Le programme ainsi tracé par Galton s'est élargi dans la suite, et différentes listes de tests ont été proposées par Cattell (2), Münsterberg (3), Jastrow (4), Kräpelin (5), Gilbert (6), MM. Binet et Henri (7). Enfin, l'*American psychological Association* chargea une commission de dresser la meilleure liste de tests qui pût être proposée. La commission, composée de Baldwin, Jastrow, Sanford, Wittmer et Cattell, ce dernier président, dressa une longue liste de tests rangés sous vingt-sept titres. Mais l'unanimité s'est rencontrée seulement pour recommander les mesures suivantes : taille, poids et dimensions de la tête; acuité visuelle; vision des couleurs; acuité auditive; sensibilité à la douleur; perception du poids ou de la force d'un mouvement; pression du dynamomètre par la main droite et la main gauche; temps de réaction à une excitation sonore; vitesse de distinction et de mouvement; perception du temps; mémoire; imagination. Tous les membres de la commission, excepté Baldwin, recom-

(1) GALTON, *Inquiries into human faculty and its development*, p. 34 sqq.; Cf. *ibid.*, p. 370.

(2) *Mental Tests and Measurements*, Mind, 1890, p. 373; Cf. Cattell et Farrand, Psychological Review, III, p. 618, 1896.

(3) *Zur individual Psychologie*, Centralblatt f. Nervenheilkunde u. Psychiatrie, 1891, p. 196.

(4) *Columbian Exposition; Ethnology, section of Psychology*, Chicago, 1893. Analysé dans Revue Philosophique, 1894, II, p. 554 et dans Année Psychologique, I, p. 522.

(5) *Der psychologische Versuch in der Psychiatrie*, Psychologische Arbeiten, I, p. 1-92, 1895.

(6) *Researches on the mental and physical development of school-children*, Stud. Yale Laboratory, II, 1895.

(7) *La psychologie individuelle*, Année Psychologique, II, p. 435 sqq.

mandent en outre les épreuves suivantes : capacité respira-
toire ; finesse du toucher ; rapidité du mouvement ; perception
visuelle de la grandeur. Tous, à l'exception de Witmer, recom-
mandent d'ajouter la perception de la hauteur des sons (1).

Les autres listes de tests diffèrent notablement de celle des
psychologues américains. Mais dans toutes on ajoute aux
épreuves de la sensibilité des épreuves qui concernent d'autres
fonctions mentales et des mesures physiques. La liste des
psychologues américains porte même le titre de : *physical
and mental tests*. Même Kräpelin et MM. Binet et Henri
rejettent de leurs listes tous les tests relatifs aux perceptions :
Kräpelin se propose de caractériser les individus au point de
vue du travail psychique en leur faisant faire des calculs et
des exercices de mémoire ; MM. Binet et Henri s'efforcent
surtout de comparer chez les différents individus les facultés
mentales supérieures, comme la mémoire, l'imagination, la
faculté de comprendre, les sentiments esthétiques et moraux,
la force de volonté.

Le but poursuivi par les auteurs de tests est de faire, selon
l'expression de Jastrow, une anthropométrie mentale, ou de
constituer, selon l'expression de M. Binet, la psychologie
individuelle. MM. Binet et Henri distinguent dans la psychologie individuelle deux grands problèmes : « 1° Étudier
comment varient les processus psychiques suivant les individus, quelles sont les propriétés variables de ces processus et
jusqu'à quel point ils varient ; 2° étudier dans quels rapports
chez un même individu les différents processus psychiques se
trouvent entre eux ; y a-t-il des processus psychiques qui sont
plus importants que les autres, jusqu'à quel point les différents processus peuvent-ils être indépendants l'un de l'autre
et jusqu'à quel point s'influencent-ils mutuellement ? (2) »

(1) Psychological Review, IV, p. 132, 1897 et V, p. 172, 1898.

(2) BINET et V. HENRI, *La psychologie individuelle*, Année Psychologique, II, p. 412.

En réalité, sous le nom de psychologie individuelle, on poursuit deux genres de recherches. Les premières seules répondent au titre : ce sont celles qui tendent à faire la description psychologique de chaque personnalité. Les autres appartiennent à la psychologie générale : ce sont celles qui tendent à déterminer des lois de coexistence, on peut même dire des liaisons fonctionnelles, entre les diverses aptitudes dont se compose une âme individuelle. — Mais dans un cas comme dans l'autre, on peut dire que les recherches psychologiques ainsi entendues sont une extension des recherches psychophysiques. Les procédés d'expérimentation psychophysique ont été appliqués d'abord par Galton à établir quelques tests concernant les perceptions. Puis Cattell et Jastrow ont appliqué les mêmes procédés à d'autres perceptions. D'autres enfin, principalement Baldwin, les ont appliqués à la mémoire, et, de proche en proche, on s'est efforcé, sinon à proprement parler de mesurer les processus supérieurs de l'âme, du moins de les fixer et de les objectiver par l'indication de marques quantitatives. C'est ainsi que M. Binet déclare que, en ce qui concerne les aptitudes intellectuelles, on ne peut pas établir de mesures, mais seulement des classements (1) : ce sont là encore des comparaisons quantitatives, mais des comparaisons quantitatives incomplètes.

§ 7. — Conclusion.

En résumé, les méthodes psychophysiques ne nous font connaître directement que le degré de sûreté des jugements sensoriels, comme dit Stumpf, ou que les erreurs d'observation, suivant la désignation traditionnelle des physiciens. Cattell a soutenu que la détermination de l'erreur d'obser-

(1) *La mesure en psychologie individuelle*, Revue Philosophique, 1898, II, p. 122.

vation ne fournit pas le moyen de mesurer l'intensité de la sensation et de découvrir sa relation avec l'intensité de l'excitation. Mais il admet pourtant qu'il existe une intensité de la sensation qui serait proportionnelle à l'énergie des changements cérébraux correspondants : il appartiendrait alors à la physiologie de découvrir la relation entre les changements cérébraux et l'excitation ; le problème psychophysique serait ainsi renvoyé à la physiologie et la recherche psychophysique serait bornée à la détermination des erreurs d'observation (1). — Mais il faut dire au contraire que la détermination de l'erreur d'observation n'est qu'un point de départ et qu'un instrument de recherche. Elle conduit d'abord à la mesure de la clarté des perceptions, et ensuite, si l'on varie convenablement les conditions d'expérience, elle conduit à l'analyse des perceptions et même d'opérations psychiques plus relevées. Elle fournit en un mot une méthode d'objectivation et par suite un moyen incomparable de soumettre les phénomènes psychologiques à l'investigation expérimentale.

(1) Mac Keen Cattell, *On errors of observation*, American Journal of Psychology, V, p. 293, avril 1893.

CHAPITRE VII

LES PROBLÈMES PSYCHOPHYSIQUES

Le problème psychophysique tel que l'a posé Fechner s'évanouit avec l'idée d'intensité psychologique. Mais, comme il existe une pluralité de caractères quantitatifs dans les phénomènes psychologiques, notamment dans les perceptions, il peut apparaître, à la place du problème unique de Fechner, une pluralité de problèmes psychophysiques. Je n'entreprendrai pas de les dégager et de les classer : ce ne pourrait être qu'une œuvre en partie artificielle. Mais j'en signalerai quelques-uns avant d'arriver à ceux à la solution desquels les méthodes psychophysiques sont spécialement appropriées.

La vitalité des perceptions varie, non-seulement avec les tendances qui dirigent l'attention spontanée, mais aussi avec la force des excitations. Si nous supposons l'attention aussi fortement tendue que possible, les excitations trop faibles ne produisent pas de perceptions conscientes, bien qu'elles puissent produire des sensations ou des perceptions incomplètes, dont la trace se retrouvera dans des circonstances favorables. Au contraire, des excitations un peu fortes, égales ou supérieures au seuil d'excitation, sont dans les mêmes conditions perçues avec facilité, la perception devient de plus en plus facile à mesure que l'excitation s'élève davantage au-dessus du seuil, et elle finit par s'imposer à la conscience malgré les efforts que nous pouvons faire pour la chasser. — Si au contraire l'attention est distraite, des excitations de beaucoup supérieures au seuil ne produisent pas de perception, mais elles ont d'autant plus de chances d'éveiller une perception qu'elles sont plus fortes : c'est ainsi que l'on peut fermer en quelque sorte ses oreilles aux bruits du dehors et poursuivre un travail intellectuel quand ces bruits ne dépassent pas un certain degré : mais, à mesure qu'ils grandissent, il devient plus difficile de ne pas les entendre, et finalement les perceptions auditives envahissent la conscience. — On peut considérer le sommeil comme un état psychologique dans lequel la distraction atteint la plus grande profondeur : aussi nous ne sommes pas réveillés par des bruits modérés, par la lumière faible du jour qui traverse les volets, par des excitations organiques légères, c'est-à-dire que toutes ces excitations ne produisent pas de perceptions ; au contraire nous sommes réveillés par un grand bruit, par la lumière du soleil qui envahit la chambre quand les volets ne sont pas fermés, ou par de vives excitations organiques, c'est-à-dire que ces excitations produisent des perceptions. — Il existe donc une relation, qu'il y a tout lieu de supposer régulière, entre la force des excitations et la vitalité des perceptions : la recherche de cette relation serait une recherche psychophysique et elle prendrait un caractère mathématique s'il était possible de mesurer la vitalité des représentations : mais c'est là une question que, pour le moment du moins, je n'entreprends pas de résoudre.

Existe-t-il de même une relation régulière entre la force des excitations et l'étendue relative que les perceptions occupent dans le champ de conscience? Je ne saurais formuler sur ce point une opinion ferme, parce que nous manquons d'un criterium objectif suffisamment précis pour apprécier dans des cas assez variés l'étendue que les perceptions occupent dans la conscience. Cette étendue dépend peut-être de la complexité des représentations et de leur degré de distinction plutôt que de la force des excitations correspondantes.

En revanche, en ce qui concerne les caractères quantitatifs des perceptions qui dépendent de leurs conditions corporelles, on peut plus librement avancer quelques hypothèses, et même il est des points sur lesquels des recherches scientifiques ont été entreprises. — Il existe certainement une relation régulière entre la force des excitations lumineuses et le travail nerveux qu'elles déterminent, et il en est sans doute de même pour les autres genres d'excitations. C'est de cette relation que traitent en réalité les psychophysiciens qui se placent au point de vue de la physiologie. Les expériences faites par quelques-uns d'entre eux (Dewar et Mac-Kendrick, F.-C. Müller, etc.) tendent à prouver que le travail nerveux croît plus lentement que les excitations. — Au contraire, le travail musculaire impliqué par chaque perception est plus considérable quand les excitations sont faibles que quand elles sont fortes ; il est au moins certain que l'effort d'adaptation est plus considérable quand les excitations sont faibles. — Enfin, le degré émotionnel des perceptions, et même la nature de l'émotion varie aussi avec la force des excitations : ainsi une lumière douce et modérée est agréable, tandis qu'une lumière violente est pénible. La sensation de froid est désagréable : si la température monte, la sensation devient agréable, puis fait place à une sensation agréable de chaud, qui finit elle-même par devenir pénible (1).

Ainsi il existe une pluralité de problèmes psychophysiques, dont quelques-uns sont posés avec précision ou ont même été abordés par les psychologues ou les physiologistes. Mais celui qui a été le plus fréquemment traité, quoique presque toujours sous un autre titre, concerne la relation de

(1) Voir, sur la « *dépendance du sentiment à l'égard de l'intensité de la sensation* », WUNDT, *Psychologie physiologique*, tr. fr., I, p. 527-531.

la clarté des perceptions avec la force des excitations : c'est là le problème psychophysique à la solution duquel on a le plus travaillé. Par malheur, les confusions fâcheuses qui ont régné si longtemps et qui règnent encore sur la notion de l'intensité des sensations ont souvent obscurci et faussé l'interprétation des expériences.

Distinguons d'abord les problèmes, en réalité multiples, qui se posent au sujet de la relation entre la clarté des perceptions et la force des excitations.

Les méthodes psychophysiques permettent de mesurer : 1° la clarté des perceptions proprement dites ; 2° la clarté des perceptions différentielles qui ont pour objet de grandes différences ; 3° la clarté des perceptions différentielles qui ont pour objet de petites différences, c'est-à-dire des différences inférieures au seuil. De là résultent des problèmes différents.

D'abord, on peut chercher comment varie la clarté des perceptions proprement dites par rapport à la force des excitations correspondantes. Puisque la clarté est inversement proportionnelle à l'erreur moyenne que l'on obtient après avoir établi les alternances compensatrices, la question se ramène à chercher comment varie l'erreur moyenne quand la force absolue des excitations varie. — Or Fechner nous fournit sur ce point une hypothèse directrice. Il regarde, en effet, la loi de Weber comme exprimant la constance de la sensibilité aux différences relatives, et la sensibilité aux différences relatives comme inversement proportionnelle à l'erreur moyenne. Si donc nous transférons la loi hypothétique de Weber aux rapports de la clarté des perceptions avec la force des excitations, le sens de la loi sera que l'erreur moyenne, et par suite la clarté des perceptions, est constante, quand les excitations varient seulement en degré.

En second lieu, on peut chercher comment varie la clarté des perceptions de grandes différences par rapport aux variations de leur objet. Mais ici le problème se complique : il

peut se faire, en effet, qu'une différence varie depuis le seuil
différentiel jusqu'à la plus grande valeur que l'on puisse
réaliser dans les expériences ; la force absolue des excitations
entre lesquelles existe la différence ne restera pas constante,
mais elle restera pourtant aussi constante que possible, si
l'une seulement des excitations varie, ou bien si les deux
excitations varient d'une manière égale au-dessus ou au-
dessous de leur moyenne ; il peut se faire, au contraire,
qu'une différence reste constante, soit en valeur absolue, soit
en valeur relative, et que les excitations entre lesquelles
existe la différence varient en valeur absolue. Il se pose donc
deux questions : 1° comment varie la clarté de la perception
différentielle quand la différence varie et que les excitations
restent aussi constantes que possible? 2° Comment varie la
clarté de la perception différentielle quand la force absolue
des excitations varie et que la différence reste constante? —
En outre, puisque la différence peut être conçue comme une
différence arithmétique ou comme un rapport, les deux
questions se subdivisent à leur tour, de sorte qu'il se pose
quatre problèmes, et qu'il y a par suite quatre lois à déterminer. — Il existerait une loi analogue à la loi de Weber si la
clarté des perceptions différentielles était indépendante de la
grandeur des différences. Il en existerait une autre, également
analogue à la loi de Weber, si la clarté de la perception des
différences relatives constantes était indépendante de la
force absolue des excitations. Toutes ces questions doivent
être résolues et peuvent l'être au moyen des méthodes psychophysiques. Il est particulièrement intéressant de chercher si les perceptions différentielles se comportent comme
les perceptions proprement dites, c'est-à-dire si les lois qui
régissent ces deux genres de perceptions se ramènent à une
loi unique.

Enfin les mêmes questions se posent au sujet de la perception des petites différences : 1° comment varie la clarté de la
perception différentielle quand la différence varie depuis une

valeur voisine du seuil différentiel jusqu'à une valeur voisine de zéro, les excitations restant aussi constantes que possible en valeur absolue? 2° comment varie la clarté de la perception différentielle quand la force absolue des excitations varie depuis le seuil d'excitation jusqu'à l'excitation la plus forte qui puisse être soumise aux expériences? — Comme pour la perception des grandes différences, il y a lieu de distinguer dans chacune de ces deux questions la différence absolue et la différence relative. La loi de Weber constitue pour cette recherche une hypothèse directrice en ce qui concerne le deuxième problème relatif à la perception des petites diffé- rences. En effet, Fechner regarde la loi de Weber comme exprimant la constance de la sensibilité aux différences rela- tives : cela signifie que des différences relatives constantes sont perçues avec une égale clarté à travers les variations de grandeur absolue des excitations, c'est-à-dire que la clarté des perceptions de petites différences dépend de la valeur relative de ces différences, mais est indépendante de la force absolue des excitations.

Partant de là, on peut aussi, par analogie, étendre hypo- thétiquement la loi de Weber à la perception des grandes différences. La formule en serait que la clarté des perceptions différentielles dépend du rapport des excitations et non pas de leur force absolue.

D'ailleurs les trois hypothèses dont il s'agit se ramènent à une hypothèse unique. En effet, il existe un procédé (1) pour déterminer, au moins d'une manière approximative, à partir des nombres de cas vrais et faux fournis par les expériences sur la perception des petites différences, une erreur moyenne que l'on regarde comme inversement proportionnelle à la sensibilité différentielle, mais que l'on peut regarder aussi comme inversement proportionnelle à la clarté des percep- tions proprement dites. Si donc la loi de Weber s'applique à

(1) Voir le ch. VIII à la suite, § 1 et 4.

la clarté des perceptions proprement dites, elle s'applique aussi à la clarté des perceptions de petites différences, et il y a lieu de supposer, par analogie, qu'elle s'applique également à la clarté des perceptions de grandes différences. La formule unique de la loi de Weber, posée à titre d'hypothèse, serait donc la suivante : la clarté des perceptions proprement dites et des perceptions différentielles est indépendante de la force absolue des excitations. — Quant à la façon dont varie la clarté des perceptions différentielles par rapport aux variations des différences, c'est d'une manière empirique qu'il faut chercher sur ce point une hypothèse directrice.

Telles sont les questions qui subsistent de la psychophysique au sens étroit de ce mot, c'est-à-dire de la recherche instituée pour déterminer la relation de la sensation, ou plutôt de la perception, avec l'excitation. Mais le développement de cette recherche soulève, par une nécessité logique, d'autres problèmes. Les premiers concernent les limites de la loi de Weber, et ils ont surgi dès le jour où Fechner a constaté que les expériences ne confirment pas la loi d'une manière absolue, et qu'il existe, suivant ses expressions, une limite supérieure et une limite inférieure de la loi. La clarté des perceptions reste constante pour les excitations moyennes, et diminue pour les excitations fortes ou faibles. Il faut chercher, et c'est ce que Fechner a commencé à faire, les causes de ces variations, soit dans la structure des organes, soit dans leur mode de fonctionnement, soit dans les lois fondamentales de la vie mentale, soit dans les caractères particuliers des différents esprits.

D'autre part, l'analyse des erreurs de reconnaissance conduit à distinguer, en outre de l'erreur pure qui donne la mesure de la clarté, des erreurs constantes et des erreurs variables. Il faut remonter de ces erreurs aux causes qui les déterminent. Notamment les erreurs constantes se présentent sous des formes diverses. Par exemple, il en est une qui tient à ce qu'il existe un intervalle de temps entre la perception de

l'excitation normale et la perception de l'excitation de comparaison : c'est l'erreur de temps. Il existe déjà plusieurs hypothèses tendant à l'expliquer (1). Fechner se proposait
seulement d'éliminer les erreurs constantes pour saisir en
quelque sorte la sensation dans ses conditions idéales. Il peut
arriver, en effet, que l'on ait intérêt à éliminer les erreurs
constantes pour obtenir des mesures indépendantes de toute
influence perturbatrice. Mais il faut aussi les étudier en
elles-mêmes : loin d'être toujours une entrave à l'expérimentation, elles fournissent un moyen nouveau de saisir
par l'expérimentation les processus psychologiques dont
elles sont la manifestation. — Il en est de même des erreurs
variables.

Les méthodes psychophysiques fournissent aussi le moyen
de déterminer la façon dont les différents hommes perçoivent
les objets extérieurs. De même qu'il existe des types imaginatifs et intellectuels, il doit exister aussi des types de
perception. — Les types imaginatifs ont été étudiés en dehors
de la psychophysique par Galton, Charcot et d'autres. Mais
les méthodes psychophysiques donnent pour les étudier des
procédés nouveaux, parce qu'elles permettent d'objectiver les
images par l'attribution de la marque quantitative, et au
besoin par la mesure de la clarté. Ces recherches peuvent être
faites sur les images immédiates, ou sur des images récentes
dont l'âge est rigoureusement connu, et Weber avait déjà
commencé des expériences sur ce point. Il est aussi des
images usuelles, que nous employons couramment, et à
l'étude desquelles la méthode de reconnaissance peut être
appliquée facilement : par exemple, on peut demander aux
sujets de tracer des lignes d'une certaine longueur, de donner
à un objet un certain poids, sans avoir d'autre guide que
leurs images usuelles.

(1) Voir Wreschner, *Methodologische Beiträge zu psychophysischen
Messungen*, p. 164.

L'attention, la fatigue, l'exercice peuvent aussi être étudiés par les mêmes méthodes.

Puisque ce n'est pas par l'intensité des sensations appréciée par la conscience que nous jugeons de la force des excitations, il faut chercher comment nous arrivons à connaître la force des sons, des lumières, des poids, etc. Locke et Leibnitz ont déjà posé le problème de la perception des grandeurs extensives et de nombreux psychologues les ont suivis au xix⁰ siècle. Il existe un problème analogue relativement à la perception des intensités, et déjà différents travaux ont été faits sur cette question. Il suffit de citer ceux de G.-E. Müller et Schumann sur la perception des poids soulevés (1), de Goldscheider (2) sur le même sujet, de Schumann sur le sens du temps (3), et le travail récent de Miss Lillie-J. Martin et de G.-E. Müller (4) sur l'analyse des opérations par lesquelles le sujet porte son jugement dans la méthode des cas vrais et faux.

La psychophysique s'est donc transformée par son développement naturel : des problèmes purement psychologiques se sont posés après les problèmes psychophysiques, et les mêmes méthodes générales permettent de les résoudre. La psychophysique au sens étroit du mot, la science des rapports du physique et du psychique, s'est élargie d'une manière spontanée, les problèmes faisant surgir sans cesse des problèmes nouveaux, et les méthodes fournissant toujours des procédés de recherche. C'est de cette façon que la psychophysique, étendant son objet d'une manière continue, en est

(1) G.-E. Müller et Schumann, *Ueber die psychologischen Grundlagen der Vergleichung gehobener Gewichte*, Archiv de Pflüger, t. XLV, p. 3₇.

(2) Goldscheider, divers articles de Archiv für Anatomie und Physiologie, Physiologische Abtheilung, 1889, etc., réimprimés par l'auteur dans le 2⁰ volume de ses *Gesammelte Abhandlungen*, 1898.

(3) Schumann, *Ueber die Schätzung kleiner Zeitgrössen*, Z. f. Ps. u. Ph. d. S., t. IV, p. 1.

(4) Lillie-J. Martin et G.-E. Müller, *Zur Analyse der Unterschiedsempfindlichkeit*, 1899.

venue à se proposer l'analyse des perceptions, puis l'analyse d'autres phénomènes psychologiques qui contribuent à former les perceptions : elle est devenue une branche considérable de la psychologie, et peut-être même peut-elle s'étendre jusqu'aux tendances, aux sentiments, et à tous les genres de phénomènes psychologiques, car on peut dire en un sens que nous percevons avec notre âme tout entière. Et, si la psycho-physique s'est ainsi étendue, c'est qu'elle fournit à l'investigation psychologique une méthode générale d'expérimentation, qui consiste à analyser les phénomènes psychologiques en s'appuyant sur leur liaison avec les phénomènes physiques.

CHAPITRE VIII

DÉVELOPPEMENT ET VALEUR DES MÉTHODES PSYCHOPHYSIQUES.

Je n'ai parlé jusqu'à présent des méthodes psychophysiques. qu'autant qu'il était nécessaire de le faire pour exposer les principes de mesure de la clarté et pour poser les problèmes psychophysiques. Il convient maintenant d'examiner, à propos. de chaque méthode, quel en est le rôle exact dans la mesure de la clarté et quelle forme il faut lui donner. En effet, une. fois les questions de principe résolues et les problèmes posés, il surgit des questions de détail nombreuses et souvent embarrassantes. D'ailleurs, depuis les fondateurs de la. psychophysique, divers travaux ont été consacrés à l'élaboration des méthodes, on a modifié très sensiblement les méthodes de Fechner et de Plateau, et l'on a imaginé des méthodes nouvelles.

Wundt divise les méthodes psychophysiques en deux groupes : 1° les méthodes de gradation (*Abstufungsmethoden*), à savoir la méthode des différences juste perceptibles et la. méthode de Plateau, modifiées l'une et l'autre suivant le procédé des petites variations inventé par Wundt ; 2° les méthodes des erreurs (*Fehlermethoden*). Cette division a été suivie par Külpe (1). Je ne puis l'accepter, car la mesure de la

(1) *Grundriss der Psychologie*, 1893.

clarté repose uniquement sur la détermination de l'étendue ou du nombre des erreurs de reconnaissance : il en résulte que les seules méthodes qui soient directement appropriées à la mesure de la clarté sont la méthode des erreurs moyennes et la méthode des cas vrais et faux, chacune pour un cas différent. Quant à la méthode des différences juste perceptibles, on peut la conserver, sous la forme que lui a donnée Wundt, comme méthode de mesure de la sensibilité différentielle. Mais si l'on veut aller au fond de la mesure de la sensibilité différentielle, c'est-à-dire la ramener à une mesure de la clarté des perceptions, on est conduit, comme je le montrerai ci-après (§ 2), à fondre la méthode des différences juste perceptibles, légèrement modifiée, dans la méthode des erreurs moyennes. Enfin la méthode de Plateau a besoin d'une transformation considérable pour devenir une méthode de mesure de la clarté, c'est-à-dire pour fournir une erreur moyenne relative aux perceptions. Ainsi, toutes les méthodes psychophysiques tirent leur valeur de ce qu'elles font connaître soit l'étendue, soit la proportion des erreurs par lesquelles se manifeste la clarté, ou le défaut de clarté, des perceptions proprement dites ou des perceptions différentielles : toutes les méthodes psychophysiques sont des méthodes d'erreurs.

Or, antérieurement à la psychophysique, il existait déjà une très importante théorie sur les erreurs d'observation, dont Gauss a été le principal fondateur : il existait notamment une loi, connue sous le nom de loi de Gauss, exprimant la probabilité ou la fréquence relative d'une erreur de grandeur déterminée en fonction de la grandeur de cette erreur et de la quantité h qui mesure la précision des observations. Fechner et beaucoup de ses disciples, notamment Wundt, G.-E. Müller, Merkel, etc., ont transporté cette loi à la psychologie. C'est donc une question capitale de savoir si la loi de Gauss peut fournir une base solide aux méthodes psychophysiques.

§ 1. — *La loi de Gauss* (1).

« Comme toutes nos mesures et toutes nos observations, dit Gauss en parlant des observations astronomiques, ne sont que des approximations de la vérité, et qu'il en doit être de même de tous les calculs qui s'appuient sur elles, le but de tous les calculs institués au sujet des phénomènes concrets

(1) Sur le sens de la loi de Gauss, et sur la question de savoir si elle est applicable à la psychophysique, voir : Gauss, *Theoria motus corporum cœlestium*, lib. II, sect. III, 1809 ; *Theoria combinationis observationum erroribus minimis obnoxiæ*, Commentationes societ. reg. scient. Götting., vol. V, 1823. Bessel, *Fundamenta Astronomiæ*, sect. II, 1818. Faye, *Cours d'Astronomie*, 1re partie, livre 3, tome I, p. 187-236, 1881. Baillaud, *Cours d'Astronomie*, 1re partie, ch. I et II, 1893. Fechner, *Elemente der Psychophysik*, I, p. 102 ; *Ueber die Methode der richtigen und falschen Fälle in Anwendung auf die Massbestimmungen der Feinheit oder extensiven Empfindlichkeit des Raumsinnes*, Abhandl. d. math. phys. Cl. d. kgl. sächs. Ges. d. Wiss., XIII, 1884 ; *Revision der Hauptpunkte der Psychophysik*, p. 49, 84 ; *In Sachen des Zeitsinnes und der Methode der richtigen und falschen Fälle, gegen Estel und Lorenz*, Phil. Stud., III, p. 12 ; *Kollektivmasslehre*, ch. V et passim, 1897. G.-E. Müller, *Zur Grundlegung der Psychophysik*, ch. I à III ; *Ueber die Massbestimmungen des Ortssinnes der Haut mittels der Methode der richtigen und falschen Fälle*, Archiv de Pflüger, t. XIX, p. 191. Boas, *Ueber die Berechnung der Unterschiedsschwellenwerthe nach d. M. d. r. u. f. F.*, Archiv de Pflüger, t. XXVIII, p. 84. Gustav Lorenz, *Die M. d. r. u. f. F. in ihrer Anwendung auf Schallempf.*, Phil. St. II, p. 394. Carl Lorenz, *Untersuchungen über die Auffassung von Tondistanzen*, Phil. St., t. VI, p. 26. Merkel, *Theoretische und experimentelle Begründung der Fehlermethoden*, Phil. St., VII, p. 558. Külpe, *Grundriss der Psychologie*, p. 66, 1893. V. Henri, *Le calcul des probabilités en psychologie*, Année Psychologique, II, p. 466, 1896. Bruno Kaempfe, *Beiträge zur experimentellen Prüfung d. M. d. r. u. f. F.*, Phil. St., VIII, p. 511. Bruns, *Ueber die Ausgleichung statistischer Zählungen in der Psychophysik*, Phil. St., IX, p. 1 ; *Ueber die Darstellung von Fehlergesetze*, Astron. Nachr., 143, p. 329 ; *Zur Collectivmasslehre*, Phil. St., XIV, p. 339. Erich Mosch, *Zur Methode d. r. u. f. F. im Gebiete der Schallempf.*, Phil. St., XIV, 491, 1898.

doit être de nous approcher le plus possible de la vérité. Mais cela ne peut pas se faire autrement que par une combinaison convenable d'observations *plus nombreuses* qu'il n'est requis absolument pour la détermination des quantités inconnues (1). »

Les erreurs d'observation n'existent pas seulement dans les mesures astronomiques, mais aussi dans les mesures physiques quelles qu'elles soient. « En mesurant la hauteur d'un édifice vingt fois de suite, dit Quételet, je ne trouverai peut-être pas deux fois identiquement la même valeur ; cependant, on conçoit que l'édifice a une hauteur déterminée, et si je ne l'ai pas estimée exactement par chacune des opérations que j'ai faites pour la reconnaître, c'est que ces opérations comportent quelque incertitude....... Les limites plus ou moins larges dans lesquelles se trouvent renfermées les mesures que j'ai obtenues dépendent de mon plus ou moins d'adresse et de l'exactitude des instruments dont j'ai fait usage (2). »

Relativement à ces erreurs d'observation, Gauss admet :

« 1° Que si plusieurs mesures d'une même grandeur inspirent la même confiance, la valeur la plus probable de cette grandeur est leur moyenne arithmétique ;

« 2° Que la probabilité d'une erreur Δ est une fonction $\varphi (\Delta)$ de cette erreur, de sorte que la probabilité qu'une erreur soit comprise entre Δ et $\Delta + d\Delta$ est $\varphi (\Delta) d\Delta$;

« 3° Que la probabilité d'une erreur très grande est très petite ;

« 4° Que la meilleure valeur à adopter pour la grandeur mesurée est précisément la valeur la plus probable (3). »

(1) GAUSS, *Theoria motus corporum cœlestium*, p. 205.

(2) QUÉTELET, cité par V. Henri dans Année Psychologique, II, p. 490.

(3) BAILLAUD, *Cours d'Astronomie*, p. 19.

C'est donc la moyenne arithmétique des valeurs d'observation que l'on considère comme représentant la valeur vraie, parce qu'elle est la valeur la plus probable. Mais les valeurs d'observation sont, les unes supérieures, les autres inférieures à la moyenne arithmétique. Les différences entre les valeurs d'observation et la moyenne arithmétique constituent les écarts individuels des observations, ou les erreurs individuelles. — Sur la base des hypothèses précédentes, Gauss établit que la probabilité d'une erreur Δ est donnée par l'équation suivante (1) :

$$\varphi(\Delta) = \frac{h}{\sqrt{\pi}}\, e^{-h^2\Delta^2}$$

Dans cette formule, e désigne la base des logarithmes népériens ($= 2.718\ldots$), et h est une quantité constante proportionnelle à la précision des observations.

La probabilité qu'une erreur soit comprise entre $+\Delta$ et $-\Delta$, entre $+\infty$ et $-\infty$, entre Δ et $\Delta + d\Delta$, et d'une manière générale entre deux valeurs quelconques arbitrairement choisies, est exprimée par des intégrales contenant les mêmes quantités. On a coutume de remplacer $h\Delta$ par le symbole t.

A ces formules s'en rattachent d'autres qui relient quatre quantités importantes : l'écart moyen ou variation moyenne ($m\,V$), l'erreur moyenne (e. m.), l'erreur probable (e. p.), et la mesure de la précision h.

L'écart moyen est la valeur moyenne des différences entre la moyenne arithmétique des valeurs observées et les diverses valeurs observées : c'est la moyenne arithmétique des erreurs individuelles.

L'erreur moyenne est la racine carrée de la valeur moyenne des carrés des erreurs individuelles.

(1) Gauss, ouvrage cité, p. 212.

L'erreur probable est l'erreur telle qu'il y a même probabilité qu'une erreur soit plus grande ou qu'elle soit plus petite.

Si donc on a un nombre n d'erreurs individuelles δ_1, δ_2, δ_3, etc., la valeur de l'écart moyen est donnée par l'équation :

$$m\,V = \frac{\delta_1 + \delta_2 + \delta_3 \text{ etc.}}{n}$$

La valeur de l'erreur moyenne est donnée par l'équation :

$$e.\,m. = \sqrt{\frac{\delta_1{}^2 + \delta_2{}^2 + \delta_3{}^2 \text{ etc.}}{n}}$$

L'écart moyen et l'erreur moyenne sont d'ailleurs proportionnels l'un à l'autre :

$$\frac{e.\,m.}{m\,V} = \sqrt{\frac{\pi}{2}} = 1.2533\ldots$$

La mesure de la précision est inversement proportionnelle à l'erreur moyenne :

$$h = \frac{1}{e.\,m.\ \sqrt{\pi}}$$

Enfin, l'erreur probable est donnée par l'une ou l'autre des équations suivantes :

$$e.\,p. = e.\,m.\ \frac{0.674489}{\sqrt{n}}$$

ou

$$e.\,p. = m\,V\ \frac{0.845347}{\sqrt{n}}$$

Toutes ces formules se rattachent à la loi de Gauss, et sont exactes si cette loi est elle-même exacte. C'est pourquoi

Bessel a cherché à contrôler empiriquement la loi de Gauss.
« Bessel a rassemblé les observations de la déclinaison et de
l'ascension droite faites par Bradley, il a calculé les nombres
des erreurs de grandeurs différentes et a comparé ces nombres
calculés aux nombres d'erreurs observées ; voici quelques-uns
de ses résultats (1) » :

TABLEAU I. — Controle empirique
de la loi de Gauss par Bessel

ERREURS	NOMBRES D'ERREURS	
	Calculés	Observés
De 0ˢ.0 à 0ˢ.1	95	94
— 0.1 à 0.2	89	88
— 0.2 à 0.3	78	78
— 0.3 à 0.4	64	58
— 0.4 à 0.5	50	51
— 0.5 à 0.6	36	36
— 0.6 à 0.7	24	26
— 0.7 à 0 8	15	14
— 0.8 à 0 9	9	10
— 0.9 à 1.0	5	7
Au-dessus de 1ˢ	5	8

« La coïncidence de la théorie avec les observations peut
être considérée comme parfaite », ajoute M. V. Henri. La

(1) V. Henri, *Les probabilités en psychologie*, Année Psychologique.
II, p. 494. Cf. Faye, *Cours d'Astronomie*, I, p. 218.

coïncidence suffit à prouver l'existence d'une loi : pourtant elle n'est qu'approximative.

Tels sont les principes mathématiques que la plupart des psychophysiciens ont transportés à la psychologie. Leur postulat est que, si la loi de Gauss s'applique à l'appréciation des quantités physiques, elle doit s'appliquer aussi à l'appréciation des quantités subjectives, des intensités de sensations, par la conscience : les erreurs d'observation commises dans l'appréciation des intensités psychiques par la conscience suivraient les mêmes lois que les erreurs d'observation d'ordre physique.

La question que soulève ce postulat ne se pose pas pour moi, puisque je considère la détermination des erreurs physiques d'observation comme le véritable objet immédiat des méthodes psychophysiques. Mais, tandis que les astronomes et les physiciens regardent l'erreur d'observation comme une cause perturbatrice qu'ils se proposent d'annihiler aussi complètement qu'ils le peuvent, et dont ils délimitent la sphère d'action possible parce qu'ils ne parviennent pas à l'éliminer complètement, l'erreur d'observation est pour la psychophysique le fait intéressant qui fournit un point d'appui pour l'investigation psychologique. Il s'agit, par suite, pour la psychophysique, non pas d'établir a priori, par des considérations mathématiques, quelque loi pratiquement applicable à l'élimination des erreurs d'observation, mais de déterminer empiriquement les conditions dans lesquelles ces erreurs se produisent et les lois psychologiques suivant lesquelles elles apparaissent.

Il est vrai que, si la loi de Gauss s'applique avec une rigueur absolue à l'appréciation des grandeurs physiques par la perception, elle fournira dans certains cas un moyen précieux pour interpréter les expériences : notamment elle permettra de calculer, par la méthode des cas vrais et faux, la valeur du seuil différentiel, ou bien la valeur d'une différence donnant une proportion arbitraire de cas vrais et de cas faux (1). Mais il faut pour cela qu'elle s'applique aux faits d'une manière rigoureuse. Or, Gauss n'a jamais pensé qu'il en fût ainsi : « La fonction qui vient d'être établie, dit-il en parlant de φ Δ, ne peut certainement pas exprimer en toute rigueur les probabilités des erreurs ; en effet, comme les erreurs possibles sont toujours renfermées dans des limites fixes, la probabilité des grandes erreurs devrait toujours être = 0, tandis que notre formule donne une valeur finie (2). » Gauss ajoute, il est vrai, que ce défaut est sans importance dans la pratique, parce que la valeur de la fonction décroît très rapidement quand Δ grandit.

Mais il y a plus. L'examen des postulats sur lesquels repose la loi de Gauss montre que la loi ne peut se vérifier avec rigueur que dans des cas exceptionnellement favorables et par une sorte de hasard heureux. La loi suppose, en effet : 1° que toutes les mesures prises sont également dignes de confiance ; 2° que la moyenne arithmétique des valeurs observées est la valeur vraie de la quantité objective ; 3° que les causes qui déterminent les erreurs et les font varier sont complètement accidentelles et que par suite on peut les soumettre au calcul sur la base de cette dernière hypothèse. Or il me paraît certain que ces trois postulats sont faux, ou du moins qu'ils ne sont vrais qu'approximativement, et que par suite le psychologue ne peut accorder à la loi de Gauss une confiance sans réserve.

D'abord, il est impossible que, dans une série plus ou moins longue d'observations, toutes les observations méritent absolument le même degré de confiance. Sans doute, quand on prend une mesure physique ou astronomique, il faut écarter comme sans valeur toute observation dans laquelle on aura remarqué un lapsus d'attention, ou bien un dérangement ou un mauvais ajustement des appareils, ou bien une

(1) Voir plus loin, même chap., § 4.
(2) *Theoria motus*, etc., p. 212, 213.

circonstance extérieure gênante. Sans doute aussi, toute valeur d'observation pour laquelle on n'aura rien remarqué de pareil, mais qui s'écartera considérablement de la moyenne des valeurs observées devra être rejetée *a priori* comme suspecte, comme certainement viciée par une cause non remarquée d'erreur grave. Mais, même alors, il est impossible de regarder toutes les valeurs d'observation comme également dignes de confiance. — Il s'agit, en effet, de perceptions attentives. Or, on sait que l'attention est sujette à des oscillations rapides, qu'elle a un mouvement rhythmique. Ce rhythme est-il bien régulier ? Il est difficile de le dire, même après les expériences qui ont été faites sur ce sujet. En tout cas, ce mouvement oscillatoire de l'attention suffit pour que l'on regarde comme très vraisemblable que certaines perceptions sont de ce chef particulièrement satisfaisantes, tandis que d'autres le sont moins. — La perception implique un travail corporel, des contractions musculaires et des coordinations de mouvements qui peuvent se produire avec une sûreté variable, qui peuvent réussir d'une manière plus ou moins complète : l'adaptation sensorielle est nécessairement tantôt plus, tantôt moins parfaite. Bref, le meilleur observateur du monde ne peut pas, en exécutant un acte aussi complexe que celui dont il s'agit, réaliser toujours le même degré de perfection, pas plus que l'on n'est capable de déployer le même maximum de force dans des pressions dynamométriques successives. — Il existe donc des causes d'erreur dont on ne s'aperçoit pas, et en raison desquelles les observations dont se compose une série ne sont pas également dignes de confiance. Quant à affirmer que ces causes d'erreur sont purement accidentelles, et que par suite elles sont soumises aux lois des probabilités, cela est arbitraire. Il est possible que les lois des probabilités s'appliquent à ces causes d'erreur, mais rien ne le garantit : il est probable aussi que la résultante de ces actions diverses se manifeste par une erreur constante.

En second lieu, la moyenne arithmétique des valeurs observées ne peut être la valeur vraie de la quantité objective que dans des cas exceptionnels. Les expériences psychophysiques faites par la méthode des erreurs moyennes montrent que la moyenne des excitations de comparaison, même après que l'on a établi les alternances compensatrices, n'est ordinairement pas égale à l'excitation normale, c'est-à-dire qu'il existe une erreur constante d'observation qui ne dépend pas des positions de temps et de lieu, mais tient probablement à la constitution mentale de l'observateur. Wundt relève un fait analogue dans l'emploi de la méthode des petites variations : la valeur de l'excitation qui, selon ses expressions, « paraît égale à l'excitation normale », « est égale pour la conscience à cette excitation », en diffère en général d'une quantité notable, qu'il appelle « erreur d'estimation ». — Gauss dit bien qu'il ne faut pas faire ses calculs « d'après des observations solitaires, mais, s'il se peut, d'après des observations multiples, combinées de telle façon que les erreurs commises par hasard se détruisent autant que possible mutuellement » (1). Cela signifie sans doute qu'il faut éliminer les erreurs constantes par les alternances compensatrices, quand la chose est possible, et il est évident que les observations astronomiques et physiques doivent être débarrassées des erreurs constantes. Mais il faut pour cela les connaître, ou bien il faut les soupçonner et être en état de les compenser par les alternances. Or l'erreur d'estimation ne peut pas être éliminée, elle ne peut même pas être découverte, quand on ignore quelle est la valeur vraie de la quantité observée, et que l'on se propose précisément de déterminer cette valeur.

Enfin les causes dont dépendent les erreurs d'observation ne peuvent être regardées comme accidentelles qu'aussi longtemps qu'on ne les soupçonne pas. Or le développement de la psychophysique depuis Fechner a eu pour résultat d'en

(1) *Theoria motus*, etc., p. 205.

faire connaître quelques-unes, et c'est précisement l'objet de la psychophysique de les analyser, de les classer et de les mesurer. On comprend que Gauss ait songé à leur appliquer le calcul des probabilités, parce qu'elles lui apparaissaient comme indéterminables : mais ce serait plutôt un postulat légitime de la psychophysique qu'elles sont déterminables, et que par suite, au lieu de les traiter par le calcul des probabilités, il faut les rechercher empiriquement.

Ainsi la loi de Gauss ne peut pas être une loi rigoureusement exacte : elle ne peut être qu'approximative. Je ne prétends pas incriminer les astronomes et les physiciens qui en ont fait usage : elle est sans doute approximativement exacte, comme le prouve la confirmation expérimentale de Bessel, et par suite, si elle est la source d'erreurs en astronomie et en physique, il ne peut s'agir que d'erreurs très faibles, pratiquement négligeables. Les erreurs sont d'ailleurs rendues tout à fait insignifiantes par la délicatesse des instruments et l'habileté des observateurs.

Mais le psychologue est placé à un point de vue tout autre. C'est l'erreur d'observation qui est pour lui le fait intéressant. Il ne s'attache pas, comme le physicien, à la rendre aussi faible que possible, mais il expérimente au contraire dans des conditions qui lui garantissent des erreurs appréciables, de grandes erreurs même. Autrement, il ne pourrait employer la méthode des erreurs moyennes, ni celle des cas vrais et faux. Par suite, les défauts de la loi de Gauss sont agrandis quand on en fait l'application à la psychologie, ils cessent d'être négligeables, et ils produisent d'inextricables perturbations. Quand le physicien mesure une longueur, il emploie des procédés qui lui permettent d'apprécier le dixième, ou le centième, ou même le millième de millimètre (le micron). Si donc, pour apprécier la précision de ses mesures, il s'appuie sur la loi de Gauss, le caractère approximatif de cette loi pourra entraîner une erreur qui sera exprimée par une faible fraction de son unité de mesure. Au contraire, quand Higier a fait ses expériences par la méthode des cas vrais et faux sur la perception des lignes, il a employé des différences allant de 1/2 millimètre jusqu'à 10 millimètres, et l'on emploie des différences relatives beaucoup plus considérables quand on expérimente sur les poids, ou sur la force des sons. L'erreur possible qui tient au caractère approximatif de la loi se trouve amplifiée d'autant. Cela ne veut pas dire que la loi est fausse, mais que les conditions nécessaires pour qu'elle s'applique avec rigueur ne sont pas toujours réalisées, et, comme on n'a aucun moyen de reconnaître *a priori* si ces conditions sont réalisées ou ne le sont pas, il est impossible d'appliquer avec une confiance sans réserve la loi de Gauss à la psychologie.

Les expériences anciennes de Fechner sur la perception des poids fournissent un exemple frappant de cette insuffisance de la loi de Gauss. D'après les principes sur lesquels Fechner établit la méthode des cas vrais et faux, le produit de la mesure de la précision par la différence des excitations devrait prendre une valeur double quand la différence entre les excitations est doublée. Le tableau suivant (II) montre que le rapport attendu est loin d'exister dans tous les cas.

Le rapport des valeurs de hD n'est voisin de 2 que dans une partie des cas, de sorte que les expériences mêmes de Fechner semblent parler plutôt contre que pour le transfert de la loi de Gauss à la psychologie. Cette objection a été faite pour la première fois par G. Lorenz (1), qui, cherchant en outre à contrôler la méthode par des expériences sur la perception de la force des sons, a trouvé que ces expériences ne confirment pas mieux les idées de Fechner. Mais Fechner, dans un article de discussion (2), conteste l'interprétation de Lorenz, et déclare que les expériences qui concordent avec la loi ont

(1) G. Lorenz, *Die Methode d. r. u. f. F. in ihrer Anwendung auf Schallempfindungen*, Phil. Stud., II, p. 409.

(2) Fechner, *In Sachen des Zeitsinnes und der Methode d. r. u. f. F., gegen Estel und Lorenz*, Phil. Stud., III, p. 19.

TABLEAU II. — VALEURS DE hD DANS LES EXPÉRIENCES DE FECHNER SUR LES POIDS (1)

P	SÉRIE A DEUX MAINS			SÉRIES A UNE SEULE MAIN					
				Main gauche			Main droite		
	hD pour $D = 0.04$ P	hD pour $D = 0.08$ P	Rapport des 2 valeurs de hD	hD pour $D = 0.04$ P	hD pour $D = 0.08$ P	Rapport des 2 valeurs de hD	hD pour $D = 0.04$ P	hD pour $D = 0.08$ P	Rapport des 2 valeurs de hD
gr.									
300	2 023	3 918	1.94	3 916	4 845	1.24	3 658	5 360	1.47
500	1 965	3 705	1.93	2 876	5 246	1.82	3 349	5 584	1.67
1 000	2 530	4 637	1.83	2 906	5 649	1.94	5 103	6 230	1.22
1 500	2 774	5 910	2.13	4 016	6 426	1.60	4 638	7 647	1.65
2 000	2 966	6 034	2.03	4 700	6 515	1.39	4 517	6 821	1.51
3 000	3 296	6 520	1.98	4 455	8 084	1.81	4 551	7 616	1.67

(1) FECHNER, El. d. Ps., I, p. 193. Fechner a supprimé les décimales, qui sont inutiles, puisque les rapports des valeurs de hD importent seuls : ces valeurs sont donc multipliées par 10.000.

plus de poids que les autres, parce que la concordance
partielle avec la loi n'est pas aussi facile à expliquer que la
non-concordance par des particularités accidentelles non
compensées. — Je ne veux pas nier que la loi de Gauss s'applique d'une façon approximative aux faits concrets, mais
précisément on ne peut jamais être sûr à l'avance qu'il
n'existe pas des particularités non compensées, accidentelles
ou non.

Des tentatives ultérieures ont été faites pour tirer parti de
la loi de Gauss, ou même pour substituer à la formule de
Gauss une formule plus générale qui représente d'une
manière plus exacte la répartition des erreurs. Mais personne
n'est arrivé à un résultat parfaitement satisfaisant, et l'auteur
du dernier travail sur la question finit en exprimant le vœu
que les méthodes psychophysiques soient reprises par le commencement (1).

La seule conséquence à tirer de là, c'est qu'il faut interpréter les expériences psychophysiques d'une manière aussi
empirique que possible, et que c'est dans ce but qu'il faut
organiser les méthodes.

§ 2. — *La méthode des différences juste perceptibles*
et la méthode des erreurs moyennes.

La méthode des différences juste perceptibles a pour but
de déterminer le seuil différentiel, c'est-à-dire, selon la
définition de Fechner, une différence qui est perçue dans
tous les cas, mais qui ne le serait plus dans tous les cas si
elle était diminuée.

Sous la forme expérimentale que lui ont donnée Weber et
Fechner, cette méthode est impropre à fournir des mesures

(1) Erich Mosch, *Zur Methode d. r. u. f. F. im Gebiete der Schallemp-*
findungen, Phil. Stud., XIV, p. 491-549, 1898.

rigoureuses, car la juste perceptibilité n'est pas fixée en un point précis de l'échelle des différences, mais occupe plutôt une zone mal définie. Rien ne garantit donc que le sujet, en déclarant qu'il commence à sentir, ou qu'il cesse de sentir la différence, s'arrête toujours au même point de cette zone. Il est même certain que, à cause des influences multiples qui s'exercent sur le jugement, en particulier à cause des oscillations de l'attention, le jugement est instable. C'est pourquoi Fechner a toujours regardé la méthode des différences juste perceptibles comme ne pouvant fournir que des mesures approximatives et préliminaires.

G.-E. Müller a cru que cependant on peut la modifier de façon à lui donner plus de rigueur. On prend d'abord une différence certainement perceptible, et on la fait diminuer progressivement jusqu'à ce qu'elle commence à n'être plus perceptible : on obtient ainsi une différence juste imperceptible. Puis on prend une différence certainement imperceptible (par exemple une différence nulle), et on la fait croître jusqu'à ce qu'elle commence à devenir perceptible : on obtient alors une différence juste perceptible, mais pourtant un peu trop forte. On répète cette double expérience un certain nombre de fois, et l'on considère la moyenne de tous les résultats ainsi obtenus comme la valeur du seuil différentiel. Il faut naturellement tenir compte des influences exercées par l'ordre et la position respective des excitations, et les compenser par le moyen des alternancés requises. Müller donne à la méthode ainsi entendue le nom de méthode des plus petites différences (*der kleinsten Unterschiede*) (1).

Wundt a apporté de nouvelles modifications à cette méthode et lui a donné une forme qu'il regarde comme définitive (2). Sous cette forme il l'appelle méthode des petites variations

(1) G.-E. Müller, *Zur Grundlegung der Psychophysik*, p. 63, 64, 1878.
(2) Wundt, *Ueber die Methode der Minimaländerungen*, Phil. Stud., I, p. 556.

(*M. der Minimaländerungen*). Soit N l'excitation normale (1), que l'on conserve invariable pendant toute la durée de l'expérience. On prend d'abord l'excitation de comparaison égale à N : le sujet, prévenu, juge les deux excitations égales. On fait alors croître l'excitation de comparaison par quantités très petites et égales, jusqu'à ce que le sujet la juge plus forte que la normale : soit $C's$ cette valeur de l'excitation de comparaison, renforcée d'une faible quantité pour plus de sûreté. On diminue alors l'excitation de comparaison jusqu'à ce que l'on atteigne et que l'on dépasse un peu le point où elle paraît égale à la normale : soit $C''s$ la valeur qu'elle a en ce point. Les deux quantités $C's$ et $C''s$ représentent donc, l'une la valeur de l'excitation de comparaison qui commence à paraître plus forte que la normale, l'autre celle qui cesse de paraître plus forte que la normale : la moyenne de ces deux quantités donne donc la valeur de l'excitation de comparaison qui paraît en moyenne juste plus forte que N. Soit Cs cette moyenne ($s =$ supérieur). On a

$$Cs = \frac{C's + C''s}{2}.$$ — Dans une deuxième partie de l'expé-

rience, on continue à diminuer l'excitation de comparaison jusqu'à ce que l'on atteigne et que l'on dépasse un peu le point où elle commence à paraître plus faible que N : soit $C'i$ sa valeur en ce point ($i =$ inférieur). De là enfin on retourne, en faisant croître l'excitation de comparaison, jusqu'au point où elle cesse de paraître plus petite que N : soit $C''i$ sa

valeur en ce point. La moyenne $Ci = \dfrac{C'i + C''i}{2}$ est la

valeur de l'excitation de comparaison qui paraît en moyenne juste plus faible que N. — On répète les expériences autant qu'il le faut pour obtenir des moyennes suffisamment sûres, c'est-à-dire pour éliminer les erreurs accidentelles. Les alter-

(1) J'emploierai partout les initiales françaises pour désigner les quantités d'excitation.

nances compensatrices permettent d'éliminer l'erreur de temps
et l'erreur de position.

Soient maintenant Δs le seuil différentiel absolu supérieur, Δi le seuil différentiel absolu inférieur, et Δm le seuil
différentiel absolu moyen. La valeur de ces quantités est
donnée par les équations suivantes :

$$\Delta s = Cs - N$$
$$\Delta i = N - Ci$$
$$\Delta m = \frac{Cs - Ci}{2}$$

Pour obtenir les seuils relatifs, il suffit de diviser ces quantités par N.

La méthode ainsi exposée en résumé est complète, puisqu'elle fournit la mesure du seuil différentiel pour les différents cas où cette mesure peut être utile. Pourtant Wundt
remarque que la même méthode peut encore fournir une
quantité intéressante. Si l'on ajoute le seuil absolu moyen Δm
à l'excitation inférieure Ci, ou si on le retranche de l'excitation supérieure Cs, ou si l'on prend la moyenne de $Ci + Cs$,
on obtient une quantité que l'on peut désigner par C, et que
Wundt appelle la valeur d'estimation (*Schätzungswerth*) de
l'excitation normale, c'est-à-dire la quantité à laquelle l'excitation normale nous paraît égale, est égale pour la conscience.
La différence $C - N$ est ce que Wundt appelle l'erreur
d'estimation (*Schätzungsfehler*) : il la désigne par Δ. Si la
valeur de Δ est positive, elle mesure la quantité dont nous
sommes portés à surestimer l'excitation normale; si elle est
négative, elle mesure la quantité dont nous sommes portés à
sous-estimer l'excitation normale. Elle indique donc l'erreur
moyenne constante que nous commettons dans l'appréciation
d'une excitation.

Telle est la forme dernière et la plus parfaite qui ait été
donnée à la méthode des différences juste perceptibles. Il reste

cependant quelques difficultés. L'une concerne l'influence exercée par l'attente, ou, comme dit Wundt, l'erreur d'attente (*Erwartungsfehler*) : quand le sujet a déjà vu passer un certain nombre d'excitations de comparaison, il est porté à croire qu'il arrive à la limite où il doit trouver un changement dans le rapport des deux excitations ; d'où une influence perturbatrice exercée sur le jugement. Cette influence est d'autant plus forte que le sujet s'habitue vite à trouver un changement de rapport au bout d'un nombre déterminé de variations dans l'excitation de comparaison. Si donc l'excitation de comparaison varie d'une façon régulière, il se mêle à la conscience des perceptions une influence exercée par l'attente, dont le rôle est inconnu et qui est de nature à fausser entièrement le résultat des expériences. — Dans la dernière édition de sa *Psychologie* (1), Wundt recommande, comme le meilleur moyen pour éliminer cette erreur, de faire varier l'excitation de comparaison d'une manière irrégulière.

Une autre difficulté provient de la recommandation faite par Wundt de dépasser un peu le point où l'excitation de comparaison commence à paraître ou cesse de paraître plus forte ou plus faible. Il y a forcément quelque chose d'arbitraire dans l'emploi de ce procédé. Il est à croire cependant que, dans la pratique, des expérimentateurs exercés peuvent procéder d'une manière suffisamment uniforme pour que cet inconvénient soit amoindri au point d'être à peu près négligeable. Mieux vaudrait cependant qu'il n'existât pas.

Avant d'apprécier cette méthode, je vais expliquer la forme qu'il convient de donner à la méthode des erreurs moyennes pour mesurer la clarté des représentations.

Il s'agit d'obtenir une erreur de reconnaissance qui soit débarrassée des erreurs constantes dues à l'intervalle de temps qui sépare les deux perceptions, à la différence de position des deux excitations et à l'ordre de variation des

(1) *Grundzüge der Physiol. Psychol.*, 4ᵉ édit. all. I, p. 344, 1894.

excitations de comparaison, — c'est-à-dire une erreur pure de reconnaissance.

Wundt distingue deux procédés, qu'il appelle le procédé médiat et le procédé immédiat (1). Dans le procédé immédiat, on fait varier l'excitation de comparaison d'une manière continue, jusqu'à ce que l'on trouve le point où l'égalité apparente est la plus complète. Dans le procédé médiat, on prend d'abord l'excitation de comparaison plus grande que l'excitation normale, et on la diminue d'une manière continue jusqu'à ce que l'on atteigne le point de l'égalité apparente; puis on opère en sens inverse, c'est-à-dire en partant d'une valeur trop faible de l'excitation de comparaison et en la faisant croître jusqu'à ce que l'on atteigne un autre point d'égalité apparente. On obtient ainsi deux valeurs de l'excitation de comparaison qui sont jugées égales à l'excitation normale. En répétant l'expérience un assez grand nombre de fois, on peut calculer deux valeurs de l'erreur variable moyenne, et l'on en prend la moyenne. On peut se contenter de la moyenne arithmétique si les deux erreurs sont peu différentes; mais Wundt recommande plutôt de prendre la racine carrée du produit des deux erreurs.

Le procédé médiat a l'avantage d'être plus méthodique : on est sûr, en l'employant, d'opérer toujours de la même façon. Il n'en est pas de même pour le procédé immédiat, qui a les inconvénients du tâtonnement. Il a d'ailleurs un autre inconvénient : c'est qu'il existe une région de l'excitation de comparaison dans laquelle toutes les valeurs paraissent égales à l'excitation normale. C'est le champ d'égalité de Wreschner. Cette région est assez étendue quand la sensibilité différentielle n'est pas très fine; elle est peu étendue quand la sensibilité différentielle est très fine : mais elle existe toujours, et c'est justement parce qu'elle existe que l'on peut, dans le procédé médiat, obtenir deux valeurs de l'excitation de comparaison.

(1) WUNDT, *Physiol. Psychol.*, 4ᵉ édit. all. I, p. 347.

Il en résulte, si l'on emploie le procédé médiat, que le sujet est embarrassé et désigne, en partie au hasard, une des excitations qui se trouvent dans ce champ d'égalité. Mieux vaut donc employer le procédé médiat.

On peut réaliser une variation continue de l'excitation de comparaison dans certains cas, par exemple quand on éloigne ou que l'on rapproche une source lumineuse d'une surface éclairée, ou quand on fait varier l'écartement de deux fils pour déterminer une distance. Mais il est des cas où la variation est nécessairement discontinue : par exemple quand on produit des sons d'intensité variable en faisant tomber d'une hauteur variable une bille sur une plaque de bois ou de métal. On est encore obligé de renoncer à la variation continue de l'excitation de comparaison quand on veut que l'excitation de comparaison précède l'excitation normale, ce qui est nécessaire pour compenser l'erreur de temps. Mieux vaut donc employer décidément la variation discontinue. Il va de soi que les variations doivent toujours être peu considérables. Il faut donc appliquer à la détermination de l'erreur de reconnaissance le procédé des petites variations que Wundt a appliqué à la détermination du seuil différentiel.

Münsterberg (1) a suivi, dans ses expériences sur la perception visuelle des lignes, la méthode des erreurs moyennes avec le procédé des petites variations, mais sous une forme, à mon avis, incomplète et défectueuse. En effet, il détermine deux valeurs de l'excitation de comparaison paraissant égales à la normale, l'une en partant d'une excitation de comparaison trop forte, l'autre en partant d'une excitation de comparaison trop faible. Il fait cette double détermination dix fois et s'en sert pour calculer directement l'erreur moyenne, en compensant l'erreur de position par le moyen de l'alternance. — Mais il faut remarquer que, quand on fait croître l'excita-

(1) *Beiträge zur experimentellen Psychologie*, II, p. 156, 1889.

tion de comparaison, le sujet porte un jugement d'égalité dès qu'il rencontre la première excitation qui lui paraît égale à la normale. Si l'on continuait alors à faire croître l'excitation de comparaison, on trouverait, pourvu que les variations fussent assez faibles, plusieurs autres valeurs de l'excitation de comparaison paraissant égales à la normale : la plus faible de toutes ces valeurs limite le champ d'égalité à la partie inférieure, la plus forte le limite à la partie supérieure. Si l'on part d'une excitation de comparaison trop forte, que l'on fait décroître progressivement, on détermine de la même façon un autre champ d'égalité, limité par la plus forte et par la plus faible des excitations de comparaison qui paraissent égales à la normale. C'est là un fait essentiel dont il faut tenir compte. Münsterberg s'est arrêté à mi-chemin dans l'application du procédé des petites variations à la méthode des erreurs moyennes.

Higier (1) a fait aussi une application incomplète du même procédé dans ses expériences sur la perception visuelle des lignes. Il détermine les deux mêmes valeurs expérimentales que Münsterberg, fait la détermination vingt-cinq fois, et calcule l'erreur variable, puis prend la moyenne des erreurs variables. Cette façon de calculer l'erreur variable est admissible, mais la quantité ainsi obtenue n'est pas, à beaucoup près, la quantité la plus intéressante que la méthode puisse fournir. En tout cas, elle ne donne aucune indication pour la mesure de la clarté.

Merkel (2) a donné à la méthode une forme plus satisfaisante, en lui attribuant comme but la détermination de « l'erreur juste imperceptible ». Il applique le procédé des

(1) *Experimentelle Prüfung der psychophysischen Methoden im Bereich des Raumsinnes der Netzhaut*, p. 15, 1890, publié aussi dans Phil. Stud., VII, p. 232.

(2) *Die Methode der mittleren Fehler, experimentell begründet durch Versuche aus dem Gebiete des Raumsinnes*, Phil. Stud., IX, p. 53, 176 et 400, 1894.

petites variations, et dans ses expériences sur la perception des lignes, il détermine la valeur moyenne de l'excitation de comparaison qui paraît égale à la normale en partant d'une excitation trop forte, puis en partant d'une excitation trop faible ; il prend la moyenne de ces valeurs pour les deux positions, et il distingue l'erreur supérieure et l'erreur inférieure. Mais il ne tient pas compte de l'influence exercée par l'ordre de variation des excitations de comparaison, et cette influence me paraît avoir gravement troublé ses expériences. Il complique d'ailleurs inutilement tout le travail, en faisant intervenir les formules mathématiques relatives aux erreurs.

Il faut appliquer complètement le procédé des petites variations. Soit N la normale. On prend d'abord une excitation de comparaison trop faible et on la fait croître, par petites quantités égales, jusqu'à ce qu'elle paraisse égale à la normale : on note sa valeur, que je désigne par $C'i$ (l'excitation inférieure de comparaison). On continue à faire croître de la même façon l'excitation de comparaison, et l'on note sa dernière valeur qui paraît égale à la normale : soit $C's$ cette valeur (l'excitation supérieure de comparaison). On prend alors une excitation de comparaison trop forte, et on la diminue de la même façon, en notant d'abord la valeur $C''s$, la plus forte qui paraisse égale à la normale, et enfin $C''i$, la valeur la plus faible qui paraisse égale à la normale. En prenant la moyenne de $C's$ et $C''s$, d'une part, de $C'i$, et $C''i$, d'autre part, on obtient une quantité Cs qui est l'excitation supérieure de comparaison paraissant égale à N, et une quantité Ci qui est l'excitation inférieure correspondante. Les quantités Cs et Ci sont l'une et l'autre indépendantes de l'influence qui peut être exercée sur le jugement par l'ordre dans lequel varie l'excitation de comparaison.

Restent à éliminer l'erreur de temps et l'erreur de position. On peut n'avoir affaire qu'à l'une de ces erreurs, à l'erreur de position si les perceptions sont simultanées, à l'erreur de temps si les excitations agissent successivement sur la même partie sensible. Mais le cas expérimental le plus général, peut-être aussi le plus parfait, est celui où existent les deux erreurs. Comment donc peut-on corriger à ce point de vue les valeurs expérimentales de l'excitation de comparaison, c'est-à-dire ramener ces valeurs à ce qu'elles auraient été si la perception de l'excitation normale et celle de l'excitation de comparaison s'étaient produites dans des conditions rigoureusement identiques ?

Il n'y a qu'une manière d'y parvenir. C'est, comme on l'a fait pour l'ordre de variation, de faire alterner les deux excitations au point de vue du temps et du lieu. Appelons ordre I celui dans lequel l'excitation normale est perçue la première, et ordre II celui dans lequel elle est perçue la deuxième. Appelons position I celle dans laquelle l'excitation normale est à gauche (ou bien en haut), et position II celle dans laquelle elle est à droite (ou bien en bas). On a quatre cas différents :

Cas I : ordre I et position I ;
Cas II : ordre I et position II ;
Cas III : ordre II et position I ;
Cas IV : ordre II et position II.

Il faut déterminer les quantités Cs et Ci pour chacun des quatre cas, et prendre comme valeurs définitives de Cs et de Ci les moyennes de ces quatre déterminations. Je réserve les symboles Cs et Ci pour ces valeurs définitives, et, pour désigner les valeurs spéciales à chaque cas, j'ajoute l'indication du cas : Cs_I, Cs_{II}, etc.

Soient maintenant Ds l'erreur supérieure de reconnaissance, Di l'erreur inférieure, et Dm l'erreur moyenne pure de reconnaissance, la valeur de ces quantités est donnée par les équations suivantes :

$$Ds = Cs - N$$
$$Di = N - Ci$$
$$Dm = \frac{Ds + Di}{2} = \frac{Cs - Ci}{2}$$

L'excitation de comparaison qui se trouve au milieu du champ d'égalité est celle qui paraît en moyenne être égale à l'excitation normale. Appelons C cette quantité. On a :

$$C = \frac{Cs + Ci}{2}$$

Posons enfin $C - N = D$. La quantité D correspond à l'erreur d'estimation de Wundt : elle désigne la quantité dont nous sommes portés à surestimer ou à sousestimer l'excitation normale, suivant qu'elle est positive ou négative.

Il se pose à présent des questions particulières. D'abord, il subsiste toujours des influences particulières qui ne sont pas éliminées par les alternances de position, d'ordre et d'ordre de variation. Tel est le cas pour les faibles variations qui peuvent exister dans le mode d'action des excitations ; ces variations sont notables, par exemple, dans les expériences sur la perception des poids ; il est impossible d'obtenir une parfaite uniformité dans la façon de saisir un poids et de le soulever, ou bien dans la façon de le poser sur la main. S'il s'agit des intensités sonores, et que l'on obtienne les changements d'intensité par des modifications dans la distance de la source sonore, il y a une limite à l'exactitude avec laquelle les distances sont mesurées. Bref, dans tous les genres d'excitations, il existe des variations accidentelles dont l'influence peut suffire à produire une variation dans le jugement psychophysique. D'autres influences accidentelles consistent dans les variations de l'état des organes et dans celles de l'attention. L'ensemble de ces influences accidentelles rend nécessaire l'emploi des moyennes : il faut répéter les expériences et prendre la moyenne des résultats. Fechner a indiqué un bon moyen de contrôler l'exactitude des moyennes : c'est de diviser les expériences en deux fractions, et de considérer le résultat comme satisfaisant dans le cas seulement où le résultat moyen des deux séries est concordant. Sans doute, par ce procédé, on ne supprime pas d'une manière absolue toute chance d'erreur, mais on donne à la mesure une très grande rigueur, et l'erreur qui demeure possible est pratiquement négligeable.

L'emploi des moyennes soulève une autre question : la prolongation de l'expérience fait entrer en compte un élément d'importance capitale, qui est l'exercice. Volkmann a montré, au moyen d'expériences sur la perception des distances par la peau, que la plus petite distance qui permette de percevoir deux contacts diminue considérablement par suite de l'exercice : au bout d'un certain temps, l'effet de l'exercice atteint son maximum, et la sensibilité reste à peu près constante (1). Les variations dans l'exactitude du jugement sensoriel ne dépendent plus alors que de causes accidentelles. Il résulte de là que, aussi longtemps que l'on n'a pas atteint le maximum d'exercice, l'erreur pure de reconnaissance doit diminuer progressivement, sinon d'une expérience à l'autre, du moins d'un groupe d'expériences au groupe suivant. Les expériences que l'on fait sur un genre déterminé de perceptions, avec un sujet déterminé, se divisent donc en deux parties : 1° celles qui précèdent l'exercice maximum ; 2° celles qui suivent l'exercice maximum. — Les moyennes par lesquelles on exprime le résultat général des expériences n'ont pas le même sens, ni la même valeur, dans les deux parties. Dans la deuxième partie, on peut admettre qu'il existe *une valeur vraie* de l'erreur pure de reconnaissance et, en prenant la moyenne arithmétique des résultats, on a les plus grandes chances d'obtenir cette valeur vraie ; le postulatum de Gauss sur la moyenne arithmétique est acceptable ici, puisqu'il n'existe que des causes accidentelles de variation ; la moyenne arithmétique est donc la valeur la plus probable. Dans la première partie, au contraire, il n'y a pas de valeur vraie de l'erreur pure de reconnaissance, ou plutôt il y a une plura-

---

(1) VOLKMANN, *Ueber den Einfluss der Uebung auf das Erkennen räumlicher Distanzen*, Berichte d. sächs. Ges., Math. phys. Cl., 1858.

lité de valeurs vraies. Donc l'erreur moyenne de reconnaissance que l'on peut calculer n'a qu'une valeur figurative ou
symbolique de la série entière. Elle représente les erreurs de
reconnaissance d'où on la tire comme la hauteur moyenne
d'un groupe d'arbres représente la hauteur de ces arbres. —
En revanche, la série des erreurs de reconnaissance de la
première partie permet de voir comment la clarté de la
perception grandit avec l'exercice. Si d'ailleurs la série n'est
pas régulière, on peut la rendre régulière au moyen du
procédé de réduction indiqué par Fechner pour les mesures
collectives (1) : on divise toute la série en groupes de deux
ou trois déterminations, et l'on substitue à la série primitive
une série nouvelle formée des moyennes des valeurs de ces
groupes. C'est la « table réduite » substituée à la « table primaire », suivant les désignations de Fechner.

Quelle grandeur faut-il donner aux petites variations de
l'excitation de comparaison? Cette question est loin d'être
indifférente. On a intérêt à prendre les plus petites variations
que l'on puisse produire avec sûreté, car la délicatesse de la
mesure est d'autant plus grande que les variations sont plus
faibles. Pourtant il y a des limites qu'il ne faut pas dépasser :
c'est ainsi que, si l'on mesure la clarté des perceptions pour
des poids d'un ou plusieurs kilogrammes, on rendrait les
expériences inutilement fastidieuses en employant des variations d'un milligramme, ou même d'un gramme. Mais il y a
une autre raison de ne pas employer des variations trop
faibles ; c'est que de telles variations font naître des jugements
contradictoires. Il arrive, en effet, que le sujet, surtout quand
il est peu exercé, après avoir déclaré une certaine excitation
plus forte que la normale, déclare égale à la normale, ou
même plus faible qu'elle, une autre excitation qui est en réalité plus forte que la première. De tels jugements contradictoires, que les oscillations de l'attention suffisent à expliquer,

(1) *Kollektivmasslehre*, p. 111.

sont très difficiles à interpréter. Pour que le procédé d'interprétation indiqué plus haut soit applicable, il faut qu'il n'existe pas de tels jugements. Peut-être pourrait-on les interpréter au moyen de la méthode des cas vrais et faux, mais on ferait alors subir à la méthode des erreurs moyennes une transformation profonde. Mieux vaut éviter les jugements contradictoires, et l'une des conditions nécessaires pour y arriver est que les variations ne soient pas trop faibles : l'uniformité dans la manière d'apprécier les excitations s'établit alors plus facilement. — Il faut donc déterminer par tâtonnement la valeur la plus favorable de ces variations, c'est-à-dire que, quand on entreprend la mesure de la clarté dans un cas donné et chez un sujet donné, il faut faire d'abord des expériences préliminaires dont les résultats sont sacrifiés d'avance : c'est un travail analogue à celui par lequel on essaie des poids différents quand on fait une pesée avec la balance.

Enfin, pour éviter l'erreur d'attente, on peut avoir recours à la variation irrégulière. Après avoir dressé une liste d'excitations de comparaison qui soit satisfaisante au point de vue de la valeur de la variation, on range ces excitations de comparaison dans un ordre arbitraire, tel qu'il ne puisse pas exister d'erreur d'attente, et l'on fait toutes les comparaisons avec la normale. On refait ensuite la même série de comparaisons en suivant l'ordre inverse des excitations de comparaison, — car il peut toujours exister une influence spéciale due à l'ordre de variation, et l'alternance à ce point de vue garantit la compensation des influences de contraste. On note chaque fois la plus forte et la plus faible des excitations qui paraissent égales à la normale, et l'on fait la détermination pour les quatre cas expérimentaux, ou pour les deux cas expérimentaux, si l'on a affaire seulement à l'erreur de position ou à l'erreur de temps. — D'ailleurs, si l'on emploie les variations régulières, il est possible que l'erreur d'attente se compense spontanément par l'alternance dans l'ordre de variation. Le procédé des variations régulières, qui est un peu plus rapide, pourrait alors être suivi avec des sujets absolument dignes de confiance, c'est-à-dire avec des sujets dont on est sûr qu'ils ne cherchent ni à tromper, ni à deviner les retours réguliers des mêmes excitations, mais qu'ils jugent uniquement d'après leurs perceptions. Lorsque ces garanties n'existent pas, il faut employer le procédé des variations irrégulières, que l'on peut toujours faire alterner avec celui des variations régulières.

L'erreur pure de reconnaissance est la quantité la plus importante que puisse fournir la méthode des erreurs moyennes. Mais on peut aussi déterminer les erreurs constantes et les erreurs variables. Cette détermination sera sans doute d'un grand intérêt quand on connaîtra la source, et par conséquent la signification psychologique de ces erreurs.

L'erreur d'estimation, ou l'erreur constante absolue, est égale à la différence, positive ou négative, entre l'excitation moyenne de comparaison C et l'excitation normale. On peut l'attribuer, au moins hypothétiquement, à la présence de l'image constitutive dans la perception. Cette hypothèse est la seule qui rend compte de ce fait étrange que la moyenne des excitations de comparaison jugées égales à la normale diffère de la normale d'une quantité très appréciable.

Les erreurs de temps et de lieu peuvent être déterminées avec une rigueur d'autant plus grande que les expériences sont plus nombreuses. Le calcul de ces erreurs peut se faire facilement sur la base du postulat qui fonde les alternances compensatrices : l'erreur causée par une position ou par un ordre des excitations est égale en valeur absolue à l'erreur causée par la position ou par l'ordre inverse, mais est de sens contraire.

Soient donc Dt l'erreur de temps et Dl l'erreur de position ou de lieu. Soient C_I, C_{II}, C_{III} et C_{IV} les excitations moyennes de comparaison pour les quatre cas expérimentaux. La moyenne $\dfrac{C_I + C_{II}}{2}$ représente donc une excitation de comparaison débarrassée de l'erreur de position, mais contenant l'erreur de temps qui tient à l'ordre I. De même la moyenne $\dfrac{C_{III} + C_{IV}}{2}$ représente une excitation de comparaison débarrassée de l'erreur de position, mais contenant l'erreur de temps qui tient à l'ordre II. La différence $\dfrac{C_I + C_{II}}{2} - \dfrac{C_{III} + C_{IV}}{2}$ représente donc l'erreur totale due à l'influence de l'ordre dans lequel agissent les excitations : c'est cette quantité que l'on peut désigner par Dt. L'ordre I a donc le même effet qu'aurait l'addition à l'excitation de comparaison d'une quantité égale à $\dfrac{Dt}{2}$, et l'ordre II a le même effet qu'aurait une diminution égale à $\dfrac{Dt}{2}$.

D'une manière analogue, on établirait que l'erreur totale de lieu est égale à :

$$\frac{C_I - C_{II} + C_{III} - C_{IV}}{2}.$$

On peut donner à la méthode une forme plus simple en supprimant l'opposition entre les excitations au point de vue du temps ou au point de vue du lieu. La première suppression se fait en employant des excitations simultanées, la deuxième en donnant aux excitations successives des positions identiques par rapport à l'organe sensoriel. Le procédé des excitations simultanées a l'inconvénient de disperser l'attention ; de plus, les perceptions ne sont jamais aussi complètement simultanées qu'il le paraît, car le sujet fixe son attention, tantôt sur l'une, tantôt sur l'autre des perceptions. Pourtant, ce procédé peut être employé avec des sujets exercés, c'est-à-dire habitués à résoudre d'une manière uniforme le problème expérimental qui leur est posé. — Le procédé des perceptions successives, de son côté, a l'inconvénient de n'être pas facilement applicable avec des sujets peu exercés, car il se produit alors un grand nombre de jugements contradictoires, et l'on est obligé, pour les éliminer, d'accroître outre mesure la grandeur des variations. — En revanche, avec des sujets exercés, on peut supprimer, soit l'erreur constante de temps, soit l'erreur constante de lieu. La détermination de l'erreur constante qui reste est alors simplifiée, et la méthode est en même temps simplifiée tout entière.

De même qu'il existe plusieurs erreurs constantes, il existe aussi plusieurs erreurs variables. — Si l'on a obtenu une certaine quantité d'excitations moyennes de comparaison C, l'écart moyen de ces quantités autour de leur moyenne mesure la stabilité du jugement sensoriel, et l'on y pourrait voir peut-être une mesure de la régularité de l'attention. Tout au moins il est clair que, plus les oscillations de l'attention sont étendues, plus l'erreur variable dont il s'agit doit être grande; au contraire, plus l'attention est régulière, plus aussi les diverses quantités C doivent être voisines les unes des autres, et plus, par conséquent, l'erreur variable doit être faible. Mais l'erreur variable dépend en même temps de causes accidentelles. — On peut calculer de même l'erreur variable de chacune des quantités composantes de C, c'est-à-dire des excitations moyennes de comparaison obtenues pour les différents cas expérimentaux. — On peut calculer aussi l'erreur variable pour les quantités Cs et Ci, et enfin pour les quantités expérimentales $C's$, $C''s$, $C'i$ et $C''i$. La signification psychologique de ces erreurs variables ne peut être autre que celle de la précédente : mais ces diverses erreurs peuvent fournir des résultats qui se contrôlent réciproquement et donnent le moyen d'en découvrir la signification avec certitude.

La méthode des erreurs moyennes, telle que je viens de l'exposer, ne diffère que par un point de la méthode des variations de Wundt qui a été exposée plus haut : c'est que Wundt, préoccupé de mesurer le seuil différentiel, choisit parmi les excitations de comparaison la plus faible de celles qui paraissent plus fortes que la normale et la plus forte de celles qui paraissent plus faibles, tandis que je choisis, comme conduisant à la mesure de l'erreur pure de reconnaissance, la plus faible et la plus forte de celles qui paraissent égales à la normale. La méthode des petites variations donne la différence juste perceptible, la méthode des erreurs moyennes donne, sous le nom d'erreur pure de reconnaissance, la différence juste imperceptible, ou, ce qui revient au même quant à l'usage de la méthode, la moitié de la différence juste imperceptible. C'est dire que les deux méthodes sont presque identiques, ou plutôt que la méthode des différences juste perceptibles, déjà transformée considérablement par Wundt, se résout dans la méthode des erreurs moyennes. La mesure de la sensibilité différentielle se ramène donc bien à la mesure de la clarté des perceptions. Au point de vue des résultats numériques des expériences, la différence entre la méthode de Wundt et la méthode des erreurs moyennes est peu considérable : le seuil différentiel de Wundt forme seulement un nombre un peu trop fort pour l'erreur pure de reconnaissance, et c'est là un fait dont il faudra tenir compte pour contrôler la loi de Weber. En revanche, la différence est notable au point de vue de l'interprétation psychologique des expériences.

Comme la méthode des erreurs moyennes n'a jamais été employée sous la forme que je propose ici de lui donner, j'ai fait des expériences en vue de l'essayer, et en même temps de contrôler ou d'établir quelques-unes des affirmations qui précèdent.

Les expériences ont été faites sur la perception visuelle des lignes. Ce genre d'expériences a l'avantage de n'exiger qu'un matériel que tout le monde peut se procurer. La ligne normale avait 5o millimètres, les lignes de comparaison variaient de 45 à 55 millimètres. Elles étaient tracées, dans le sens de la longueur, sur des cartons ayant 5 centimètres de large et 10 centimètres de long. — Comme le sujet qui a fait ces expériences avec moi est déjà très familier avec ce genre d'expériences, j'ai employé les perceptions simultanées. Les cartes étaient posées sur des chevalets placés à environ 50 centimètres des yeux. Toutes les expériences ont été faites dans l'après-midi, à la même heure, et dans les mêmes conditions d'éclairement. Le sujet déclarait la ligne de comparaison plus grande, égale ou plus petite par rapport à la ligne normale. Je notais les diverses valeurs de la ligne de comparaison qui, d'après les explications précédemment données, fournissent les éléments de la mesure de la clarté. Les deux yeux étaient employés simultanément, avec leurs mouvements libres.

Chaque après-midi, avec des périodes de repos suffisantes pour qu'il ne se produisît pas une fatigue notable du fait des expériences, nous faisions six fois la détermination complète des éléments de mesure par le procédé des variations régulières, et six fois par celui des variations irrégulières, en faisant alterner les deux procédés. Les tableaux III et IV donnent les résultats moyens de chaque groupe de six déterminations.

Des résultats contenus dans ces tableaux, on peut tirer une mesure de la clarté. Le tableau suivant (V) donne cette mesure en prenant pour unité la clarté qui correspondrait à une erreur égale à la normale. Les nombres de ce tableau sont obtenus en divisant la ligne normale (50 millimètres) par les quantités Dm. Ils ne présentent ici d'autre intérêt que de fournir un exemple. Mais, si l'on emploie d'autres quantités normales, le calcul de la clarté fournit un moyen de comparer les mesures obtenues de part et d'autre. La comparaison pourrait aussi se faire par la simple transformation de l'erreur absolue en erreur relative.

Le tableau VI donne l'erreur constante de lieu :

$$Dl = \frac{C_I - C_{II}}{2}.$$

TABLEAU III. — PERCEPTION VISUELLE DE LIGNES DE 50ᵐᵐ. — Variation régulière.

GROUPES	POSITION I, NORMALE A GAUCHE							POSITION II, NORMALE A DROITE							SANS DISTINCTION DE POSITION			ERREUR PURE DE RECONNAISSANCE $D_m = \dfrac{C_s - C_i}{2}$
	C's	C"s	CsI	C'i	C"i	CiI	CI	C's	C"s	CsII	C'i	C"i	CiII	CII	Cs	Ci	C	
I	51.17	51.17	51.17	49.17	49.33	49.25	50.21	50.50	50.50	50.50	49.33	49.17	49.25	49.87	50.83	49.25	50.04	0.79
II	50.67	51.33	51	50	50.17	50.08	50.54	51.67	50.67	51.17	49.33	50	49.67	50.42	51.08	49.87	50.48	0.55
III	50.67	51	50.83	49.67	50.33	50	50.42	50.67	50.50	50.58	49.50	49.33	49.42	50	50.71	49.71	50.21	0.50
IV	50.67	51.17	50.92	50.17	50	50.08	50.50	51	50.67	50.83	50	49.83	49.92	50.37	50.87	50	50.44	0.44
V	50.83	50.83	50.83	49.33	49.50	49.42	50.12	51.50	51.17	51.33	49.50	50	49.75	50.54	51.08	49.58	50.33	0.75
VI	51.67	51.33	51.50	49.67	49.83	49.75	50.12	51.50	51	51.25	49.67	49.33	49.50	50.37	51.37	49.62	50.50	0.87

TABLEAU IV. — PERCEPTION VISUELLE DE LIGNES DE 50ᵐᵐ. — Variation irrégulière.

GROUPES	POSITION I, NORMALE A GAUCHE							POSITION II, NORMALE A DROITE							SANS DISTINCTION DE POSITION			ERREUR PURE DE RECONNAISSANCE $Dm = \dfrac{C_s - C_i}{2}$
	C'_s	C''_s	C_{sI}	C^i	C''^i	C_{iI}	C_I	C'_s	C''_s	C_{sII}	C^i	C''^i	C_{iII}	C_{II}	C_s	C_i	C	
I	51.67	52.17	51.92	49.67	49.33	49.50	50.71	51.17	51.67	51.42	50 »	49 »	49.50	50.46	51.67	49.50	50.58	1.08
II	50.83	51.50	51.17	49.50	49.67	49.58	50.37	51 33	51.17	51.25	49.50	49.33	49.42	50.33	51.21	49.50	50.35	0.85
III	51 »	50.50	50.75	50.17	49 50	49.83	50.29	50.67	50.67	50.67	49.67	49.33	49.50	50.08	50.71	49.67	50.19	0.52
IV	51 »	51.17	51.08	49.50	50 »	49.55	50.42	51 »	51.50	51.25	49.83	49.83	49.83	50.54	51.17	49.79	50.48	0.69
V	51.17	51 »	51.08	49.17	49.50	49.33	50.21	51.17	51 »	51.08	49.83	49.33	49.58	50.33	51.08	49.46	50.27	0
VI	51.67	52 »	51.83	49.33	49.67	49.50	50.17	51.50	51.67	51 58	49.50	49.33	49.42	50.50	51.71	49.46	50.58	1.12

TABLEAU V. — Mesure de la clarté

GROUPES	VARIATION RÉGULIÈRE		VARIATION IRRÉGULIÈRE		MOYENNES DE Dm
	Dm	Clarté	Dm	Clarté	
I	0.79	63.29	1.08	46.3o	0.93
II	0.55	90.91	0.85	58.82	0.70
III	0.5o	100 »	0.52	96.15	0.51
IV	0.44	113.64	0.69	72.46	0.56
V	0.75	66.67	0.81	61.73	0.78
VI	0.87	57.47	1.12	44.64	0.99

TABLEAU VI. — Erreurs constantes Dl

GROUPES	VARIATION RÉGULIÈRE			VARIATION IRRÉGULIÈRE		
	C I	C II	Dl	C I	C II	Dl
I	5o.21	49.87	+ 0.17	5o.71	5o.46	+ 0.12
II	5o.54	5o.42	+ 0.06	5o.37	5o.33	+ 0.02
III	5o.42	5o »	+ 0.21	5o.29	5o.08	+ 0.10
IV	5o.5o	5o.37	+ 0.06	5o.42	5o.54	— 0.06
V	5o.12	5o.54	— 0.21	5o.21	5o.33	— 0.06
VI	5o.12	5o.37	— 0.12	5o.17	5o.5o	— 0.16
Moyennes	5o.32	5o.26	+ 0.03	5o.36	5o.37	— 0.01

Comme on voit par le tableau VI, l'erreur de lieu est insignifiante.

Par l'examen des nombres contenus dans la colonne C des tableaux III et IV, on voit que l'erreur d'estimation est, dans tous les cas, positive.

Enfin le tableau VII, à la suite, donne les erreurs variables pour les quantités expérimentales $C's$, $C''s$, $C'i$ et $C''i$, les deux positions étant distinguées.

Ces expériences fournissent des indications sur plusieurs points.

D'abord, faut-il préférer la variation irrégulière, qui exclut toute erreur d'attente, à la variation régulière, qui l'admet? La régularité dans la variation des excitations de comparaison a pour résultat uniforme de diminuer l'erreur de reconnaissance (tableaux III et IV). C'est la preuve que cette régularité fournit au sujet un indice, un point de repère pour établir ses jugements. Donc, puisque l'on vise à obtenir la mesure d'un caractère qui appartient aux perceptions, abstraction faite des conditions dans lesquelles nous les employons, le procédé de la variation irrégulière est préférable. C'est celui dans lequel le sujet se guide uniquement d'après la constitution de sa perception, c'est par suite le plus propre à nous faire connaître cette constitution.

En second lieu, l'erreur constante de position Dl s'est montrée insignifiante, tantôt positive, tantôt négative, et en moyenne presque nulle. Ce résultat justifie l'emploi des perceptions simultanées : les causes qui tendent à faire paraître la ligne placée à droite ou à gauche ou plus petite ou plus grande qu'elle n'est en réalité s'annulent réciproquement. Mais il pourrait en être autrement pour un autre sujet, ou pour des lignes d'une autre longueur, ou pour des excitations d'un autre ordre, ou pour des perceptions auxquelles on aurait employé un seul œil.

En troisième lieu, le fait que l'erreur d'estimation Dp est

TABLEAU VII. — ERREURS VARIABLES MOYENNES POUR $C's$, $C''s$, $C'i$, $C''i$.

GROUPES	VARIATION RÉGULIÈRE								VARIATION IRRÉGULIÈRE							
	Pour $C's$		Pour $C''s$		Pour $C'i$		Pour $C''i$		Pour $C's$		Pour $C''s$		Pour $C'i$		Pour $C''i$	
	Pos. I	Pos. II	Pos. I	Pos. II	Pos. I	Pos. II	Pos. I	Pos. II	Pos. I	Pos. II	Pos. I	Pos. II	Pos. I	Pos. II	Pos. I	Pos. II
I	0.55	0.67	0.55	0.67	0.89	0.67	0.44	0.55	0.44	0.55	0.55	0.67	0.44	0.33	0.67	0.33
II	0.44	0.55	0.44	0.44	0	0.44	0 55	0.33	0.55	0.44	0.50	0.28	0.50	0.50	0.44	0.44
III	0.78	0.44	0	0 50	0.67	0.50	0.67	0.44	0	0.44	0.50	0.44	0.55	0.44	0.50	0.44
IV	0.44	0 33	0.28	0 78	0.55	0.67	0	0.55	0.33	0.33	0.28	0.50	0 50	0.55	0.67	0.83
V	0.28	0.83	0.28	0.55	0.44	0.50	0.50	0.67	0.55	0.28	0	0.33	0.28	0.55	0.50	0 44
VI	0.44	0.50	0.67	0 33	0.44	0.78	0.55	0.44	0.44	0.50	0	0.44	0.44	0.50	0.67	0.44
Moyennes .	0.49	0.55	0.37	0.55	0 50	0.59	0 45	0.50	0.39	0.43	0 31	0.44	0.45	0.48	0.57	0.49

Moyennes générales :

Variation régulière :	Position I	0 45	Variation irrégulière :	Position I	0.43
—	Position II	0.54	—	Position II	0 46

positive dans tous les cas, c'est-à-dire manifeste une direction très régulière, est de quelque importance. Il montre que la perception comprend, dans ses causes déterminantes, des éléments purement subjectifs. J'attribue sans hésiter cette erreur d'estimation à l'image constitutive de la perception. Cette image est donc, dans ce cas particulier du moins, agrandissante. La variation imaginative, pour reprendre le terme que j'ai employé ailleurs (1), est en moyenne de $+ 0,28$ dans le procédé de la variation régulière, de $+ 0,41$ dans le procédé de la variation irrégulière.

En quatrième lieu, les errreurs variables se montrent en moyenne remarquablement constantes pour les quatre quantités expérimentales. Ce résultat tend à montrer qu'elles sont dues principalement aux oscillations de l'attention, et par suite qu'on peut les regarder comme mesurant la régularité de l'attention.

Enfin l'erreur pure de reconnaissance va en diminuant à partir du premier groupe jusqu'au troisième dans le procédé de la variation irrégulière et jusqu'au quatrième dans l'autre procédé. A partir de ce point, l'erreur prend des valeurs plus élevées. Ce n'est pas là un fait fortuit. Pour les trois premiers groupes, le sujet se trouvait dans un état de santé tout à fait favorable, et l'accroissement de la clarté des perceptions est certainement dû à l'exercice. Dans les trois derniers groupes au contraire, son état de santé était beaucoup moins bon, il éprouvait une fatigue générale que j'ai notée chaque jour avant de commencer les expériences, et c'est à cette fatigue générale qu'il faut attribuer l'accroissement de l'erreur de reconnaissance. — Un pareil résultat, relativement à l'exercice et à la fatigue, n'a rien d'imprévu. Mais il en découle une conséquence importante. Lorsque les adversaires de Fechner font des expériences en vue de contrôler la loi de Weber, ils n'ont pas coutume de se préoccuper de ces deux influences,

(1) Revue Philosophique, 1896, II, p. 630.

et, comme les résultats qu'ils obtiennent concordent très rarement avec les exigences de la loi, ils ont coutume de déclarer que la loi est fausse, ou bien qu'elle ne s'applique aux faits que d'une manière très peu exacte. Schumann (1) est le seul, à ma connaissance, qui ait signalé la nécessité de s'assurer un degré suffisant d'exercice avant d'entreprendre des expériences sur la loi de Weber. J'ajoute qu'il faut tenir grand compte aussi de la fatigue générale, au moins autant que de la fatigue qui résulte des expériences ; il faut même tenir compte de cette fatigue légère qui n'empêche pas les gens de vaquer à leurs occupations ordinaires, mais suffit pourtant à abaisser d'une façon considérable la clarté des perceptions.

La méthode des erreurs moyennes a été soumise par les psychologues mathématiciens à des calculs qui s'appuient sur la loi de Gauss (2). Les écarts des valeurs expérimentales par rapport à leur moyenne arithmétique permettent de calculer l'écart moyen ou variation moyenne, l'erreur moyenne telle que la définissent les astronomes, la mesure de la précision et l'erreur probable. J'ai donné les formules plus haut (même chapitre, § 1). Je ne vois pas qu'on en puisse faire un usage utile, si ce n'est qu'elles peuvent servir à montrer, dans un cas particulier, si la loi de Gauss est vérifiée dans ce cas.

(1) Schumann, *Ueber die Schätzung kleiner Zeitgrössen*, Z. f. Ps. u. Ph. d. S., IV.

(2) Voir notamment : Merkel, *Die Methode der mittleren Fehler, experimentell begründet durch Versuche aus dem Gebiete des Raummasses*, Phil. Stud., IX, p. 53, 176 et 400, 1894; Sanford, *A Course in experimental Psychology*, part I, p. 359, 1898; et, parmi les travaux plus anciens : Fechner, *Revision der Hauptpunkte der Psychophysik*, p. 104-119; Jastrow, *A Critique of psychophysic Methods*, Am. J. of Ps., I, p. 292, 1887.

§ 3. — *La méthode des erreurs moyennes et la clarté des perceptions de grandes différences : transformation de la méthode des différences égales.*

La méthode de Plateau, ou des différences égales, a été employée à l'étude des perceptions de lumière par Delbœuf (1) puis par M. Breton (2), plus tard par Alfred Lehmann (3), puis par Neiglick (4). Merkel (5) l'a appliquée successivement à la perception de la lumière, de la force des sons, et des pressions, Angell à la perception de la force des sons (6), Fullerton et Mac Keen Cattell (7), d'une manière incidente et sans grande confiance, à la perception de l'étendue et de la force des mouvements. Mais tous ces psychophysiciens, sauf Fullerton et Cattell, dont je parlerai plus loin, ont considéré la méthode comme faisant connaître la relation qui existe entre les différences de sensation et les différences correspondantes d'excitation. Ainsi conçue, la méthode des différences égales ne peut pas rendre de grands services aux psychologues.

(1) *Étude psychophysique*, p. 50, 1873 ; réimprimé avec des abréviations dans *Éléments de Psychophysique*.

(2) *Sur la loi de Fechner*, les Mondes, t. XXXVIII, p. 63-69, 1875 ; *Mesure expérimentale de l'intensité des sensations de lumière en fonction des quantités de lumière*, Association française pour l'avancement des sciences, 1885, p. 226.

(3) *Ueber die Anwendung der Methode der mittleren Abstufungen auf den Lichtsinn*, Phil. Stud., III, p. 497, 1886.

(4) *Zur Psychophysik des Lichtsinns*, Phil. Stud., IV, p. 28, 1888.

(5) *Die Abhängigkeit zwischen Reiz und Empfindung*, Phil. Stud., IV, p. 565, 1888 ; V, p. 518, 1889 et X, p. 228 et 369, 1894.

(6) *Untersuchungen über die Schätzung von Schallintensitäten nach der Methode der mittleren Abstufungen*, Phil. Stud., VII, p. 414, 1892.

(7) *On the Perception of small Differences*, p. 42 et 99, 1892.

Elle peut servir tout au plus à résoudre la question de
savoir si, quand on nous demande d'établir deux différences
égales, ou deux contrastes égaux, ou deux dissemblances
égales, nous choisissons spontanément des différences
arithmétiques ou des rapports. Encore faut-il reconnaître que
les expériences faites jusqu'ici donnent sur ce point des
indications qui ne sont ni concordantes, ni concluantes. Les
expériences anciennes de Delbœuf montrent une tendance
nette de la part des sujets à établir des rapports égaux entre
les deux paires d'excitations lumineuses (1). Mais les expériences de Merkel montrent plutôt une tendance opposée, au
moins quand il s'agit de très grandes différences d'intensité
lumineuse, et surtout quand il s'agit des perceptions de son
et de pression. En réalité, pour savoir si nous préférons
guider notre jugement d'après des différences arithmétiques
ou des rapports, il faudrait expérimenter avec les deux genres
de différences : on verrait alors quel genre est perçu le plus
facilement et s'il n'existe pas des cas dans lesquels nous
sommes à peu près impuissants à percevoir l'un des deux
genres.

Fullerton et Cattell se demandent si la méthode, qu'ils
appellent méthode de l'estimation du degré de différence
(Method of Estimated Amount of Difference), permet de
déterminer une moyenne entre deux sensations. Ils tendent
plutôt à croire qu'elle ne concerne que la moyenne des excitations. Telle quelle cependant, elle leur paraît propre à
mesurer la finesse du discernement *(accuracy in discrimination)*. Mais ils l'étendent à des relations quantitatives autres
que la moyenne. « Si un observateur, disent-ils, peut
déterminer avec plus d'exactitude qu'un autre une excitation
qui soit la moitié ou le double d'une excitation donnée, son
sens des relations quantitatives entre les excitations doit être

---

(1) *Étude psychophysique*, p. 54 sqq.; *Éléments de Psychophysique*,
p. 61, 69; FECHNER, *In Sachen*, p. 182.

plus fin. La méthode de l'estimation des degrés de différence comprendrait toutes les estimations analogues de relations quantitatives entre des excitations différentes (1). »

Voici comment Fullerton et Cattell ont appliqué la méthode. Leurs expériences sur la perception de l'étendue des mouvements ont été faites avec une échelle graduée en millimètres et fixée sur le bord d'une table. A l'extrémité gauche de la table se trouvait un montant fixe ; un montant mobile glissait sur l'échelle et permettait de faire connaître d'abord au sujet la distance ou les distances données. Le sujet parcourait avec l'index de la main droite, le bras entier étant libre, la distance ou les distances données ; puis le montant était ramené au point zéro et le sujet le déplaçait avec le doigt pour produire un mouvement nouveau, en se guidant sur son souvenir, et sans voir la distance parcourue d'abord. Ainsi la quantité physique en jeu dans ces expériences est la distance appréciée par les sensations musculaires et tactiles. La méthode de l'estimation des degrés de différence a été employée à diviser 500 millimètres par la moitié, à doubler 300 millimètres et à trouver la moyenne entre 300 et 700 millimètres (2).

En principe, l'interprétation de la méthode par Fullerton et Cattell est acceptable, « l'exactitude dans le discernement » des différences physiques n'est pas autre chose que la clarté des perceptions différentielles. Mais la forme que Fullerton et Cattell ont donnée à la méthode n'est pas du tout satisfaisante : ils ne tiennent compte ni de l'erreur de temps, ni de l'erreur qui provient de l'ordre selon lequel on cherche à établir une certaine valeur de l'excitation. Ils donnent d'abord au sujet une excitation, ou deux suivant le cas, de sorte que c'est toujours d'après ses souvenirs que le sujet se décide. D'autre

(1) On the Perception of small Differences, p. 42.

(2) Le même dispositif a servi pour des expériences par les méthodes des différences juste perceptibles, des erreurs moyennes et des cas vrais et faux. Les expériences étaient conduites à la fois par les quatre méthodes.

part, le sujet part toujours du point zéro pour atteindre la distance cherchée, et le dispositif des expériences ne permet pas de suivre l'ordre inverse. Les résultats sont forcément entachés d'erreurs constantes dues à ces deux causes. Il faut donc transformer la méthode pour les éliminer et les rendre calculables.

Je suppose d'abord que la perception différentielle dont on veut mesurer la clarté ait pour objet un rapport. On présente au sujet deux excitations normales N et N', la deuxième étant plus forte que la première. Le rapport $\frac{N}{N'}$ constitue le rapport normal. Différents cas sont possibles : les deux excitations normales peuvent être simultanées ou successives ; si elles sont simultanées, la plus forte peut être à gauche, ou à droite, en haut ou en bas ; si elles sont successives, la plus forte peut agir la première ou la deuxième ; il peut même se faire que l'ordre et la position des excitations diffèrent l'un et l'autre. Mais tous ces cas possibles correspondent à des perceptions différentielles distinctes ; chacune doit être étudiée à part, c'est-à-dire qu'il faut mesurer séparément la clarté de la perception différentielle dans tous ces cas distincts.

Il ne résulte de là aucune complication au point de vue de la méthode. Le problème expérimental est toujours de trouver un rapport qui paraisse égal au rapport normal $\frac{N}{N'}$, mais qui existe entre des excitations de force différente. On peut donc prendre, pour former le rapport de comparaison, une excitation constante et une excitation variable.

Mais c'est ici que surgit la plus grave difficulté de la méthode. Quand on mesure la clarté de la perception d'une grandeur physique N, on fait défiler devant le sujet toutes les grandeurs physiques qui sont susceptibles de lui paraître égales à N, y compris une grandeur réellement égale à N : le sujet fait un choix qui dépend de sa perception, et qui en exprime l'exactitude ou la clarté. Au contraire quand on

mesure la clarté de la perception du rapport $\dfrac{N}{N'}$, on peut
bien faire défiler devant le sujet une série de rapports susceptibles de lui paraître égaux au rapport normal, en y comprenant le rapport normal lui-même : mais ces rapports
existent entre des excitations de grandeur fixée, puisque l'on
est obligé d'employer une excitation constante. Il en résulte
que le choix du sujet ne dépend pas uniquement de sa perception du rapport normal, mais aussi de sa perception du
rapport de comparaison ; et rien ne garantit que la perception
du rapport de comparaison ne serait pas tout autre si ce rapport
existait entre des excitations de force différente ; il est même
probable qu'elle serait tout autre dans ce dernier cas.

Pour lever cette difficulté, je ne vois qu'un moyen. C'est de
prendre comme excitation constante du rapport de comparaison, au lieu de N', ou de N, ou d'une autre quantité
arbitrairement choisie, une valeur moyenne entre N et N'.
Soit V cette quantité : ce serait l'excitation constante du
rapport de comparaison. Il faudrait maintenant prendre deux
séries de rapports de comparaison, l'une ayant une excitation
variable plus forte que N', l'autre ayant une excitation
variable plus faible que N. Soient V' la première et v' la
deuxième. Le problème expérimental de la méthode se trouve
ainsi ramené à déterminer deux rapports de comparaison
paraissant égaux au rapport normal et existant entre des
excitations différentes, mais telles cependant que les erreurs
constantes qui peuvent tenir à ce que les composantes des
rapports de comparaison sont plus fortes ou plus faibles que
celles du rapport normal se compensent réciproquement.

Dans la détermination des deux rapports de comparaison,
il faut sans aucun doute employer méthodiquement le
procédé des petites variations, que Wundt a d'ailleurs
recommandé pour la méthode des différences égales (1). Donc,

(1) *Physiol. Psychol.*, 4ᵉ édit. all. I, p. 344.

M. FOUCAULT.   24

pour déterminer la valeur cherchée de V', on partira d'abord d'une excitation de comparaison certainement trop faible. et on la fera croître par petites variations jusqu'à ce que le rapport $\dfrac{V}{V'}$ paraisse égal au rapport $\dfrac{N}{N'}$. Comme la valeur de l'excitation variable en ce point est la plus faible qui paraisse satisfaisante, je l'appelle $V'i$. On continuera à faire croître l'excitation variable jusqu'à ce qu'elle paraisse trop forte, et l'on notera la dernière valeur $V's$ qui paraîtra satisfaisante. Suivant ensuite l'ordre inverse de variation pour éliminer l'influence de cet ordre, on partira d'une excitation variable certainement trop forte, et on la fera décroître progressivement, de manière à déterminer deux quantités $V''s$ et $V''i$ analogues aux précédentes. La moyenne $Vi = \dfrac{V'i + V''i}{2}$ est la plus faible valeur de l'excitation variable pour laquelle le rapport de comparaison paraît égal au rapport normal; et la moyenne $Vs = \dfrac{V's + V''s}{2}$ est la plus forte valeur de l'excitation variable pour laquelle apparaît la même égalité des deux rapports.

D'une manière tout à fait semblable, on déterminera quatre valeurs de l'excitation v pour lesquelles le rapport de comparaison $\dfrac{V}{v}$ paraîtra égal au rapport normal $\dfrac{N'}{N}$. Soient $v's$, $v''s$, $v'i$ et $v''i$ ces quatre quantités : je désigne par $v's$ et $v''s$ les quantités les plus fortes en valeur absolue, par conséquent les plus rapprochées de V, et par $v'i$ et $v''i$ les plus faibles en valeur absolue, par conséquent les plus éloignées de V. Elles permettront de calculer $vs = \dfrac{v's + v''s}{2}$ c'est-à-dire l'excitation variable la plus rapprochée de V, et $vi = \dfrac{v'i + v''i}{2}$ c'est-à-dire l'excitation variable la plus éloignée de V.

Les quantités ainsi obtenues donnent les éléments nécessaires pour calculer l'erreur pure de reconnaissance. Soient D's et D'i les deux erreurs qui correspondent aux excitations plus fortes que N'; soient D''s et D''i les deux erreurs qui correspondent aux excitations plus faibles que N. On a :

$$D's = \frac{Vs}{V} - \frac{N'}{N}$$

$$D'i = \frac{N'}{N} - \frac{Vi}{V}$$

$$D''s = \frac{vs}{V} - \frac{N}{N'}$$

$$D''i = \frac{N}{N'} - \frac{vi}{V}$$

Si l'on appelle D'm et D''m les deux erreurs de reconnaissance qui correspondent aux excitations plus fortes que N' et aux excitations plus faibles que N, on a :

$$D'm = \frac{D's + D'i}{2} = \frac{Vs - Vi}{2 V}$$

$$D''m = \frac{D''s + D''i}{2} = \frac{vs - vi}{2 V}$$

Si enfin l'on désigne par Dm l'erreur pure de reconnaissance, on a :

$$Dm = \frac{D'm + D''m}{2} = \frac{Vs - Vi + vs - vi}{4 V}$$

Si le rapport normal et le rapport de comparaison sont perçus simultanément, on peut avoir deux positions différentes des excitations, selon que le rapport normal est placé à gauche ou à droite. Il faut donc déterminer Dm successivement pour les deux positions et prendre la moyenne de ces deux déterminations pour obtenir l'erreur pure de reconnaissance qui est inversement proportionnelle à la clarté de la perception différentielle. — Si les deux rapports sont perçus successivement, il faut établir l'alternance de succession et prendre la moyenne des erreurs obtenues pour chacun des deux ordres.

Les erreurs constantes de temps et de lieu, et les erreurs variables sont faciles à déterminer. On peut les traiter exactement de la même façon que dans la mesure de la clarté des perceptions proprement dites.

Pour déterminer l'erreur d'estimation, il faut tenir compte de ce que les quantités Vs et Vi sont supérieures à N', tandis que les quantités vs et vi sont inférieures à N. Si donc on envisage le rapport normal sous la forme $\dfrac{N}{N'}$, les quatre rapports de comparaison qui sont jugés lui être égaux sont $\dfrac{V}{Vs}$, $\dfrac{V}{Vi}$, $\dfrac{vs}{V}$ et $\dfrac{vi}{V}$. C'est donc la moyenne arithmétique de ces quatre rapports qui est égale pour la conscience au rapport normal et qui représente par conséquent la valeur d'estimation du rapport normal.

Enfin, il est une erreur constante spéciale à la méthode ici exposée : c'est celle qui résulte de ce que l'on emploie des excitations variables plus fortes que N' et d'autres plus faibles que N. La moyenne $1/2 \left(\dfrac{V}{Vs} + \dfrac{V}{Vi} \right)$ représente le rapport de comparaison qui paraît égal au rapport $\dfrac{N}{N'}$ quand le rapport de comparaison comprend une excitation supérieure à N'. La moyenne $1/2 \left(\dfrac{vs}{V} + \dfrac{vi}{V} \right)$ représente le rapport de comparaison correspondant qui comprend une excitation inférieure à N. La différence entre ces deux rapports représente donc le double de l'erreur constante qui provient de ce que les composantes des rapports de comparaison sont forcément différentes des composantes du rapport normal. Je suppose *a priori* que l'erreur constante due à cette cause, et qui se produit quand on emploie des excitations supérieures, est égale à celle qui se produit quand on emploie des excitations inférieures, mais est de sens contraire. Si cette hypothèse n'est pas juste, la méthode n'est plus applicable, au moins sous la forme que je propose de lui donner.

Au point de vue expérimental, la question se pose de savoir quel procédé est le meilleur, celui de la variation régulière ou celui de la variation irrégulière. On ne pourrait résoudre cette question qu'au moyen d'expériences étendues. L'emploi comparatif des deux procédés se recommande d'ailleurs pour étudier tout ce qui concerne l'erreur d'attente. Il va de soi que, si l'on n'a pas affaire à des sujets entièrement dignes de confiance, c'est au procédé des variations irrégulières qu'il faut toujours recourir.

Si, au lieu de considérer les rapports des excitations en présence, on considère les différences arithmétiques, la méthode peut s'appliquer exactement de la même façon. Mais il est clair que le sujet doit toujours être averti qu'on lui demande d'établir, soit des rapports égaux, soit des différences arithmétiques égales : il faut dissiper décidément l'équivoque qui existe quand on demande au sujet d'apprécier les différences égales de sensation.

Ainsi on peut traiter les perceptions différentielles exactement comme les perceptions proprement dites, et en mesurer la clarté de la même façon : c'est toujours la méthode des erreurs moyennes, avec le procédé des petites variations, qui fournit la mesure.

J'ai fait des expériences d'essai sur la perception des différences arithmétiques selon la méthode que je viens de décrire. Il s'agissait de la perception de différences de longueur entre des lignes. Il est inutile que j'en donne les résultats : ils ne présentent d'autre intérêt que de montrer que la méthode est applicable. Le sujet, d'abord surpris et embar-

rassé, est arrivé très vite à donner des réponses bien concordantes. Cela n'a d'ailleurs rien d'étonnant : la différence
arithmétique de deux longueurs est une longueur, comme
la différence arithmétique de deux durées est une durée. Les
expériences que j'ai faites se ramenaient donc, pour le sujet,
à comparer des longueurs dans des conditions défavorables.
La clarté de ces perceptions s'est montrée environ trois fois
moindre que pour les perceptions proprement dites.

Je n'ai pas fait d'expériences sur la perception des rapports.
Mais les expériences anciennes de Delbœuf montrent d'une
manière évidente que la méthode est applicable à la perception
des rapports, au moins pour les intensités lumineuses.

Merkel et certains autres psychologues ont employé des
méthodes voisines, qui sont des cas particuliers de la méthode
des différences égales, et dont on peut tirer parti pour la
mesure de la clarté des perceptions différentielles. Il s'agit de
la méthode des excitations doubles (1), de celle des multiples
et de la méthode qui consiste à diviser une excitation donnée
(en fait une longueur) en deux parties égales : on peut appeler
cette dernière méthode de division et donner aux premières le
nom de méthodes de multiplication.

La méthode des excitations doubles ne peut pas servir,
selon Merkel, à mesurer avec exactitude le rapport de la sensation avec l'excitation, attendu que, les sensations croissant
plus lentement que les excitations, on doit s'attendre à ce
que l'excitation qui produit une sensation double soit notablement supérieure au double de l'excitation qui produit la
sensation prise pour unité. Merkel a donc employé la
méthode des excitations doubles pour trancher par des expériences le débat relatif à l'hypothèse du rapport et à l'hypo-

---

(1) MERKEL, *Ueber die Abhängigkeit, etc.* Phil. Stud., IV (Sur la
lumière) ; HIGIER, *Experimentelle Prüfung, etc.*, p. 111 ; FULLERTON
et CATTELL, *On the Perception of small Differences*, p. 33 et 99. Fullerton
et Cattell ont expérimenté sur les longueurs et sur la force des mouvements
ou l'appréciation des poids.

thèse de la différence (1). A mon sens, la méthode des excitations doubles ne peut servir ni à l'une ni à l'autre de ces
deux fins, parce que ce qui est visiblement en jeu dans cette
méthode, comme dans toutes les méthodes psychophysiques,
c'est la comparaison des grandeurs physiques que l'on prend
pour excitations, et non celle des intensités psychologiques.

Dès lors, la méthode des excitations doubles doit être considérée comme fournissant la mesure de la clarté des perceptions différentielles dans un cas particulier. Quand on présente à un sujet une excitation déterminée et qu'on lui
demande d'indiquer ou d'établir une seconde excitation qui
lui paraisse double de la première, il commet généralement
une erreur. Cette erreur mesure le défaut de clarté de sa
perception du rapport 1/2 dans le cas particulier dont il
s'agit.

Pour faire un usage pratique de la méthode, il faut évidemment instituer les expériences de manière à obtenir une erreur
pure de reconnaissance. Il faut donc établir les alternances
de temps et de lieu et d'ordre de variation, en employant le
procédé des petites variations. Il faut aussi déterminer la
limite supérieure et la limite inférieure des excitations qui
paraissent doubles de l'excitation présentée. On obtiendra de
cette façon deux erreurs moyennes, dont la moyenne, prise
sans distinction de signe algébrique, constituera une erreur
pure de reconnaissance.

Higier a généralisé le principe de la méthode des excitations
doubles et fait des expériences par la méthode des multiples (2).
Au fond, c'est toujours la même méthode que celle des excitations doubles : elle est apte, modifiée comme la précédente,
à donner la mesure de la clarté pour la perception des
rapports 1/3, 1/4, etc.

(1) MERKEL, *Die Abhängigkeit, etc.*, Phil. Stud., IV, p. 545. Voir plus
haut, ch. III, § 9.

(2) HIGIER, *Experimentelle Prüfung der psychoph. Methoden, etc.*, p. 117.

La méthode de division a été employée pour la première fois, semble-il, par Kundt (1). Elle l'a été depuis par Fullerton et Cattell (2), et Jastrow (3), parmi les tests qu'il avait établis à l'exposition de Chicago, rangeait celui-ci, qui a été inventé par Münsterberg : sur une surface de feutre noir limitée par deux bandes blanches, placer une troisième bande blanche de façon à diviser la distance exactement en deux parties égales, ou bien à marquer un tiers de la distance. — Au fond, il s'agit toujours, si l'on organise et si l'on interprète convenablement les expériences, de l'exactitude avec laquelle on perçoit les rapports des excitations.

§ 4. — *La méthode des cas vrais et faux.*

La méthode des cas vrais et faux a été interprétée de deux façons : les uns, acceptant sans réserve l'application de la loi de Gauss à la psychologie, ont employé les nombres de cas vrais et faux, parfois aussi les nombres de cas douteux, à calculer, soit la mesure de la précision h, qu'ils ont regardée comme proportionnelle à la sensibilité différentielle, soit le seuil différentiel, soit l'erreur probable ou l'erreur moyenne ; les autres se sont bornés à employer directement les nombres expérimentaux au contrôle de leurs hypothèses, c'est-à-dire se sont placés au point de vue le plus empirique possible. Bien que la loi de Gauss ne me semble pas mériter une confiance sans réserve quand on la transporte à la psychologie, j'indiquerai quand même les principales interprétations de la méthode des cas vrais et faux dont elle a fourni le point de départ.

(1) Kundt, *Untersuchungen über Augenmass und optische Täuschungen*, Annalen der Physik und Chemie, de Poggendorf, t. CXX, p. 128, 1863.

(2) *On the Perception of small Differences*, p. 43 et 99 (expériences sur les longueurs et sur la force des mouvements ou le sens des poids).

(3) *Columbian Exposition, etc.*, 10ᵉ test.

Fechner, dans son premier ouvrage de psychophysique, s'est proposé uniquement la mesure de la précision (1). Mais G.-E. Müller conteste que la mesure de la précision soit proportionnelle à la sensibilité différentielle, et établit des formules pour calculer, à partir des cas vrais, faux et douteux, le seuil différentiel, qui lui paraît seul fournir une bonne mesure de la sensibilité différentielle, à laquelle il serait inversement proportionnel. Soient D la différence des deux excitations qui ont servi à faire les expériences, t_{I} la valeur de t (fournie par la table de Fechner) qui correspond à la proportion $\dfrac{v}{n}$ des cas vrais, t_{II} la valeur de t qui correspond à la proportion $\dfrac{v+d}{n}$ des cas vrais ajoutés aux cas douteux, le seuil S, c'est-à-dire la valeur de la différence pour laquelle le nombre des cas vrais serait égal à la somme des cas faux et des cas douteux, est donné par la formule suivante (2) :

$$S = \frac{(t_{\mathrm{II}} - t_{\mathrm{I}})\, D}{t_{\mathrm{I}} + t_{\mathrm{II}}}.$$

Lorsque le rapport $\dfrac{v}{f}$ est plus petit que $1/2$, la valeur du seuil est donnée par la formule :

$$S = \frac{(t_{\mathrm{I}} + t_{\mathrm{II}})\, D}{t_{\mathrm{II}} - t_{\mathrm{I}}}.$$

Tout en maintenant à là mesure de la précision la valeur qu'il lui avait attribuée dans les *Elemente der Psychophysik*, Fechner, dans *Revision der Hauptpunkte der Psychophysik*, admet avec Müller la possibilité de calculer le seuil différentiel par la méthode des cas vrais et faux, en faisant entrer en compte les cas douteux. Les cas douteux, selon Fechner, correspondent à une zone dans laquelle se trouvent toutes les

(1) Voir plus haut, 1re partie, ch. III.
(2) G.-E. Müller, *Zur Grundlegung der Psychophysik*, p. 19, 20.

différences douteuses, c'est-à-dire senties comme nulles. Mais cet intervalle se divise en deux parties, l'une pour les différences positives, l'autre pour les différences négatives, de sorte qu'il existe deux seuils partiels, l'un positif, et l'autre négatif. Toutes les différences qui sont plus petites que le seuil partiel positif ou que le seuil partiel négatif paraissent nulles pour la sensation. Fechner appelle seuil total (T) l'intervalle total (1).

Pour calculer T, on prend dans la table fondamentale de la méthode des cas vrais et faux la valeur de t qui correspond au rapport $\dfrac{v}{n}$: Fechner désigne cette valeur par t_I. Puis on prend dans la même table la valeur de t qui correspond au rapport $\dfrac{v+d}{n}$: Fechner désigne cette valeur par t_{II}. Il désigne enfin par t_0 la valeur de t qui correspond au rapport $\dfrac{v+\dfrac{d}{2}}{n}$. Le seuil total est alors égal à

$$\frac{t_{II} - t_I}{t_0} \ D$$

Le seuil partiel positif est égal à

$$\frac{t_0 - t_I}{t_0} \ D$$

Le seuil partiel négatif est égal à

$$\frac{t_{II} - t_0}{t_0} \ D$$

La mesure de la précision, comme dans les *Elemente der Psychophysik*, est égale à $\dfrac{t_0}{D}$ (2).

(1) *Revision*, etc., p. 45.
(2) *Revision*, etc., p. 49-91.

Müller accepte la division des réponses établie par Fechner en vraies, fausses et douteuses. Mais Boas (1) a subdivisé les cas indécis (les cas douteux de Fechner) en deux groupes : les cas vraiment douteux seraient ceux dans lesquels le sujet distingue une différence entre les deux excitations sans pourtant savoir laquelle des deux·lui paraît la plus forte ; et les autres cas, ceux dans lesquels les deux excitations paraissent égales, seraient les cas d'égalité. Cette distinction, qui est juste, et qui est intéressante parce que le fait sur lequel elle repose montre bien les incertitudes de la conscience, n'a pas eu d'autre conséquence que la substitution du terme de « cas d'égalité » (Gleicheitsfälle, désignés par la lettre g) à celui de « cas douteux » qu'employait Fechner. En effet, les cas proprement douteux de Boas sont rares, ils le deviennent de plus en plus par l'effet de l'exercice, et l'on peut, ou les négliger, ou les ajouter aux cas d'égalité.

Mais les·cas, ou douteux ou d'égalité, ont cependant bien divisé les psychophysiciens. Tandis que Fechner, en vue de calculer la mesure de la précision, les attribue pour moitié aux cas vrais et aux cas faux, que Müller les conserve soigneusement pour établir son calcul du seuil différentiel, on a songé à les répartir entre les cas vrais et faux proportionnellement aux nombres des cas vrais et faux (2), et enfin

(1) *Ueber eine neue Form des Gesetzes der Unterschiedsschwelle*, Archiv de Pflüger, t. XXVI, p. 493, 1881. Cf. *Ibid.*, t. XXVII, p. 214, 1882.

(2) HIGIER (*Experimentelle Prüfung der psychophysischen Methoden im Bereiche des Raumsinnes der Netzhaut*, p. 91, 1890) a employé à titre d'essai ce mode de répartition des cas d'égalité, afin de déterminer par des expériences s'il vaut mieux exclure les cas d'égalité, ou s'il vaut mieux les répartir selon la proportionnalité, ou bien à la façon de Fechner. Mais les expériences n'ont pas résolu la question : elles ont montré seulement que la répartition proportionnelle donne un nombre de cas vrais plus élevé que la répartition de Fechner (ce qui est tout naturel quand il y a plus de cas vrais que de cas faux) et que la suppression des cas d'égalité donne le nombre de cas vrais le moins élevé.

Jastrow (1) les supprime en invitant le sujet à se prononcer au hasard en faveur de l'une ou de l'autre des deux excitations.

Jastrow, à partir du rapport (1 + n) des deux excitations employées et des nombres de cas vrais et faux ainsi obtenus, calcule le rapport (1 + p) qui donnerait une réponse fausse sur quatre. Ce calcul se fait au moyen d'une formule qui s'appuie sur la loi de Gauss (2). Le rapport (1 + p) étant ainsi déterminé, la méthode fournit une mesure de la sensibilité. Si sur 1000 expériences avec deux poids de 200 et 210 grammes, on trouve 250 réponses fausses, proportion arbitrairement choisie pour avoir un point de repère, on dit que la sensibilité à la pression est dans ce cas de 1/20, parce que la différence qui donne un quart de réponses fausses est 1/20 des excitations. D'une manière générale, quand on a obtenu une proportion déterminée de cas faux pour un rapport quelconque des excitations, il suffit de calculer le rapport qui donnerait un quart de réponses fausses pour trouver la différence relative qui mesure la sensibilité (3).

Fullerton et Cattell ont adopté l'idée de Jastrow de rejeter les cas douteux, et ils ont complété et étendu son interprétation de la méthode des cas vrais et faux. Ils ont établi, d'après l'équation de Gauss, une table qui permet de calculer, d'après le pourcentage des cas vrais et la différence des excitations employées, la différence qui donnerait 75 % de cas vrais. « Le choix de 75 %, dit Sanford (4) en exposant ce

(1) A *Critique of psychophysic Methods,* American Journal of Psychology, I, p. 283, février 1888. Ce procédé a été recommandé aussi par Kräpelin, qui déclare l'avoir employé depuis longtemps (*Zur Kenntniss der psychophysischen Methoden,* Phil. Stud., VI, p. 496, 1891). Il a été suivi aussi par Higier (*Experimentelle Prüfung, etc.,* p. 34-91) et Lœwenton (*Versuche über das Gedächtniss im Bereiche des Raumsinnes der Haut,* p. 25, 1893).

(2) Article cité, p. 305.

(3) *Ibid.,* p. 286.

(4) Sanford, *A Course in experimental Psychology,* part I, p. 354.

procédé, est naturellement arbitraire, mais il a certaines
recommandations. Cette proportion est placée à mi-distance
entre la proportion de cas vrais que donnerait le pur hasard
(50 %) et la proportion de cas vrais dans le cas de complète
certitude ; elle correspond donc à la valeur de l'erreur probable dans la courbe de la probabilité. » Voir tableau VIII
la table de Fullerton et Cattell.

« Les valeurs de $\dfrac{D}{e.p.}$ données dans cette table, disent
Fullerton et Cattell, sont inversement proportionnelles à
l'erreur probable de l'observateur, et mesurent directement
sa finesse de discrimination. Par exemple si l'on emploie deux
poids pesant 100 et 108 grammes, et si un observateur peut
distinguer correctement la différence dans 91 cas sur 100,
tandis qu'un autre ne peut la distinguer que dans 75 cas sur
100, la finesse du premier est environ deux fois aussi grande que
celle du deuxième, ou bien l'observateur qui peut distinguer
une différence de 8 gr. dans 91 cas sur 100 pourrait distinguer
une différence de 4 gr. dans 75 cas sur 100. Ainsi, quelle que
soit la différence entre les excitations et quel que soit le pourcentage des cas vrais, on peut découvrir la différence avec
laquelle un observateur donnerait 75 cas vrais sur 100 (1). »

L'un des travaux les plus considérables qui aient été faits
sur la méthode des cas vrais et faux et sur les méthodes
voisines, notamment la méthode des cas d'égalité et
d'inégalité, est celui de Merkel (2). Merkel a fait des expériences, tantôt en conservant, tantôt en rejetant les cas
d'égalité : il trouve préférable de les conserver. Il établit un
grand nombre de formules qui donnent la valeur de l'erreur
probable de chaque perception. du seuil supérieur. du seuil
inférieur, du seuil moyen, etc.

---

(1) *Ibid.*, p. 16, 17.

(2) *Theoretische und experimentelle Begründung der Fehlermethoden*,
Phil. Stud., VII, p. 558, 629, 1892, et VIII, p. 97, 137, 1893.

TABLEAU VIII. — TABLE POUR DÉTERMINER L'ERREUR PROBABLE D'APRÈS LE POURCENTAGE DES CAS VRAIS ET LA VALEUR DE LA DIFFÉRENCE. — (D = la différence des deux excitations : e.p. = l'erreur probable, ou la différence correspondant à 75 % de cas vrais) (1).

v %	$\dfrac{D}{ep}$	v %	$\dfrac{D}{ep}$	v %	$\dfrac{D}{ep}$	v %	$\dfrac{D}{ep}$	v %	$\dfrac{D}{ep}$
50	0.00	60	0.38	70	0.78	80	1.25	90	1.90
51	0.04	61	0.41	71	0.82	81	1.30	91	1.99
52	0.07	62	0.45	72	0.86	82	1.36	92	2.08
53	0.11	63	0.49	73	0.91	83	1.41	93	2.19
54	0.15	64	0.53	74	0.95	84	1.47	94	2.31
55	0.19	65	0.57	75	1.00	85	1.54	95	2.44
56	0.22	66	0.61	76	1.05	86	1.60	96	2.60
57	0.26	67	0.65	77	1.10	87	1.67	97	2.79
58	0.30	68	0.69	78	1.14	88	1.74	98	3.05
59	0.34	69	0.74	79	1.20	89	1.82	99	3.45

(1) FULLERTON et CATTELL, On the Perception of small Differences, p. 16. La table est donnée aussi par SANFORD, ouvrage cité, p. 354.

Il adopte la formule de Müller pour le seuil moyen :

$$S = \frac{t_{II} - t_{I}}{t_{II} + t_{I}} \, D$$

En fonction de cette quantité, de l'excitation R et de la différence D, il établit la formule suivante pour le seuil supérieur :

$$S_0 = \frac{2\,RS}{2\,R + D - S}$$

En désignant par m la mesure de la précision, il substitue d'abord à la formule de Fechner :

$$m = \frac{t_0}{D}$$

une autre formule qu'il regarde comme plus exacte :

$$m = \frac{t_{I} + t_{II}}{D}$$

Enfin la vraie mesure de la précision (M) de la perception différentielle est représentée par la formule suivante :

$$M = \frac{m}{S_0} \, R.$$

L'exposition de ces différentes formules et tables de Fechner, Müller, Jastrow, Fullerton et Cattell, Merkel, suffit pour montrer par quels travaux acharnés on a cherché à interpréter la méthode des cas vrais et faux en prenant la loi de Gauss pour point de départ. Je me borne à citer un article déjà ancien de Boas (1), le travail de Bruno Kämpfe, qui

(1) *Ueber die Berechnung der Unterschiedsschwellenwerthe nach der Methode der richtigen und falschen Fälle*, Archiv de Pflüger, t. XXVIII, p. 84, 1882.

demande à de longues expériences de décider entre les
formules de Müller et celles de Fechner, — puis la tentative
faite par Bruns (1) pour substituer à la loi de Gauss une loi
plus large, répondant mieux à la grande variété des phénomènes concrets, et enfin les expériences et les calculs de
Erich Mosch (2), dont j'ai déjà fait connaître la conclusion,
où se trahit quelque découragement. Je me borne à remarquer que, parmi les raisons qui rendent impossible la solution expérimentale de ce problème ardu, il faut noter les
variations de la sensibilité, qui sont inévitables au cours
d'expériences prolongées, soit par suite de l'exercice, soit
par suite de ces états de fatigue dont on ne se rend même
pas compte.

Il subsiste donc beaucoup d'incertitude sur l'interprétation
mathématique de la méthode des cas vrais et faux. C'est
pourquoi de nombreux psychologues l'ont employée sans
chercher à établir la mesure de la précision, ou celle de la
sensibilité différentielle ou celle de l'erreur probable; ils en
ont fait un usage purement empirique, ce qui est possible si
l'on ne demande à cette méthode qu'une comparaison incomplète des quantités psychologiques, de la sensibilité différentielle ou de l'exactitude des perceptions. Il est évident, en
effet, que si un homme donne la même proportion de cas
vrais qu'un autre pour une différence plus faible, ou une
proportion plus élevée de cas vrais pour une différence égale,
le premier a une sensibilité différentielle plus fine, ou ses
perceptions ont une exactitude ou une clarté plus grande.
C'est dans cet esprit que la méthode a été employée par

---

(1) *Ueber die Ausgleichung statistischer Zählungen in der Psychophysik*,
Phil. Stud., IX, p. 1; *Ueber die Darstellung von Fehlergesetze*, Astrono-
nom. Nachr., 143, p. 329; *Zur Kollektivmasslehre*, Phil. Stud., XIV,
p. 339, 1898.

(2) *Zur Methode der richtigen und falschen Fälle im Gebiete der Schallempfindungen*, Phil. Stud., XIV, p. 491, 1898.

Stumpf (1), par Luft (2), par Max Meyer (3) à étudier la perception de la hauteur des sons. G.-E. Müller, dans un travail étendu écrit récemment en collaboration avec Miss Martin (4), ne s'occupe plus des formules mathématiques, ni même de la loi de Weber, mais emploie ses expériences par la méthode des cas vrais et faux à étudier les facteurs psychologiques qui sont en jeu dans la méthode, c'est-à-dire à analyser les conditions psychologiques dans lesquelles le sujet porte ses jugements : il a même changé le nom de la méthode, et l'appelle maintenant méthode des différences constantes.

Ainsi l'on est revenu finalement au mode d'interprétation de Hegelmaier, à la confiance excessive que Fechner et tant d'autres après lui avaient mise dans l'application des mathématiques à la méthode des cas vrais et faux a succédé une défiance peut-être excessive. — Quelle est donc la valeur de cette méthode pour la mesure de la clarté des perceptions, et comment faut-il l'employer pour en tirer des résultats utiles à ce point de vue ?

D'abord la méthode peut, en principe du moins, servir à deux fins : 1° à la mesure de la clarté des perceptions différentielles qui ont pour objet des différences inférieures au seuil différentiel ; 2° à la mesure de la clarté des perceptions proprement dites.

En ce qui concerne les perceptions différentielles, la clarté est proportionnelle à $\dfrac{v-f}{v+f}$, si du moins les influences par-

---

(1) *Tonpsychologie*, I, p. 313 sqq.

(2) *Ueber die Unterschiedsempfindlichkeit für Tonhöhen*, Phil. Stud., IV, p. 535.

(3) *Ueber die Unterschiedsempfindlichkeit für Tonhöhen nebst einigen Bemerkungen über die Methode der Minimaländerungen*, Z. f. Ps. u. Ph. d. S., XVI, p. 352.

(4) Lillie M. Martin et G.-E. Müller; *Zur Analyse der Unterschiedsempfindlichkeit*, 1899.

ticulières qui peuvent déterminer le jugement en faveur de l'une on de l'autre des excitations sont compensées par le dispositif des expériences. Dans ce cas il faut, avec Jastrow, ne pas admettre de cas d'égalité. Mais cette mesure diffère profondément de la mesure de la clarté des perceptions proprement dites et des perceptions de grandes différences par la méthode des erreurs moyennes.

En ce qui concerne les perceptions proprement dites, la méthode des cas vrais et faux, du moins dans l'état actuel de la psychophysique, ne fournit une mesure que sur la base de la loi de Gauss. En s'appuyant sur cette loi on peut, en effet, calculer l'erreur probable au moyen des tables de Fullerton et Cattell ou par tout autre moyen. Comme il existe une relation mathématique entre l'erreur probable, l'erreur moyenne des astronomes et l'erreur moyenne simple ou variation moyenne, on peut prendre l'une de ces erreurs comme inversement proportionnelle à la clarté des perceptions et établir ainsi la mesure de la clarté. Mais l'exactitude de cette mesure est toujours subordonnée à la rigueur avec laquelle la loi de Gauss s'applique au cas particulier qui fait l'objet de la recherche. C'est donc une mesure approximative, ordinairement entachée d'une erreur dont l'étendue est indéterminée. Par conséquent cette méthode ne se recommande pas pour la mesure de la clarté des perceptions proprement dites ; il vaut mieux recourir à la méthode directe, sauf dans les cas particuliers, s'il en est, où la méthode directe se révélerait comme pratiquement inapplicable.

L'importance de la méthode des cas vrais et faux tient donc principalement à ce qu'elle fournit une mesure de la clarté pour la perception des petites différences, et par suite un moyen de soumettre à l'expérimentation, dans des conditions rigoureuses, ce genre de perceptions.

La méthode étant ainsi envisagée, les questions secondaires qui la concernent, et qui ont fait l'objet de discussions multiples, perdent une grande partie de leur intérêt.

D'abord il n'y a même plus lieu de se demander s'il faut admettre des cas d'égalité. Il est trop clair qu'il n'en faut pas admettre, parce qu'on ne pourrait pas les faire entrer en compte : ils deviendraient aussi embarrassants que les juge-ments contradictoires dans la méthode des petites varia-tions. En un mot, ils sont incompatibles avec la méthode des cas vrais et faux. — D'ailleurs il est une excellente raison psychologique de ne pas les admettre : c'est que les cas d'équilibre absolu, de parfaite égalité apparente n'existent pas. Quand nous comparons deux quantités physiques, nous sommes toujours portés à juger l'une plus grande que l'autre, mais ce sont de faibles raisons qui nous inclinent à juger soit en faveur de l'une, soit en faveur de l'autre, ce sont des raisons inaperçues, des éléments inconscients de nos deux perceptions. Nous n'avons pas d'opinion ferme, à laquelle nous soyons attachés comme à une vérité certaine. Les nom-bres des cas vrais et faux expriment donc ces raisons incon-scientes, et par suite on peut dire que la méthode des cas vrais et faux, ainsi appliquée, étend l'expérimentation psychophy-sique à la vie inconsciente de l'esprit. Au contraire, quand on emploie les autres méthodes, le jugement par lequel nous déclarons une excitation plus forte ou plus faible qu'une autre a une signification tout autre que dans la méthode des cas vrais et faux. Dans la méthode des erreurs moyennes, le jugement par lequel nous déclarons l'excitation de compa-raison plus forte ou plus faible que la normale doit exprimer une certitude ; s'il ne l'exprime pas toujours, s'il se produit des jugements contradictoires, cela tient à ce que le sujet ne sait pas peser ses raisons de croire ou de douter avec assez de sûreté pour n'être pas trompé par des raisons insuffisantes. L'exercice, qui est ordinairement nécessaire pour que les jugements contradictoires ne se produisent plus, a pour résultat d'habituer le sujet à bien se rendre compte de ses raisons et à ne se prononcer qu'en pleine connaissance de cause. Dans la méthode des cas vrais et faux, le jugement est déterminé par des raisons dont le sujet ne se rend pas compte.

En ce qui concerne les positions de temps et de lieu, les alternances qui étaient nécessaires dans la détermination de l'erreur pure de reconnaissance n'ont plus ici de raison d'être. Elles doivent être établies si l'on vise à mesurer la clarté des perceptions proprement dites sur la base de la loi de Gauss, mais non si l'on se propose de mesurer la clarté des perceptions différentielles. Si l'excitation la plus forte précède la plus faible, la différence perçue est une diminution ; dans le cas contraire, c'est une augmentation. La perception d'une diminution et celle d'une augmentation sont deux opérations différentes, et chacune de ces perceptions mérite qu'on en mesure la clarté séparément. Une telle mesure est d'autant plus intéressante qu'il existe à ce point de vue des différences très marquées entre les hommes, les uns percevant mieux les augmentations, les autres percevant mieux les diminutions, et qu'on en peut tirer des conséquences sur la nature de l'imagination et sur les types humains envisagés à ce point de vue (1). — De même il est utile d'étudier les perceptions de petites différences pour les deux positions spatiales séparément. Les expériences ainsi conduites peuvent fournir des indications sur la finesse comparative avec laquelle les différentes régions des organes sensoriels permettent de distinguer les quantités physiques.

On a discuté sur la valeur respective des trois procédés, de connaissance complète, d'ignorance complète et de demi-ignorance. Fechner avait employé, dans ses expériences sur la perception des poids soulevés, le procédé de connaissance complète, c'est-à-dire qu'il savait, avant de soulever les

(1) Voir mon article déjà cité dans Revue Philosophique, 1896, II, p. 628. Voir aussi Sanford, *A Course in experimental Psychology*, part I, p. 355, et Fullerton et Cattell, *On the Perception of small Differences*, p. 63, 121, 139.

poids, lequel des deux était réellement le plus lourd. Dans le
procédé de demi-ignorance, le sujet sait que l'une des deux
excitations est plus forte, mais il ignore laquelle : c'est le
procédé, semble-t-il, le plus naturel, du moins quand on veut
exiger du sujet qu'il se prononce en faveur de l'une ou de
l'autre des deux excitations. Enfin, dans le procédé d'ignorance complète, on s'arrange de manière à ce que le sujet
ignore même si l'une des excitations est plus forte et, pour
obtenir ce résultat, on mêle aux paires d'excitations différentes des paires d'excitations égales, en même nombre. —
En réalité le procédé que l'on appelle d'ignorance complète
ne réalise pourtant pas l'ignorance complète : car le sujet
connaît dès le début des expériences la répartition des paires
d'excitations, ou bien la devine rapidement, de sorte qu'il
s'attend, après un certain nombre de comparaisons, à trouver
un changement dans le rapport des excitations. L'erreur
d'attente exerce donc une influence dans la méthode des cas
vrais et faux, comme dans la méthode des petites variations,
et il n'est pas aussi facile de l'éliminer (1). Les trois procédés
mettent le sujet dans des conditions différentes, de même que
les positions de temps et de lieu : ils doivent par suite être
distingués de la même façon, et étudiés séparément. Peut-
être quelque combinaison particulière des expériences per-
mettrait-elle de déterminer l'erreur d'attente.

§ 5. — *Les méthodes nouvelles.*

En outre des méthodes de multiplication et de division, il
a été inventé depuis la mort de Fechner plusieurs méthodes
nouvelles ayant pour but de déterminer les rapports entre
l'excitation et la sensation : ce sont la méthode des séries

(1) Voir WUNDT, *Physiol. Psychol.*, 4ᵉ édit. all. I, p. 357 ; Bruno
KÆMPFE, *Beiträge zur experimentellen Prüfung der M. d. r. u. f. F.*, Phil.
Stud., VIII, p. 537.

psychophysiques de Jastrow, ou de classification, comme l'a appelée Leuba, la méthode des cas d'égalité et d'inégalité de Merkel, et la méthode de Wreschner à laquelle son auteur n'a pas donné de nom, mais qu'on peut appeler la méthode des champs de jugement.

Fechner attribuait une grande importance à la classification des étoiles, et il la regardait comme une preuve expérimentale presque décisive de la loi psychophysique. Jastrow a adopté son interprétation de ce fait et y a vu « une des applications les plus frappantes de la loi psychophysique aussi bien qu'un important argument (*piece of evidence*) en sa faveur. Les étoiles, ajoute-t-il, ont été rangées en grandeurs sur la base de leurs apparences à l'œil nu, et à une époque où toute détermination objective de leur éclat était impossible. Il est naturel de supposer que les astronomes ont eu dans l'esprit une sorte de série dans laquelle les étoiles moyennes de chaque grandeur étaient séparées par des différences égales d'éclat, c'est-à-dire par des différences égales de sensation. Quand maintenant nous venons à comparer cette série psychique avec la série physique formée par les déterminations photométriques des étoiles moyennes des diverses grandeurs, nous trouvons que la série physique est approximativement une progression géométrique avec une raison moyenne de 2.5, pour les cinq ou six premières grandeurs. A la série arithmétique des sensations séparées par d'égales différences de sensation correspond une série géométrique d'excitations séparées par un rapport constant ; et c'est là la relation qui répond le plus exactement à la formule que Fechner a donnée de sa loi. C'est la méthode la plus directe pour vérifier si les sensations croissent en rapport géométrique, c'est-à-dire si la sensation croît comme le logarithme de l'excitation » (1).

(1) JASTROW, *On the psychophysic series*, Am. J. of Psych. III, p. 44, janvier 1890.

De nombreux astronomes, Steinheil le premier en 1835, avaient mesuré les intensités photométriques des étoiles, en choisissant un nombre plus ou moins considérable d'étoiles de chaque grandeur. Tous, à l'exception de John Herschell, ont trouvé que les intensités moyennes des diverses grandeurs forment une progression géométrique : John Herschell a trouvé à la place une série de carrés, mais Fechner a discuté victorieusement son interprétation et montré que ses mesures confirment en réalité la loi trouvée par les autres astronomes (1). Depuis la publication par Fechner des *Elemente der Psychophysik*, de nouvelles mesures des intensités lumineuses des étoiles ont donné le même résultat ; toutes ces mesures sont probantes en faveur de la progression géométrique. Jastrow a fait les calculs nécessaires pour contrôler de nouveau cette loi en prenant comme matière les mesures de Pickering à l'observatoire de Harvard College (2). Les mesures ont porté sur 4260 étoiles. Voici quels seraient, d'après Jastrow, les rapports des intensités lumineuses de chaque couple de grandeurs consécutives :

Grandeurs :	2-1	3-2	4-3	5-4	6-5	7-6	Moyenne
Rapports :	2.802	2.598	2.388	2.1675	2.053	1.876	2.293

« La conclusion générale atteinte par mon investigation, dit Jastrow, est que la loi qui règle le rapport de la lumière entre les étoiles d'une grandeur et celles de la grandeur voisine au-dessus ou au-dessous est la loi psychophysique telle que l'a formulée Fechner, avec cette modification, cependant, que le rapport en question, au lieu d'être parfaitement constant, décroît avec l'éclat des étoiles (3). »

Jastrow a appliqué la même méthode à l'appréciation des

---

(1) Voir la première partie de cet ouvrage, ch. IV, § 1.
(2) Vol. XIV des mémoires de cet observatoire.
(3) *The psychophysic Law and Star Magnitudes*, Am. J. of Ps., I, p. 127.

longueurs par la vue (1), puis par le toucher (2), au sens du temps (3), à l'appréciation de l'étendue des mouvements par le sens musculaire (4), et à l'appréciation des poids soulevés (5). Enfin Leuba (6) a fait, suivant la méthode de classification, des expériences sur la perception de lumières constituant des étoiles artificielles, au moyen d'un appareil inventé par Sanford.

A titre d'exemple, voici comment les expériences ont été faites sur l'appréciation des longueurs par la vue : un grand nombre de minces baguettes (plus de 500) allant de quelques millimètres à 300 millimètres sont mêlées ensemble ; on montre les plus grandes et les plus petites au commencement de l'expérience ; le sujet prend les baguettes une à une et les jette dans un casier à son choix, de manière à les classer en six groupes, ou, dans une autre expérience, en neuf groupes, d'après l'impression générale de leur grandeur. On mesure ensuite les baguettes contenues dans chaque casier, on les compte et on calcule la longueur moyenne. On fait de même pour l'appréciation par le toucher, mais les sujets se contentent de promener l'index le long des baguettes sans les voir.

Quelle est la valeur de cette méthode ? Il est évident que c'est une forme particulière de la méthode des différences égales : le sujet, sans peut-être s'en rendre clairement compte, s'attache à établir entre les excitations consécutives des différences égales. Mais il ne s'agit pas de différences égales d'intensité entre les sensations, il s'agit certainement de différences entre les excitations. D'autre part, la méthode

(1) Am. J. of Psych., III, p. 44.

(2) Ibid., III, p. 47.

(3) Ibid., IV, p. 213.

(4) Ibid., IV, p. 217.

(5) Ibid., V, p. 245.

(6) A new Instrument for Weber's Law, Am. J. of Psych., V, p. 370, 1894.

n'est pas appropriée à la mesure de la clarté des perceptions différentielles. Elle ne peut servir qu'à montrer si les sujets, ayant le choix libre entre des différences arithmétiques et des rapports, préfèrent spontanément l'un de ces genres de différence à l'autre. Le résultat des expériences est intéressant à ce point de vue : les astronomes anciens ont classé les étoiles selon des rapports égaux, ou à peu près égaux, des intensités lumineuses ; les sujets de Jastrow, invités d'abord à faire un travail de classification analogue sur les longueurs perçues par la vue ou par le toucher, ont choisi les différences arithmétiques, de sorte que, dit Jastrow. la loi psychophysique ne s'applique pas aux grandeurs extensives, tandis qu'elle s'appliquait aux intensités lumineuses. Les expériences sur le sens du temps montrent que les sujets suivent plutôt la progression géométrique, bien qu'il s'agisse là de grandeurs extensives. Ils ont au contraire une tendance à suivre plutôt la progression arithmétique dans la classification des longueurs appréciées par le sens musculaire. Les expériences sur les poids soulevés sont plutôt favorables à la progression géométrique. Enfin les expériences de Leuba sur la perception des étoiles artificielles ont donné le même résultat que la classification des astronomes : la raison de la progression géométrique était à peu près constante, avec une légère décroissance pour les intensités les plus faibles, comme dans les calculs de Jastrow sur les étoiles.

L'idée générale que Jastrow dégage de ces expériences est que la loi psychophysique s'applique aux sensations appréciées *en masse*, à un point de vue impressionniste, sans qu'on les conçoive comme divisées en unités, tandis qu'elle ne s'applique pas à la perception des longueurs, parce que le sujet divise spontanément les longueurs en unités. Dans ce dernier cas, selon Jastrow, on ne peut pas s'attendre à ce qu'une progression géométrique des excitations corresponde à la progression arithmétique des sensations, car, dit-il, si l'on me demande de tirer une série de lignes également différentes,

ou d'assortir des baguettes en groupes, « je ne puis m'empêcher de me demander si ces groupes doivent être séparés
par des différences égales *absolument* ou *relativement*. La
première conception semble la plus simple et la plus naturelle,
et elle est par conséquent adoptée, toutes les fois que le
problème devient conscient » (1). Je crois que l'on peut voir
dans ce passage la preuve que les sujets de Jastrow ne se
préoccupaient pas des différences de sensation, mais uniquement des différences d'excitation, et qu'ils choisissaient
les différences absolues ou les différences relatives selon que
l'un ou l'autre genre leur paraissait d'un usage plus commode.
Ces expériences montrent une fois de plus la fausseté de
l'idée fondamentale des psychophysiciens : nous apprécions
les grandeurs et les intensités physiques, mais non les
prétendues intensités psychiques.

La méthode des cas d'égalité et d'inégalité (2) repose sur
un fait que la méthode des cas vrais et faux donne l'occasion
d'observer. Si l'on compare un grand nombre de fois deux
excitations E et E + D, en admettant le jugement d'égalité,
on obtient les trois genres de réponses tant que D reste
relativement faible. Si l'on donne à D une valeur notablement
supérieure au seuil différentiel, on n'obtient plus que des
réponses vraies. Mais, entre la valeur de D qui donne les trois
genres de réponses et la valeur qui ne donne plus que des
réponses vraies, il se trouve des valeurs pour lesquelles on
n'obtient que des jugements d'inégalité, qui sont tous vrais,
et des jugements d'égalité. Si donc on expérimente avec une
de ces valeurs de D, on obtient un certain nombre de
jugements dans lesquels on sent correctement la différence des
excitations (U, c'est-à-dire *Ungleicheitsfälle*, suivant la
désignation de Merkel) et un certain nombre de jugements

(1) Am. J. of Ps. III, p. 48, 49.

(2) MERKEL, *Das psychophysische Grundgesetz in Bezug auf Schallstärken*,
Phil. Stud., IV, p. 257, 1888.

d'égalité (G, c'est-à-dire *Gleicheitsfälle*). Merkel assimile les cas U aux cas vrais de la méthode des cas vrais et faux, et les cas G aux cas faux et d'égalité de la même méthode. Il admet en outre des cas douteux (Z), il les assimile aux cas douteux de la méthode des cas vrais et faux et les répartit par moitié, à la façon de Fechner, entre les cas U et les cas G. Dès lors, sur la base de la loi de Gauss, la méthode des cas d'égalité et d'inégalité conduit à une mesure de la précision (1). S'il se produit des cas faux, la méthode ne peut plus être employée, elle se ramène à celle des cas vrais et faux.

Il est inutile de revenir sur les considérations relatives à la loi de Gauss : dans la mesure où cette loi s'applique aux faits, la méthode des cas d'égalité et d'inégalité peut être employée comme la propose Merkel, mais dans cette mesure seulement.

Au point de vue de la mesure de la clarté, les opérations expérimentales de la méthode des cas d'égalité et d'inégalité représentent celles que l'on effectue, dans la méthode des erreurs moyennes, aux environs du point où l'excitation de comparaison commence ou cesse de paraître égale à l'excitation normale : elles sont donc utilisées méthodiquement dans la mesure de la clarté telle que je l'ai décrite, et ne fournissent pas une méthode spéciale. — Si l'on se propose de mesurer la clarté de la perception différentielle qui a pour objet la différence voisine du seuil différentiel, et si l'on exige du sujet qu'il indique dans tous les cas une des deux excitations comme plus forte que l'autre, on obtiendra, à la place des cas d'égalité de Merkel, des cas vrais et des cas faux, c'est-à-dire que l'on retrouvera la méthode des cas vrais et faux.

La méthode des champs de jugement de Wreschner (2)

(1) MERKEL, *Theoretische und experimentelle Begründung der Fehlermethoden*, Phil. Stud., VII, p. 606, et VIII, p. 110. Cf. WUNDT, *Physiol. Psychol.*, I, p. 354.

(2) *Methodologische Beiträge zu psychophysischen Messungen*, 1898.

consiste à comparer, avec une excitation normale donnée, une série d'excitations telles que le sujet trouve les unes égales à la normale, les autres plus grandes, les autres plus petites, les autres beaucoup plus grandes, les autres enfin beaucoup plus petites. De cette façon, dans la série des excitations de comparaison, il se délimite une zone dans laquelle prennent place les excitations jugées égales à la normale, une autre pour les excitations jugées plus grandes, une autre enfin pour les excitations jugées plus petites. C'est cette zone que Wreschner appelle le champ (*Umfang*) de chaque espèce de jugement. Les deux autres espèces de jugements servent à délimiter le champ des excitations jugées plus grandes et le champ des excitations jugées plus petites. On obtient donc, pour les trois espèces de jugements, trois champs qui empiètent les uns sur les autres, et chacune des excitations de comparaison qui y prend place s'y trouve un nombre déterminé de fois.

Cette méthode est déjà bien éloignée des méthodes fondées par Fechner et Plateau, et Wreschner ne parle plus de l'intensité des sensations. Cependant il parle encore de la sensibilité différentielle, et sa méthode en fournit une mesure : si par exemple on considère toutes les excitations jugées juste plus fortes que la normale, on peut dire que la moyenne de ces excitations, calculée en tenant compte du nombre des jugements obtenus pour chacune d'elles, représente l'excitation qui paraît en moyenne juste supérieure à la normale. Wreschner appelle cette quantité valeur centrale du champ pour lequel elle a été calculée. La différence entre la valeur centrale supérieure et l'excitation normale constitue le seuil différentiel supérieur. On calcule d'une manière analogue le seuil différentiel inférieur. La valeur centrale du champ d'égalité représente l'excitation qui paraît en moyenne égale à l'excitation normale. Wreschner a appliqué cette méthode à la perception des poids soulevés, et accessoirement à la perception des températures et à la perception visuelle des longueurs.

Si l'on fait abstraction de l'usage que Wreschner a fait de sa méthode pour étudier divers caractères des jugements sensoriels, il n'en subsiste qu'une forme imparfaite de la méthode des erreurs moyennes combinée avec le procédé des petites variations. En effet, Wreschner emploie bien le procédé des petites variations, car ses poids de comparaison sont gradués à des intervalles représentant cinq centièmes du poids normal. De plus, la variation est irrégulière, car il combine ses expériences de façon à ce que le sujet ignore toujours si le poids de comparaison est égal au poids normal, ou s'il est plus faible ou plus fort. D'autre part, la détermination des poids jugés plus lourds ou plus légers que le poids normal n'est intéressante que parce qu'elle limite les poids qui sont jugés égaux au poids normal : il en serait autrement si Wreschner se proposait de mesurer l'intensité des sensations, parce que cette détermination lui fournirait la valeur des différences d'excitation correspondant à des différences égales de sensation ; mais, bien que s'abstenant de suivre le préjugé commun des psychophysiciens, il a conservé leur manière de procéder, alors qu'elle eût dû lui paraître inutile. Enfin sa détermination de la valeur centrale du champ d'égalité ne fait connaître que la valeur d'estimation de l'excitation normale, et nullement l'erreur pure de reconnaissance qui donnerait la mesure de la clarté. Je dois dire d'ailleurs que la méthode de Wreschner, corrigée conformément à ces critiques, devient la méthode de mesure de la clarté telle que je l'ai exposée plus haut.

§ 6. — *Conclusion.*

Je n'ai traité des méthodes psychophysiques qu'en vue de mesurer la clarté, c'est-à-dire à un point de vue général. Mais les méthodes psychophysiques peuvent servir à la plupart des expériences qui intéressent les perceptions, à condition d'être modifiées convenablement, c'est-à-dire adaptées aux fins spéciales de la recherche. Je me borne à indiquer sur ce point quelques exemples pris dans des travaux récents.

Wreschner, dans le travail cité au paragraphe précédent, a utilisé les champs qui correspondent aux jugements « plus petit » et « plus grand » pour étudier deux caractères de ces jugements : la régularité ou la stabilité (*Zuverlässigkeit*) (1) avec laquelle ils sont portés, et la netteté (*Deutlichkeit*) ou le caractère plus ou moins décidé qu'ils présentent, c'est-à-dire la façon dont les différents champs de jugement empiètent les uns sur les autres. Il est impossible de dire quelle est la portée psychologique de cette recherche, car Wreschner se borne à dégager de ses expériences les indications en quelque sorte brutes qu'elles fournissent sur les variations de la stabilité et de la netteté et il s'abstient d'en chercher la signification psychologique plus approfondie. Mais les jugements de comparaison par lesquels nous déclarons une excitation plus forte ou plus faible qu'une autre méritent d'être étudiés dans leurs conditions et dans leurs types, et la détermination du champ des jugements « plus grand » et « plus petit » fournit à ce point de vue un procédé d'expérimentation.

William Stern a consacré une série d'études à la perception du changement (2) et il a employé les méthodes psychophysiques en les modifiant suivant les circonstances.

C'est aussi par le moyen des méthodes psychophysiques que l'on étudie ordinairement les illusions d'optique. Par exemple M. Binet a mesuré l'illusion de Müller-Lyer chez les

(1) Ce caractère ne doit pas être confondu avec celui que Stumpf désigne du même nom : il s'agit pour Stumpf de l'exactitude avec laquelle nous apprécions une grandeur ; il s'agit pour Wreschner du degré d'exactitude ou d'uniformité avec lequel un jugement déjà porté est confirmé par les jugements analogues qui viennent ensuite.

(2) *Psychologie der Veränderungsauffassung*, 1898, et un certain nombre d'articles dans la Z. f. Ps. u. Ph. d. S., dont quelques-uns postérieurs au livre qui vient d'être indiqué.

enfants. L'illusion consiste en ce que, de deux lignes rigoureusement égales, terminées l'une par des angles sortants, l'autre par des angles rentrants, la première paraît plus longue que la deuxième. La méthode que M. Binet a suivie pour mesurer l'illusion consiste à déterminer une erreur d'identification dans des conditions spéciales. Biervliet a suivi la même méthode dans de nouvelles expériences sur la même question, et, comme il le dit, c'est la méthode des plus petites différences perceptibles (1).

Ainsi la mesure de la clarté, qui est impliquée dans toutes les expériences psychophysiques, n'est elle-même que le moyen de donner à la description et à l'expérimentation psychologiques le caractère de rigueur que la mesure entraîne partout avec elle, c'est-à-dire qu'elle n'est qu'un instrument de recherche, et que les méthodes psychophysiques peuvent être compliquées et variées indéfiniment.

(1) Binet, *Mesure des illusions visuelles chez les enfants*, Revue Philos., 1895, II, p. 12 ; Biervliet, *Nouvelles mesures des illusions visuelles*, Revue Philos., 1896, I, p. 169.

CHAPITRE IX

CONTROLE EXPÉRIMENTAL DE LA LOI DE WEBER

D'innombrables expériences ont été faites pour contrôler
la loi de Weber. Mais le plus grand nombre des expérimentateurs ont adopté l'idée fondamentale de Fechner ou celle de
Wundt sur l'intensité des sensations, et ont cherché en
conséquence si des rapports égaux d'excitation correspondent
à des différences égales ou à des différences paraissant égales
entre les sensations. Il en résulte que, en raison des méthodes
employées, beaucoup de leurs expériences ne sont probantes
ni pour ni contre la loi de Weber, et, d'autre part, qu'ils ont
considéré la loi de Weber comme ne pouvant en général
s'appliquer qu'aux sensations intensives ; quelques-uns l'ont
admise aussi pour les sensations extensives, c'est-à-dire pour
l'appréciation de l'étendue et de la durée ; mais personne,
sauf Fechner, n'a cru qu'elle pût s'appliquer à la perception
de la hauteur des sons, et Fechner lui-même l'a rejetée pour
la perception des nuances des couleurs.

S'il est vrai que le caractère des perceptions dont les
méthodes psychophysiques fournissent la mesure est bien
leur clarté, et si la loi de Weber n'est pas une simple apparence illusoire, elle doit s'appliquer à la perception de toutes
les quantités physiques : elle doit donc s'appliquer à la perception des intensités physiques, des quantités extensives,
c'est-à-dire de l'étendue et de la durée, et même à la perception des nuances des couleurs et de la hauteur des sons. En

effet, les nuances des couleurs dépendent de la longueur des ondes lumineuses : donc, quand nous distinguons deux nuances voisines du spectre, chacune de nos perceptions traduit à sa façon une longueur d'onde déterminée, chacune, par conséquent, est la perception d'une longueur d'onde, c'est-à-dire d'une quantité physique, ni plus ni moins que la perception d'une intensité lumineuse ou d'une pression exercée sur la peau, ou de la distance qui sépare deux points. — Mais, dit-on, ce sont des différences qualitatives de nos sensations de couleurs qui correspondent aux différences quantitatives des longueurs d'ondes; il serait absurde de dire que, quand on passe du rouge à l'orangé, c'est-à-dire d'une longueur d'onde plus grande à une plus petite, il y a dans la sensation quelque chose qui s'est raccourci ; les deux sensations du rouge et de l'orangé diffèrent en qualité, et c'est seulement cette différence qualitative que nous apprécions quand nous comparons des couleurs. — Cela est vrai, mais il est vrai aussi que, dans la perception des quantités intensives, c'est par des différences qualitatives des états de conscience additionnels, images associées ou sensations subordonnées, que nous distinguons les intensités objectives; et c'est aussi par des différences qualitatives de nos perceptions que nous distinguons des lignes de longueur différente. Il est vrai également que ma perception du rouge représente une quantité physique, qu'elle peut la représenter d'une manière plus ou moins exacte, ou plutôt qu'elle est affectée d'une erreur moyenne qui en mesure la clarté : si un homme distingue mieux qu'un autre les nuances voisines des couleurs, c'est que l'erreur du premier est moindre que celle du deuxième, c'est-à-dire que sa perception des longueurs d'onde est plus exacte que celle du deuxième. — On peut en dire autant pour la perception de la hauteur des sons. Deux sons correspondent à des vitesses différentes de vibrations sonores ou à des nombres différents de vibrations se produisant dans un temps donné ; je déclare que le premier son est plus aigu que le deuxième : mon jugement exprime immédiatement la distinction que je fais par la conscience entre les deux perceptions, mais il exprime médiatement la distinction que je fais par le moyen de mes perceptions entre les nombres de vibrations, c'est-à-dire entre des quantités physiques. — En un mot, toutes les perceptions qui représentent des quantités physiques peuvent les représenter avec plus ou moins d'exactitude, et par suite ont une clarté mesurable, en principe du moins. Si donc la loi de Weber exprime que la clarté des perceptions d'une même espèce est constante, et si cette loi se vérifie pour une ou plusieurs espèces de perceptions, il y a lieu de l'étendre hypothétiquement à toutes les espèces, sous réserve d'une vérification expérimentale. La distinction des sensations en intensives, extensives et purement qualitatives, doit être abandonnée.

Mais les expériences faites en vue de vérifier la loi de Weber, si nombreuses qu'elles soient, sont loin de fournir des indications précises sur tous les points. Dans certains cas, les difficultés expérimentales n'ont été surmontées que d'une manière très imparfaite, malgré l'habileté et la patience des expérimentateurs, ou même n'ont pas été surmontées. Dans d'autres cas, c'est la méthode employée qui est mauvaise : par exemple la méthode des différences égales a été employée d'une manière si défectueuse qu'il n'y a rien à tirer, relativement à la loi de Weber, des expériences faites par cette méthode. Il en est de même, ou à peu près, des méthodes de multiplication et de division. Le fâcheux préjugé de l'intensité des sensations a stérilisé toutes les expériences faites sur la perception des grandes différences : je renonce à dégager, des travaux pourtant nombreux qui ont été faits par ces méthodes, la loi suivant laquelle varie la clarté des perceptions différentielles.

En revanche, on peut tirer parti des expériences faites par les méthodes des différences juste perceptibles, des erreurs moyennes et des cas vrais et faux.

Le seuil différentiel, déterminé par la méthode des petites

variations, est à peu près égal à l'erreur pure de reconnaissance : il n'en diffère, en valeur absolue, que d'une quantité
égale à l'intervalle de variation des excitations de comparaison.
On peut donc considérer le seuil différentiel moyen, déterminé
de cette façon, comme donnant d'une manière approximative
la mesure de la clarté ; les valeurs du seuil différentiel moyen
sont seulement un peu trop fortes. — Le seuil différentiel
déterminé par d'autres procédés, sans variation méthodique
des excitations de comparaison, ou bien sans compensation
méthodique des influences dues aux diverses causes secondaires
du jugement, donne aussi une approximation de l'erreur pure
de reconnaissance : cette approximation est moins sûre,
mais les valeurs du seuil différentiel ainsi obtenues ne sont
pourtant pas négligeables, surtout à défaut de mesures plus
, rigoureuses.

La méthode des erreurs moyennes n'a jamais été appliquée
.sous la forme que je lui ai donnée ici. Il faut noter surtout
que les psychologues qui ont employé cette méthode ont
déterminé plus souvent l'erreur constante d'estimation qu'une
véritable erreur de reconnaissance. Pourtant quand, au moyen
de cette méthode, on détermine par le procédé immédiat une
série d'excitations de comparaison qui paraissent égales à
l'excitation normale, il y a beaucoup de chances pour que
l'erreur moyenne ainsi obtenue soit approximativement
proportionnelle à l'erreur pure de reconnaissance. La méthode
des erreurs moyennes, bien qu'ayant été employée le plus
souvent sous une forme imparfaite, peut donc, à défaut
de résultats plus exacts, fournir des indications approximatives
sur la façon dont se comporte la clarté des perceptions quand
varie la force des excitations.

Enfin, la méthode des cas vrais et faux fournit une mesure
de la clarté des perceptions, si l'on pose la clarté comme
inversement proportionnelle à l'erreur moyenne des astronomes ou à l'erreur moyenne simple, ou comme directement
proportionnelle à la mesure de la précision. L'exactitude de

cette mesure est donc subordonnée à l'application plus ou moins rigoureuse de la loi de Gauss. Mais cette loi est vérifiée par les faits d'une manière assez approchée pour que l'on puisse regarder comme approximativement exactes les mesures de la clarté que l'on en dérive. — D'autre part, quelques expérimentateurs publient les nombres de cas vrais et faux qu'ils ont obtenus. Et comme la loi de Weber exigerait, pour s'appliquer avec exactitude aux perceptions proprement dites, que la proportion des cas vrais obtenus avec une différence relative constante demeurât toujours la même à travers les variations de grandeur absolue des excitations, la simple inspection des nombres de cas vrais permet de contrôler la loi de Weber, et même de voir le sens, sinon la grandeur des écarts. — Quant aux perceptions différentielles, les nombres de cas vrais et faux permettent d'en mesurer la clarté avec exactitude. D'ailleurs l'identité de la loi de Weber comme régissant la clarté des perceptions proprement dites et comme régissant la clarté des perceptions différentielles de petites différences n'est pas douteuse, et, si la loi s'applique aux perceptions proprement dites, elle s'applique de la même manière aux perceptions de petites différences.

Je vais donc exposer, conformément à ces règles d'appréciation, les principaux résultats des expériences faites sur la loi de Weber par ces trois méthodes.

§ 1. — *Perception de la lumière blanche.*

Fechner n'avait pas encore achevé de faire imprimer le 2ᵉ volume des *Elemente der Psychophysik* que déjà Helmholtz, dont l'*Optique physiologique* était aussi en cours d'impression, corrigeait les formules de Fechner en s'appuyant sur des expériences et des observations relatives aux limites de la loi de Weber. Helmholtz pense que, « quand l'éclairement est faible, l'influence de la lumière propre de l'œil doit être assez considérable » (1). — D'autre part la loi de Weber est insuffisante à la limite supérieure. Helmholtz admet avec Fechner que l'on peut attribuer cette insuffisance à ce que l'organe se fatigue quand les excitations deviennent très fortes. Mais il ajoute cette remarque, que « les circonstances, quelles qu'elles soient, qui altèrent l'exactitude de la loi de Fechner vers les limites supérieure et inférieure de l'intensité, exercent aussi leur influence sur les degrés moyens d'intensité lorsque l'observation est exacte » (2).

Helmholtz a obscurci toutes ces considérations psychophysiques parce qu'il a accepté l'idée de l'intensité des sensations, mais les faits sur lesquels il s'appuie pour corriger la loi psychophysique montrent aussi que la loi de Weber n'est pas confirmée d'une manière exacte par les expériences. Fechner se contentait d'ailleurs de présenter la loi de Weber comme approximativement exacte. Mais elle est moins exacte encore qu'il n'a cru. Ainsi Helmholtz a trouvé dans des photographies certaines dégradations d'ombre qui ne se présentent tout à fait nettement que sous un éclairage déterminé et compris dans d'étroites limites. « Cet effet m'a surtout frappé, dit-il, en examinant quelques photographies stéréoscopiques sur verre de paysages alpestres, où l'on voyait des parties de glaciers ou des sommets de montagnes recouverts par la neige. Ces surfaces neigeuses paraissaient d'un blanc uniforme à la clarté d'une lampe ou à la lumière modérée du jour, tandis que, tournées vers le ciel éclairé, elles présentaient encore des ombres délicates qui modelaient la forme des surfaces recouvertes de neige et qui disparaissaient de nouveau sous un éclairage plus intense (3). »

(1) Helmholtz, *Optique physiologique*, trad. fr., p. 415, 416. D'après Helmholtz, la valeur trouvée par Volkmann pour la lumière propre de l'œil serait beaucoup trop faible (*Die Störung der Wahrnehmung kleinster Helligkeitsunterschiede durch das Eigenlicht der Netzhaut*, Zeitschrift für die Psychologie und Physiologie der Sinnesorgane, I, p. 5.)

(2) *Ibid.*, p. 416; 2e édit. all., p. 390.

(3) *Ibid.*, p. 417; 2e édit. all., p. 390.

Helmholtz a montré la généralité du fait au moyen de l'expérience suivante. Sur un disque semblable à ceux qu'employait Masson, on trace suivant un rayon, avec un tire-ligne, un trait interrompu dont toutes les parties possèdent la même épaisseur. Si l'on imprime au disque une rotation rapide, ces raies noires forment des couronnes grises sur le fond blanc, et l'intensité lumineuse de ces couronnes diffère d'autant moins de celle du disque qu'elles sont plus éloignées du centre. L'expérience consiste à déterminer jusqu'à quel point on peut encore distinguer les bords des bandes grises sur le fond blanc. « Par des jours bien clairs, dit Helmholtz, près d'une fenêtre, j'ai pu distinguer nettement, en laissant errer le regard sur le disque, un bord répondant à une différence d'intensité de 1/133; j'ai pu voir, d'une manière moins bien délimitée, un bord répondant à 1/150, et, par moments, un bord répondant à une différence d'intensité de 1/167. En éclairant le disque par la lumière directe du soleil, il fallait plus de peine et plus d'efforts pour reconnaître jusqu'à 1/150 de différence. En même temps je ne pouvais distinguer au milieu de la chambre que des bords de 1/117, très rarement et d'une manière indéterminée celui relatif à une différence de 1/133 (1). »

.En résumé, selon Helmholtz, « il doit exister certains degrés moyens de l'intensité lumineuse où l'œil est le plus sensible pour reconnaître si l'intensité a varié d'une petite fraction de sa valeur. Ce sont les degrés d'intensité que nous employons ordinairement pour lire, écrire, travailler, degrés agréables et commodes pour notre œil, et qui s'étendent depuis la clarté à laquelle nous pouvons lire sans difficulté jusqu'à celle d'une surface blanche frappée directement par les rayons solaires. Dans l'intervalle de ces limites, où l'œil atteint son maximum de sensibilité pour les rapports, la grandeur de la sensibilité est à peu près constante, de même

(1) *Optique.* tr. fr., p. 417, 418; 2ᵉ édit. all., p. 391.

qu'en général la valeur des fonctions variables d'une manière continue varie relativement peu aux environs du maximum » (1).

Volkmann, qui avait d'abord trouvé, dans ses premières expériences avec Fechner, une valeur sensiblement constante du seuil différentiel, a montré ensuite qu'il existe des variations assez considérables. Les expériences ont été faites au moyen des ombres projetées sur un tableau blanc par des billes de grandeurs différentes suspendues à des fils. La grandeur de l'ombre exerce une influence très notable sur la visibilité, les variations individuelles sont considérables, et enfin, ce qui intéresse la loi de Weber, la différence juste perceptible varie avec la force de la lumière dans le sens indiqué par Helmholtz, et d'ailleurs aussi par Fechner.

TABLEAU I. — Expériences de Volkmann (2)

| OBSERVATEURS | VALEURS DE LA PLUS PETITE DIFFÉRENCE PERCEPTIBLE | | | | | |
| | Pour les petites ombres, la plus forte lumière étant éloignée du tableau de | | | Pour les grandes ombres, la plus forte lumière étant éloignée du tableau de | | |
	1ᵐ	0ᵐ50	0ᵐ25	1ᵐ	0ᵐ50	0ᵐ25
L'auteur	1:28.4	1:43.6	1:60.8	1:53.6	1:72.9	1:100
L'ingénᵣ Volkmann .	1:32.5	1:49.5	»	1:58.4	1:82.8	»
Jahn (étudiant) . .	1:31.5	1:41.7	1:79.2	1:55.4	1:74.6	1:121
Dʳ Schweigger . .	1:38.9	1:59	1:110	1:65.6	1:103	1:195

(1) *Ibid.*, p. 412, 413; 2ᵉ édit. all., p. 385.
(2) *Physiol. Unters. im Gebiete der Optik*, I, p. 62 (1863).

La différence relative juste perceptible varie donc à peu près dans les limites indiquées par Helmholtz. D'autres expériences de Volkmann, avec le disque de Masson, fournissent un résultat analogue, quoique moins précis (1). Sa conclusion, conforme à celle de Helmholtz, est que la plus petite différence perceptible ne dépend pas seulement du rapport des lumières comparées, mais aussi de leurs valeurs absolues : mais Volkmann n'a pas montré l'existence d'un maximum.

En revanche, les expériences d'Aubert (2) montrent très nettement l'existence et la position du maximum de sensibilité, surtout si on les considère, non plus dans les tableaux détaillés d'Aubert, mais dans le tableau d'ensemble où Fechner les a réunies, et que je reproduis ci-contre (tableau II). La lumière mesurée par le nombre 6.79, dans la première série, représente l'éclairement d'une surface blanche par une bougie placée à 22 centimètres. Les lumières de la seconde série sont mesurées par d'autres unités ; mais on peut remarquer que les expériences des groupes 2 et 5 ont été faites dans des conditions semblables, de sorte que la lumière 17.25 du groupe 2 doit être peu différente de la lumière 9.37 du groupe 5 : ce sont d'ailleurs les deux lumières pour lesquelles la sensibilité différentielle a atteint le maximum. Dans les expériences faites avec les disques rotatifs, Aubert a mesuré et introduit en compte la lumière réfléchie par les secteurs noirs (3).

On voit d'après ce tableau que le seuil différentiel relatif est loin de présenter la constance qu'exigerait une parfaite confirmation de la loi de Weber. Aussi Aubert déclare-t-il (4) que « une constante différentielle, telle que Fechner l'a

(1) *Ibid.*, p. 63.
(2) *Physiologie der Netzhaut*, ch. III, 1864.
(3) *Ibid.*, p. 72.
(4) *Physiologie der Netzhaut*, p. 63.

TABLEAU II. — EXPÉRIENCES D'AUBERT (1)

GROUPES D'EXPÉRIENCES	Valeurs en degrés des secteurs blancs dans les expériences avec disques	Valeurs des lumières dans les expériences avec disques, l'unité étant la lumière réfléchie par un secteur blanc d'un degré	Valeurs numériques des lumières employées, ramenées à une même unité dans chaque série	Valeurs du seuil différentiel relatif
1re Série. — 1er Groupe. Expériences avec des ombres suivant la méthode de Fechner et Volkmann.			1 1.56 2.78 6.79	1 : 112 1 : 104 1 : 121 1 : 146
1re Série. — 2e Groupe. Expériences avec disques rotatifs, lumière diffuse du jour, ciel clair.	65 180 250 305	72.1 183.2 252 306	6.79 17.25 23.73 28.81	1 : 147 1 : 186 1 : 177 1 : 155
1re Série. — 3e Groupe. Expériences avec disques rotatifs, éclairés par la lumière du soleil.	70 140 195 225 250	75.1 144 197.2 227.4 252	28.81 55.24 75.65 87.08 96.67	1 : 153 1 : 146 1 : 134 1 : 116 1 : 102
2e Série. — 4e Groupe. Expériences avec disques rotatifs, éclairés par la lumière diffuse du jour, ciel gris.	54 145 235	59.4 148.8 237.2	1 2.51 3.99	1 : 121 1 : 151 1 : 160
2e Série. — 5e Groupe. Expériences avec disques rotatifs, lumière diffuse, ciel clair.	73 180 230 300	78 183.2 232.3 301.1	3.99 9.37 11.88 15.40	1 : 158 1 : 186 1 : 158 1 : 153

(1) D'après FECHNER, Ueber die Frage des psychophysischen Grundgesetzes mit Rücksicht auf Aubert's Versuche, Ber. d. sächs. Ges., Math. phys. Cl., 1864, p. 78.

admise, n'existe pas. La loi psychophysique de Fechner n'a donc aucune valeur dans le domaine de la sensation de lumière ». Ce résultat est encore plus frappant, si l'on fait entrer en compte les expériences faites par Aubert sur des lumières très faibles : pour un éclairement à peu près équivalent à celui que donnerait une bougie placée à 2 m. 25, là constante différentielle s'élèverait à 1/32 ; elle monterait à 1/4 et enfin à 1.5 pour des éclairements équivalents à celui que donnerait une bougie placée à 90 et à 130 mètres (1).

Voici comment Aubert exprime le résultat général de ses expériences : « La sensibilité aux différences de lumière atteint un maximum, qui correspond pour mes yeux à une lumière un peu moindre que la lumière diffuse du jour. A ce point je peux encore sentir la différence de deux lumières qui diffèrent l'une de l'autre environ de 1/186. A partir de ce maximum, la sensibilité différentielle diminue d'une manière continue, aussi bien pour une diminution que pour un accroissement de la lumière (2). » — Fechner a discuté (3) les expériences d'Aubert, qui, prétend-il, ne contredisent pas la loi : il a été le premier, en effet, à signaler une limite supérieure et une limite inférieure de la loi de Weber.

Je passe sous silence les expériences de Camerer (4), faites seulement avec trois intensités lumineuses, au moyen des ombres. Elles ont donné ce résultat digne de remarque que la loi de Weber s'est vérifiée pour les deux collaborateurs de Camerer, dont les yeux étaient normaux, tandis qu'elle ne se vérifiait pas pour Camerer atteint de cécité aux couleurs.

De 1883 à 1885, M. Charpentier a fait des expériences

(1) *Ibid.*, p. 59.

(2) *Ibid.*, p. 82.

(3) Dans le mémoire à l'Académie des Sciences de Saxe que j'ai cité plus haut, et dans *In Sachen der Psychophysik*, p. 151.

(4) Klin. Mon. Bl. f. Augenheilk., février 1877 (D'après Fechner, *In Sachen*, p. 155, 156).

pour déterminer le seuil différentiel des perceptions lumineuses (1). Il a employé un instrument spécial de son inven-
tion, le photoptomètre, qu'il a modifié pour en faire le
photoptomètre différentiel (2). Les expériences montrent
d'une façon très nette, pour des éclairements faibles, que,
quand l'intensité lumineuse augmente, la fraction différentielle diminue en valeur relative : pour les plus faibles intensités, cette fraction a atteint 64 p. 100. Le résultat a été le
même pour des intensités lumineuses plus fortes, mais encore
inférieures à celles que nous employons pour la lecture, l'écri-
ture et la plupart de nos occupations journalières. Dans les
premières expériences, les lumières étaient perçues simultanément ; avec des perceptions successives, la valeur de la
fraction différentielle est restée sensiblement la même. —
C'est la confirmation des résultats obtenus par les précédents
expérimentateurs, avec cette différence pourtant que Helmholtz
et Aubert avaient montré aussi que, si les intensités lumineuses grandissent, le seuil différentiel relatif, après avoir
atteint un minimum, recommence à croître.

Kräpelin (3) a fait le premier des expériences étendues en
vue de déterminer le seuil différentiel des perceptions lumineuses. Dans la série principale, les expériences ont été faites
dans une chambre noire, avec une source constante de lumière
et des verres sombres qui diminuaient la lumière selon des
rapports connus. Le procédé employé a été celui de Masson,
avec la modification de Helmholtz, c'est-à-dire que le disque
blanc portait un trait noir interrompu de distance en distance.
Le problème expérimental consistait à compter les couronnes

(1) *Comptes rendus de l'Académie des Sciences*, 10 et 17 décembre 1883,
19 mai et 14 juillet 1884, etc.; Archives d'Ophtalmologie, 1884 et 1885.
Résumé dans *La lumière et les couleurs au point de vue physiologique*,
p. 294 sqq.

(2) *La lumière et les couleurs*, p. 123 et 298.

(3) *Zur Frage der Gültigkeit des Weber'schen Gesetzes bei Lichtempfindungen*, Phil. Stud., II, p. 306-326, 1885.

grises qui étaient perçues ; la différence absolue entre la dernière couronne perçue et le fond permettait de calculer la différence relative. En représentant par 1 000 unités l'éclairement d'un tableau blanc par deux lampes placées à 25 centimètres, Kräpelin a trouvé que le seuil différentiel relatif reste passablement constant pendant que l'intensité d'éclairement s'abaisse de 1 000 à 305 unités ; il grandit modérément quand la lumière diminue jusqu'à 45, pour prendre à partir de là des valeurs plus élevées (1). Ces expériences montrent donc que, pour des lumières assez fortes, le seuil différentiel relatif est à peu près constant.

Merkel (2) a employé un procédé différent. Le sujet regardait des plaques de verre dépoli sur lesquelles tombaient les rayons émis par des lampes ou des bougies placées à des distances variables. La mesure des distances permettait de mesurer comparativement les intensités lumineuses. Les perceptions étaient successives, et l'on a établi les alternances requises pour éliminer les erreurs constantes d'ordre et de position. Le résultat régulier des diverses séries est toujours que le seuil relatif diminue à mesure que les intensités augmentent et qu'il prend une valeur à peu près constante quand les intensités lumineuses atteignent une valeur assez forte : cette constance approximative se manifeste pour les intensités lumineuses fournies par une forte lampe à pétrole placée à 2 mètres, 1 mètre, ou 50 centimètres. Les expériences de Merkel montrent donc l'écart inférieur de la loi de Weber et la constance approximative de la différence relative pour les excitations moyennes.

F.-C. Müller, ou Müller Lyer (3), a employé la méthode

(1) *Ibid.*, p. 311, 312.

(2) *Die Abhängigkeit zwischen Reiz und Empfindung*, Phil. Stud., IV, p. 556 sqq., 1888.

(3) *Experimentelle Untersuchungen zur Amblyopiefrage*, Archiv für Anatomie und Physiologie, Physiol. Abth. 1887, p. 400-428; *Psychophysische Untersuchungen*, même revue, 1889, supplément, p. 91-140.

des ombres, dans des conditions qui garantissent une précision plus grande que celle qu'avaient obtenue Fechner et
Volkmann. Une feuille de papier était tendue devant un
écran noir à ouverture circulaire. Devant la feuille de papier
était placée une lampe *a*, derrière l'écran une lampe *b* qui
envoyait sa lumière à la feuille de papier par l'ouverture
circulaire et dessinait ainsi sur le papier un disque rond plus
brillant que le fond. En faisant varier la distance de la
lampe *b*, on arrivait à donner à la différence des deux
lumières une valeur juste perceptible. Pour obtenir les variations d'intensité, Müller employait des verres fumés, dont le
coefficient d'absorption était connu. Chaque valeur du seuil
représente la moyenne de six déterminations : dans trois cas,
la distance de *b* à l'écran est telle que le disque rond tranche
d'une façon nette sur le fond blanc ; dans les trois autres cas,
la distance de *b* est celle à laquelle le disque rond cesse de
trancher sur le fond. Le tableau III ci-après donne les valeurs
du seuil pour les diverses intensités lumineuses.

Ainsi Müller n'a pas atteint la limite prévue où la sensibilité est la plus grande, et à partir de laquelle elle commence
à diminuer par suite d'un accroissement nouveau des intensités. Les observations et expériences d'Helmholtz et d'Aubert
avaient bien prouvé l'existence d'un maximum, mais ne
l'avaient pas fixé d'une façon précise. C'est ce qu'ont fait
König et Brodhun (1).

Ils ont déterminé le seuil différentiel à partir d'intensités
lumineuses voisines du seuil absolu jusqu'à celles qui produisent dans l'œil une sensation de brûlure. Les lumières les
plus fortes ont été fournies par la flamme du zirconium, les
autres par celle du gaz. L'unité est la quantité de lumière
que l'œil perçoit en regardant par un diaphragme de 1 mil-

(1) *Experimentelle Untersuchungen über die psychophysische Fundamentalformel in Bezug auf den Gesichtssinn*, Sitzb. d. Akad. d. Wiss. zu
Berlin, phys. math. Cl. 27 juin 1889. Cf. *Ibid.*, 26 juillet 1888.

TABLEAU III. — Expériences de Müller-Lyer (1).

INTENSITÉS LUMINEUSES	SEUIL DIFFÉRENTIEL RELATIF POUR L'ŒIL GAUCHE	SEUIL DIFFÉRENTIEL RELATIF POUR L'ŒIL DROIT
I	I : 7.5	I : 6.3
3.6	I : II.2	I : I2.5
7.4	I : I8.3	I : I4.4
I5	I : 25.5	I : 23.5
22	I : 32.4	I : 27.I
38	I : 39.9	I : 37.6
77	I : 48.3	I : 43.7
204	I : 60.5	I : 51.7
725	I : 78.0	I : 73.1
I 507	I : 94.0	I : 93.3
3 105	I : 105.8	I : 96.3
4 530	I : II2.0	I : 105.0
7 640	I : 125.0	I : II9.0
I5 670	I : 128.7	I : 128.5

(1) Tableaux I et II de Müller, dans Archiv für A. u. Ph., Ph. Abth. 1889, supplément, p. 94 et 95.

limètre carré une surface couverte d'oxyde de magnésium, qui reçoit à angle droit, à une distance de 1 mètre, les rayons d'une surface de 1 centimètre carré de platine en fusion. Le tableau IV ci-contre donne les résultats. Les intensités comprennent le seuil différentiel augmenté de la valeur par rapport à laquelle il a été perçu.

Les expériences de König et Brodhun montrent donc d'une façon très précise qu'il existe une région des intensités lumineuses où la clarté des perceptions atteint son maximum, et que la loi de Weber se vérifie dans cette région (à peu près de 1 000 à 50 000 unités), c'est-à-dire que la clarté des perceptions y est à peu près constante. Mais, des deux côtés de cette région moyenne, la clarté des perceptions diminue, et elle diminue rapidement à mesure qu'on s'éloigne de la région moyenne.

L'existence d'un maximum de la sensibilité différentielle, et, par suite, de la clarté des perceptions, est d'ailleurs facile à constater. Je l'ai constatée d'une façon très nette au moyen d'expériences simples. J'ai préparé une collection de disques de papier blanc sur lesquels étaient collés des secteurs de papier noir mat disposés de manière à former par la rotation deux couronnes grises concentriques. En variant convenablement l'étendue des secteurs, j'ai formé une série telle que, la lumière venant d'une source quelconque, la différence relative des deux couronnes grises était : 1/120, 1/119, 1/118, etc. La valeur blanche du papier noir est ici négligeable, puisqu'il s'agit de rapports, et que d'ailleurs je ne pouvais prétendre à une grande rigueur : le problème expérimental était de déterminer la plus faible différence qui permît de distinguer deux couronnes. — Les valeurs du seuil différentiel que je donne dans le tableau V ci-après ont été obtenues en prenant la moyenne de plusieurs déterminations dans lesquelles la différence réelle allait en augmentant et d'un nombre égal de déterminations dans lesquelles elle allait en diminuant. La lumière la plus forte était celle du plein soleil, sans nuages, vers le milieu de la journée, au mois de juillet, à Mâcon.

TABLEAU IV. — Expériences de König et Brodhun
sur la perception de la lumière blanche.

INTENSITÉS LUMINEUSES	SEUIL DIFFÉRENTIEL RELATIF POUR KÖNIG	SEUIL DIFFÉRENTIEL RELATIF POUR BRODHUN
1 000 000	0.0358	0.0380
500 000	0.0273	0.0336
200 000	0.0267	0.0297
100 000	0.0195	0.0215
50 000	0.0173	0.0193
20 000	0.0175	0.0156
10 000	0.0176	0.0163
5 000	0.0179	0.0158
2 000	0.0181	0.0180
1 000	0.0178	0.0185
500	0.0192	0.0221
200	0.0222	0.0223
100	0.0298	0.0228
50	0.0324	0.0270
20	0.0396	0.0332
10	0.0477	0.0457
5	0.0593	0.0533
2	0.0939	0.0912
1	0.123	0.116
0.5	0.188	0.165
0.2	0.283	0.241
0.1	0.377	0.331
0.05	0.484	0.495
0.02	0.695	0.659

TABLEAU V. — Valeurs du seuil différentiel
pour trois intensités lumineuses.

SUJETS	PLEIN SOLEIL	Lumière diffuse à l'ombre d'un arbre touffu	Lumière diffuse dans une pièce aux volets demi-pleins fermés
A	1 : 114	1 : 117.5	1 : 57.5
B	1 : 86	1 : 120	1 : 113.5
C	1 : 68	1 : 106	1 : 103

J'ajoute que fréquemment, dans les expériences en plein soleil, quand la différence d'éclairement des deux couronnes grises était trop faible pour que l'on pût distinguer deux couronnes, et que cette impossibilité provenait d'un excès de lumière, il suffisait de regarder le disque de côté, suivant un angle d'ailleurs variable, ou de diminuer l'excitation en projetant une ombre sur le disque, pour que les deux couronnes fussent distinguées. Inversement, dans les expériences faites à l'ombre d'un arbre, après que l'on avait atteint et même dépassé une valeur de la différence qui permît de percevoir les deux couronnes, il suffisait de se placer de côté pour ne plus les distinguer.

Ainsi on peut regarder comme certain, en ce qui concerne la perception de la lumière blanche, que la clarté de cette perception est sensiblement constante dans la région moyenne des intensités, qu'elle atteint le maximum pour une intensité particulièrement favorable située dans cette région moyenne, et qu'elle diminue enfin pour les excitations faibles et pour les excitations fortes. Par conséquent les expériences, envisagées dans leurs résultats bruts, contredisent la loi de Weber. Mais il faut chercher si, conformément à l'opinion de Fechner, cette limitation de la loi de Weber à la partie inférieure et à la partie supérieure de l'échelle des excitations ne peut pas être expliquée par des causes particulières.

La lumière propre de l'œil exerce une influence et contribue à relever la valeur du seuil différentiel pour les excitations faibles. Mais cette influence n'est pas considérable et ne peut pas suffire à expliquer la limite inférieure de la loi.

Hering (1) a signalé, d'ailleurs sans intention favorable à la loi de Weber, une autre cause dont il faut tenir compte : c'est que la pupille se rétrécit quand les excitations sont fortes, de manière à diminuer la quantité de lumière qui pénètre jusqu'à la rétine. Ce rétrécissement de la pupille tend à diminuer les excitations fortes et à les rapprocher de la zone favorable. Il en est de même de l'élargissement de la pupille dans l'obscurité ou quand l'éclairement est insuffisant. Il est évident que ce sont là des mouvements d'adaptation qui ont pour but de donner à la perception la plus grande clarté possible.

Il existe de même une adaptation des paupières et des cils : quand la lumière est violente au point de blesser les yeux, ou même simplement de rendre la perception difficile, nous rapprochons spontanément les paupières, afin de limiter l'introduction de la lumière dans les yeux. Ce mouvement d'adaptation, le clignement des yeux, s'effectue même d'une façon réflexe et irrésistible.

Mais une autre adaptation, dont le mécanisme est beaucoup moins connu, joue un rôle qui semble beaucoup plus important : c'est l'adaptation rétinienne. Si nous passons brusquement d'une lumière faible à une lumière forte, ou réciproquement, la vision est d'abord très indistincte, puis devient

(1) *Zur Lehre von der Beziehung zwischen Leib und Seele, etc.*, p. 337.

progressivement plus distincte et finit en général par devenir
nette. Plusieurs minutes sont nécessaires pour que l'adaptation soit complète. Donc, quand on vient de déterminer le
seuil différentiel pour une intensité lumineuse et que l'on
passe à une intensité différente, il est nécessaire, pour tenir
compte de l'adaptation rétinienne, de maintenir l'œil soumis
à cette deuxième intensité lumineuse pendant un certain
temps. C'est ce qu'a fait Schirmer (1). Il a expérimenté au
moyen de disques rotatifs : le dispositif permettait de faire
glisser à une distance variable du centre une bande noire de
1 centimètre de long sur 1 à 3 millimètres de large. La valeur
lumineuse du noir a été calculée par le procédé d'Aubert. Le
seuil différentiel a été déterminé en prenant méthodiquement
des moyennes. Enfin, pour obtenir l'adaptation, Schirmer
attendait un quart d'heure, en lisant et écrivant. Dans ces
conditions, le seuil différentiel a conservé la valeur constante
de 1/217 dans de larges limites des excitations, à savoir
depuis 1 000 jusqu'à 2.5 ou 5 unités. L'éclairement représenté
par 1 000 unités est celui que l'on a à midi, en avril, à une
grande fenêtre éclairée par le soleil : cet éclairement est assez
fort pour que l'observation d'un disque blanc produise des
sensations douloureuses persistantes.

Schirmer a établi un autre fait intéressant. C'est que l'influence de l'exercice est très grande. La différence, qui était de
1/128 au début, diminua de jour en jour pendant huit jours.
Au bout de huit jours, le maximum de sensibilité différentielle
fut atteint et oscilla entre 1/204 et 1/217. — Müller Lyer (2)
avait déjà fait une remarque analogue, et Richard Simon,
dans une étude faite en vue de contrôler les résultats obtenus
par Schirmer, a trouvé que le seuil différentiel, qui avait

(1) *Ueber die Gültigkeit des Weber'schen Gesetzes für den Lichtsinn*,
Archiv für Ophthalmologie, de Gräfe, XXXVI, 4, p. 121-149, 1890.

(2) *Psychophysische Untersuchungen*, Archiv f. Anatomie und Physiologie, 1889, Physiol. Abth. Supplément, p. 96.

atteint 1/220 au bout d'une semaine, est descendu à 1/250 au bout d'un mois (1).

Ce sont là des faits significatifs, qui montrent que les écarts de la loi de Weber tendent à disparaître si l'on établit pour la perception des intensités différentes d'excitation des conditions égales d'adaptation, d'exercice, etc. On est donc fondé à croire que ces écarts disparaîtraient complètement si l'on pouvait établir des conditions absolument égales pour la perception de toutes les intensités. La loi de variation de la sensibilité différentielle, ou plus exactement la loi de variation de la clarté des perceptions telle qu'elle se dégage immédiatement des expériences, c'est-à-dire avec un maximum de clarté pour les excitations moyennes et une diminution de clarté pour les excitations fortes et les excitations faibles, n'est pas incompatible avec la loi de Weber. La loi du maximum est une loi empirique, qui exprime la façon dont se comportent les perceptions dans l'usage que nous avons coutume d'en faire ; c'est une loi d'adaptation ou d'utilité, car c'est évidemment pour les intensités moyennes qu'il nous est le plus utile d'avoir les perceptions les plus claires, parce que ces intensités sont celles au milieu desquelles nous vivons et agissons. La loi de Weber, au contraire, est une loi profonde : elle est, comme dit Grotenfelt (2), le fait primaire, tandis que les écarts sont des faits secondaires, elle exprime une disposition générale de l'esprit, mais cette disposition est cachée par les additions de l'expérience et les complications qui résultent de l'adaptation au milieu.

D'ailleurs, la difficulté d'instituer les expériences rend

(1) *Ueber die Wahrnehmung von Helligkeitsunterschieden*, Z. f. Ps. u. Ph. d. S., t. XXI, p. 433, 1899. Richard Simon soutient (p. 442) que la loi de Weber s'applique dans des limites plus étroites que ne l'a cru Schirmer, même si l'on tient compte de l'adaptation ; les indications qu'il donne de ses propres expériences ne rétrécissent pourtant pas ces limites d'une façon considérable.

(2) *Das Webersche Gesetz und die psychische Relativität*, p. 5.

manifestement impossible de trouver une vérification empirique de la loi de Weber qui s'applique à une étendue très
considérable des intensités lumineuses. Par exemple, il est
impossible de réaliser l'adaptation de la rétine à des intensités
très hautes : Schirmer signale déjà les sensations douloureuses que lui causaient les plus fortes intensités qu'il a
employées. Ces sensations douloureuses que cause toujours
une lumière violente sont le signe d'un danger pour l'organe
et la preuve que l'adaptation ne peut se réaliser au delà d'une
certaine intensité. Les expériences montreront toujours une
limite supérieure pour la loi de Weber. A la limite inférieure
de la loi, le danger est d'une autre nature, mais il existe aussi
comme en témoigne l'extrême fatigue que l'on éprouve rapidement en continuant à lire sans lampe quand la nuit tombe ;
il existe là aussi des sensations pénibles qui montrent que
l'adaptation ne peut pas être réalisée au-dessous d'une
certaine limite indécise. Mais ce ne sont toujours là que des
limites empiriques.

Enfin, il est une cause qui n'a pas été signalée et qui
contribue à déterminer l'existence d'un maximum de clarté
pour la perception des intensités moyennes : c'est que ces
intensités nous sont les plus familières depuis notre enfance.
Ce n'est pas simplement l'exercice acquis au cours d'une
série même prolongée d'expériences qui élève la clarté des
perceptions dans la région des intensités moyennes, c'est
aussi l'exercice que nous avons acquis depuis la naissance.
Même les dispositions contractées par l'exercice individuel
doivent se transmettre par hérédité. Il serait intéressant de
comparer la clarté des perceptions lumineuses, ainsi que
l'étendue et la position de la région favorable, chez des
hommes du Nord et chez des hommes habitués aux lumières
violentes du Midi ou des pays équatoriaux.

§ 2. — *Perception de l'intensité de la lumière colorée.*

Tandis que la lumière blanche n'est susceptible que de différences intensives, les physiciens distinguent dans les couleurs trois caractères variables : la tonalité ou nuance des couleurs, qui dépend de la longueur des ondes, c'est-à-dire de la vitesse des vibrations ou de leur nombre dans un temps donné ; la saturation, qui dépend de la proportion de lumière blanche mêlée à la lumière colorée ; l'intensité, c'est-à-dire le brillant ou l'éclat de la couleur, ou la quantité de la lumière colorée.

Les expériences sur la perception de la lumière blanche font supposer que, si l'on substitue à la lumière blanche la lumière colorée, et si l'on considère uniquement des variations d'intensité, la même loi doit s'appliquer, c'est-à-dire que les expériences doivent montrer l'existence d'une zone favorable dans laquelle la loi de Weber se vérifie d'une manière à peu près exacte, tandis que le seuil différentiel grandit au-dessus et au-dessous de cette zone.

Déjà Arago et Masson avaient remarqué que, sauf quelques restrictions, la sensibilité est indépendante de la couleur. Mais leurs expériences n'ont pas été faites d'une manière assez étendue pour que les résultats puissent en être regardés comme décisifs.

Lamansky (1), puis Dobrowolsky (2), ont fait des expériences méthodiques sur l'intensité de la lumière colorée. Ils ont remarqué l'un et l'autre que le seuil différentiel relatif atteint un minimum pour une certaine valeur de l'intensité lumineuse, reste à peu près constant dans les environs de

(1) Dans Archiv f. Ophthalmologie de Gräfe, XVII, I, 1871, publié aussi dans Annalen, etc., de Poggendorf, t. 143.

(2) *Beiträge zur physiologischen Optik*, Archiv, etc., de Gräfe, XVIII, I, p. 74.

cette valeur, et grandit pour les intensités plus fortes et plus faibles. C'est la même loi du maximum qui a été établie pour la perception de la lumière blanche. La valeur minima du seuil différentiel s'est montrée très variable pour les diverses couleurs (1).

TABLEAU VI. — Expériences de Dobrowolsky.

SEUIL DIFFÉRENTIEL RELATIF POUR LA PERCEPTION DE L'INTENSITÉ DES LUMIÈRES COLORÉES (2).

INTENSITÉS LUMINEUSES	LUMIÈRE ROUGE PRÈS DE LA LIGNE B	LUMIÈRE BLEU INDIGO PRÈS DE LA LIGNE G
1	1 : 19.7	1 : 268
1 : 2	1 : 13	1 : 137
1 : 4	1 : 9.8	1 : 80.5
1 : 8	1 : 7.8	1 : 40.8
1 : 16	1 : 5.9	1 : 23.9
1 : 32	1 : 4	1 : 17
1 : 64	1 : 3.12	1 : 12.5
1 : 128	1 : 2.02	1 : 8.5
1 : 260	1 : 1.67	1 : 6.97
1 : 3 283		1 : 4.18
1 : 13 132		1 : 2.49

(1) *Ibid.*, p. 81, 82. Fechner reproduit (*In Sachen*, p. 158, 159) les valeurs minima obtenues par Lamansky et Dobrowolsky; le seul intérêt de ces valeurs est de montrer que le minimum varie beaucoup pour les diverses couleurs.

(2) Dobrowolsky, Archiv de Pflüger, t. XXIV, p. 195 sqq. (D'après Fechner, *Revision*, p. 167).

Dans des expériences ultérieures sur la perception de l'intensité de deux couleurs seulement, Dobrowolsky a déterminé le seuil différentiel pour une série d'intensités, mais sans rencontrer le point favorable où le seuil atteint son minimum. Le tableau VI donne des résultats qui sont comparables à ceux de F.-C. Müller et de plusieurs autres pour la lumière blanche.

TABLEAU VII. — Expériences de M. Charpentier sur la perception de l'intensité des lumières colorées (1)

INTENSITÉS LUMINEUSES	VALEURS DE LA FRACTION DIFFÉRENTIELLE POUR LE			
	Rouge	Jaune	Vert	Bleu
6 1/4 unités	0.64	»	»	»
25 —	0.30	0.36	1.2	1.45
56 —	0.16	»	»	»
100 —	0.105	0.20	0.49	0.90
156 —	0.102	»	»	»
225 —	0.11	0.14	0.28	0.69
400 —	»	0.09	0.25	0.48
625 —	»	0.078	0.19	0.38
900 —	»	0.068	0.16	0.36

M. Charpentier a appliqué aussi son photoptomètre différentiel à la détermination du seuil différentiel relatif, ou, comme il dit, de la fraction différentielle, pour les intensités

(1) *La lumière et les couleurs*, p. 315.

TABLEAU VIII. — Expériences de König et Brodhun :
Seuil différentiel relatif pour l'intensité d'une lumière
de 575 $\mu\mu$ (1).

INTENSITÉS LUMINEUSES	SEUIL DIFFÉRENTIEL RELATIF POUR KÖNIG	SEUIL DIFFÉRENTIEL RELATIF POUR BRODHUN
100 000	0.0336	0.0404
50 000	0.0266	0.0228
20 000	0.0209	0.0172
10 000	0.0182	0.0169
5 000	0.0169	0.0165
2 000	0.0182	0.0162
1 000	0.0188	0.0138
500	0.0205	0.0167
200	0.0232	0.0177
100	0.0277	0.0226
50	0.0331	0.0224
20	0.0400	0.0310
10	0.0618	0.0392
5	0.0974	0.0778
2	0.158	0.176
1	0.204	0.215
0.5	0.264	0.301
0.2	0.365	0.333
0.1	0.656	0.551

(1) *Experimentelle Untersuchungen über die psychophysische Fundamentalformel in Bezug auf den Gesichtssinn*, Sitzb. d. Akad. d. Wiss. zu Berlin, phys. math. Cl., 27 juin 1889, p. 923.

colorées. Les couleurs étaient produites au moyen de verres
colorés placés devant les lampes. L'unité d'intensité lumineuse est le minimum de lumière perceptible après le repos
de l'œil dans l'obscurité. Le tableau VII donne les résultats,
qui sont conformes à ceux de Dobrowolsky, quant à la marche
suivie par la fraction différentielle. Il faut remarquer seulement que, dans les expériences de M. Charpentier sur la
lumière rouge, la région favorable semble avoir été atteinte :
il apparaît même un léger relèvement de la fraction différentielle, qui fait regretter que les expériences n'aient pas été
poussées plus loin pour cette lumière.

Enfin König et Brodhun ont fait pour la lumière colorée
les mêmes expériences que pour la lumière blanche. Ils ont
déterminé le seuil différentiel pour des lumières de 6 longueurs d'onde différentes, de 670 μμ à 430 μμ. La lumière
du zirconium était décomposée au moyen d'un prisme. Le
tableau VIII reproduit leurs résultats pour la lumière de
575 μμ, c'est-à-dire pour une lumière jaune.

Les expériences faites sur les autres couleurs indiquent une
marche tout à fait semblable du seuil différentiel. Par conséquent la loi du maximum se dégage des expériences avec
autant de netteté que pour la lumière blanche.

§ 3. — *Perception de l'intensité des sons.*

Les expériences anciennes de Renz et Wolf, puis celles de
Volkmann avec Fechner, étaient tout à fait provisoires. Les premières expériences étendues ont été faites par Nörr(1) à Tübin-
gen, sous la direction de Vierordt, par la méthode des cas vrais
et faux. Puis vinrent, sous la direction de Wundt, à Leipzig,

(1) Nörr, *Experimentelle Prüfung des Fechner'schen Gesetzes auf dem
Gebiete der Schallstarken*, Zeitschrift für Biologie, t. XV, p. 297, 1879.

celles de Tischer (1), de Starke (2), de Merkel (3), par la
méthode des petites variations, de G. Lorenz (4), de Merkel (5),
de Bruno Kämpfe (6) et de Erich Mosch (7) par la méthode
des cas vrais et faux, de Merkel (8) et de Angell (9) par la
méthode des différences égales. Il faut encore ajouter les
expériences de Merkel par la méthode des excitations doubles (10) et par la méthode des cas d'égalité et d'inégalité (11).

La grande difficulté relative à ces expériences résulte de
l'impossibilité presque complète où l'on est de mesurer avec
exactitude la force des sons. En effet, que le son soit produit
par un marteau frappant une plaque (comme dans les expériences de Volkmann), ou par une bille tombant d'une
certaine hauteur sur une plaque, la force du son dépend
toujours de trois facteurs : le poids du mobile, la hauteur
de chute et la nature du mobile et de la plaque. Si l'on

(1) TISCHER, *Ueber die Unterscheidung von Schallstärken*, Phil. Stud.,
I, p. 495, 1883.

(2) STARKE, *Die Messung von Schallstärken*, Phil. Stud., III, p. 264,
1886, et V, p. 157, 1889.

(3) MERKEL, *Das psychophysische Grundgesetz in Bezug auf Schallstärken*,
Phil. Stud., IV, p. 118, 252, 271, 1888; *Die Abhängigkeit zwischen
Reiz und Empfindung*, Phil. Stud., V, p. 511, 1889.

(4) G. LORENZ, *Die Methode der richtigen und falschen Fälle in ihrer
Anwendung auf Schallempfindungen*, Phil. Stud., II, p. 394 et 655, 1885.

(5) MERKEL, *Das psychophysische Grundgesetz, etc.*, Phil. Stud., IV,
p. 125.

(6) Bruno KÆMPFE, *Beiträge zur experimentelle Prüfung d. M. d. r. u.
f. F.*, Phil. Stud., VIII, p. 511, 1893.

(7) ERICH MOSCH, *Zur Methode d. r. u. f. F. im Gebiete der Schallempfindungen*, Phil. Stud., XIV, p. 491, 1898.

(8) MERKEL, *Die Abhängigkeit, etc.*, V, p. 518 et X, p. 228 et 369, 1894.

(9) ANGELL, *Untersuchungen über die Schätzung von Schallintensitäten
nach d. M. d. mittl. Abst.*, Phil. Stud., VII, p. 414, 1892.

(10) MERKEL, *Die Abhängigkeit, etc.*, Phil. Stud., V, p. 515.

(11) MERKEL, *Das psychophysische Grundgesetz, etc.*, Phil. Stud., IV,
p. 257.

emploie toujours le même marteau, ou la même bille, et la même plaque, on peut admettre que la force du son dépend du produit du poids de la bille par la hauteur de chute, c'est-à-dire de la force vive résultant du choc. Mais, comme l'a remarqué Wundt, une partie de la force vive se perd par suite du rebondissement ou bien est employée à la déformation de la bille et de la base de chute. C'est là la principale difficulté que les différents expérimentateurs se sont attachés à vaincre.

Vierordt a cru trouver par ses expériences que, si l'on emploie des billes d'une même matière et si on les fait tomber sur une même plaque, la force du son est à peu près proportionnelle au produit des poids par la racine carrée de la hauteur (1). Si l'on appelle S la force du son, p le poids de la bille et h la hauteur de chute, on aurait donc :

$$S = p \times h^{0.5}.$$

Mais Oberbeck a établi de son côté que la relation fonctionnelle est un peu moins simple : l'exposant dont il faut affecter la quantité h aurait une valeur légèrement variable, et différente de 0.5 : pour des billes de plomb tombant sur du bois, l'exposant varierait de 0.629 à 0.638, et pour des billes de pierre il serait de 0.656 (2). Vierordt, dans des expériences ultérieures, avec des billes de plomb tombant sur une plaque de zinc, a trouvé pour l'exposant la valeur 0.589 (3). Tischer a repris les mêmes expériences et trouvé que l'exposant varie de 0.6 à 1 et dépasse même l'unité dans quelques cas. Il résulte de là, et c'est la conclusion de Tischer, conforme à une opinion déjà exprimée par Wundt (4), que l'on ne peut

(1) Z. für Biologie, 1878, XIV, p. 300 sqq.

(2) Oberbeck, Annalen der Physik und Chemie, de Wiedemann, XIII, p. 222 sqq.

(3) Z. für Biologie, XVII, p. 361.

(4) Phil. Stud., I, p. 12.

employer aucune formule pour calculer l'intensité d'un son en fonction de la hauteur de chute et du poids de la bille (1). Il faudrait donc s'assurer, dans chaque cas, que l'exposant ne varie pas ou ne varie que d'une quantité négligeable.

Mais toutes ces expériences avaient des défauts communs tenant à la méthode suivie. Voici, en effet, en quoi consistait le procédé de Vierordt, Oberbeck, et Tischer, d'après la description de Tischer (2). On faisait tomber une bille de poids P d'une hauteur h. Puis on prenait une bille de poids p, on la faisait tomber d'abord d'une hauteur H assez petite pour que le deuxième son fût certainement plus faible que le premier, et l'on augmentait H jusqu'à ce que les deux sons parussent égaux : on notait la hauteur H' pour laquelle les deux sons commençaient à paraître égaux. Ensuite on donnait à H une valeur assez grande pour que le son de comparaison parût certainement plus fort que le son initial, et l'on diminuait la hauteur de chute jusqu'à une valeur H'' pour laquelle on ne percevait plus de différence entre les deux sons. On considérait la hauteur moyenne $1/2\ (H' + H'')$ comme la hauteur de laquelle il fallait faire tomber la bille p pour produire un son égal à celui de la bille P. Les deux sons étant regardés comme objectivement égaux, on posait l'équation :

$$p.\ H^\varepsilon = P.h^\varepsilon$$

d'où l'on tirait ε.

Ce procédé a deux inconvénients. L'un est que l'on n'y tient pas compte de l'ordre de succession des deux sons comparés : or les expériences de Renz et Wolf avaient déjà montré, et les expériences ultérieures de Starke (3) ont prouvé d'une façon définitive, que l'ordre de succession exerce sur le jugement une influence considérable. L'autre inconvénient est qu'il

(1) Phil. Stud., I, p. 500-508.
(2) *Ibid.*, p. 498, 499.
(3) *Die Messung von Schallstärken*, Phil. Stud., III, p. 264-304.

existe pour chaque personne, comme les expériences de Starke
l'ont aussi montré, une erreur d'appréciation de la force des
sons. Il est donc possible que les variations de ε tiennent à
des influences subjectives.

En raison de ces causes multiples, qui modifient la force
objective des sons et la manière dont nous l'apprécions, la
plupart des expériences qui ont été faites ne peuvent être
regardées comme rigoureuses. Si pourtant on emploie des
billes d'un poids constant pour toute une série d'expériences, si
la plaque sur laquelle tombent les billes est toujours la même,
si l'arrangement des expériences permet de compenser les
erreurs d'origine subjective, on peut admettre que la force
des sons est proportionnelle aux hauteurs de chute, au moins
quand les différences de hauteur ne sont pas trop considérables. C'est le cas pour une partie des expériences de
Starke (1). Ces expériences ont été faites avec des billes de
plomb du poids constant de 10 grammes tombant de hauteurs
variables sur une plaque de chêne. Neuf sons normaux ont été
employés, déterminés par les hauteurs de chute. Peu importe,
pour la loi de Weber, que les neuf sons normaux soient
proportionnels aux neuf hauteurs de chute. Il suffit que l'on
admette la proportionnalité dans des limites plus étroites,
c'est-à-dire en ce qui concerne chaque son normal et les
sons de comparaison correspondants. Dans le tableau IX ci-
après, que j'ai établi en prenant les matériaux dans le tableau
de Starke (p. 289), figurent, sur la même ligne que chaque
son normal, les sons juste plus forts et juste plus faibles.
Chacun des sons de comparaison juste plus forts a été obtenu
en prenant la moyenne de quatre valeurs qui sont : 1° la
hauteur de chute pour laquelle le son de comparaison, d'abord
pris trop fort, cesse de paraître plus fort que le son normal ;
2° celle pour laquelle le son de comparaison, d'abord choisi

(1) *Die Messung von Schallstärken*, Phil. Stud., III, p. 264-304,
série A, groupe *a*, p. 286 sqq.

trop faible, commence à paraître plus fort ; 3° et 4° deux hauteurs analogues obtenues en présentant les deux excitations comparées dans un ordre inverse du précédent. Chaque son de comparaison juste plus faible est représenté par la moyenne de 4 hauteurs obtenues d'une manière analogue. De cette façon on peut regarder les erreurs subjectives comme compensées, et, en définitive, substituer à la force objective des sons que l'on ne connaît pas les hauteurs de chute que l'on connaît. — Pour chacun des sons juste plus forts ou plus faibles, j'ai calculé d'abord le seuil absolu, puis le seuil relatif.

Si l'on considère dans ce tableau les nombres contenus dans les colonnes des seuils différentiels relatifs supérieurs et inférieurs, on voit que dans chaque colonne ces nombres sont approximativement constants, mais qu'ils manifestent cependant une tendance légère à décroître. Si, afin de voir plus nettement la marche générale de ces quantités, on considère la moyenne des deux seuils relatifs pour chacun des deux sujets, on voit que les écarts assez notables que présentaient les seuils supérieurs et inférieurs tendent à s'annuler, la marche des valeurs moyennes devient plus régulière, ce qui porte à croire que les écarts précédents sont accidentels ; — et d'autre part la légère tendance à décroître se manifeste aussi d'une manière plus régulière. Si enfin, pour éliminer le plus possible les variations accidentelles, on prend la moyenne des seuils relatifs pour les deux sujets, on voit la régularité s'accroître encore, mais la légère décroissance des seuils relatifs, c'est-à-dire le léger accroissement de la sensibilité, subsiste toujours. — La loi de Weber se vérifie donc dans les limites d'expériences de Starke, et comme pour la perception de la lumière, elle se vérifie de manière à montrer qu'il doit exister un point où le seuil différentiel relatif atteint un minimum, pour recommencer ensuite à grandir. Mais les expériences de Starke ne montrent pas la position de ce point, ni même l'accroissement supposé du seuil différentiel pour les sons de forte intensité.

Les hauteurs sont données en millimètres (1)

Sujet : LUFT

Son normal représenté par la hauteur de chute	Son juste plus fort	Son juste plus faible	Seuil absolu supérieur	Seuil absolu inférieur	Seuil relatif supérieur %	Seuil relatif inférieur %	Moyenne des deux seuils relatifs	Seuil relatif moyen pour les deux sujets
75	108.75	58.75	33.75	16.25	45.00	21.67	33.33	
100	139.25	84.50	39.25	15.50	39.25	15.50	27.37	
150	212.50	127.00	62.50	23.00	41.67	15.33	28.50	
200	275.50	155.75	75.50	44.25	37.75	22.12	29.93	
300	405.75	262.25	105.75	37.75	35.25	12.58	23.91	
400	551.75	346.75	151.75	53.25	37.94	13.31	25.62	
500	700.50	433.25	200.50	66.75	40.10	13.35	26.72	
600	813.50	533.50	213.50	66.50	35.58	11.08	23.32	
700	905.50	610.50	205.50	89.50	29.36	12.59	21.07	

TABLEAU IX (Suite)

Sujet : LORENZ

Son normal représenté par la hauteur de chute	Son juste plus fort	Son juste plus faible	Seuil absolu supérieur	Seuil absolu inférieur	Seuil relatif supérieur %	Seuil relatif inférieur %	Moyenne des deux seuils relatifs	Seuil relatif moyen pour les deux sujets
75	99.25	61.75	24.25	13.25	32.33	17.67	25.00	29.16
100	137.25	78.75	37.25	21.25	37.25	21.25	29.25	28.31
150	201.25	119.50	51.25	30.50	34.17	20.33	27.25	27.87
200	268.75	159.00	68.75	41.00	34.37	20.50	27.43	28.68
300	411.50	240.50	111.50	59.50	37.17	19.83	28.50	26.20
400	538.25	323.00	138.25	73.00	34.56	18.25	26.40	26.01
500	681.00	415.25	181.00	84.75	36.20	16.95	26.57	26.64
600	783.00	508.00	183.00	91.50	30.50	15.25	22.87	23.09
700	907.00	593.00	207.00	107.00	29.57	15.29	22.43	21.75

(1) P. 289.

Les expériences de Merkel par la méthode des différences juste perceptibles et le procédé des petites variations montrent que le seuil différentiel relatif reste approximativement constant dans une région très étendue des intensités sonores. Elles font voir aussi avec une netteté suffisante que le seuil est relativement plus considérable pour les sons faibles : une tendance analogue, mais moins nette, apparaît pour les sons forts. Par malheur, ces expériences ont été faites avec des billes de poids variables tombant de hauteurs variables, de sorte que, malgré les minutieuses précautions prises par Merkel pour déterminer les intensités avec exactitude, il est toujours à craindre que les mesures ne soient qu'approximativement exactes. Le tableau X ci-après reproduit les résultats d'une des principales séries de Merkel. J'emprunte au tableau de Merkel la liste des intensités sonores et les valeurs du seuil différentiel absolu moyen, qui sont un peu plus fortes que ne serait l'erreur pure de reconnaissance. J'y ajoute le seuil différentiel relatif. Je reproduis également les valeurs de l'erreur d'estimation, qui sont sensiblement proportionnelles aux intensités normales. — Les poids ont varié de o gr. 2 à 159 gr. 9 et les hauteurs de chute de 6 à 90 centimètres.

Les expériences de Bruno Kämpfe (1) par la méthode des cas vrais et faux confirment aussi la loi de Weber. Elles ont été faites au moyen d'un pendule sonore analogue à celui que Volkmann avait employé : le pendule était double, de sorte que l'on pouvait produire à des intervalles déterminés deux sons correspondant à des angles arbitrairement choisis. La mesure de la précision et le seuil différentiel relatif se sont montrés à peu près constants pour les sons correspondant à des angles de 30, 40, 50 et 60 degrés.

En résumé, comme le dit Wundt, c'est pour la perception de l'intensité des sons que la loi de Weber se vérifie le plus

---

(1) *Beiträge zur experimentellen Prüfung*, etc., Phil. Stud., VIII, p. 511, 1893.

TABLEAU X. — Expériences de Merkel sur la perception de la force des sons (1).

INTENSITÉS DES SONS NORMAUX	VALEURS absolues des seuils différentiels	VALEURS relatives des seuils différentiels	ERREURS D'ESTIMATION
0.48	0.17	0.354	0.03
0.87	0.28	0.322	0.05
2.45	0.79	0.322	0.13
4.71	1.43	0.304	0.22
12.57	3.82	0.305	0.49
25	7.70	0.308	1.07
54.56	16.72	0.306	2.1
116.3	34.42	0.296	5.9
231.4	74.65	0.323	13.1
446.5	139.5	0.312	28
839.9	265.3	0.316	32.8
1 528	470.5	0.308	96
2 569	811.5	0.316	152
5 115	1 592	0.311	248

. (1) D'après le tableau XI de Merkel, Phil. Stud. V, p. 514.

exactement. On voit bien, en effet, qu'il existe, là aussi, une limite inférieure et une limite supérieure, c'est-à-dire que la loi du maximum est la vraie loi qui se dégage de l'interprétation empirique des expériences, mais la région favorable, dans laquelle la clarté des perceptions est constante ou presque constante, est plus étendue ici que partout ailleurs. Mais les limites de la loi de Weber n'ont pas été étudiées : il est vraisemblable pourtant que le sens de l'ouïe se comporte à ce point de vue comme le sens de la vue. D'une part, en effet, un son violent nous étourdit comme une lumière violente nous éblouit ; et d'autre part, bien que l'on n'ait pas prouvé l'existence d'une excitation subjective de l'ouïe analogue à la lumière propre de l'œil, il existe toujours des bruits faibles qui excitent légèrement l'organe de l'ouïe, le silence n'est jamais complet à la surface de la terre, comme le prouve ce fait signalé par Renz et Wolf: « Le calme muet, disent-ils, que l'on trouve à une grande hauteur dans les ascensions en ballon est un des phénomènes les plus surprenants, et il a été souvent décrit comme vraiment lugubre (1). »

§ 4. — *Perception des pressions exercées sur la peau.*

Les expériences anciennes de Weber n'étaient que des expériences préalables, bonnes seulement à justifier la loi de Weber en tant qu'hypothèse. Les premières expériences un peu étendues ont été faites par Stanley Hall et Yuzero Motora, qui d'ailleurs se proposaient avant tout d'étudier l'influence exercée par la vitesse avec laquelle a lieu un changement continu de pression. Mais, comme ils ont employé des pressions initiales variables, leurs expériences fournissent néanmoins une indication sur la loi de Weber.

(1) Renz et Wolf, *Versuche über die Unterscheidung differenter Schallstärken*, Archiv für physiologische Heilkunde, de Vierordt, 1856, p. 189.

TABLEAU XI. — Expériences de Stanley Hall et Yuzero
Motora sur la perception des pressions par la peau.
Valeurs o/o du seuil différentiel relatif (1).

PRESSIONS	SUJETS					
	H.B.N.	H.N.	E.H.B.	J.M.	Y.M.	C.H.
grammes 5		55.6	53.4	51.0	70	21.8
10	51.4	42.8	23.7	28.9	51.5	25.8
20	41.85	39.35	19.25	35.35	38.75	26.4
30	45.63	34.57	16.7	23.4	26.33	28
40	32.5	24	18.6	32.15	33.3	30.4
50	23.54	26.24	25.2	36.48	25.94	26.72
60				33.43	23.37	
65					22.28	
70					22.01	
75	12.8	21.28	26.72		23.32	39.52
80	10.05					
85	17 28					
100	16.83	19.68	18.11	39.84	27.87	44.96
200	19.52	23.2	24.64	36	27.2	41.6
500					32.67	

(1) *Dermal sensitiveness to gradual pressure changes*, Am. J. of. Ps., I,
p. 79 (1887).

La pression initiale, exercée sur le bout interne de l'index, était accrue ou diminuée de 4/125 par seconde. Le tableau XI donne les valeurs du seuil différentiel relatif moyen que j'ai calculées d'après les valeurs absolues que publient les deux auteurs.

Selon les auteurs, la constance exprimée par la loi de Weber ne se montre que d'une façon très inexacte. Pourtant il me semble que la loi du maximum se retrouve ici avec une netteté passable : la clarté des perceptions passe par un maximum, qui se montre approximativement constant dans une région plus ou moins étendue ; elle diminue pour les pressions faibles, et tend aussi à diminuer, quoique d'une façon moins nette, pour les pressions fortes. Le dernier sujet seul semble faire exception, puisqu'il montre une décroissance presque régulière de la clarté, mais il faut remarquer que ce sujet a été choisi comme ayant une sensibilité très fine aux pressions : il est donc probable que la région où sa sensibilité atteint le maximum se trouve dans les pressions faibles.

Merkel (1), dans sa longue recherche sur la dépendance entre l'excitation et la sensation, a fait des expériences sur le sens des pressions combiné avec le sens musculaire, et sur le sens des pressions proprement dit. Dans le premier cas, on exerçait sur un bras de levier, avec une surface déterminée de la peau, une pression qui pouvait être mesurée, et, le bras étant libre, il intervenait dans l'appréciation de cette pression des sensations musculaires. Dans le second cas, l'appareil était disposé de façon à ce qu'il n'intervînt pas de sensations musculaires. Le tableau XII donne les résultats de deux séries d'expériences dans lesquelles la pression est appréciée par la perception cutanée seule.

Ces expériences de Merkel, d'ailleurs confirmées par d'autres du même auteur, montrent bien que la perception des pressions

---

(1) *Die Abhängigkeit*, etc., Phil. Stud., V, p. 245.

TABLEAU XII. — Expériences de Merkel.

SUR LA PERCEPTION DES PRESSIONS PAR LA PEAU (1)

TABLEAU XII de Merkel : perceptions successives par le même doigt; surface pressée = 1ᵐᵐ carré.			TABLEAU XIII de Merkel : perceptions successives par le même doigt; surface pressée = 7ᵐᵐ carrés.		
POIDS NORMAL	POIDS senti comme juste plus fort	RAPPORT du deuxième poids au premier	POIDS NORMAL	POIDS senti comme juste plus fort	RAPPORT du deuxième poids au premier
grammes			grammes		
1	1.323	1.323	1	1.343	1.343
2	2.513	1.256	2	2.547	1.273
5	5.960	1.192	5	6.110	1.222
10	11.40	1.140	10	11.84	1.184
20	22.04	1.102	20	23.13	1.156
50	54.23	1.085	50	56.86	1.137
100	107.4	1.074	100	111.8	1.118
200	215.6	1.078	200	218.4	1.092
500	538.9	1.078	500	544.0	1.088
1 000	1 081	1.081	1 000	1 087	1.087
2 000	2 126	1.063	2 000	2 184	1.092
4 000	4 156	1.039	5 000	5 326	1.065

(1) Tableaux XII et XIII de Merkel, p. 262.

par la peau a sa moindre clarté pour les pressions les plus faibles, puis reste à peu près constante dans une région assez étendue, pour laquelle la loi de Weber se vérifie d'une façon satisfaisante. Mais, quand on arrive aux poids les plus considérables (4 000 et 5 000 grammes), la valeur du seuil différentiel relatif continue à décroître et même d'une façon très sensible. On peut former diverses hypothèses sur ce fait, qui est en opposition avec tout ce qui a été établi pour les autres sens.

Les plus récentes expériences faites sur ce genre de perceptions sont celles de Malcolm Stratton (1). Il s'est occupé principalement de l'influence exercée sur la perception par la vitesse avec laquelle la pression est modifiée. Mais ses expériences fournissent néanmoins sur la loi de Weber des indications précises. Au moyen d'un appareil spécial, on exerçait la pression sur la face interne du petit doigt, le doigt reposant sur un morceau de feutre, le bras étant appuyé sur un coussin. Dans la détermination du seuil différentiel, Stratton distingue le moment où l'on perçoit un changement sans en sentir la direction, et le moment où l'on en perçoit la direction. Je me borne à reproduire (tableau XIII) les valeurs de la différence pour lesquelles on perçoit la direction du changement. Le changement n'est pas continu, mais se produit après 1.5 seconde.

Jastrow (2) a appliqué la méthode des cas vrais et faux à la perception des pressions sur la peau, mais seulement avec les poids normaux de 105 et 315 grammes. Le résultat confirme la loi de Weber, mais les expériences sont trop peu étendues. — Je remarque en passant que, si le résultat confirme la loi de Weber en ce qu'il montre que le pourcentage des cas vrais et faux est sensiblement constant pour les deux poids

(1) *Ueber die Wahrnehmung von Druckänderungen bei verschiedener Geschwindigkeiten*, Phil. Stud., XII, p. 525, 1895.

(2) *Studies from the Laboratory of Experimental Psychology of the Univ. of Wisconsin*, Am. J. of Ps., III, p. 54.

normaux employés, il ne confirme pas le procédé que Jastrow a recommandé pour obtenir une exacte mesure de la sensibilité par la méthode des cas vrais et faux; car les rapports calculés comme devant donner. 25 p. 100 de cas faux s'écartent notablement les uns des autres, alors qu'ils devraient être constants.

TABLEAU XIII. — Expériences de Stratton
sur la perception des pressions (1)

POIDS NORMAL	PERCEPTION D'UNE AUGMENTATION		PERCEPTION D'UNE DIMINUTION	
	Poids de comparaison senti comme plus fort	Seuil différentiel relatif supérieur	Poids de comparaison senti comme plus faible	Seuil différentiel relatif inférieur
gr.				
10	11.01	0.101	8.47	0.153
25	26.33	0.053	22.31	0.108
50	52.11	0.042	46.11	0.078
75	77.76	0.037	70.58	0.059
100	103.53	0.035	94.13	0.059
150	155.03	0.034	142.39	0.051
200	206.40	0.032	189 60	0.052

La méthode des cas vrais et faux a été employée aussi par Harald Griffing (2). Les poids étaient simplement posés sur la main, l'un après l'autre. On n'admettait pas de cas d'éga-

(1) Tableau IV de Stratton, p. 538.

(2) On Sensations from Pressure and Impact, Supplément de la Psychological Review, n° 1, 1895.

lité. L'erreur probable a été calculée au moyen de la table de Fullerton et Cattell. Le tableau XIV donne les erreurs relatives, lesquelles sont à peu près inversement proportionnelles à la clarté des perceptions.

TABLEAU XIV. — Expériences de Griffing sur la perception des pressions : Valeurs de l'erreur probable relative

POIDS NORMAL	SURFACE PRESSÉE = 8^{cm}					SURFACE PRESSÉE = $\frac{8}{64}$^{cm}		
	SUJETS					SUJETS		
	N. F.	J. S.	R.	McW.	L. S.	L. S.	N. F.	J. S.
gr. 100			0.23	0.19	0.18	0.13		
200	0.11						0.28	
500			0.20	0.07	0.08	0.08		
800	0.17	0.14					0.14	0.13
1.500			0.18	0.07	0.07	0.07		
1 600	0.12	0.11					0.13	0.12
3.200	0.13	0.08		0.06	0.07			

« Il est évident, dit l'auteur (p. 42), d'après les résultats ci-dessus, que la loi de Weber se vérifie très bien entre les limites approximatives de 300 et 3 000 grammes. » J'ajoute que la clarté des perceptions se montre la plus grande pour les poids les plus lourds, ce qui confirme le résultat obtenu par Merkel.

Il faut signaler enfin, relativement à la perception des petites pressions, les expériences déjà anciennes de Dohrn (1). « Dohrn a prouvé expérimentalement, dit Funke, que la loi de Weber ne s'applique pas aux degrés inférieurs de pression, et en même temps il a trouvé pour ces grandeurs d'excitation que les différentes parties de la peau ont des différences de sensibilité différentielle plus considérables que celles qu'avait trouvées Weber pour des excitations plus fortes. Il a trouvé que, en chargeant la peau avec 1 gramme sur la face interne de la dernière phalange du doigt, le premier renforcement perceptible de sensation se produisait pour un accroissement d'au moins 0.2 grammes, par conséquent pour 1/5 de l'excitation primitive; sur la paume de la main, l'accroissement s'élevait déjà à 0.66 grammes, et sur l'avant-bras à 1 gramme, c'est-à-dire qu'il fallait doubler l'excitation; sur le dos de la main, il fallait presque y ajouter le quadruple (3.8 grammes) pour produire un accroissement perceptible de sensation. Chez un petit garçon de onze ans, la valeur du seuil différentiel sur les différentes parties était encore plus forte. » La méthode de Dohrn, il est vrai, n'était pas très rigoureuse, parce que la pression se prolongeait pendant toute la durée de variation de l'excitation et causait ainsi une fatigue notable. Néanmoins il faut retenir de ces expériences que le seuil différentiel est très élevé pour les pressions faibles et que ce signe de la limite inférieure de la loi de Weber s'accuse d'une façon extrêmement frappante quand on passe des régions très sensibles de la peau aux régions moins sensibles.

Ainsi les expériences faites sur la perception des pressions par la peau prouvent d'une façon très concordante que ces perceptions ont leur moindre clarté pour les faibles pressions.

(1) *Beitr. z. Druckempf. der Haut*, Zeitschrift f. ration. Medizin. 3e série, X, p. 339, 1861. Je cite d'après Funke, *Tastsinn und Gemeingefühl*, article du *Handbuch der Physiologie* de Hermann, III, 2e partie, p. 342, 1880.

et qu'elles ont une clarté à peu près constante dans une région moyenne. Cette région moyenne correspond aux pressions que nous subissons sans fatigue. Quant aux pressions fortes, c'est-à-dire à celles qui nous causent de la fatigue, comme les pressions de 4 à 5 kilogrammes qu'a employées Merkel, elles semblent être perçues avec une finesse encore plus grande que les pressions moyennes : du moins ce fait exceptionnel se dégage des expériences de Merkel et de Griffing, et les expériences de Stanley Hall et Motora ne les contredisent que très faiblement.

§ 5. — *Perception des poids soulevés, ou perception des poids par la peau et les muscles..*

La perception des poids soulevés a été l'objet d'études ayant pour but de l'analyser, ou tout au moins d'établir quelle est la grandeur dont l'appréciation nous indique la force des poids extérieurs. G.-E. Müller et Schumann prétendent que nous apprécions les poids par la vitesse avec laquelle nous les soulevons, Goldscheider au contraire croit que les sensations indicatrices résident dans les jointures. Cela n'empêche pas de déterminer la façon dont se comporte la clarté de ces perceptions, en considérant la perception d'un poids soulevé comme un tout représentatif susceptible d'une exactitude mesurable.

Les expériences de Weber étaient provisoires, elles donnent une première base à la loi de Weber, mais seulement en tant qu'hypothèse. Les expériences de Fechner par la méthode des cas vrais et faux montrent, si l'on se borne à examiner la signification empirique des résultats, que la clarté des perceptions est la plus faible pour les poids de 300 et 500 grammes, s'accroît à mesure que les poids augmentent, et devient à peu près constante pour les poids de 2 000 et 3 000 grammes. Fechner explique la diminution relative de la sensibilité aux

faibles poids par l'influence qu'exercerait le poids du bras :
cette influence serait, relativement à la loi de Weber, analogue à celle de la lumière propre de l'œil.

Hering, pour combattre Fechner aussi bien sur le terrain
des faits que sur celui de la discussion théorique, a fait et
fait faire à ses élèves Biedermann et Löwit des expériences
de la perception des poids soulevés. Dans la plus étendue de
ces expériences, Hering a cherché à réaliser des conditions
que Weber avait indiquées comme pouvant éliminer, au
moins en grande partie, les perceptions tactiles, et mettre en
jeu seulement les perceptions musculaires : on prenait par les
quatre coins une serviette à laquelle était fixé un plateau de
bois sur lequel on posait les poids, et l'on déterminait le plus
faible poids additionnel qui pût donner l'impression nette
d'une augmentation de poids. Les résultats bruts de l'expérience ne sont pas conformes à la loi de Weber, et Hering
triomphe contre Fechner. Il reconnaît pourtant que, si l'on
tient compte du poids du bras, en l'évaluant à 1750 grammes
on voit apparaître une concordance passable avec l'exigence
que le poids normal et le poids additionnel soient toujours
dans un même rapport. Naturellement Fechner a repris son
idée relative à l'influence du poids du bras, et évaluant,
d'après l'interprétation des expériences mêmes de Hering (1),
à 2 273 grammes l'influence exercée par le poids du bras et

(1) En éliminant les expériences nos 3, 9 et 11, pour lesquelles les
nombres trouvés sont visiblement, les uns trop grands, les autres trop petits,
Fechner détermine ainsi qu'il suit le poids qui doit être ajouté au poids P
pour trouver la valeur vraie de la différence relative : soient D la différence trouvée, P le poids correspondant, c une constante, et x le poids
qui doit être ajouté pour faire la correction. Fechner pose, d'après la
loi de Weber, $\frac{D}{P + x} = c$, d'où : $D = cP + cx$. En faisant la
somme des poids et la somme des différences pour quatre déterminations,
il obtient $\Sigma D = c \Sigma P + 4 cx$. Les huit déterminations donnent deux
équations semblables, d'où l'on tire x.

peut-être aussi par d'autres causes constantes d'erreur, il
rectifie le tableau de Hering, de telle façon que le résultat est
conforme à la loi de Weber. — Comme d'autre part le résultat
brut des expériences de Hering est nettement conforme à la
loi du maximum, je reproduis le tableau complété par
Fechner, bien que les expériences n'aient pas été faites selon
une méthode très rigoureuse. Voir le tableau XV.

TABLEAU XV. — Expériences de Biedermann et Löwit
sur les poids soulevés, avec la correction
de Fechner (1).

NUMÉROS des déterminations	P	D	$\dfrac{D}{P}$	$\dfrac{D}{P + 2273 \text{ g.}}$
1	250 gr.	12 gr.	1 : 21	1 : 210
2	500	13	1 : 38	1 : 213
3	750	13	1 : 58	1 : 233
4	1 000	15	1 : 67	1 : 218
5	1 250	16	1 : 78	1 : 220
6	1 500	17	1 : 88	1 : 222
7	1 750	19	1 : 92	1 : 212
8	2 000	20	1 : 100	1 : 214
9	2 250	22	1 : 102	1 : 206
10	2 500	22	1 : 114	1 : 217
11	3 000	28	1 : 98	1 : 188

(1) Hering, *Zur Lehre von der Beziehung zwischen Leib und Seele*,
Sitzb. d. k. Akad. d. Wiss., Math. Phys. Cl. Vienne, tome LXXII,
3ᵉ section, p. 342 sqq. Fechner, *In Sachen*, p. 193.

Hering a fait faire aussi à ses élèves des expériences sur les petits poids (de 10 à 500 grammes). Les poids étaient placés sur un petit disque de carton, reposant sur un support en bois que l'on soulevait entre le pouce et l'index ; le bras restait libre et non appuyé. Le résultat de cette deuxième série d'expériences est en tout semblable à celui de la première : la fraction différentielle diminue à partir du poids de 10 grammes jusqu'à celui de 400, et elle augmente pour les poids de 450 et 500 grammes. Pour mettre ces expériences d'accord avec la loi de Weber, il faudrait admettre qu'il s'ajoute au poids normal un poids de 100 grammes, dit Hering, exactement de 99 gr. 5 selon Fechner. Par conséquent, Hering refuse d'admettre une telle correction, qui ne peut représenter le poids du bras, et il affirme que les sensations musculaires interviennent fort peu dans ce genre d'expériences. Elles interviennent pourtant : il est probable que la perception d'ensemble du poids soulevé, ou l'appréciation de ce poids est la résultante de sensations tactiles et musculaires : l'effort déployé pour soulever le poids se traduit nécessairement par des sensations musculaires, mal aperçues d'ailleurs, comme le sont ordinairement ces sensations, de sorte qu'il existe encore ici quelque chose d'analogue aux sensations que donne le poids du bras.

Quoique les expériences des élèves de Hering aient été faites dans des conditions de méthode qui ne garantissent pas une très grande rigueur, puisqu'il semble que l'on n'y a tenu compte, ni de l'erreur de temps, ni de l'erreur due à l'ordre de variation des excitations de comparaison, elles portent donc à croire que la loi du maximum s'applique à la perception des poids soulevés.

Mais les expériences de Merkel (1), faites dans des conditions de méthode beaucoup plus satisfaisantes, ont donné pour la perception des poids les mêmes résultats que pour la perception des pressions exercées sur la peau ; la seule diffé-

(1) *Die Abhängigkeit, etc.*, Phil. Stud., V, p. 256 sqq.

rence est que le seuil différentiel est plus élevé pour les pressions cutanées que pour les poids soulevés ; mais dans un cas comme dans l'autre la clarté des perceptions est la moindre pour les poids légers, elle grandit de suite et demeure à peu près constante dans la région moyenne (de 200 à 2.000 grammes environ), et continue à grandir ensuite (1). En raison du soin avec lequel les expériences de Merkel ont été conduites, on est fondé à croire que ce dernier fait est bien observé. Il est d'ailleurs confirmé par les expériences d'autres psychophysiciens. Celles de Wreschner (2) montrent une décroissance régulière de la fraction différentielle pendant que les poids grandissent. Le tableau XVI donne les résultats de ces expériences au point de vue de la loi de Weber. J'emprunte au tableau de Wreschner (p. 222 de son livre) les valeurs centrales des jugements « plus grand » et « plus petit », et je calcule au moyen de ces nombres les seuils différentiels relatifs supérieur, inférieur et moyen.

Les expériences de G.-E. Müller et Schumann (3) par la méthode des cas vrais et faux ont eu pour but principal l'analyse de la perception des poids soulevés, mais fournissent néanmoins des indications sur la loi de Weber. Les résultats de ces expériences, faites sur quatre poids allant de 496 gr. à 3 221 grammes sont dans l'ensemble analogues à ceux de Fechner : le seuil différentiel calculé selon la formule de Müller montre une tendance nette à diminuer en valeur relative. Les auteurs signalent aussi ce fait qu'ils n'ont pas trouvé une diminution nouvelle de la sensibilité différentielle en passant à des poids très lourds, bien qu'ils aient choisi intentionnellement un poids encore plus élevé que ceux de Fechner. Ils concluent en faveur de la loi de Weber.

(1) Voir le paragraphe précédent de ce chapitre.

(2) *Methodologische Beiträge zu psychophysischen Messungen*, 1898.

(3) *Ueber die psychologischen Grundlagen der Vergleichung gehobener Gewichte*, Archiv de Pflüger, t. XLV, p. 107.

TABLEAU XVI. — Expériences de Wreschner
sur la perception des poids soulevés.

POIDS NORMAL	POIDS SENTI COMME JUSTE PLUS FORT	SEUIL DIFFÉRENTIEL RELATIF SUPÉRIEUR	POIDS SENTI COMME JUSTE PLUS FAIBLE	SEUIL DIFFÉRENTIEL RELATIF INFÉRIEUR	SEUIL DIFFÉRENTIEL RELATIF MOYEN
grammes	grammes		grammes		
200	252	0.260	153	0.235	0.247
400	493	0.233	321	0.197	0.215
600	743	0.238	478	0.203	0.220
900	1 087	0.208	734	0.184	0.196
1 200	1 432	0.193	976	0.190	0.191
1 600	1 898	0.186	1 297	0.189	0.187
2 000	2 352	0.176	1 645	0.177	0.176
2 500	2 994	0.198	2 028	0.189	0.193
3 000	3 578	0.193	2 466	0.178	0.185
3 500	4 155	0.187	2 879	0.177	0.182
4 000	4 762	0.191	3 222	0.194	0.192
5 000	5 945	0.189	4 076	0.185	0.187
6 000	7 080	0.180	4 808	0.199	0.189
7 000	8 192	0.170	5 629	0.196	0.183
8 000	9 316	0.165	6 403	0.200	0.182

M. Foucault.

Fullerton et Cattell (1) ont fait des expériences sur ce qu'ils appellent la perception de la force des mouvements. Un ressort en spirale étant enfermé dans un cylindre horizontal, on tire une poignée qui comprime les spires et déplace un index mobile : à la fin du mouvement, l'index reste en place ; le cylindre ayant été gradué d'avance au moyen de poids connus, l'étendue parcourue par l'index permet de lire la force du mouvement. L'appareil est donc une sorte de dynamomètre. — Pour l'employer à l'étude du sens musculaire, Fullerton et Cattell ont suivi plusieurs méthodes, mais peu rigoureuses. Une difficulté grave concerne la manière de produire le poids normal. Voici comment on la résout : on demande au sujet de tirer la poignée en déployant un effort de 2 kilogrammes par exemple ; il commet une erreur ; on lui en indique le sens et la direction, et au bout de cinq essais ainsi corrigés, il produit l'effort de 2 kilogrammes avec une erreur peu considérable. Ce n'est là qu'une expérience préparatoire, à partir de laquelle commence la recherche psychophysique. Pour expérimenter selon la méthode des différences juste perceptibles, le sujet, après les cinq essais qui lui font connaître l'effort normal, tire la poignée une fois ; on lit l'effort qu'il a produit ; puis il tire la poignée dix fois en s'appliquant à produire un effort juste plus grand ou plus petit que le précédent. On calcule ainsi le seuil différentiel. — Pour employer la méthode des erreurs moyennes, le sujet s'applique à produire un effort égal à l'effort normal, et l'on calcule l'erreur. — L'inconvénient de ce procédé qui me semble le plus grave est que le sujet, en tirant la poignée, perçoit à la fois par les muscles et par la vue l'étendue du déplacement de la poignée et, comme les auteurs le notent d'ailleurs (p. 69), tient grand compte de cette étendue. Il en résulte que ce ne sont pas seulement des perceptions de force musculaire qui sont en jeu dans ces expériences, mais

(1) *On the Perception of small Differences*, p. 65, 1892.

aussi des perceptions d'étendue. Il s'agit donc d'un travail psychologique très complexe, et mal déterminé, d'où l'on ne peut tirer de conclusions sûres relativement à la clarté des perceptions musculaires. Il est d'ailleurs très regrettable que cette méthode d'expérimentation mérite si peu de confiance, car des expériences ont été faites sur des poids ou efforts musculaires allant jusqu'à 16 kilog. Le seuil différentiel serait de 1/5 pour les poids de 2 kilog., de 1/7 pour 4 kilog., de 1/9 pour 8 kilog. et de 1/18 pour 16 kilog. Cattell en conclut que l'erreur d'observation est proportionnelle à la racine carrée de la grandeur observée, et il prétend substituer cette loi à la loi de Weber ; mais Fullerton ne donne son assentiment que sous réserves à l'opinion de son collaborateur. Je ne vois qu'une conséquence à tirer de ces expériences : c'est que la diminution du seuil différentiel relatif persiste pour les poids les plus élevés.

En résumé, malgré les expériences de Biedermann et Löwit, la perception des pressions et celle des poids soulevés ne semblent pas se conformer à la loi du maximum : la clarté de ces perceptions grandit d'une manière continue à mesure que les poids deviennent plus considérables. C'est là une exception remarquable, dont la raison se trouve peut-être dans quelque loi inconnue de la fatigue.

§ 6. — *Perception de la température, des saveurs et des odeurs.*

Les tentatives faites pour contrôler la loi de Weber relativement à la perception du chaud et du froid, de la saveur et de l'odeur se heurtent toutes à l'extrême difficulté de mesurer exactement les excitations et d'organiser les expériences. Pour cette raison, elles sont peu nombreuses et en général peu satisfaisantes.

Les expériences de Fechner sur la perception de la température montrent qu'il existe une certaine température (exactement 17° 46 C.) aux environs de laquelle la peau discerne des différences extrêmement faibles : cette température serait le point nul, celui où l'on ne sent ni chaud ni froid. Fechner prend comme mesure de l'excitation de température une quantité proportionnelle à la distance en degrés qui sépare le point nul de la température de l'eau employée. Mais le point nul, en raison de l'adaptation de la peau, varie, au moins dans certaines limites : il s'abaisse par suite du froid, et s'élève par suite de la chaleur (1). De plus, d'autres que Fechner ont attribué au point nul une position différente : la région où le sens de la température atteint sa plus grande finesse serait, d'après Lindemann, entre 26° et 39° C., d'après Nothnagel entre 27° et 33°, d'après Kesseler dans la même région, d'après Alsberg entre 35° et 39°, enfin d'après Dessoir entre 27° et 32° (2). Ces divergences donnent à supposer que le point nul pourrait bien aussi varier notablement d'un homme à l'autre.

D'autre part l'appréciation des degrés de chaud et de froid dépend, selon Dessoir (3), de cinq causes : la grandeur de la surface excitée, le temps pendant lequel agit l'excitation, l'épaisseur de l'épiderme, sa conductibilité, et enfin la température.

Malgré cette complexité, et malgré l'impossibilité de mesurer les excitations avec exactitude, il n'est pas douteux que la loi du maximum s'applique à notre perception de la température. En effet, autour du point nul, il existe une région de températures pour lesquelles la distinction se fait

(1) HERING, Grundzüge einer Theorie des Temperatursinns, p. 9 et 17. (Extrait des Comptes rendus de l'Acad. des Sc. de Vienne, vol. 75, 3ᵉ section, 1877.)

(2) D'après WUNDT, Physiol. Psychol., 4ᵉ éd. all., I, p. 385, et DESSOIR, Ueber den Hautsinn, Archiv für Anat. u. Physiol., Physiol. Abth., 1892, p. 298.

(3) Ibid., p. 338.

avec la plus grande finesse, puis, au-dessus et au-dessous, deux régions où la finesse est moindre (entre $+ 15°$ et $+ 26°$ d'une part, et entre $+ 33°$ et $+ 36°$ d'autre part, selon Dessoir), et enfin le discernement devient très grossier au-dessus et au-dessous de ces deux régions (entre $+ 14°$ et $- 3°$ et entre $+ 37°$ et $+ 48°$, d'après Dessoir) (1).

Les seules expériences qui fournissent quelques indications sur la loi de Weber par rapport à la perception des saveurs sont celles de Keppler (2), faites sous la direction de Vierordt. Keppler a employé la méthode des cas vrais et faux, et a expérimenté de deux façons différentes : d'abord en prenant dans la bouche une quantité constante de solutions à titre connu, puis en appliquant sur la langue avec un pinceau une certaine quantité de solution. Le deuxième procédé semble préférable, c'est en tout cas celui par lequel il a obtenu les plus importants résultats. Il a étudié ainsi la perception du salé (avec du sel de cuisine), de l'amer (avec du sulfate de quinine), de l'acide (avec de l'acide phosphorique) et du sucré (avec de la glycérine). Mais, pour ces trois derniers genres de perceptions, il n'a employé que deux degrés de concentration des solutions normales. Pour la solution salée, il a employé trois solutions normales. Le tableau XVII à la suite donne les résultats qu'il a obtenus pour la perception du salé. Je repro-

(1) DESSOIR, Mémoire cité, p. 298.

(2) *Das Unterscheidungsvermögen des Geschmacksinnes für Concentrationsdifferenzen der schmeckbaren Körper*, Diss. inaug. Bonn, 1869. (D'après FECHNER, *In Sachen*, p. 161.) D'autres expériences de Keppler sont exposées dans un article sous le même titre, Archiv de Pflüger, II, p. 449-458, 1869. Camerer a fait aussi des expériences sur la perception des saveurs par la méthode des cas vrais et faux (*Die Grenzen der Schmeckbarkeit von Chlornatrium in wässriger Lösung*, Archiv de Pflüger, II, p. 322 ; *Die Methode der richtigen und falschen Fälle augewendet auf den Geschmacksinn*, Zeitschrift für Biologie, XXI, p. 570, 1885), mais uniquement pour déterminer les plus faibles solutions que l'on peut distinguer de l'eau pure.

duis seulement les pourcentages des cas vrais, qui sont les
moyennes des cas vrais obtenus en faisant alterner la solution
normale et la solution de comparaison.

TABLEAU XVII. — Expériences de Keppler
sur la perception du salé (1).

DIFFÉRENCE RELATIVE DES SOLUTIONS COMPARÉES	SOLUTION NORMALE à 1.13 %	SOLUTION NORMALE à 3.2 %	SOLUTION NORMALE à 5.43 %
2.5 %	47.2	47.5	75.0
5 %	53.2	62.5	73.4
7.5 %	81.0	74.8	80.4
10 %	87.5	92.8	87.3
Sommes des pourcentages sans distinction des différences relatives	268.9	277.6	316.1

Pour que la loi de Weber s'appliquât avec exactitude, il
faudrait que les proportions de cas vrais fussent constantes,
malgré la différence de concentration des solutions employées
ou tout au moins que la somme des pourcentages fût constante. Or les proportions ne sont pas constantes, et varient
même d'une façon peu régulière : mais ces variations doivent
être en grande partie accidentelles, car les sommes des

(1) D'après le tableau II de Keppler, Archiv de Pflüger, II, p. 453.

pourcentages montrent, non pas la constance requise pour une vérification parfaite de la loi de Weber, mais une régularité satisfaisante. Les nombres de cas vrais grandissent lentement à mesure que la solution devient plus concentrée. C'est un résultat analogue à celui qui a été obtenu pour la plupart des autres genres de perceptions, c'est-à-dire qu'il tend à prouver la loi du maximum, surtout si l'on tient compte des expériences sur l'amer, l'acide et le sucré. Voici la conclusion de l'auteur : « Pour les solutions salées, la sensibilité croît avec la concentration des solutions ; il en est de même pour les solutions amères ; pour l'acide et le sucré au contraire, la sensibilité décroît pendant que croît la concentration des solutions ; si j'avais choisi pour ces deux derniers corps des concentrations plus faibles, la sensibilité se serait sans doute accrue avec la concentration. La sensibilité croîtra donc avec la concentration jusqu'à un certain point, pour diminuer ensuite (1). »

Sur la perception des odeurs, il existe quelques indications de Zwaardemaker (2) et un article étendu de Miss Gamble (3).

Zwaardemaker a fait une étude détaillée des perceptions olfactives. Il a inventé un olfactomètre (4) qui peut servir à étudier la question relative à la loi de Weber. L'olfactomètre se compose essentiellement d'un tube de verre recourbé à une extrémité pour que l'on puisse le faire entrer dans la narine ;

(1) P. 457. Cf. Fechner, *In Sachen*, p. 161. Fechner trouve les expériences favorables à la loi de Weber, malgré l'avis contraire de l'auteur. Il donne d'ailleurs d'autres nombres empruntés à la dissertation inaugurale de Keppler ; mais la loi révélée par ces nombres est la même, quoique l'accroissement de la proportion des cas vrais soit plus lent.

(2) *Die Physiologie des Geruchs*, 1895. Traduction de l'original hollandais.

(3) *The Applicability of Weber's Law to Smell*. Am. J. of Ps., X, p. 82-142, 1898.

(4) Décrit dans l'ouvrage ci-dessus, p. 85. Décrit aussi par Zwaardemaker dans Année Psychologique, V, p. 210, 1899.

la partie droite du tube pénètre dans un autre tube garni intérieurement d'une matière odorante, par exemple de caoutchouc. Le principe de l'instrument est que l'intensité de l'odeur est proportionnelle à la surface de la substance odorante qui est en contact avec l'air inspiré. Si donc on respire régulièrement, on peut admettre que les odeurs perçues varient quantitativement selon que le tube de verre est plus ou moins enfoncé dans le tube odorant. Mais ce principe même n'est pas sûr, et d'autre part les expériences sont très difficiles à conduire, notamment à cause de la fatigue rapide de l'odorat, de sorte qu'il n'existe rien de certain relativement à la question de savoir si la loi de Weber s'applique à la perception des odeurs. L'exactitude des comparaisons, dit Zwaardemaker (1), diminue dès que les odeurs deviennent fortes. Miss Gamble ne donne ses valeurs expérimentales que comme approximatives, et conclut cependant en faveur de la loi de Weber. Ce n'est pas là le domaine des mesures exactes.

§ 7. — *Perception des longueurs par la vue.*

Rien ne semble plus facile que de contrôler la loi de Weber relativement à la perception des longueurs par la vue. Et pourtant cette recherche est pleine de difficultés, qui tiennent à ce que ce genre de perceptions est le plus riche en illusions; nulle part peut-être il n'intervient un plus grand nombre d'influences déterminantes, de sorte que cette perception est une des plus complexes qui existe.

Des expériences de Fechner et Volkmann, il résulte que l'erreur pure variable, calculée à la façon de Fechner (2), est assez exactement proportionnelle aux longueurs perçues pour

(1) *Die Physiologie des Geruchs*, p. 180.
(2) Voir 1re partie, ch. IV, § 5.

les longueurs de 10 à 240 millimètres, et qu'elle devient beaucoup plus considérable en valeur relative pour les longueurs plus petites. Ce résultat tendrait à prouver que la loi de Weber s'applique à la perception des longueurs moyennes, et que l'exactitude de la perception diminue pour les petites longueurs. C'est la même loi qui a été découverte pour toutes les perceptions d'intensités. Mais existe-t-il aussi une limite supérieure de la loi de Weber? Les expériences n'en disent rien. D'autre part, l'erreur pure variable de Fechner n'est pas identique à l'erreur pure de reconnaissance : il est possible que les deux erreurs varient dans le même sens, mais cela n'est pourtant pas certain. Il était donc nécessaire de faire des expériences nouvelles.

Les plus anciennes sont celles de Chodin, par la méthode des différences juste perceptibles et par la méthode des erreurs moyennes, Chodin traçait à l'encre sur du papier une ligne sur laquelle deux traits délimitaient la longueur normale, et, dans le prolongement de cette même ligne, à droite et à gauche, ou en dessus et en dessous (selon qu'il s'agissait de longueurs horizontales ou verticales), il marquait un autre trait pour délimiter une longueur égale à la première, ou juste plus grande, ou juste plus petite. En mesurant les longueurs ainsi tracées, on pouvait calculer le seuil, ou l'erreur moyenne, suivant les cas. Le tableau suivant (XVIII) donne les résultats obtenus (1).

Chodin déclare que ses expériences contredisent la loi de Weber. Mais Fechner, non sans raison, fait des objections au sujet de la méthode suivie : il signale notamment ce fait qu'une erreur doit provenir de ce que la main est employée à limiter la ligne de comparaison. Cependant les expériences de Chodin tendent à montrer que la loi du maximum s'ap-

---

(1) *Ist das Weber-Fechner'sche Gesetz auf das Augenmass anwendbar?* Archiv für Ophthalmologie de Gräfe, t. XXIII. (D'après Fechner, *Revision*, p. 340 et 352.)

TABLEAU XVIII. — Expériences de Chodin sur la perception des longueurs par la vue.
Unité = 1 millimètre.

LONGUEURS NORMALES	2.5	5	10	20	40	80	160
1. Erreur moyenne. Lignes horizontales .	1 : 39	1 : 52	1 : 64	1 : 76	1 : 69	1 : 73	1 : 65
2. Erreur moyenne. Lignes horizontales .	1 : 50	1 : 78	1 : 90	1 : 112	1 : 94	1 : 88	1 : 71
3. Erreur moyenne.°Lignes verticales . .	1 : 32	1 : 44	1 : 60	1 : 53	1 : 57	1 : 48	1 : 56
4. Seuil différentiel moyen. Lignes horizontales	1 : 17	1 : 29	1 : 37	1 : 53	1 : 44	1 : 39	1 : 43
5. Seuil différentiel moyen. Lignes horizontales	1 : 26	1 : 32	1 : 45	1 : 57	1 : 36	1 : 32	1 : 30

plique à la perception des lignes. Mais ce résultat ne peut être tenu pour définitif, en raison de l'incertitude de la méthode.

Les expériences étendues de Münsterberg (1) et de Higier (2) par la méthode des erreurs moyennes ne sont pas plus satisfaisantes au point de vue de la méthode, ainsi que je l'ai déjà signalé en exposant la méthode des erreurs moyennes (3). Il en est de même des expériences de Merkel (4), quoique sa méthode soit en progrès sur les précédentes.

C'est donc encore aux expériences faites par la méthode des différences juste perceptibles qu'il faut recourir pour savoir comment se comporte la clarté de la perception des longueurs par la vue. Les dernières expériences ont été faites par Merkel. Le tableau XIX en donne le résultat.

Ces expériences montrent nettement la limite inférieure de la loi de Weber et font voir aussi que, de 5 à 50 millimètres, la loi se vérifie d'une façon très satisfaisante. Mais elles laissent le problème indéterminé relativement à l'existence d'une limite supérieure. Pourtant l'existence d'une limite supérieure n'est pas douteuse : elle ressort des expériences de Higier, qui, pour des lignes de 50, 100, 150 et 200 millimètres, a trouvé que le seuil différentiel relatif moyen grandit régulièrement et prend les valeurs de 0.0214, 0.0228. 0.0240, 0.0272 (5).

(1) *Augenmass*, Beiträge zur experimentelle Psychologie, II, p. 150, 1889.

(2) *Experimentelle Prüfung der psychophysischen Methoden im Bereiche des Raùmsinnes der Netzhaut*, 1890.

(3) Ch. VIII, § 2.

(4) *Die Methode der mittleren Fehler, experimentell begründet durch Versuche aus dem Gebiete des Raummasses*, Phil. Stud. IX, p. 53, 176 et 400, 1894.

(5) Higier, ouvrage cité, p. 78.

TABLEAU XIX. — Expériences de Merkel par la
méthode des différences juste perceptibles sur la perception des lignes horizontales. Unité = 1 millimètre (1).

LIGNE NORMALE	LIGNE JUSTE PLUS GRANDE	LIGNE JUSTE PLUS PETITE	SEUIL DIFFÉRENTIEL ABSOLU MOYEN	SEUIL DIFFÉRENTIEL RELATIF MOYEN
1	1.026	0.943	0.041	0.041
2	2.040	1.908	0.066	0.033
5	5.072	4.868	0.102	0.020
10	10.090	9.707	0 191	0.019
20	20.040	19.210	0.415	0.021
50	49.650	47.710	0.970	0.019

J'ai fait aussi, il y a plusieurs années, des expériences
étendues sur le même sujet, dans l'intention de contrôler la
loi de Weber, par la méthode des erreurs moyennes. Les
lignes normales allaient de 10 à 80 millimètres, mais j'ai
employé le procédé immédiat, dont je n'avais pas encore
reconnu les défauts. De plus, il existait des erreurs constantes non compensées. Les expériences, faites sur dix personnes, sont toutes en faveur de la loi du maximum : mais je
ne puis, en raison de l'imperfection de la méthode, les regarder
comme probantes. La loi du maximum me paraît d'ailleurs
passablement établie sur ce point, surtout par les expériences
combinées de Higier et de Merkel.

(1) P. 414.

§ 8. — *Perception des longueurs par le toucher
et par les muscles.*

Depuis les expériences faites par Fechner sur la perception
des distances par la peau, selon la méthode des erreurs
moyennes, il n'y a pas eu, à ma connaissance, de tentatives
pour mesurer, dans ce genre de perceptions, soit le seuil
différentiel, soit l'erreur moyenne.

Mais les distances peuvent être estimées aussi par les
perceptions tactiles combinées avec les perceptions musculaires. Si par exemple j'étends le bras en faisant glisser un
doigt sur une tige horizontale, les perceptions que j'obtiens
me permettent d'estimer la distance que le doigt a parcourue,
et cette perception complexe peut être étudiée au point de
vue de la clarté. C'est ce qu'ont fait Fullerton et Cattell, au
moyen d'un appareil que j'ai déjà décrit (1). Ils ont employé
la méthode des erreurs moyennes, sous une forme peu rigoureuse. Je reproduis cependant le calcul qu'ils ont fait des
erreurs variables, car il est probable qu'il existe une relation
voisine de la proportionnalité, peut-être même une proportionnalité exacte, entre l'erreur variable ainsi calculée et
l'erreur pure de reconnaissance. Pour des mouvements de
gauche à droite de 100, 300, 500 et 700 millimètres, l'erreur
variable a atteint respectivement les valeurs relatives de
0.053, 0.029, 0.019 et 0.013.

« Ainsi, disent les deux auteurs, l'erreur variable ne suit
pas la loi de Weber, mais grandit beaucoup plus lentement
que l'excitation (2). » L'erreur variable serait plus voisine de
la racine carrée de l'excitation, ce qui tendrait à confirmer
l'hypothèse de Cattell. — Je me borne à remarquer que le

(1) Ch. VIII, § 2.
(2) *On the Perception of small Differences*, p. 49.

résultat de ces expériences est tout à fait conforme à celui des expériences faites par Fechner sur la perception des distances par la peau : l'erreur relative est d'autant plus faible que les excitations deviennent plus fortes. Il est plutôt vraisemblable que, dans les deux cas, on se trouve en présence de la limite inférieure de la loi de Weber. Une autre série d'expériences faites par Fullerton et Cattell avec deux autres sujets donne le même résultat (1).

§ 9. — *Perception des surfaces et des angles par la vue.*

La plupart des expériences faites sur les perceptions visuelles de l'espace ont pour but d'expliquer la formation de ces perceptions. Quelques-unes cependant, en outre de celles qui ont pour objet la perception des longueurs, intéressent la loi de Weber.

Mc Crea et Pritchard (2) ont cherché comment se comporte la variation moyenne des erreurs, c'est-à-dire l'erreur variable, par rapport à la grandeur des surfaces perçues. Ils ont donc suivi la méthode des erreurs moyennes à la façon de Fechner. Au moyen d'un appareil déjà employé par Quantz (3) pour étudier l'influence de la couleur sur l'appréciation de la grandeur des surfaces, ils présentaient à l'observateur deux plaques de cuivre percées chacune d'une ouverture circulaire : les diamètres des deux ouvertures différaient peu l'un de l'autre (d'un millimètre environ) et l'on voyait en face de chaque ouverture une surface blanche. L'une des plaques demeurant fixe, on faisait mouvoir l'autre de façon à donner aux surfaces perçues des grandeurs apparentes égales. On

(1) *Ibid.*, p. 55 et 59.

(2) *The Validity of the Psychophysical Law for the Estimation of Surface Magnitudes*, Am. J. of Ps. VIII, p. 494, 1897.

(3) Am. J. of Ps., VII, p. 26, 1895.

calculait la valeur de l'angle visuel soustendu par le diamètre des disques, et la variation moyenne pour 100 observations, pour l'œil droit et pour l'œil gauche séparément, et deux fois pour chaque œil. En récapitulant les résultats, les auteurs ont trouvé pour la variation moyenne les valeurs indiquées dans le tableau XX.

TABLEAU XX. — EXPÉRIENCES DE MAC CREA ET PRITCHARD SUR LA PERCEPTION VISUELLE DES SURFACES (1).

GROUPES	DIAMÈTRE MOYEN DU DISQUE NORMAL VU A 1230 m/m	VARIATION MOYENNE °/₀	
		MAC CREA	PRITCHARD
I	36.604 m/m	1.3125	1.0975
II	29.5565	1.2975	0.975
III	23.3265	1.3925	1.1775
IV	16.8830	2.1350	1.7325
V	12.1005	2.1050	1.5775
VI	8.7900	2.1125	1.9850

La loi de Weber, disent les auteurs de ces expériences, ne semble pas se vérifier exactement pour la grandeur des surfaces, mais les résultats montrent une approximation décidée vers cette loi. — En réalité, la loi de variation de l'erreur est ici la même que pour la perception des distances, et il serait tout à fait étrange qu'il en fût autrement, puisque l'appréciation comparative de deux surfaces circulaires se ramène à l'appréciation de leurs diamètres. Il faut remarquer

(1) Article cité, p. 501.

d'ailleurs qu'il s'agit ici de petites surfaces, et que les auteurs signalent l'irradiation comme s'étant montrée gênante dans les expériences du groupe VI.

Parmi les expériences faites sur la perception des angles, celles de Jastrow (1) auraient pu fournir d'utiles indications relativement à la loi de Weber : mais Jastrow, préoccupé de savoir s'il est vrai que les angles aigus sont sousestimés et les angles obtus surestimés, n'a noté que les erreurs constantes.

§ 10. — *Sens du temps.*

De très nombreuses expériences ont été faites pour savoir si la loi de Weber s'applique à l'appréciation de la durée, ou, comme on dit depuis Czermak (2), au sens du temps. Ce genre de recherches a tenté beaucoup de psychophysiciens, peut-être parce qu'il paraît à première vue très simple de résoudre le problème. Mais, ici comme pour la perception des lignes, la simplicité n'est qu'apparente. Je laisse naturellement de côté, dans les travaux consacrés au sens du temps, tout ce qui ne concerne pas la loi de Weber : il faudrait un volume pour les exposer.

Les premières expériences ont été faites à peu près simultanément par Mach et par Vierordt. Les expériences de Mach ont été entreprises en 1860 et publiées en 1865 (3). En 1864, un élève de Vierordt, Höring, consacrait sa dissertation inaugurale au sens du temps (4), et Vierordt publiait en 1868 un ouvrage étendu sur le même sujet (5).

(1) *Studies from the University of Wisconsin, On the Judgment of Angles and Positions of Lines.* Am. J. of Ps., V, p. 214, 1894.

(2) *Ideen zur Lehre vom Zeitsinn*, Sitzb. d. Wien. Akad. d. Wiss. t. VII.

(3) MACH, *Untersuchungen über den Zeitsinn des Ohres*, Sitzb. d. Wien. Akad. d. Wiss., tome LI.

(4) *Ueber das Unterscheidungsvermögen des Hörsinnes für Zeitgrössen.*

(5) *Der Zeitsinn nach Versuchen*, 1868.

Mach a employé divers procédés d'expérience : un pendule
dont il modifiait la longueur pour produire des oscillations
de durée variable, un métronome dont il déplaçait le curseur,
deux métronomes, un pendule plus compliqué que le
premier, etc. Mais, pour diverses raisons, les résultats n'ont
pas une grande rigueur. Cependant ils montrent d'une
manière concordante que la différence juste perceptible
atteint un minimum quand le temps normal est de 3 à
4 dixièmes de seconde.

Les expériences de Vierordt sont beaucoup plus étendues.
Les plus nombreuses ont été faites par la méthode des erreurs
moyennes, les autres par celle des cas vrais et faux. — Dans
le premier cas, le temps normal, mesuré au moyen d'un
appareil enregistreur, était limité par deux impressions sensorielles produites par l'expérimentateur, et, quand le sujet
jugeait qu'il s'était écoulé après la deuxième impression un
temps égal au premier, il le marquait par un mouvement
communiqué à l'appareil enregistreur. Plusieurs séries
d'expériences faites selon cette méthode, tant par Vierordt
que par Höring, donnent une erreur variable relative
approximativement constante, avec cependant un minimum
pour les temps de 1 seconde à 1 s. 5 (1). — Mais Wundt,
puis Schumann, ont reproché à Vierordt que les deux temps
ainsi comparés ne sont pas produits dans les mêmes conditions (2).

Les expériences de Vierordt et de Höring par la méthode des
cas vrais et faux confirment plutôt les expériences de Mach
en montrant que la sensibilité différentielle atteint un maximum aux environs de 0 s. 3 (3). Vierordt rejette la loi de
Weber.

(1) *Der Zeitsinn*, p. 34, 162.

(2) Voir la défense de Vierordt : *Psychophysische Bemerkungen*, Zeitschrift für Biologie, XVIII, p. 397, 1882.

(3) *Der Zeitsinn*, p. 152, 162.

En 1880 commencent les études des élèves de Wundt. D'abord Kollert (1) expérimente par la méthode des différences juste perceptibles, au moyen de deux métronomes dont le mouvement était arrêté instantanément par un électroaimant. L'un des métronomes donnait le temps normal, l'autre le temps de comparaison. — L'interprétation des résultats se fait d'une manière très peu rigoureuse, pour ne pas dire fantaisiste. D'abord Kollert divise les expériences en normales et anormales, selon que l'erreur constante d'estimation atteint un minimum ou un maximum pour le temps normal 0 s. 75 : dans les trois quarts des expériences, l'erreur d'estimation est nulle ou à peu près pour ce temps normal, dans un quart elle atteint un maximum pour ce même temps. C'est la preuve que quelque influence spéciale vicie l'ensemble des expériences, et par conséquent que l'on n'en peut rien tirer. Il y a encore d'autres critiques à faire au point de vue de la façon de calculer la sensibilité différentielle. La loi de Weber n'est pas vérifiée par les expériences de Kollert, et il serait bien étonnant qu'elle le fût.

Estel (2) reprend les expériences de Kollert au moyen d'un appareil nouveau, plus délicat que les métronomes. Mais lui aussi trouve des expériences normales et des expériences anormales. Le résultat le plus important qu'obtienne Estel est que les minima de l'erreur constante d'estimation se produiraient périodiquement pour les multiples de la valeur 0 s. 75 environ, c'est-à-dire du temps pour lequel l'erreur constante est nulle, ou du « temps d'indifférence ». C'est là ce qui constituerait la loi de périodicité. Quant au seuil

---

(1) *Untersuchungen über den Zeitsinn*, Phil. Stud., I, p. 78.

(2) *Neue Versuche über den Zeitsinn*, Phil. Stud., II, p. 37. Discussion par Fechner : *Ueber die Frage des Weber'schen Gesetzes und Periodicitäts-gesetzes im Gebiete des Zeitsinnes*, Abhandl. d. math. phys. Cl. d. kgl. sächs. Ges. d. Wiss., tome XIII, p. 1-108, 1884. Réplique de Estel, Phil. Stud., II, p. 475. Nouvelle discussion par Fechner, Phil. Stud., III, p. 1.

différentiel relatif, loin d'être constant comme l'exige la loi de Weber, il prendrait lui aussi des valeurs maxima et minima correspondant aux valeurs maxima et minima de l'erreur d'estimation.

Dans les années suivantes, deux autres élèves de Wundt, Mehner (1), puis Glass (2), le premier par la méthode des différences juste perceptibles, le deuxième par la méthode des erreurs moyennes, croient aussi trouver une loi de périodicité. Selon Mehner, l'erreur constante atteint des minima pour les multiples impairs de o s. 71 et des maxima pour les multiples pairs, et le seuil différentiel relatif suivrait la même marche. Selon Glass, la périodicité se produirait pour les multiples de 1 s. 25.

Cette différence trouvée par Estel, Mehner et Glass, dans la durée des périodes est de nature à inspirer des doutes sur la loi de périodicité. Münsterberg (3) a prétendu tout concilier en réduisant la loi de périodicité à la périodicité de la respiration : les différences trouvées dans la durée des périodes s'expliqueraient par des différences dans la durée des mouvements respiratoires.

L'hypothèse de la périodicité est certes très séduisante, mais c'est peut-être uniquement une de ces idées qui plaisent par leur simplicité. Elle a été contestée avec une grande vivacité par Schumann (4), et je ne me charge pas de résoudre la question. Il ne serait pas impossible qu'il existât une loi de périodicité pour les erreurs constantes, et que l'erreur pure de reconnaissance suivît la loi de Weber.

En tout cas, la loi de Weber n'a pas été vérifiée en ce qui

(1) *Zur Lehre vom Zeitsinn*, Phil. Stud., II, p. 546.

(2) *Kritisches und Experimentelles über den Zeitsinn*, IV, p. 423.

(3) *Zeitsinn*, Beiträge zur Experimentellen Psychologie, II, p. 1-68, 1889.

(4) *Ueber die Schätzung kleiner Zeitgrössen*, Z. f. Ps. u. Ph. d. S. IV, p. 1.

concerne l'appréciation de la durée, et il est difficile qu'elle
le soit d'une manière bien rigoureuse. En effet, les expériences ont toujours été faites sur de faibles durées, de sorte
que les erreurs inévitables dues au fonctionnement des
appareils même les plus précis et à la lecture des mesures
prennent une grande importance relative. D'autre part, il
semble impossible d'expérimenter avec quelque sûreté sur de
grandes durées, par exemple sur des minutes, car les sujets
emploieraient, peut-être même inconsciemment, des points
de repère dans les phénomènes extérieurs ou dans des sensations organiques : ils compteraient, par exemple, d'une
façon consciente ou inconsciente, les mouvements de la respiration. De plus, le contraste exerce une influence considérable, comme l'a montré Estel. Mais la cause perturbatrice la
plus difficile à éliminer est peut-être l'influence de l'éducation ou de l'adaptation à un intervalle de temps déterminé, à
un mouvement rhythmique, et il est très difficile, peut-être
pratiquement impossible, de s'assurer que l'adaptation est
égale, que l'éducation a atteint son maximum d'effet pour
toute une série de durées différentes. Pour ces raisons, il
n'y a pas lieu d'être surpris que la loi de Weber n'ait pas été
vérifiée en ce qui concerne le sens du temps, mais les expériences faites jusqu'à présent ne prouvent rien contre elle (1).

(1) Voici les principaux travaux publiés sur le sens du temps, en
outre de ceux qui ont été cités précédemment : Exner, *Exp. Unters. der
einfachsten psychischen Prozesse*, Archiv de Pflüger, VII, p. 639. Buccola,
La Legge del tempo nei fenomeni del pensiero, p. 374 sqq., 1883. Stanley
Hall et Jastrow, *Studies of Rhythm*, Mind, XI, p. 62. Stevens, *On the
Time-Sense*, Mind, XI, p. 393. Nichols, *On the Psychology of Time*, Am.
J. of Ps., III, p. 453, et IV, p. 60. F. Martius, Z. f. klin. Medizin,
XV, p. 536. Paneth, Résultats publiés par Exner, *Versuche über den
zeitlichen Verlauf des Gedächtnissbildes*, Centralblatt für Physiologie, IV,
p. 81. Ejner, *Experimentelle Studien über den Zeitsinn*, diss. inaug.,
Dorpat, 1889. Masci, *Sul Senso del tempo* (Note à l'Académie des
Sciences morales et politiques de Naples, 1890). Schumann, *Ueber Kontras-
terscheinungen infolge von Einstellung*, Nachr. von der kgl. Ges. d. Wiss.

§ 11. — *Perception des nuances des couleurs et de la saturation.*

Aucun psychophysicien, pas même Fechner, n'a admis que la loi de Weber pût s'appliquer à la perception de la tonalité ou des nuances des couleurs. Déjà, dans les *Elemente der Psychophysik* (1), Fechner émet l'opinion que la perception de la tonalité échappe à la loi de Weber. Il s'appuie sur cette remarque faite par Helmholtz (2), que, aux limites du spectre, c'est-à-dire dans le rouge et dans le violet, un large intervalle est nécessaire pour que l'on perçoive un changement de couleur, tandis que les changements perceptibles de couleur se succèdent avec une très grande rapidité dans la région du jaune et du vert.

Fechner renonce d'autant plus facilement à la loi de Weber dans ce genre de perceptions que cette loi s'applique pour lui essentiellement à l'intensité des sensations, et qu'il regarde comme qualitative la différence qui sépare deux sensations fournies par deux couleurs voisines. Mais la différence qui sépare deux sensations ou perceptions fournies par deux degrés voisins d'un même phénomène physique, de la lumière blanche par exemple, est purement qualitative elle aussi. La loi de

zu Göttingen, 1889, n° 20; *Id., Ueber die Schätzung kleiner Zeitgrössen,* Z. f. Ps. u. Ph. d. S., IV, p. 1; *Id., Zur Psychologie der Zeitsanschauung, ib.,* XVII, p. 106; *Id., Zur Schätzung leerer, von einfachen Schalleindrücke begrenzter Zeiten, ibid.,* XVIII, p. 1. MEUMANN, *Beiträge zu Psychologie des Zeitsinns,* Phil. Stud., VIII, p. 431, IX, p. 264, XII, p. 127. THORKELSON, une brochure en danois analysée par Meumann dans le premier de ses articles. Paul JANET. *Une illusion d'optique interne,* Revue Philos., 1877, I. RICHET, *La forme et la durée de la vibration nerveuse et l'unité psychologique du temps,* Revue Philos., 1898, I, p. 337.

(1) I, p. 175.

(2) Berichte der Berl. Akad., 1855, p. 757.

Weber ne porte pas sur les intensités de sensations, mais sur la manière dont nous percevons les quantités physiques. En tout cas, il y a lieu de chercher comment varie la sensibilité différentielle aux couleurs, c'est-à-dire quelle est, dans les différentes régions du spectre, la valeur qui doit s'ajouter à une longueur d'onde déterminée pour que notre œil puisse percevoir une différence de couleur. La clarté de notre perception des couleurs peut être regardée, ici comme partout, comme approximativement proportionnelle à la sensibilité différentielle relative.

TABLEAU XXI. — Expériences de Mandelstamm et de Dobrowolsky sur la perception des couleurs (1).

COULEURS	DIFFÉRENCES JUSTE PERCEPTIBLES	
	POUR MANDELSTAMM	POUR DOBROWOLSKY
Rouge B.		1 : 115
Rouge C.	1 : 106.27	1 : 166.9
Orangé entre C et D .		1 : 331
Jaune d'or D	1 : 465	1 : 772
Vert entre D et E . . .	1 : 139.29	1 : 246
Vert E.	1 : 214	1 : 340
Bleu vert entre E et F.	1 : 400	1 : 615
Bleu pur F.	1 : 409.34	1 : 740
Bleu indigo G.	1 : 270.27	1 : 272.3
Violet entre G et H . .		1 : 146

(1) Les valeurs trouvées par Mandelstamm sont données ici d'après une correction de Dobrowolsky (p. 72), les valeurs de Dobrowolsky d'après son mémoire (p. 102).

Les premières déterminations du seuil différentiel relatif, faites par Mandelstamm (1) et Dobrowolsky (2), sur l'invitation de Helmholtz, au moyen de l'ophthalmomètre, sont déjà anciennes, et, comme on a depuis perfectionné la technique expérimentale, elles ne peuvent être considérées que comme provisoires. Pourtant, elles mettent déjà bien en lumière la loi empirique qui a été trouvée depuis par des procédés plus sûrs. Le tableau XXI en donne les résultats.

Ainsi il y aurait deux maxima pour la sensibilité différentielle relative, ou pour la clarté des perceptions : l'un dans le jaune d'or, l'autre dans le bleu.

Des expériences faites par B. Osgood Peirce (3) en 1883 ont confirmé ces résultats, que Peirce ne cite d'ailleurs pas. Le maximum de sensibilité obtenu par Peirce se trouve dans le jaune, aux environs de la raie D : il y a eu de légères variations pour les différentes personnes, la couleur la mieux perçue étant dans certains cas plus orange, dans d'autres plus jaune. Un deuxième maximum s'est trouvé dans la couleur correspondant à la ligne F. Ce sont là les deux maxima trouvés par Mandelstamm et Dobrowolsky. Enfin Peirce a trouvé un troisième maximum, relatif d'ailleurs, moins élevé que les précédents et manquant de constance : « Dans beaucoup de cas, dit-il, quoique non dans tous, l'œil a été moins sensible à des changements dans un rouge voisin de la ligne C qu'à un rouge un peu plus sombre derrière la ligne du lithium. Dans les couleurs plus sombres aux extrémités du spectre, il était naturellement très difficile de distinguer de petites différences. En outre de ces traits généraux, il y a eu

(1) *Beiträge zur Physiologie der Farben*, Archiv für Ophthalmologie de Gräfe, t. XIII, sect. 2, p. 399 (1867).

(2) *Beiträge zur Physiologischen Optik*, ibid., t. XVIII, sect. 1, p. 66 et 98, 1872.

(3) *On the sensitiveness of the Eye to slight Differences of Colour*, American Journal of Science, 3e série, vol. XXVI, p. 299-302, 1883.

dans la plupart des courbes obtenues en dessinant les résultats des différents observateurs des maxima et des minima moins élevés qui montraient des particularités dans les différents yeux. Ces particularités apparurent sans changement dans chaque série d'observations faites par la même personne (1). »

Depuis cette époque, König et Dieterici (2), puis Brodhun (3), ont traité la même question par la méthode des erreurs moyennes, et Uthoff (4) par la méthode des différences juste perceptibles. L'œil de König est normal, celui de Brodhun ne perçoit pas le vert, celui de Uthoff est normal. Le tableau XXII à la suite reproduit, pour König et Dieterici, le tableau donné page 105 dans l'article de Brodhun, pour Brodhun son tableau page 102 et pour Uthoff le tableau p. 106 de l'article de Brodhun. Brodhun ne s'occupe pas de la loi de Weber, il s'attache seulement à déterminer la courbe de la sensibilité différentielle. J'ai ajouté les erreurs moyennes relatives et les différences relatives juste perceptibles pour montrer comment ce genre de perceptions se comporte à l'égard de la loi de Weber.

Comme on le voit par ce tableau, qui confirme exactement les expériences antérieures et montre d'une façon plus détaillée la marche de la sensibilité différentielle, la perception des couleurs atteint son maximum de clarté dans deux régions du spectre (590 à 580 $\mu\mu$ et 500 à 490 $\mu\mu$): la première de ces régions se trouve dans le jaune orangé et la deuxième dans le bleu.

Une nouvelle recherche très étendue a été faite au labora-

(1) *Ibid.*, p. 301.

(2) *Ueber die Empfindlichkeit für Wellenlängenunterschiede des Lichtes*, Annalen d. Physik. u. Chemie de Wiedemann, t. XXII, p. 579, 1884.

(3) *Ueber die Empfindlichkeit des grünblinden und des normalen Auges gegen Farbenänderung im Spektrum*, Z. f. Ps. u. Ph. d. S. III, p. 97, 1892.

(4) Uthoff, *Ueber die kleinsten wahrnehmbaren Gesichtswinkel in den verschiedenen Teilen des Spektrums*, Z. f. Ps. u. Ph. d. S., I, p. 155, 1890.

TABLEAU XXII. — EXPÉRIENCES DE König, DE Brodhun ET D'Uthoff SUR LA PERCEPTION DES NUANCES DE COULEURS.

LONGUEUR D'ONDE DES COULEURS ÉTUDIÉES	EXPÉRIENCES DE KÖNIG, ŒIL NORMAL		EXPÉRIENCES DE BRODHUN, ŒIL AVEUGLE POUR LE VERT		EXPÉRIENCES DE UTHOFF, ŒIL NORMAL	
	Erreurs moyennes en $\mu\mu$	Erreurs moyennes relatives	Erreurs moyennes en $\mu\mu$	Erreurs moyennes relatives	Différences juste perceptibles en $\mu\mu$	Différences relatives juste perceptibles
650 $\mu\mu$	.				4.70	0.0072
640	2.37	0.0037			2.97	0.0046
630	1.35	0.0021			1.68	0.0027
620	0.67	0.0011			1 24	0.0020
610	0.55	0.0009			1.08	0.0018
600	0 45	0 00075			1.02	0.0017
590	0.42	0.00071			0.91	0.0015
580	0.38	0.00066			0.88	0.0015
570	0.51	0.00089	1.28	0.00225	1.10	0.0019
560	0 58	0.00104	1.04	0.00186		
550	0.77	0.00140	0 94	0.00171	1.66	0 0030
540	0.80	0.00148	0 75	0.00139		
530	0.77	0.00145	0.56	0.00106	1.88	0.0035
520	0.71	0.00137	0.43	0.00083		
510	0.64	0.00125	0.26	0.00051	1.29	0.0025
500	0.35	0.00070	0.12	0.00024		
490	0.31	0.00063	0.14	0.00029	0.72	0.0015
480	0.38	0.00079	0.25	0.00052	0.95	0.0020
470	0.68	0.00149	0.42	0 00089	1.57	0.0033
460	1.03	0.00224	0 60	0.00130	1.95	0.0042
450	1.43	0.00318	0.85	0.00189	2.16	0.0048
440	2.18	0 00495	0.66	0.00150		

toire de Leipzig par Mentz (1). La détermination du seuil
différentiel porte sur 88 longueurs d'onde choisies dans
toutes les régions du spectre. Le résultat montre une marche
très irrégulière de la sensibilité différentielle, avec un grand
nombre de maxima et de minima. Mais les valeurs les plus
faibles du seuil, et par conséquent les plus fortes de la sensibilité différentielle et de la clarté des perceptions, se retrouvent
aux mêmes points où les précédents expérimentateurs les
avaient déjà rencontrées : ainsi le maximum le plus élevé de
la sensibilité différentielle se trouve pour la longueur d'onde
492 (seuil différentiel relatif = 1 : 3596) et un autre pour
582 (seuil différentiel = 1 : 2086). Il est vrai que les expériences de Mentz montrent aussi des maxima très élevés pour
les longueurs 470 et 444. Peirce avait d'ailleurs noté aussi
des maxima et des minima secondaires variant d'un homme
à l'autre. Les différences individuelles doivent être considérables.

Mais cette loi du double maximum, ou, si l'on s'en rapporte
aux expériences de Mentz, des maxima multiples, est une loi
empirique, et à ce titre il n'est pas impossible qu'elle coexiste
avec la loi de Weber. Il est à remarquer, en effet, que la
lumière du soleil n'est pas blanche, mais est teintée de jaune
orangé, et que le ciel est bleu : l'humanité a toujours vécu au
milieu de ces deux couleurs, de sorte que c'est nécessairement
à ces deux couleurs que nos yeux sont le mieux adaptés. Au
contraire, le violet, et même le rouge sont des couleurs que
nous voyons rarement. Si l'on songe à l'influence considérable
que l'éducation exerce sur la perception, et combien la clarté
de la plupart des perceptions grandit rapidement par suite de
l'exercice, on peut regarder comme possible, comme probable
même, que l'extraordinaire clarté de notre perception du
jaune et du bleu soit due à l'éducation et à l'hérédité. On

(1) *Untersuchungen zur Psychophysik der Farbenempfindungen am Spectrum*, Leipzig, 1898. (Publié aussi dans Phil. Stud., XIII.)

pourrait éclaircir la question, au moins en ce qui concerne la perception du bleu, en mesurant la sensibilité différentielle chez des hommes du Nord et chez des hommes des bords de la Méditerranée.

Il a été jusqu'à présent impossible de savoir si la loi de Weber s'applique à la saturation des couleurs. La recherche est d'ailleurs sur ce point extrêmement difficile, car, en faisant varier la saturation d'une couleur, on fait varier en même temps son intensité lumineuse, soit que l'on ajoute du blanc, soit que l'on ajoute du noir. Une tentative faite par Solomons (1) pour étudier la loi de Weber relativement à la saturation n'a donné aucun résultat.

§ 12. — *Perception de la hauteur des sons.*

Pour que la loi de Weber s'appliquât à la perception de la hauteur des sons, il faudrait que la différence juste perceptible entre deux sons de hauteur voisine fût proportionnelle aux nombres de vibrations de ces sons.

Weber et Fechner ont cru que la théorie des intervalles musicaux fournit une preuve manifeste en faveur de leur loi, parce que deux intervalles musicaux sont égaux quand les rapports correspondants des nombres de vibrations sont égaux. Fechner, évidemment égaré par sa conception des différences égales de sensation, a interprété ce fait comme signifiant que deux intervalles égaux représentent deux différences égales dans la sensation de son envisagée au point de vue de la hauteur : la hauteur serait ainsi un caractère des sensations de son, différent de l'intensité, mais variant d'une manière continue avec la vitesse des vibrations, tandis que l'intensité varie avec l'amplitude des vibrations. — Mais la hauteur du son musical en est un caractère physique au même

(1) *The saturation of colours*, Psychological Review, III, p. 50, 1896

titre que l'intensité, et la hauteur n'est pas plus un caractère psychologique de la sensation de son que l'intensité. Sans doute, à des différences physiques de hauteur correspondent des différences psychologiques dans la perception des sons, mais ces différences psychologiques sont des différences qualitatives comme celles qui correspondent aux différences physiques d'intensité et qui nous permettent de les reconnaître : on ne peut pas plus admettre un passage de la hauteur physique des sons dans la conscience qu'un passage de l'intensité. Donc le problème de la loi de Weber qui concerne la perception de la hauteur est de savoir comment l'exactitude des jugements par lesquels nous apprécions la hauteur des sons, et par conséquent comment la clarté des perceptions correspondantes se comporte par rapport aux nombres de vibrations des sons. — La loi des intervalles est tout autre : elle exprime, par exemple, que si l'on double le nombre des vibrations d'un son, la deuxième perception sera très semblable à la première, sauf une différence qualitative répondant à la différence de hauteur. D'une manière générale, Helmholtz a montré que l'appréciation des intervalles repose sur la parenté de timbre des sons séparés par des intervalles égaux (1). Une telle loi concerne la classification des sons musicaux, et ne nous fait rien connaître relativement à l'exactitude avec laquelle nous apprécions la hauteur des sons.

Par conséquent, la plupart des expériences de Delezenne, si souvent citées, et que Weber a invoquées le premier en faveur de sa loi, ne prouvent rien ni pour ni contre cette loi, puisqu'elles portent sur la façon dont nous percevons les intervalles. Cependant Preyer (2) a calculé, d'après les éléments fournis par Delezenne, que dans l'une de ses expériences, on parvenait à distinguer deux sons répondant, l'un à 119.791 vibrations par seconde, l'autre à 120.209 vibrations. La différence

(1) *Lehre von der Tonempfindungen*, 3e édit., p. 407.
(2) *Ueber die Grenzen der Tonwahrnehmung*, p. 26, 1876.

absolue serait donc de o.418, c'est-à-dire moins de la moitié
d'une vibration, ce qui donnerait comme différence relative
juste perceptible o.oo349. Mais cette détermination n'est faite
que pour la hauteur de 120 vibrations environ.

Seebeck (1) a trouvé de son côté que l'on peut distinguer
la hauteur de deux sons, dont le premier représente 440 vibrations par seconde, tandis que le second représente o.36 vibration de moins. La fraction différentielle serait ici de o.ooo82.

Preyer a fait des expériences sur les sons de 5oo et de
1 ooo vibrations par seconde : 12 musiciens très exercés
perçurent comme ayant une hauteur différente les sons de
5oo.3 et de 1ooo.5 vibrations. Les deux fractions différentielles sont de o.ooo6 pour le premier son et de o.ooo5 pour
le deuxième. En rapprochant ces nombres de ceux de Delezenne
et de Seebeck, Preyer conclut contre la loi de Weber, et
soutient que ce qui est égal dans la perception des hauteurs
de sons, c'est plutôt la valeur absolue que la valeur relative
de la différence juste perceptible (2). Il est bien certain que
la constance de la fraction différentielle exigée par la loi de
Weber ne se trouve pas ici, mais en raison de toutes les différences qui existent entre les expériences, il aurait été bien
étonnant qu'elle apparût.

Une recherche plus étendue a été faite par Luft (3) au
laboratoire de Leipzig. Les expériences ont été faites au
moyen de diapasons, par la méthode des différences juste
perceptibles. Le tableau XXIII ci-après en donne le résultat.

Ces résultats ne sont certes pas de nature à confirmer la loi
de Weber, et l'on comprend que l'opinion de Preyer, d'après
laquelle c'est la sensibilité différentielle absolue qui est à peu

(1) Annalen der Physik, etc. de Poggendorf, 1846, 144, p. 462.
(D'après Preyer, ibid., p. 27.)

(2) Ibid., p. 32, 35.

(3) Ueber die Unterschiedsempfindlichkeit für Tonhöhen, Phil. Stud., IV,
p. 511-540, 1888.

près constante pour les hauteurs de son, ait trouvé créance. Pourtant, la marche du seuil différentiel relatif est semblable ici à ce qu'elle est dans plusieurs autres genres de perceptions. M. Charpentier fait remarquer que d'après ses expériences sur la perception des intensités lumineuses, le seuil différentiel relatif varie de 1 à 1 500 : il ne varie dans les expériences de Luft que de 1 à 13. Je ne prétends pas que de pareilles variations soient faciles à expliquer par l'éducation ou par d'autres causes, ni même que la loi de Weber puisse jamais être vérifiée pour la perception de la hauteur des sons. Je crois seulement que les expériences de Luft ne prouvent pas que la loi de Weber ne s'applique pas à cette perception.

TABLEAU XXIII. — Expériences de Luft
sur la perception de la hauteur des sons (1).

NOMBRE DE VIBRATIONS DU SON NORMAL	SEUIL DIFFÉRENTIEL ABSOLU SUPÉRIEUR	SEUIL DIFFÉRENTIEL ABSOLU INFÉRIEUR	SEUIL DIFFÉRENTIEL ABSOLU MOYEN	SEUIL DIFFÉRENTIEL RELATIF MOYEN
64	0.151	0.147	0.149	0.00233
128	0.168	0.150	0.159	0.00124
256	0.202	0.261	0.232	0.00091
512	0.230	0.272	0.251	0.00049
1 024	0.256	0.179	0.218	0.00021
2 048	0.376	0.347	0.362	0.00018

(1) *Ibid.*, p. 527, 528.

Les dernières expériences faites sur la même question sont
celles de Max Meyer (1), par la méthode des cas vrais et
faux. Un diapason donnait le son normal, un autre donnait
ensuite le son de comparaison, et chaque expérience était
faite trois fois ou davantage avant que le sujet déclarât le
deuxième son plus haut ou plus bas que le premier. Le
deuxième son différait en plus ou en moins d'un tiers de
vibration environ, ou de deux tiers environ. Il existe pourtant
entre ces différences de légères variations autour de 1/3 (0.31
à 0.38) et de 2/3 (0.61 à 0.71) qui peuvent avoir exercé
quelque influence. Stumpf a servi de sujet. Voici les pourcentages de cas vrais obtenus par Meyer en combinant tous les
résultats :

SON NORMAL	100	200	400	600	1200
Différence : 0.35	71	83	80	84	67
Différence : 0.65	74	91	92	90	70

« On voit par là, dit Meyer (p. 358), qu'une différence de
hauteur de son d'à peu près la même quantité de vibrations
est reconnue pour 200, 400 et 600 avec une égale sûreté,
pour 100 et 1200 avec une sûreté moindre, mais égale aussi.
Les différences sont dans ces cas si petites qu'elles peuvent
être regardées comme accidentelles. »

(1) *Ueber die Unterschiedsempfindlichkeit für Tonhöhen, nebst einigen
Bemerkungen über die Methode der Minimaländerungen*, Z. f. Ps. u.
Ph. d. S., XVIII, p. 352, 1898.

Les expériences de Luft seraient donc confirmées par celles de Meyer, avec cette différence, cependant, que les expériences de Meyer montrent l'existence d'une région où la sûreté du jugement atteint son maximum : Meyer regarde d'ailleurs comme certain que la sûreté du jugement diminue encore pour des sons plus hauts ou plus bas. Il existe donc une loi du maximum pour la perception de la hauteur des sons. Je me borne à répéter la remarque faite plus haut : si défavorables que ces expériences paraissent à la loi de Weber, elles ne sont pas cependant absolument probantes contre elle.

§ 13. — *Conclusion sur la loi de Weber.*

Les résultats empiriques des expériences faites en vue de contrôler la loi de Weber ne sont pas favorables à cette loi : ils prouvent d'une manière incontestable la loi du maximum dans le plus grand nombre des perceptions. La perception des poids par la peau, ou bien par la peau et les muscles, semble suivre une loi particulière : la clarté de la perception grandirait d'abord, puis resterait à peu près constante dans une région moyenne, et recommencerait ensuite à grandir : ce dernier point n'est d'ailleurs pas établi d'une façon certaine. La perception des couleurs suit la loi du double maximum, et peut-être des maxima multiples. Enfin il n'est pas possible de dire actuellement avec quelque certitude quelle est la loi suivant laquelle nous apprécions les durées, la saturation des couleurs et la hauteur des sons.

Il existe donc plusieurs lois empiriques de la clarté des perceptions, et c'est évidemment une des fins essentielles de la psychophysique de les déterminer. — On peut même aller plus loin, et dire qu'il existe, à proprement parler, pour chaque espèce de perception, autant de lois que d'hommes et même que de sujets sentants. Chaque homme, chaque être a sa façon de percevoir le monde. Ce n'est pas là une vérité nouvelle ; ce qui est nouveau, c'est que la psychophysique fournit le moyen de déterminer d'une manière exacte ces modes de perception.

Mais il n'est pas possible que toutes ces lois particulières ne se réduisent pas à des lois plus générales : si une telle réduction était impossible, ce serait la preuve qu'il ne peut pas exister une science des phénomènes psychologiques, à moins que l'on ne conserve ce nom à une collection de faits déterminés empiriquement, non reliés ensemble par des rapports explicatifs.

En un mot, les particularités individuelles de la perception doivent s'expliquer par des lois universelles. Or il me paraît hors de doute que la loi de Weber est une de ces lois. Bien loin d'être incompatible avec la loi du maximum, du double maximum, etc., elle aide à comprendre ces autres lois. Mais il faut, en la formulant, faire une réserve indispensable à toute proposition scientifique : il faut dire que la clarté de la perception est indépendante de la force absolue de l'excitation, mais *toutes choses égales d'ailleurs*. La loi ne peut se vérifier que s'il y a égalité d'attention, d'éducation, de fatigue, d'adaptation corporelle, etc., et c'est précisément pourquoi elle est si difficile à vérifier : il est toujours difficile, en effet, de réaliser l'égalité parfaite de ces conditions multiples, et cela devient tout à fait impossible quand les excitations sont très faibles ou très fortes.

Par suite, il ne faut pas essayer de dégager une loi générale de la perception sans tenir compte de cette égalité de conditions. On peut, en se plaçant au point de vue empirique, trouver des formules de cette loi générale qui soient plus exactes que la formule de Weber, au moins dans certaines limites. C'est ainsi que Cattell a supposé que l'erreur d'observation croît proportionnellement à la racine carrée des excitations, et il montre que la courbe des erreurs obtenues dans ses expériences est plus voisine de la courbe des racines carrées que de la courbe qui serait conforme à la loi de Weber (1). Mais un tel fait ne prouve absolument rien, si, comme c'est le cas pour Cattell, on n'a pas tenu compte de l'égalité de toutes les conditions.

D'ailleurs l'étude des conditions multiples qui font varier la clarté des perceptions, et auxquelles je crois qu'il faut attribuer les écarts de la loi de Weber, n'est pas assez avancée pour que l'on puisse affirmer avec certitude que c'est bien là que réside la cause de ces écarts. Il me paraît simplement probable qu'il en est ainsi, de sorte que la loi de Weber demeure une hypothèse, très vraisemblable sans doute, mais non confirmée d'une manière universelle. Il est même pratiquement impossible d'en obtenir une vérification complète, et tout ce que l'on peut attendre de nouvelles expériences, c'est une suite de confirmations portant sur des points particuliers.

En résumé, le problème dont les expériences psychophysiques fournissent la solution est le suivant : quelle relation existe entre la clarté des perceptions proprement dites, ou des perceptions de petites différences, et la force absolue des excitations ? Et la solution qui se dégage des expériences comme extrêmement probable est que la clarté de ces perceptions demeure constante à travers toutes les variations absolues des excitations, pourvu que les conditions de la perception demeurent constantes. C'est dire que la clarté ne dépend pas de la force absolue des excitations, mais dépend des conditions de la perception. La psychophysique doit donc s'attacher, et en fait s'attache aujourd'hui de plus en plus, à déterminer ces conditions et à découvrir les lois qui les relient aux variations de la clarté, et aux autres caractères des perceptions.

(1) FULLERTON et CATTELL, *On the Perception of small Differences*, p. 50 sqq.

CONCLUSION

Fechner a cru fonder dans la psychophysique une science nouvelle ; il a cru en même temps lui donner du premier coup cette forme achevée des sciences expérimentales qui se caractérise par la combinaison de l'expérimentation avec l'expression mathématique des lois : il a cru enfin donner à cette science, en outre d'un objet et d'une méthode, un contenu définitivement établi, une loi fondamentale que la psychophysique de l'avenir n'aurait plus guère qu'à contrôler dans le détail (1). L'œuvre psychophysique de Fechner aurait ainsi été comparable à la fondation de la syllogistique par Aristote.

Fechner s'est fait illusion sur la portée vraie de ses travaux, mais ils n'ont pas été stériles, à beaucoup près : non seulement il en est résulté un mouvement considérable de recherche scientifique, mais il en subsiste des résultats très importants.

Sans doute la mesure de l'intensité des sensations était chimérique, mais les méthodes de Fechner permettent de mesurer un caractère des perceptions. Peu importe que ce soit la sensibilité différentielle ou la clarté des perceptions :

(1) *Ueber die Aufgaben der Psychophysik*, Allgemeine Zeitung (München), 1882. Réimprimé dans *Wissenschaftliche Briefe von Fechner und Preyer*, p. 204.

la mesure a désormais, grâce à Fechner, sa place en psychologie. — On a beaucoup transformé les méthodes psychophysiques depuis Fechner, mais personne n'a fait autant que lui pour les élaborer. — La recherche d'une loi mathématique reliant les phénomènes psychologiques à leurs concomitants physiologiques et à leurs antécédents physiques était chimérique, mais il reste vrai que la liaison des phénomènes psychologiques avec les phénomènes physiologiques et physiques fournit à la psychologie une méthode générale d'expérimentation : la psychophysique est devenue la science du psychologique par le physiologique et le physique; elle fournit ainsi à la psychologie une méthode très précieuse. — En un mot, Fechner est le vrai fondateur de la psychologie expérimentale, aucun savant n'a contribué plus que lui à cet événement capital dans le développement de la science au xixᵉ siècle, l'application de la méthode expérimentale aux sciences morales, et, s'il est vrai qu'il a échoué dans son entreprise spéciale de fonder la psychophysique comme science exacte, son échec est de ceux que seuls peuvent subir les hommes de génie.

Vu et lu :

En Sorbonne, le 6 novembre 1900,

PAR LE DOYEN DE LA FACULTÉ DES LETTRES
DE L'UNIVERSITÉ DE PARIS.

A. CROISET.

Vu et permis d'imprimer :

LE VICE-RECTEUR DE L'ACADÉMIE DE PARIS,

GRÉARD.

INDEX DES AUTEURS CITÉS

A L'EXCEPTION DE FECHNER

TABLE DES MATIÈRES

———

LYON

IMPRIMERIE A. STORCK & Cie

8, rue de la Méditerranée, 8